KNAUR.LEBEN

Kerstin Leppert

Lektionen des Herzens

EIN YOGA-ROMAN

KNAUR.LEBEN

Besuchen Sie uns im Internet:
www.knaur-leben.de

Aus Verantwortung für die Umwelt hat sich die Verlagsgruppe Droemer Knaur zu einer nachhaltigen Buchproduktion verpflichtet. Der bewusste Umgang mit unseren Ressourcen, der Schutz unseres Klimas und der Natur gehören zu unseren obersten Unternehmenszielen. Gemeinsam mit unseren Partnern und Lieferanten setzen wir uns für eine klimaneutrale Buchproduktion ein, die den Erwerb von Klimazertifikaten zur Kompensation des CO_2-Ausstoßes einschließt. Weitere Informationen finden Sie unter: www.klimaneutralerverlag.de

FSC
www.fsc.org
MIX
Papier aus verantwortungsvollen Quellen
FSC® C014496

Originalausgabe Mai 2021

Ein Imprint der Verlagsgruppe
Droemer Knaur GmbH & Co. KG, München

Redaktion: Alexandra Baisch
Covergestaltung: buxdesign | Lisa Höfner
Coverabbildung: GettyImages
Satz: Adobe InDesign im Verlag
Druck und Bindung: GGP Media GmbH, Pößneck
ISBN 978-3-426-87884-2

2 4 5 3 1

Für Laura, in Liebe

»Oh, ich lache, wenn ich höre, dass der Fisch,
der von Wasser umgeben ist, durstig ist.
Ohne Rast irrst du durch die Wälder,
obwohl die Wirklichkeit in deinem eigenen Sein liegt.
Doch ob du nach Benares oder Mathura wanderst –
bis du Gott nicht in deinem eigenen Sein gefunden hast,
wird die ganze Welt ohne Bedeutung für dich bleiben.«
(Kabir 1440–1518)

»Den in Liebe und Hingabe treu Unerschütterlichen
gebe ich spirituelle Weisheit, sodass sie zu mir gelangen können.
Aus Mitleid vernichte ich die Finsternis ihrer Unwissenheit.
Aus ihrem Inneren heraus zünde ich die Leuchte der Weisheit an
und vertreibe alle Finsternis aus ihrem Leben.«
(Aus der Bhagavad Gita)

Inhalt

Prolog
15

1.
Wenn du glücklich bist, kommt das Glück zu dir.
Denn Glück wird immer von Glück angezogen.
17

2.
Sobald ich in mir zu Hause bin,
bin ich überall zu Hause.
31

3.
Dieser Hokuspokus, einen äußeren Gott zu finden,
ist vorbei. Wir sind hier, um Gott in uns selbst zu finden.
47

4.
Es ist dein Geburtsrecht, glücklich zu sein.
64

5.
Yoga wurde entwickelt, damit Menschen
gesund, glücklich, heilig und bewusst werden.
83

6.

Im Lieben gibst du, ohne die Fehler der anderen zu beachten - so wie die Sonne ihr Licht und ihre Wärme jedem Wesen gewährt.

98

7.

Der Weg gehört denen, deren Herzen nicht aus Stein und deren Köpfe nicht so aufgeblasen sind, dass sie die Stimme ihrer Seele nicht mehr hören können.

118

8.

Befreie dich vom Ego, damit du Liebe empfangen und sie mit allen teilen kannst.

136

9.

Liebe ist Liebe. Es gibt keine Bedingung. Liebe kann nur aus der Fülle des befreiten Herzens empfangen - und gegeben - werden.

155

10.

Wir sind nicht menschliche Wesen, die eine spirituelle Erfahrung machen, sondern spirituelle Wesen, die eine Erfahrung als Mensch machen.

171

11.
Yoga schenkt dir Lebensfreude.
Diese Freude findest du nur in dem Licht in dir.
191

12.
Du bekommst ein Kind, um es darauf vorzubereiten,
seine Lebenszeit bis in die Unendlichkeit zu meistern.
206

13.
Wir sind Atma, die Seele, gekommen,
um eine menschliche Erfahrung zu machen.
223

14.
Liebe ist eine immerwährende Erinnerung.
Sie kommt mit jedem Atemzug, lebt in dir und erhebt dich.
238

15.
Halte durch und
du wirst gehalten.
251

16.
Wenn du meditierst, beginnt dein Unterbewusstsein,
den ganzen Müll loszuwerden. Mantra ist die Seife,
die ihn wegwäscht.
262

17.

Verliere dich nicht im Außen und werde zum Opfer.
Richte dich nach innen und erlange Meisterschaft.

274

18.

Yoga schenkt den Mut, das eigene Licht
zu erkennen und zu leben.

285

19.

Zu lieben ist der eigennützigste Akt überhaupt.
Die Liebe gibt dir Schutz, Würde und Ausstrahlung.

297

20.

Du kannst überall, auf der ganzen Welt, nach Befriedigung
suchen, aber die Erfüllung muss von innen kommen.

308

21.

Hasse niemanden, liebe jeden.
Es kostet dich nichts. Liebe kostet nie etwas.

320

22.

Werde weder so verbittert, dass man dich loswerden will,
noch so süß, dass man dich verspeisen möchte.

332

23.
Freiheit ist, wenn die Dinge zu dir kommen,
anstatt dass du ihnen nachjagst.
343

24.
Wenn dein inneres Licht dich führen kann,
wirst du dich selbst übertreffen.
257

25.
Folge niemandem und höre auf niemanden.
Finde deine eigene Heiligkeit in dir.
267

26.
Es ist deine Hingabe an die Unendlichkeit,
die dich befreit.
381

27.
Der höchste Wunsch ist es, wunschlos zu werden -
zugleich der einzige Wunsch, der es wert ist.
393

Schlussbemerkung
397

Prolog

Lovina, Bali.
Es ist so viel Zeit vergangen und doch bist du immer noch da.
Ganz nah, bei mir. Ich trage dich in meinem Herzen.
Für immer. Du bist ein Teil von mir, so wie ich ein Teil von
dir bin. Wir gehören zur Unendlichkeit. Ich bin du,
du bist ich und wir sind eins.
Das Meer ist warm. Sanft plätschert es an den Strand.
Die Sonne versinkt blutrot im Wasser.
Ich kann mich an diesem Schauspiel nie sattsehen.
Es führt mir das Wunder der Existenz vor Augen.
Jeder Tag ist ein Geschenk von vollkommener Schönheit.
Ich verneige mich demütig, lachend und weinend zugleich.
Und ich erinnere mich an die Worte meines Lehrers,
als er aus dem Anand Sahib rezitierte:
»Meine liebende Seele, erinnere dich an den wahren Gott.
Tue nichts, für das du am Ende Reue empfinden wirst.
Höre stattdessen ihm zu, der immer mit dir sein wird.
Er ist überall und in allem.
Jene, die seine Gegenwart wahrnehmen, sind gesegnet.«
Ich bin hier. Jetzt. Ganz.

1.

Wenn du glücklich bist, kommt das Glück zu dir. Denn Glück wird immer von Glück angezogen.

Ich habe es getan. Ich bin in ein Flugzeug gestiegen, das mich nach Amsterdam gebracht hat, dann in ein weiteres nach Singapur und schließlich in ein drittes, das mich nach Denpasar, die Inselhauptstadt Balis, befördert hat. Es war ein endloser Flug, rund 22 Stunden habe ich auf klimatisierten Flughäfen und in engen, abwechselnd stickigen und heruntergekühlten Flugzeugkabinen verbracht, eingezwängt wie eine Sardine zwischen übergewichtigen, nach Schweiß müffelnden Mitreisenden, betäubt von Kinofilmen, die über einen Minibildschirm flimmerten, und etlichen Gläsern saurem Wein. Mein erster Flug nach Südostasien ist zugleich mein erster Flug ganz allein. Angesichts der vielen Paare – egal ob glücklich oder unzufrieden – ist es schwer, sich nicht wie amputiert zu fühlen. Zu Hause hatte ich drei Monate Zeit, mich an mich selbst zu gewöhnen, an eine Britta, die nicht mehr zu Stefan gehört. Eine Getrennte. Aber das hier ist eine neue Situation, die mich auf mich selbst zurückwirft. Als Kind bin ich mit meinen Eltern in den Urlaub geflogen, später dann mit Freundinnen, aber nie allein. Mein ganzes Erwachsenenleben über ist Stefan an meiner Seite gewesen, natürlich reisten wir in der Businessclass. Eine Selbstverständlichkeit wie die Tatsache, nur in den besten Hotels zu logieren.

Bei der Buchung im Internet bin ich nicht auf die Idee gekommen, dass ich woanders sitzen könnte als in dem abgetrennten vorderen Bereich, wo die Sitze breit und bequem sind, das Essen besser und die Abstände zu den anderen Passagieren größer. Ich habe nicht einmal gewusst, was so ein Flug kostet. Um alles hat Stefan sich gekümmert oder jemand, der von ihm beauftragt wurde. Ich Luxusweibchen musste immer nur meinen Rimowa-Koffer packen und zur richtigen Zeit ins Taxi steigen. Umso überraschter war ich über meinen Sitzplatz in der Economyclass.

Ich taumle durch die Gänge des Flughafens von Denpasar zum Gepäckband. Völlig übermüdet, denn im Flugzeug konnte ich kaum schlafen, trotz weininduzierter Benommenheit. Hinzu kommt die Zeitverschiebung. Hier ist es sechs Stunden später als in Hamburg, aber man hätte mir auch irgendeine Fantasiezeit nennen können - ich bin vollkommen aus der Zeit gefallen. Bei der Zwischenlandung in Singapur ist mir aufgefallen, dass die Asiaten eine Vorliebe für chemisch-süße Düfte hegen, die sie überall versprühen, und für bunte Teppichböden. Im Ankunftsbereich liegt ein braun-orange-gelber Bodenbelag mit psychedelischem Muster, der fast Halluzinationen hervorruft. Es ist erstaunlich leer. Wenige Menschen stehen um ein Gepäckband, das sich lustlos in Gang setzt und vereinzelte Gepäckstücke befördert, die niemandem zu gehören scheinen. Die Luft ist klebrig-warm. Nach einer gefühlten Ewigkeit taucht mein Rimowa-Koffer auf. Ich zerre ihn vom Band. Er wiegt Tonnen. Meine Erschöpfung bringt mich gefährlich nahe an den Rand des Selbstmitleids, an diesen riesigen Krater, in den ich jederzeit stürzen könnte. Ich nehme mich zusammen, schließlich bin ich nicht bis ans andere Ende der Welt geflogen, um zu heulen. Wie weit Bali entfernt ist, wurde mir bewusst, als wir Thailand überflogen, Indien streiften und uns auf Australien zubewegten. Ich bin nicht nur in alltäglichen Angelegenheiten, sondern auch in geografischen Belangen naiv. Erst einmal muss ich zur Toilette und dort meine Strumpfhose ausziehen, die Strickjacke loswerden. Über der - einigermaßen europäisch aussehenden Schüssel - hängt ein lustiges Schild: Es stellt eine Person dar, die mit den Füßen auf der Klobrille steht und durchgestrichen ist. Ich fotografiere es und schicke es Nickie.

Es folgt die offizielle Einreiseprozedur. Im Flugzeug musste ich eine winzige Karte ausfüllen, die »Arrival Card«, in die die Aufenthaltsadresse eingetragen wird. Dreißig Tage dürfte ich ohne Visum bleiben, doch mein Rückflug geht in zweieinhalb Wochen. Ein freundlich lächelnder Beamter begrüßt mich mit einem »Welcome to Bali!«. Nachdem ich den Zoll passiert habe, wo mein Gepäck durchleuchtet wird und ich bestätigen muss, weder Waffen noch Pornos, Tiere oder Pflanzen dabeizuhaben, bewege ich mich auf den Ausgang zu. Hinter einer Glaswand stehen mindestens fünfzig Balinesen und halten Schilder mit Namen von Passagieren oder Resorts hoch. Ich habe keinen Transfer gebucht, das winzige Hotel hat das nicht angeboten, und muss erst einmal Geld tauschen. Nach dem Duty-free-Shop, den alle Ankommenden zwangsweise durchqueren, finde ich mehrere Wechselstuben und entscheide mich für eine, die mir seriös erscheint. Ich schiebe dem ebenfalls freundlich lächelnden Balinesen einen Hunderteuroschein über den Tresen und erhalte die aberwitzige Summe von knapp 1,6 Millionen Rupiah - ein Packen bunter, teilweise fast zerfledderter Scheine, die wie Spielgeld aussehen.

Das Flughafengebäude ist halb offen, es scheint keine abgetrennten Räume zu geben. Überall wuchern Pflanzen.

Plötzlich stehe ich draußen und die Luft erschlägt mich beinahe in ihrer Dichte und Feuchtigkeit, legt sich wie ein Saunatuch auf mich. Sofort begreife ich, was tropische Hitze ist. Ich beginne augenblicklich zu schwitzen. Um mich herum haben alle irgendein Ziel. Einige dunkelhäutige Männer in rockähnlichen Gewändern, die bislang plaudernd herumgestanden haben, entdecken mich und schreien um die Wette »Taxi, Taxi!«. Stefan hat mir stets eingeschärft, dass solche Schreihälse Abzocker sind, also gehe ich schnell weiter. Tatsächlich entdecke ich kurz darauf einen Taxistand, wo ich zu einem festgelegten Preis einen Coupon erwerbe. Ich ziehe meinen Koffer hinter mir her zur Warteschlange der Wagen. Obwohl er vier Rollen hat, wird er immer schwerer, hinzu kommt der Bordtrolley, den ich mit Utensilien für zwei Nächte gefüllt habe, für den Fall, dass mein Gepäck nicht ankommen sollte.

Der Fahrer des ersten schäbigen Gefährts steigt aus, verstaut die Koffer und redet in einem unverständlichen Englisch auf mich ein. Ich zeige ihm den Coupon mit dem Ziel »Seminyak« und versuche ihm begreiflich zu machen, wo ich dort genau hinwill, er nickt und steigt ein. Ich nehme auf der Rückbank Platz. Die Plastiksitze saugen sich schmatzend an meinen Schenkeln fest.

»Casa Seminyak«, versuche ich ihm zu verdeutlichen. Bevor das Retreat losgeht, will ich eine Woche am Indischen Ozean verbringen. Ich bin stolz auf mich, dass ich die Buchung allein geschafft habe, Booking.com sei Dank. Der Taxifahrer schüttelt den Kopf. Ich reiche ihm mein Handy, wo ich das Ziel bei Google Maps markiert habe. Er beugt sich darüber, murmelt etwas und fährt los.

Der Verkehr ist höllisch. Ich brauche einen Moment, um zu begreifen, dass Linksverkehr herrscht, da das Chaos aus schrottreifen Autos und Mofas vollkommen unübersichtlich ist. Aus Gassen und Einfahrten schießen mit mehreren Personen beladene Mofas heraus, flitzen vorbei, um dann scharf abzubremsen. Meinen Taxifahrer lässt das anscheinend kalt. Anders als andere Angehörige seiner Zunft regt er sich nicht auf, die Hupe betätigt er jedoch wie die anderen ununterbrochen als eine Art Verständigungsmittel. Mir bleibt schleierhaft, was sie sich damit sagen wollen. Es wird gehupt, wenn sie überholen wollen, wenn der andere sie überholen kann oder nicht überholen soll, wenn sie abbiegen wollen oder jemanden vorlassen oder nicht vorlassen wollen. Komischerweise scheinen alle Verkehrsteilnehmer die Signale zu verstehen.

Denpasar ist nicht nur die größte Stadt der Insel, sondern auch die Hauptstadt Balis, wie ich meinem Reiseführer entnehme. Es soll angeblich einen mehrtägigen Aufenthalt wert sein, obwohl das, was ich davon sehe, mich nicht dazu animiert. Nachdem wir erst gut vorangekommen sind, geht es nun meterweise Richtung Zentrum. Entlang der Hauptstraße stehen blinkende, schreiend bunte Schilder nebeneinander, weisen auf Unterkünfte, Bars und Restaurants hin. Idyllisch ist das nicht, sondern erinnert an ähnliche Amüsiermeilen in Touristenzentren auf der ganzen Welt. Es kommt mir so vor, als wäre ich nicht auf Bali, sondern am Ballermann. Hier schlendern vorwiegend europäisch aussehende Touristen in zu knapper Bekleidung und mit hummerroter Haut herum. Derweil herrschen im Inneren des Taxis mittlerweile arktische Temperaturen. Ich vermisse meine Strickjacke und die Strumpfhose, wickle mich fester in meinen Schal und versuche den Fahrer zu bitten, die Klimaanlage zu drosseln. Er versteht mich nicht.

Schließlich lassen wir das Zentrum Denpasars hinter uns und der Verkehr fließt wieder. Ich kann mich nicht sattsehen an all dem, was vorbeizieht. Es ist skurril. Auf manchen der motorisierten Zweiräder sitzen vier oder fünf Menschen - Vater und Mutter sowie zwei bis drei Kinder, höchstens eine Person, meist der Fahrer, trägt einen Helm. Körbe mit undefinierbarem Inhalt werden transportiert, manchmal sogar auf dem Kopf balanciert, alle sind leicht bekleidet, tragen Flip-Flops. Ich mag mir nicht vorstellen, was passiert, wenn eine solche Familienkutsche in einen Unfall verwickelt wird. Falls es Verkehrsregeln geben sollte, verstehe ich sie nicht. Dennoch scheint es mir, dass die Fahrer mehr aufeinander achten als in Deutschland, wo jeder auf sein Recht pocht. Das Geschehen auf den Straßen erweckt den Anschein eines organischen Miteinanders. Selbst fahren käme für mich jedoch nicht infrage.

Seminyak liegt links unten, wenn man auf die Karte von Bali schaut, knapp über Kuta, das als Amüsiermeile Balis keinen besonders guten Ruf hat. Überwiegend Australier sollen hier zum Surfen, Feiern und Flirten herkommen. Nichts, wonach mir der Sinn steht, daher habe ich mich für das ruhige Seminyak entschieden. Es soll idyllischer sein, dabei immer noch an der fantastischen Sunset-Seite liegen.

Die Straßen werden schmaler. Teilweise sind es nur zwei Meter breite Gassen. Um etwaigen Gegenverkehr scheint der Fahrer sich keine Sorgen zu machen. Wenn plötzlich Scheinwerfer vor uns auftauchen, fährt er rückwärts in eine Einfahrt hinein oder so dicht an den Rand, dass die Autos sich in Millimeterarbeit aneinander vorbeischieben.

Wir kommen an einigen kleinen Hotels oder Privatunterkünften vorbei, aber meines ist nicht dabei. Der Fahrer bedeutet mir, ihm noch einmal die Adresse zu zeigen. Ich schaue auf mein Handy, laut Google Maps sind wir daran vorbeigefahren. Kein Problem - im Rückwärtsgang rasen wir die Gasse entlang. Das Adrenalin schießt mir durch die Adern. Was, wenn jetzt jemand abbiegt oder von hinten kommt? Ich bin es, die das winzige Schild entdeckt.

»It is there! Casa Seminyak!« Ich zeige auf den verblichenen Schriftzug, rosa auf einem weißen Blechschild. Wir biegen in eine unbefestigte Auffahrt ein. Rechts und links stehen unbeleuchtete Häuser, mir kommen Zweifel, was habe ich da nur gebucht? »Schnuckeliges Boutique-Hotel unter deutscher Leitung, sympathisches Hide-away« hieß es im Internet. Am Ende des Weges hält das Taxi an. Über dem Eingang des Hauses, das im Halbdunkel vor mir liegt, verkündet ein ähnlich rostiges Schild, dass ich angekommen bin. Ich fühle mich so allein wie noch nie zuvor.

*

Er zog einen voluminösen Blumenstrauß hinter dem Rücken hervor wie ein Zauberkünstler, der ein Kaninchen aus dem Hut zauberte. Rote Baccara-Rosen, bestimmt zwanzig Stück. Solche Gesten beherrschte er und ich wurde sofort schwach, obwohl ich wusste, dass es überkandidelt war.

»Rosen, aha, vom Flughafen und bestimmt überteuert.«

»Sie sind jeden Euro wert, sie duften sogar, riech mal ...« Stefan trat näher und mir wurde schwindelig vom atemberaubenden Duft der Rosen - aromatisierten sie die neuerdings?

Ich wollte ihm die Blumen abnehmen, aber er bestand darauf, selbst die Stiele zu kappen und sie in der Vase zu drapieren. Jede einzeln, sorgfältig und liebevoll.

»Ich fände es schön, wenn wir uns mehr austauschen.« Es konnte nicht sein, dass ich mich von ein paar Rosen einwickeln ließ.

»Austauschen? Du meinst, reden? Oder schreiben?«

»Ja. Du schaust doch sonst ständig auf dein Handy.«

»Hmm, ja. Wir können auch anders kommunizieren. Ich finde das besonders aufschlussreich.«

Er schaute mir in die Augen, hob mein Kinn an und küsste mich zart auf die Lippen. Es war ein Kuss, der sich bei aller Vertrautheit seltsam fremd anfühlte. Stefan küsste mich wieder, leidenschaftlicher, inniger. Die Härchen auf meinen Unterarmen stellten sich auf. Er zog mich in seine Arme und das Spiel, tausendfach gespielt, begann. Ein Spiel von Stärke und Schwäche, Macht und Unterwerfung oder Schutz und Verführung, unsere körperlichen Gegensätze hatten uns immer verbunden. Er hob mich hoch, trug mich ins Schlafzimmer, legte mich aufs Bett. Dann zerrte er sich das Sakko vom Leib. Ich half ihm leicht atemlos, das Hemd aufzuknöpfen, am Kragen war ein roter Fleck, den ich sofort wieder vergaß. Es schien ihm nicht schnell genug zu gehen, er riss das Hemd auf, sodass die Knöpfe flogen, dann widmete er sich mir mit der Hingabe, die ich an ihm liebte. Wie vermutlich alle Langzeitpaare folgten wir unserer speziellen Choreografie, wir konnten den Verlauf verlangsamen oder beschleunigen, kannten einander in- und auswendig. Und trotzdem gab es den Überraschungsmoment, die Fremdheit, die jedes Mal überbrückt wurde. Stefan roch heute anders. Und er fasste mich anders an als sonst, fester. Ich war irritiert. Und mochte es.

Unser Sex war von Anfang an atemberaubend gewesen. Wir schienen unsere Ergänzung gefunden zu haben, das fehlende Puzzleteil, wir waren Yin und Yang, zumindest im Bett. Nie gab es komische Momente mit ungeschickten Händen oder unerträglichen Fummeleien an Stellen, die nicht berührt werden wollten. Mir war sofort klar, dass wir etwas Außergewöhnliches hatten. Und es blieb so. Mehr als zwanzig Jahre lang. Während meine Freundinnen jammerten, dass sie nie zum Orgasmus kamen und sich über unsensible, egoistische Begattungen ihrer Ehemänner beschwerten, waren wir Team, Eltern und Liebespaar gewesen.

*

»Madame?« Der Fahrer hat sich zu mir umgedreht und mustert mich besorgt.

Ich lächle, zahle und steige aus. Irgendwo in der Nähe bellen Hunde. Mir stellen sich die Nackenhaare auf. Seit der Kindheit, als einmal ein Schäferhund geifernd vor meinem Kinderwagen stand, habe ich Angst vor Hunden. Mein übermüdeter Geist suggeriert mir einen Köter, der sich aus der Dunkelheit auf mich stürzt.

Der Fahrer hebt die Koffer aus dem Kofferraum und klopft mir beruhigend auf die Schulter: »Dogs here everywhere. No danger.« Eine nicht sehr angenehme Vorstellung, dass hier überall Hunde patrouillieren und ihr Revier verteidigen. Ich hätte ein Pfefferspray mitnehmen sollen.

Die Tür zur Lobby steht offen, aber es ist niemand zu sehen.

Nach Ortszeit ist es zehn Uhr abends. Ein wunderschöner halbrunder Raum präsentiert sich mir, der Boden mit schwarzen und weißen Fliesen schachbrettartig gekachelt, die Wände zartgelb gestrichen, geschmackvolle Rattanmöbel, Tische und Stühle im Bistrostil. In der Mitte eine runde Tanzfläche, offenbar wird der Saal noch anderweitig genutzt. Ich läute das Glöckchen auf dem Schreibtisch, das den Empfangstresen darstellt. Nach einigen Minuten erscheint ein Balinese, der kaum Englisch versteht. Sabine aus Bremen, der laut Website das Hotel gehört, scheint nicht da zu sein. Die Buchungsbestätigung, die ich vorlege, wird verstanden, und der schmächtige junge Mann bedeutet mir, ihm zu folgen. Er lässt es sich nicht nehmen, mein Gepäck die Treppe hinunter in eine Art Innenhof zu wuchten. Vor uns glitzert ein rechteckiger Pool im Mondlicht, links erstrecken sich die Zimmer über zwei Etagen. Es gleicht einem amerikanischen Südstaatenhaus, zumindest stelle ich mir die so vor. Jedes Zimmer hat entweder einen Balkon oder eine Terrasse, in üppige Vegetation eingefasst. Pflanzen, die ich aus Deutschland nur in Töpfen vor sich hin mickernd kenne, blühen hier meterhoch. In der schummrigen Beleuchtung wirken sie gigantisch.

Mein Raum ist im Erdgeschoss. Als Erstes drehe ich die Klimaanlage herunter, die süßlich-muffige Kälte verströmt. Neben einem Kingsize-Bett steht noch ein weiteres Doppelbett im Zimmer. Vier Personen, eine ganze Familie hätte hier Platz. Kurz werde ich sentimental, atme einige Male tief durch und nehme das Bad in Augenschein. Es ist riesig. Größer sogar noch als das Zimmer. Rechts hängt ein lang gezogenes Waschbecken, an dem sich eine halbe Schulklasse die Zähne putzen könnte, links eine etwas einsam wirkende Toilettenschüssel, hinten die

Dusche. Daran, dass der Raum halb offen ist und man beim Duschen nach draußen schauen kann, werde ich mich erst gewöhnen müssen. Was ist mit all den Insekten, Tigermücken, Käfern, Kakerlaken, oder was hier alles kreucht und fleucht, haben die freien Zutritt? Über dem Bett hängt immerhin ein Moskitonetz. Ich beschließe, erst einmal zu duschen.

Nackt und verschwitzt stelle ich mich unter die Dusche, drehe an den Armaturen - doch es kommt kein Wasser. Der Hahn quietscht, irgendwo in der Leitung rauscht es, aber aus dem runden Duschkopf tropft es nur. Als ich nach oben greife und leicht daran rüttle, fällt er ab, ein Schwall grünes Moderwasser ergießt sich auf mich. Angeekelt schreie ich auf, springe zurück. Nur ins Duschtuch gewickelt, renne ich zur Rezeption, auf mein Dauerläuten erscheint der junge Mann. Er sieht mich besorgt an. Mir ist egal, was er von mir denkt, von der Touristin vom anderen Ende der Welt, die ihn fast nackt in ihr Zimmer lotst. Kopfschüttelnd beäugt er den Zustand der Dusche, befestigt den Duschkopf wieder und ruckelt leicht am Gestänge. Es sieht wenig vertrauenerweckend aus. Skeptisch und nach Schweiß riechend schaue ich ihm dabei zu. Dann demonstriert er mir lächelnd die Funktionsfähigkeit - es kommt warmes Wasser heraus. Nachdem er unter Verbeugungen gegangen ist, dusche ich vorsichtig, immer bereit, notfalls beiseitezuspringen. Als ich mich abtrockne, sehe ich einen Riesenkäfer blitzschnell durch das Bad rennen. Trotz meines Ekels suche ich ihn, aber er bleibt verschwunden.

Die Aufregung hat die Müdigkeit weggeblasen. Außerdem habe ich Hunger und Durst, doch abgesehen von Mineralwasser mit Kohlensäure scheint es hier nichts zu geben. Eine ungeahnte Unternehmungslust überkommt mich. Ich bin auf

Bali! Das muss ich wiederholen, um es zu glauben. Ich werde doch jetzt nicht brav schlafen gehen! Stattdessen sprühe ich mich mit »No Bite« ein, einem heftig stinkenden Mückenschutzmittel, ziehe eine dünne Hose und eine langärmlige Bluse an und nehme Handy, Reisepass und einen Teil der Rupiah mit. An der Rezeption versuche ich dem jungen Mann klarzumachen, dass sich ein Monsterkäfer in meinem Zimmer versteckt. Ich fürchte, er versteht mich nicht. Aber dass ich noch zum Strand möchte, kann ich ihm begreiflich machen. Er staunt, erklärt mir den Weg mit Händen und Füßen. Ich verstehe nur die Hälfte und habe diese bereits vergessen, als ich draußen bin und die lange Auffahrt hinuntergehe. Zum Glück gibt es dafür Routenplaner auf dem Handy. Noch immer ist es unglaublich warm und schwül. Überall tschilpt, surrt und pfeift es, ich bin mitten im Dschungel, in einer tropischen Landschaft, auch wenn das Meer in unmittelbarer Nähe ist. Mein Herz klopft, als ich die von Schlaglöchern übersäte Straße entlanggehe. Einen Fußweg gibt es nicht, aber »Straße« ist auch nicht das richtige Wort für den sandigen Weg. Er führt im Zickzack an engen Mauern entlang, hohen Zäunen, unbeleuchteten Grundstücken; plötzlich taucht ein neonhell erleuchteter Carrefour auf, 24 Stunden geöffnet. Ab und zu knattert ein Mofa an mir vorbei. Die wenigen Fußgänger, die unterwegs sind, beachten mich nicht. Ich habe gelesen, dass Bali ein sicheres Reiseziel für allein reisende Frauen ist. Es scheint zu stimmen. Erleichtert atme ich auf. Immer wieder checke ich mein Handy für die Route. Google Maps führt mich durch eine Art schmalen Privatweg und plötzlich stehe ich im Sand.

Der Strand ist breit, flach, dunkel und kaum erhellt von Lichtern. Aber das Meer ist nicht da! Kurz steigt Panik in mir auf –

ist das ein sich ankündigender Tsunami, beginnt das Wasser sich zurückzuziehen, um als Wasserwand geballt alles zu überfluten? Das Schild am Durchgang kennzeichnete diesen als »Tsunami Evacuation Route«, versehen mit einem eindeutigen Piktogramm: eine hohe Welle, ein flüchtendes Strichmännchen. Es wird schon nichts passieren, warum ausgerechnet jetzt, sage ich mir und gehe weiter. Ich bin wahrscheinlich nur übermüdet durch den Jetlag. Ich streife die Ballerinas ab. Der Sand ist überraschend kühl unter meinen nackten Fußsohlen. In der Ferne glitzert eine Ansammlung von Lichtern, die sich am Strand entlangziehen. Beim Näherkommen sehe ich, dass es sich um Strandbars handelt. Es sind offene Holzbaracken mit fantasievollen Namen, bunten Laternen, die von Balken herabhängen oder im Sand aufgebaut sind, rote, gelbe, blaue und grüne Lichter. Auf simplen Hockern oder Sitzsäcken hingefläzt tummelt sich ein junges bis mittelaltes Publikum, hauptsächlich Asiaten, ins Gespräch vertieft. Sie nehmen keine Notiz von der blonden Frau, die ziellos zwischen den improvisierten Tischen herumläuft. Einige Gäste trinken Bier, andere halten Schraubgläser mit pastellfarbigem Inhalt in der Hand, den sie durch Strohhalme schlürfen. Ich schlendere weiter, bis ich ein Lokal finde, das anscheinend noch Essen serviert, denn auf den Tischen stehen Teller mit halb aufgegessenen Speisen.

Ich lasse mich auf einen roten Sitzsack plumpsen. Das Meer rauscht in der Ferne vor sich hin, vielleicht ist Ebbe. Die Barbeleuchtung strahlt nur wenige Meter weit, sodass der Ozean im Dunkeln liegt. Der Indische Ozean! Wow! Ich bekomme trotz der Hitze eine Gänsehaut.

»To drink?« Der Kellner reicht mir die Karte und ich bestelle eine hausgemachte Limonade aus allerlei Früchten mit unbekannten Namen. Auf die Frage, ob ich etwas zu essen bestellen kann, schüttelt er bedauernd den Kopf. »Kitchen closed!« Dann muss ich mich eben bis morgen früh gedulden. Die Limonade kommt, sie ist grün, außerordentlich lecker und süß genug, um das Hungergefühl zu besänftigen. Ich genieße den Moment, die bunten Lichter, die surreale Wärme. Es ist wundervoll hier. Wie schön es wäre, dieses Erlebnis mit Stefan und Nickie zu teilen. Oder nur mit einem der beiden. Ich wäre so glücklich, hätte ich meinen Mann oder meinen Sohn an der Seite, jetzt und hier. Warum haben wir so eine Reise nie zusammen gemacht, am Geld hat es ja nicht gelegen? Nun sind sie fort, Nickie in Rotterdam, Stefan im Raubtiergehege. Tränen steigen auf, durch den Schlafmangel bin ich noch rührseliger als sonst. Mit Nickie kann ich mal hierherkommen, tröste ich mich. Im Juni besuche ich ihn, dann lade ich ihn für die nächsten Semesterferien ein, mit oder ohne Viviana, wir werden es gemeinsam genießen. Ich trinke die Limonade aus, bestelle eine weitere Sorte und beschließe, mit mir selbst anzustoßen, auf meinen Mut, mich auf diese Reise gemacht zu haben.

2.

Sobald ich in mir zu Hause bin, bin ich überall zu Hause.

Als Kind musste ich regelmäßig mit meinen Eltern in die Kirche gehen. Obwohl ich mich zierte, hat es mich innerlich aufgerichtet. Jeden Sonntag saßen wir in den harten Kirchenbänken, sangen Lieder in zu hoher Tonlage und lauschten dem Pfarrer, der Erbauliches über das Leben Jesus Christus von sich gab. Ich konnte die Geschichten nur schwerlich mit dem hageren Jüngling in Einklang bringen, der fast nackt und offensichtlich leidend über dem feierlich gewandeten alten Mann hing, welcher Richtlinien über christliches Leben formulierte: »Du sollst dies nicht tun und das nicht, und wenn du es doch tust, kommt die Strafe Gottes über dich. Du sollst ein Leben führen, das Gott gefällt, dann belohnt er dich.« Ich hockte zwischen meinen Eltern und beobachtete unter halb geschlossenen Lidern die Gläubigen. Wie sie faltete ich die Hände und betete zu Gott. Glaubte ich an ihn? Ja und nein. Es schien sicherer, es zu tun, denn anscheinend verfügte er über die Macht, mir in den Kopf zu schauen und mich zu bestrafen, würde ich etwas Böses denken oder tun. Und er konnte mich bei der Erfüllung meiner Wünsche unterstützen. Also bat ich ihn um Hilfe und wenn ich etwas Schlimmes getan hatte, erflehte ich mir Vergebung. Nicht, dass die Vergehen groß waren: Mal hatte ich schlecht über eine Schulkameradin geredet, mal zu einer Notlüge gegriffen.

Später habe ich vor jeder Operation rituell um das Leben meines Kindes gebetet. »Lieber Gott, mach, dass Niklas überlebt. Nimm mir nicht mein Kind weg. Ich tue alles, wenn du ihn nur beschützt.« Letztlich hat er ja meine Gebete erhört, aber ich konnte nicht begreifen, wie einem kleinen unschuldigen Wesen ein so hartes Schicksal auferlegt werden konnte. Und so verlor ich meinen Glauben, der nie wirklich in mir verankert gewesen war. Er war Fassade wie so vieles in meinem Leben.

Der Gedanke an den Monsterkäfer - mindestens vier Zentimeter lang und wieselflink - hat mir einen unruhigen Schlaf beschert. Ich habe das Moskitonetz sorgfältig festgesteckt und das Licht angeknipst, als ich nachts zur Toilette musste. Mit Schuhen bin ich ins Bad getapst, den Blick furchtsam auf den Boden gerichtet. Natürlich habe ich ihn nicht gesehen. Zurück unter den Decken verfolgte er mich bis in meine Träume, katzengroß auf dem Bett sitzend.

Es ist Tag, als ich erwache. Ich fühle mich leicht erschlagen und wie in Watte gehüllt, aber nicht schlimmer als sonst. Jegliches Zeitgefühl ist mir abhandengekommen - eigentlich kein unangenehmer Zustand. Ich dusche, schminke und ziehe mich an. Als ich aus der Glastür auf meine Miniterrasse hinaustrete, erschlägt mich die Hitze beinahe. Die Sonne brennt mitten vom Zenit auf meinen Scheitel. Ich muss mir unbedingt einen Sonnenhut kaufen.

Im Tageslicht sieht der Innenhof noch anheimelnder aus. Eine plätschernde Oase, überall tropische Pflanzen. Vor den Zimmern sitzen Gäste, plaudern leise und frühstücken. Ich gehe durch den schwarz-weiß gefliesten Barbereich und suche die Küche. Ein junges Mädchen, traumschön in einem mit Paradiesvögeln bedruckten Sarong, den balinesischen Tüchern, die man zu allem Möglichen nutzt, kommt mir lächelnd entgegen.

»American or balinese breakfast?«, fragt sie.

Ich entscheide mich für die einheimische Variante, ohne zu wissen, was mich erwartet. Mir wird bedeutet, auf meiner Terrasse Platz zu nehmen. Während ich warte, beobachte ich das zwitschernde Treiben über mir. Sehr kleine Vögel wohnen in dem mit silbrigen Blüten übersäten, verästelten Baum. Aufgeregt fliegen sie hin und her. Allmählich erkenne ich ein Nest, in dem noch winzigere Vogelbabys sitzen und gierig den Miniaturschnabel aufsperren, um von ihren Eltern gefüttert zu werden.

Lächelnd serviert mir das schöne Mädchen - oder ist es ein anderes? - das Frühstück. Kaffee, einen milchig hellrosa Saft mit Stracciatella-artigen Sprengseln, Obstsalat aus Papaya, Melone, Mango, Kiwi, Ananas sowie unbekannten Früchten, darauf Joghurt und etwas Müsli. Es sieht toll aus und schmeckt großartig. Ich genieße jeden Bissen. Die Früchte sind derart saftig, lecker und reif - nicht zu vergleichen mit dem Obst in Deutschland. Der Smoothie hat ein eigenartiges, säuerlich-scharfes, dennoch köstliches Aroma.

»Das ist rote Drachenfrucht, die Pitaya«, erläutert mir später Sabine, die deutsche Inhaberin des Boutique-Hotels. Sie hat lange rotblonde Haare, ist etwa Mitte fünfzig und lebt seit einem Vierteljahrhundert auf Bali, wie sie mir bei einem weiteren Smoothie aus Papaya und Mango erzählt. Ich höre staunend, wie sie als 25-Jährige auf die Insel kam. Damals gab es wenig Tourismus und die Insel war ein schwer zu erreichender

Geheimtipp unter Hippies. Nur die holländische Fluggesellschaft KLM flog nach Badung, wie Denpasar früher genannt wurde, oder man musste über Java mit dem Schiff kommen. Sabine studierte Jura, langweilte sich aber dabei. Sie verfiel der Insel sofort, kam wieder, jobbte, blieb länger, vernachlässigte ihr ungeliebtes Studium und verliebte sich stattdessen in einen Balinesen. Ein paar Jahre pendelte sie, dann brach sie die Brücken nach Deutschland ab und beschloss, ganz hierzubleiben. Sie heiratete den Balinesen und bekam zwei wunderhübsche Kinder mit ihm. Die Ehe hielt im Gegensatz zur Bali-Liebe nicht.

»Die Mentalität ist zu fremdartig, so viele Riten und Überlieferungen spielen in Denken und Verhalten der Menschen hinein. Wir haben uns nicht verstanden«, erklärt sie bedauernd. Ich lächle. Es ist ja schon schwer genug, einander zu verstehen, auch wenn man dieselbe Sprache spricht und aus derselben Kultur stammt.

Heute nennt sie das Anwesen ihr Eigen, das in den Jahren immer weiter organisch gewachsen ist, außerdem hat sie eine Eigentumswohnung in Bremen und eine in Rio de Janeiro, wie sie mir erzählt. Wie und womit ihr das gelungen ist, verrät sie nicht. Hat sie sich das selbst aufgebaut oder Kapital geerbt, durch Scheidung erhalten, stammt ihr Ex-Mann aus einer reichen balinesischen Familie? Fragen, die ich nicht stellen mag.

»Ich bin während der Übergangszeit hier. Im balinesischen Sommer ist es mir zu heiß, in der Regenzeit zu nass. Dann überlasse ich das Hotel meinen Angestellten und besuche Brasilien oder die alte Heimat«, sagt sie lächelnd.

Ich bin voller Bewunderung und Ehrfurcht. So ein selbstbestimmtes Leben würde ich auch gern führen. Sabine spricht eine der Angestellten in der Landessprache an.

Ich staune. »Du sprichst Balinesisch?«

»Natürlich. Das ist unerlässlich, wenn man hier lebt, ansonsten bleibt man fremd. Meine Angestellten würden mich nicht respektieren, hinter meinem Rücken über mich reden.«

Ich nicke. Stefan hat immer gesagt, dass man alle und jeden verstehen und deren Sprache sprechen müsse, wenn man ein Unternehmen führen wolle.

»Balinesisch ist nicht besonders schwierig. Bis auf ein paar Ausnahmen wird alles gesprochen, wie es geschrieben wird.«

Ich denke an die unverständlichen Schriftzeichen, die ich bislang gesehen habe. »Du kannst das auch lesen?«

Sie lacht. »Nicht die alten Zeichen. Aber Balinesisch wird heute mit dem lateinischen Alphabet geschrieben. Die frühere balinesische Schrift ähnelt der alten javanischen Schrift. Dann gibt es noch Hoch-, Mittel- und Niederbalinesisch, drei Sprachebenen, die sich am Kastensystem orientieren. Und es existieren Regeln, wer mit wem wie spricht.«

Puh, das scheint mir nicht besonders einfach zu sein. Meine Bewunderung für diese Frau, die sich in einem fremden kulturellen Kontext behauptet, steigt. Hinzu kommt, dass sie nicht mit einem Wort erwähnt hat, dass oder warum ich allein reise. Für sie mag vollkommen selbstverständlich sein, was für mich exotisch und schmerzhaft ist. Ich war es gewohnt, mich mit Stefan über das auszutauschen, was wir erlebten.

»Was möchtest du dir hier anschauen? Du bleibst eine Woche, oder?«

»Sechs Tage. Dann fahre ich nach Ubud zu einem Yoga-Retreat.« Es fühlt sich gut an, irgendwie erwachsen, das auszusprechen. Als wäre ich eine erfahrene spirituell Suchende, die um den Erdball reist.

»Okay, dann wünschst du dir hier in erster Linie Strand und Erholung? Oder willst du surfen lernen?«

»Oh Gott, nein.« Ich habe nicht nur Angst vor Hunden, sondern ebenso vor hohen Wellen, davor, dass mir Wasser über dem Kopf zusammenschlägt.

»Gut, ansonsten hätte ich dir ein paar Surfschulen in Kuta genannt.«

»Vielen Dank, aber das ist nicht meins.«

Sabine rät mir, einen hohen Sonnenschutzfaktor zu benutzen und mir eine Liege mit Schirm am Strand von Seminyak zu suchen, in der Nähe eines Warungs, dessen Lage sie mir beschreibt. Ein Warung bezeichne einen einfachen Strandimbiss, doch laut ihr bieten viele Warungs erstklassige Currys und andere balinesische und indonesische Gerichte zu Spottpreisen an.

Voller Vorfreude mache ich mich auf den Weg, vorschriftsmäßig mit Sonnenschutzfaktor 50 eingecremt, dazu habe ich Mückenschutz aufgetragen, der furchtbar stinkt. Es soll hier tag- und nachtaktive Mücken geben, von den dämmerungsaktiven ganz zu schweigen - und alle können im Zweifelsfall Krankheiten übertragen. In meinen Rucksack habe ich ein Strandlaken, Wasserflasche, Handy, Buch und Geld gepackt. Als ich dieselbe Straße hinuntergehe, die ich bereits gestern Abend erkundet habe, sehe ich viele kleine Geschäfte, Wohnhäuser, Mofa-Verleiher und Unterkünfte. Alles wirkt behelfsmäßig und provisorisch zusammengezimmert. Manches ist hübsch und idyllisch, Blumen, bunt bemalte Schilder und anheimelnde Dekoration, dann wieder zieht mir der beißende Gestank eines verrottenden Müllhaufens oder brackiger Abwässer in die Nase. Gackernde Hühner rennen frei herum, Hähne müssen in Käfigen hocken. Hunde ohne sichtbaren

Besitzer nehmen zum Glück keine Notiz von mir. Ich trage Turnschuhe und Sonnenbrille und fühle mich leicht, als hätte ich trotz des schweren Rucksacks Ballast abgeworfen. Unter der gleißenden Tropensonne scheinen Hamburg und die Traurigkeit der letzten Monate weit weg.

Den Durchgang zum Strand finde ich problemlos und mache mit dem Handy Fotos vom Tsunami-Schild und der üppigen Vegetation, die ich später Nickie schicken will. Das Meer ist heute da. Es brandet in ambitionierten Wellen, schätzungsweise zwei Meter hoch, ans Ufer. Schilder warnen vor gefährlicher Unterströmung. Sabine hat mich darauf hingewiesen, dass man nicht ins Meer hinausschwimmen sollte. Aber das habe ich sowieso nicht vor. Mir reicht es völlig, am Wasser zu sein. Ich ziehe meine Flip-Flops aus und tauche die Zehen ins Wasser. Es ist badewannenwarm. Wenn es zurückströmt, zerrt es kraftvoll an meinen Knöcheln.

Ich wandere am Saum des Meeres entlang. Rechts von mir tauchen große, luxuriöse Hotels auf. Ihre Gartenanlagen erstrecken sich bis zum Strand, allerdings sind diese ein bis zwei Meter höher gelegen und wirken wie aufgeschüttet. Auf knallgrünem Rasen stehen Holzliegen besetzt mit Urlaubern, die leicht, aber schick bekleidet Drinks aus Strohhalmen schlürfen, dösen oder sich unterhalten. Auffallend viele Angestellte im gleichen Sarong wuseln umher und bemühen sich, Gästewünsche schon zu erfüllen, bevor diese ausgesprochen werden. Vor den Eingängen stehen Wachleute, deren abweisende Miene sich vom dienstbaren Lächeln ihrer Kollegen im Servicebereich unterscheidet. Unbefugte scheinen die elitären Hotels nicht betreten zu dürfen - anscheinend will aber auch keiner hinaus und die Luxusenklave verlassen.

Nachdem ich eine halbe Stunde am Strand entlangspaziert bin, komme ich zu dem von Sabine empfohlenen Warung. Ein klapperiges Holzschild trägt den Namen »Warung Cantina«, ein komischer Name, klingt spanisch, mitten in Seminyak. Oben auf der Böschung stehen Tische und Stühle aus Holz unter Schirmen, unten ein paar Liegen. Ich wähle eine massive Holzliege und mache es mir im Schatten gemütlich. Das Meer rauscht so laut, dass es meine ganze Aufmerksamkeit auf sich zieht. Eigentlich wollte ich lesen, ein Sachbuch zur Aufarbeitung meiner gescheiterten Ehe, aber das Buch bleibt im Rucksack. Stattdessen schaue ich den Wellen zu, die unermüdlich anrollen, sich auftürmen, brechen. Ab und zu kommt ein vorwitziges Exemplar gefährlich nahe, umspült auslaufend die Liege, sodass ich ihr gerade noch meine Flip-Flops entreißen kann. Ich muss kichern. Seit Ewigkeiten habe ich mich nicht so wohl gefühlt, so frei und unbeschwert.

*

Ich war fast noch ein Kind, als ich Stefan kennenlernte. Ein junges Mädchen von Anfang zwanzig, voller Naivität und unbeschwerter Lebensfreude, das Kunstgeschichte studierte, weil es nicht wusste, was es sonst mit seinem Leben anfangen sollte. Zwanzig Jahre später hatte sich eine gitternetzartige Struktur feiner Falten über mein Gesicht gelegt. Meine blauen Augen blickten nicht mehr lächelnd in die Welt, sondern ängstlich-besorgt, in ständiger Erwartung der nächsten Katastrophe.

»Nun schau nicht so!«, bekam ich öfter von Stefan zu hören. Dabei lächelte er, aber es war sein Fassadenlächeln, das auch für seine Kunden bestimmt war.

»Wie denn?«

»Na, so angespannt. Es ist doch alles in Ordnung!«

Wir lebten in einem wunderbaren Haus mitten im Alstertal. Eine Backsteinvilla mit zweihundert Quadratmetern Wohnfläche auf einem Grundstück von mehr als tausend Quadratmetern in einer der begehrtesten Straßen des Wohnviertels. Im Winter fuhren wir zum Skilaufen in die Schweiz, im Sommer an die Côte d'Azur. Stefan war fest verankert in der materiellen Welt, während ich mich nach mehr sehnte. Nein, nicht nach einem anderen Mann. Sondern nach etwas, das mich hielt und trug und ebenso erhob. Ich wusste nicht, was das sein könnte, aber die Sehnsucht danach war da und wuchs. Ich fühlte mich wurzellos, gleichzeitig hatte ich über die Jahre an Leichtigkeit verloren. Stefan spürte es und warf es mir manchmal vor, kleine Andeutungen, die mir zeigten, dass er die unbeschwerte Britta von früher vermisste. Mir fehlten Wurzeln und Flügel. Ich trudelte irgendwo dazwischen herum, war orientierungslos. Die Jahre hatten mir kleine Verletzungen zugefügt, aber ich war nicht an ihnen gereift, sondern fühlte mich beschädigt.

Zum Glück hatte ich meine Familie. Stefan war mein Anker, mein Fundament. Und dann natürlich Niklas, unser wunderbarer Sohn, er stellte meine Flügel dar. Der Tag, an dem er sein Abiturzeugnis verliehen bekam. Nie hätte ich gedacht, dass er eines Tages die Schule beenden würde. Und doch hatte er es geschafft - noch dazu mit Bravour. Wir hatten es geschafft, wir alle zusammen.

Im Schlafzimmer stand Stefan im grauen Dreiteiler vor dem Spiegel und band sich die Krawatte. Der Anzug war maßgeschneidert und saß perfekt, das Hemd blütenweiß. Mein Mann seit über zwanzig Jahren. Er drehte sich zu mir um und breitete die Arme aus. Ich sank in seine Umarmung, klammerte mich an ihn. Es tat so gut. Sein Duft und seine körperliche Präsenz erinnerten mich daran, was wir alles zusammen durchgestanden hatten. Wir hatten einander getröstet und gehalten, wenn es hoffnungslos schien. Gemeinsam hatten wir die harten Zeiten überlebt.

Ich schlüpfte in das dunkelblaue Kleid, das ich mir zu diesem Anlass gekauft hatte. Es war nicht so kurz wie die Kleider, die ich als Studentin getragen hatte, und auch nicht so tief dekolletiert, sondern gut geschnitten, hochwertig und vielleicht etwas bieder. Dafür war es zehnmal so teuer. Die Haare steckte ich hoch, schminkte mich dezent, sprühte Parfum auf.

Stefan, der inzwischen auf der Bettkante gesessen und Mails gecheckt hatte, trat hinter mich.

»Wunderschön«, sagte er. »Meine wunderschöne Frau. Ich danke dir für alles. Dafür, dass du immer an meiner Seite warst, und besonders dafür, dass du mir Niklas geschenkt hast.«

Er zog ein kleines Päckchen aus der Innentasche seines Jacketts und überreichte es mir. Ich blinzelte gerührt.

»Was ist das?«

»Eine Kleinigkeit zu Niklas' Abitur. Ohne dich hätte er es nie geschafft.«

Tränen liefen mir die Wangen hinunter.

»Nicht weinen«, flüsterte er und reichte mir ein Taschentuch. »Komm schon. Mach es auf.«

Ich löste die rote Schleife, öffnete das Kästchen und hielt die Luft an. Es waren filigrane Ohrringe mit blauen Edelsteinen, die perfekt zu meinem Kleid passten. Das Blau der Steine funkelte fast überirdisch.

»Wow! Die sind wunderschön. Ich danke dir.« Ich umarmte und küsste ihn.

»Blauer Saphir aus Sri Lanka. Die Einfassung ist aus Platin, du brauchst also keine Bedenken wegen deiner Silberallergie zu haben.«

»Du sollst mir doch keine so teuren Geschenke machen.«

»Schmuck ist eine Wertanlage - und was gibt es Schöneres für einen Mann, als die Mutter seines Kindes zu beschenken und glücklich zu machen?«

Ich legte die Ohrringe an. Sie glitzerten majestätisch und werteten meine Erscheinung so auf, dass mein Kleid nun keine Spur mehr bieder wirkt.

»Danke dir. Ich liebe dich.«

»Und ich liebe dich.« Er küsste mich zärtlich auf den Mund. Dann klingelte sein Handy. Er schaute aufs Display und signalisierte mir, dass es ein wichtiger Anruf war, den er entgegennehmen musste.

Während er den Raum verließ, erneuerte ich meinen Fassadenanstrich. Ungeschminkt fühlte ich mich nackt und bloß, als könnte jeder mein schutzloses, unattraktives Ich sehen. Mit einem geschickt aufgetragenen Make-up gelang es mir, die Augen größer wirken zu lassen und von den Schwächen abzulenken. Das Gitternetz meiner Fältchen konnte ich zwar nicht wegschminken, es aber durchaus etwas mildern.

*

Später bekomme ich Hunger. Der Warung hat sich allmählich mit Menschen gefüllt, dabei mischen sich Einheimische und Touristen.

Ab und zu kitzeln Wolken verführerischer Essensdüfte meine Nase so lange, bis ich nicht mehr widerstehen kann. Ich klettere zu der behelfsmäßigen Holzplattform hinauf und stehe schüchtern zwischen den Tischen herum, weiß nicht, wo ich mich hinsetzen soll. Alle sind in Gruppen, Familien oder als Paar unterwegs. Neben der Konstellation »älterer weißer Mann und junge Balinesin« sieht man auch häufiger »älterer weißer Mann und junger Balinese«, jedoch nie »ältere weiße Frau und junger Balinese«. Meinesgleichen scheint hier keine Zukunft zu haben. Sollte ich irgendwann innerlich mit Stefan abgeschlossen haben, werde ich mir keinen neuen Mann zulegen.

Niemand nimmt Notiz von mir, bis ein freundlicher Mitarbeiter mich lächelnd an einem Tisch mit Blick aufs Meer platziert. Wie fast alle Balinesen - mit Ausnahme der Taxifahrer am Flughafen - strahlt er Zufriedenheit aus. Obwohl er eine abgerissene Jeans - keine künstlich und teuer verschlissenen, wie sie in Deutschland Mode sind - und Turnschuhe trägt, die fast auseinanderfallen, scheint er mit seinem Leben zufrieden zu sein. Seine Augen, dunkel und mandelförmig, schauen mich voller Verständnis und Güte an. Er legt mir die Menükarte vor. Sie ist auf Englisch gehalten und verspricht indonesisches und balinesisches Essen, es gibt Salate und Sandwiches sowie viel Fisch und Meeresfrüchte. Ich bestelle ein Seafood Curry und ein Wasser. An den Nebentischen werden exquisite Kreationen aus Gemüse, Reis und gegrilltem Fisch oder Fleischspieße serviert, alles hübsch angerichtet, mit Blüten dekoriert und von Schalen mit Soßen begleitet. Mein Magen knurrt, das Frühstück liegt schon sechs Stunden zurück, wie ich erstaunt feststelle - ich muss viel Zeit damit verbracht haben, aufs Meer zu starren. Dabei habe ich vergessen, nachzucremen. Mein rechter Arm und die Schulter sind gerötet, das Gesicht spannt, und das, obwohl ich unter dem Schirm gelegen habe.

Der Kellner stellt ein Glas Wein vor mir ab. Ich schüttle den Kopf, er deutet auf zwei Männer am Nebentisch. Dem Aussehen nach zu urteilen, Australier oder Neuseeländer, sie prosten mir zu. Sie sind wettergegerbt, um die fünfzig und tragen Tropenhüte sowie Bermudas zu Bierbäuchen unter schmuddeligen T-Shirts. Ich lächle verhalten zurück, hebe das Glas, ich will niemanden zu mir an den Tisch einladen, aber auch nicht vor den Kopf stoßen. Man weiß ja nie, wie Männer auf eine Abfuhr reagieren. Unauffällig drehe ich mich ein wenig weg, sodass ich sie nicht mehr im Blickfeld habe. Zum Glück kommt dann auch schon mein Essen. Eine Küche habe ich hier nicht gesehen. Ein emsiger Mopedfahrer schafft die Gerichte, in Alufolie verpackt, herbei. Vor Ort scheinen nur Säfte gepresst, Kokosnüsse aufgeschlagen und Getränke gelagert zu werden. Das Curry, heiß und pikant, wird in einer Schale serviert, der Reis auf einem Teller daneben ist zu einer Halbkugel geformt. Hungrig mache ich mich darüber her. Das Gemüse hat Biss, der Fisch ist saftig. So lecker habe ich in Hamburg selten gegessen - auch in weitaus teureren Restaurants nicht. Ich ertappe mich dabei, wie ich kleine Laute des Wohlgefallens von mir gebe. Der Wein steigt mir bei den Temperaturen schneller zu Kopf als gewöhnlich.

Wie wunderbar es hier ist! Wenige Meter entfernt donnert das Meer ans Ufer, die Sonne scheint, Stimmen und Lachen dringen mir ans Ohr, ich bin inmitten Fremder an einem exotischen Ort und fühle mich wohl. Ich weiß nicht, ob es der Indische Ozean ist, der meine Lunge befreit, aber zum ersten

Mal seit Silvester, seitdem ich Stefan mit Eileen in inniger Umarmung ertappt habe, kann ich wieder atmen. Als ich bezahle, gebe ich dem Kellner ein üppiges Trinkgeld.

»No, Madam, too much!«, wehrt er die Rupiah ab, in Euro umgerechnet immer noch ein lächerlich geringer Betrag.

Er schiebt mir die Hälfte des Geldes zurück und lässt sich nicht überreden, es zu nehmen. Ich beharre nicht darauf, denn vielleicht verstößt das gegen irgendeinen mir unbekannten Höflichkeitsritus.

Vom Wein benommen, stolpere ich zur Liege zurück und falle augenblicklich in einen Verdauungsschlaf. Als ich erwache, grummelt mein Bauch. Binnen Minuten wächst das Grummeln zu ausgemachten Bauchkrämpfen an. Das hat mir noch gefehlt. Ich nehme meinen Rucksack und klettere in gekrümmter Haltung zu dem Warung hoch, wo es eine Toilette geben muss. Die Australier hocken immer noch dort, nuckeln am wer-weiß-wievielten-Bier, zum Glück beachten sie mich nicht, als ich an ihnen vorbeischleiche. Das stille Örtchen erweist sich als Klosettschüssel ohne Brille oder Deckel hinter einem Bretterverschlag, zum Glück nicht direkt neben den Tischen, wo die leckeren Speisen serviert werden. Ich schiebe den Riegel vor und bin froh, Papiertaschentücher dabeizuhaben, denn Toilettenpapier gibt es keins. Mittlerweile steht mir der Schweiß auf der Stirn und ich entleere mich unter Krämpfen. In Gedanken checke ich die Reiseapotheke: Habe ich Mittel gegen Bauchkrämpfe, Blähungen und Durchfall dabei? Ja, aber natürlich nicht hier.

Doch als ich mir - peinlich berührt, weil ich die einzige Toilette verpestet habe - unter dem Kaltwasserhahn die Hände wasche, geht es mir schon besser. Mein Bauch fühlt sich an, als wäre nichts gewesen. Ich horche noch etwas in mich hinein, aber es bleibt ruhig. Schließlich, die Sonne ist in Richtung Meer gewandert, mache ich mich auf den Rückweg. Der Sand, der mir heute Morgen beinahe die Fußsohlen verbrutzelt hat, ist nun angenehm kühl. Die Warungs und Hotels bereiten sich auf den Sonnenuntergang vor. Sie stellen Stühle auf, werfen bunte Sitzsäcke in den Sand. Der breite Strand füllt sich mit Menschen. Es ist Ebbe. Das Wasser hat sich zurückgezogen. Man kann endlos weit hinausschauen und sieht die Silhouetten von Frauen und Männern, Kindern und Familien übers Watt gehen. Das Licht wird weicher, eine Art Schleier oder Dunst scheint sich über die Sonne zu legen. Es herrscht eine sanfte und warme Stimmung, die auch mich ergreift.

Kurz vor der Abbiegung zu meinem Hotel beschließe ich, noch ein Stück weiter zu gehen. Warum nicht den Sonnenuntergang erleben? Niemand wartet auf mich. Ich lasse mich in einen hellgrünen Sitzsack in vorderer Reihe fallen und bestelle nach einem Blick auf die Getränkekarte ein Bintang Radler. Die meisten trinken das einheimische Bier; dass die leichtere Variante mit Limonade einen deutschen Namen trägt, finde ich lustig. Im Hamburg würde man es Alsterwasser nennen, aber es schmeckt süßlicher. Während ich an meiner Flasche nuckle, strömen von überallher immer mehr Balinesen, in farbenprächtige Sarongs gekleidet, mit Blusen, Brusttüchern und Blüten in den Haaren. Die Sonnenuntergangszeremonie entwickelt Volksfestcharakter. Und tatsächlich gibt die Sonne alles, sie taucht den Himmel in ein Farbenspiel von zartrosa über leuchtend orange bis hin zu blutrot. Kaskaden von Farben, ein Schauspiel, das extra für die Zuschauer aufgeführt zu werden scheint, die es entsprechend kommentieren.

»Ooooh!« und »Beeeeh!«, macht es um mich herum und ich staune, dass etwas, das die Balinesen doch täglich zu Gesicht bekommen, solche Begeisterungsstürme auslöst. Handys werden gezückt und die Sonne in jeder Millisekunde ihres Verschwindens abgelichtet, mal alleine, mal als Selfie-Beiwerk, mal mit dem oder der Liebsten an der Seite.

Ich habe schon manch stimmungsvolle Sonnenuntergänge erlebt, in Hamburg an der Elbe oder auf Ibiza, wo wir jahrelang auf einer Finca nahe dem berühmten Café del Mar Urlaub machten. Nie jedoch war ich allein, nie so weit fort und egal, ob es daran liegt oder an der ganz speziellen Schönheit dieses Moments, jedenfalls zwingt mich etwas in die Knie. Ich, die ich seit Jahren in keiner Kirche war und meinen Kinderglauben nicht vermisse, bin kurz davor, auf den Strand zu sinken und mein Gesicht in den Sand zu legen, voller Anbetung für Gottes Schöpfung, die mich und all meine Sorgen lächerlich aussehen lässt. Was bin ich schon, ein vernachlässigbarer Teil des Ganzen, ein Staubkorn, ein Nichts.

3.

Dieser Hokuspokus, einen äußeren Gott zu finden, ist vorbei. Wir sind hier, um Gott in uns selbst zu finden.

Ich träume, dass ich endlose Krankenhausflure entlangrenne. Türen öffnen und schließen sich, doch ich finde Stefan nicht. Irgendwo muss er sein, er hat doch versprochen zu kommen und mir beizustehen. Mein Bauch schmerzt, er ist so dick, dass ich beinahe platze, und ich spüre, dass das Kind jetzt geboren werden will. Die Wehen sind so heftig, dass ich mich an der Wand abstützen muss, ich ringe um Atem, die Beine geben nach. Keine Menschenseele sieht mich, obwohl ich Ärzten und Krankenschwestern begegne, sie anflehe, meinen Mann zu suchen, sie schauen durch mich hindurch, ich scheine unsichtbar zu sein. Als ich um die nächste Ecke biege, bin ich im Garten und da liegt er im Liegestuhl, liest eine Zeitschrift, was er sonst nie tut, lächelt mir entgegen, aber er meint nicht mich, sondern jemanden, der hinter mir steht, ich drehe mich um, aber da ist niemand, doch, ein Käfer, größer als der, der vergangene Nacht in meinem Zimmer war. Was hat Stefan mit ihm zu schaffen, sieht er nicht, wie hässlich er ist? Ich gehe auf meinen Mann zu, aber der Boden ist morastig, schwerfällig wate ich durch den Schlamm, immer tiefer wird das Moor, das mich zu verschlingen droht, nun steht er auf und geht weg, bei ihm ist der Boden trocken, er pflückt einen Blumenstrauß, bricht die Rosen ab, die ich sorgfältig gepflegt habe, beide Hände um den Leib geschlungen rufe ich nach ihm, aber er hört mich nicht, schon bin ich bis zur Hüfte versunken, das Moor saugt mich glucksend und gierig ein, es steht mir bis zum Hals.

Ich erwache mit einem Schrei, kurz bevor ich verschwinde, mein Bauch schmerzt und ich bin schweißgebadet. Einen Moment weiß ich nicht, wo ich bin, dann fällt es mir wieder ein. Bali, ich bin auf Bali und allein. Stefan ist weit weg, Nickie ebenfalls. Ich schleppe mich zur Toilette, habe schreckliche Bauchkrämpfe, schaffe es gerade noch, meinen Slip herunterzuziehen. Es fühlt sich an, als würden meine Gedärme nach außen gestülpt, wie Geburtsschmerzen. Zitternd strauchle ich zum Bett zurück, mir ist erbärmlich kalt. Mein Bauch beruhigt sich etwas, aber nicht sehr, es rumort und arbeitet in mir, als hätte ich einen Dämon verschluckt. Ich dämmere vor mich hin und nach einigen Minuten oder Stunden schwitze ich wieder, werfe die Decken ab und muss erneut zur Toilette, der Weg kommt mir unendlich lang vor und ich bin so schwach. Was habe ich nur gegessen, was ist los mit mir? Eine fremde Macht knetet meine Bauchorgane durch, Krämpfe schütteln mich. Übergeben muss ich mich nicht, obwohl mir so schlecht ist wie noch nie zuvor und ich wünschte, ich könnte es, stecke mir sogar, vor der Kloschüssel auf dem Boden kauernd, von Riesenkäfern beobachtet, den Finger in den Hals, aber nichts geschieht. Ich habe furchtbaren Durst und trinke das letzte bisschen Wasser, dann rolle ich mich auf der Matratze zusammen. Die Käfer sitzen in den Ecken und beobachten mich mitleidlos, sie klappern mit ihren Zangen, ich höre sie wispern. Sie beratschlagen, was sie mit mir anfangen sollen, diesem Eindringling. So geht das weiter, ich verliere jedes Zeitgefühl, irgendwann kommt nichts mehr aus mir heraus, aber der Dämon ist nicht zufrieden, sein Schmerzhunger auf mich ist nicht gestillt und zerkaut weiter meine Eingeweide.

Ich habe nicht bemerkt, dass es hell wurde. Es klopft, aber ich bin zu schwach, um zu antworten, habe mich an einen winzigen Ort in mir zurückgezogen, wo ich Frieden zu finden hoffe. Später klopft es eindringlicher und die Tür wird geöffnet. Ein freundliches Mädchengesicht schaut besorgt hinein: »Everything okay, Madam?«

Ich schüttle den Kopf und versuche, sie auf die Käfer hinzuweisen. Zwei sitzen mit übereinandergeschlagenen Beinen in der Ecke und beobachten mich mit amüsiertem Gesichtsausdruck. Nie zuvor ist mir aufgefallen, welch ausdrucksvolle Mimik Käfergesichter haben.

»Madam, are you sick?« Das Mädchen steht in der Tür, zögert jedoch, das Zimmer, das sich seit gestern in eine stinkende Höhle verwandelt hat, zu betreten. Ich kann es ihr nicht verübeln.

Als ich nicht antworte, geht sie, kehrt kurz darauf mit Sabine zurück, die resolut an mein Bett tritt und mir die Hand auf die Stirn legt. Ich schäme mich für den Gestank und meinen Zustand. Die Balinesin, schön wie eine frische Blüte und genauso wohlriechend, beugt sich über mich, streicht mir sanft das schweißverklebte Haar aus der Stirn, ich könnte weinen, weil sie so zärtlich ist. Dann öffnet sie die Fenster, beginnt aufzuräumen.

»Du bist heiß. Tut dir etwas weh?«, fragt Sabine.

»Bauchschmerzen. Durchfall«, röchle ich. Mehr kann ich nicht sagen. Sabine nickt, verschwindet.

Die Balinesin, oder ist es eine neue, ich kann sie nicht auseinanderhalten, eine ist schöner und zarter als die andere, bringt frisches Wasser und würzigen Tee. Sie flößt mir ein paar Teelöffel ein.

Sabine kommt mit einem Mann wieder, den sie mir als »Balian« vorstellt. Oder ist das seine Berufsbezeichnung? Er untersucht mich, schaut mir in die Augen, fühlt den Puls und tastet den Bauch ab. Seine Hände sind sanft und trocken.

»Bali belly«, stellt er fest. Er entnimmt der Tasche Pulver und Kräuter, gibt dem Mädchen auf Balinesisch Anweisungen. So schnell, wie er gekommen ist, verschwindet er wieder.

»Das haben viele, die zum ersten Mal nach Bali kommen«, erklärt Sabine. »Der Magen-Darm-Trakt rebelliert, er muss sich erst an die veränderte Bakterienlage gewöhnen. Gegen Cholera bist du geimpft? Und gegen Typhus?«

»Ja.«

»Dann ist es nichts Schlimmes. Eine Magen-Darm-Grippe. Sobald das Fieber sinkt, wird es dir besser gehen.«

Nichts Schlimmes? Ich hatte gelegentlich einen Magen-Darm-Infekt, aber nie hat es sich annähernd so angefühlt, als würde mein Innerstes nach außen gestülpt.

Irgendwo in den vernebelten Windungen meines Gehirns erinnere ich mich an meine Reiseapotheke. »Loperamid?«, flüstere ich schwach.

»Klar, das kannst du nehmen. Es wird den Durchfall vielleicht stoppen, aber die Ursache nicht beseitigen. Willst du das?«

Ich schüttle den Kopf. Dann eben Pulver und Kräuter. »Wer ist Balian?«

»Ein Balian ist ein traditioneller Heiler, wie es sie viele auf Bali gibt. Ein Medizinmann, wenn du so willst. Ich habe gute Erfahrungen mit ihm gemacht.« Sie lächelt mir aufmunternd zu und entfernt sich in ihrem weitschwingenden, geblümten Trägerkleid, nachdem sie dem Mädchen, das wohl meine persönliche Pflegerin ist, weitere Anweisungen erteilt hat.

Sie legt mir mit einer kühlenden Paste bestrichene Blätter auf die Stirn und um die Waden, die sie wechselt, sobald sie warm sind. Ich bekomme bittere Tropfen verabreicht, süße Kügelchen und lauwarmen Tee. Der Dämon in meinem Inneren grummelt nur noch, er scheint schwächer zu werden. Die Arme und Beine wäscht sie mir mit feuchten Tüchern. Zwei Mädchen wechseln das Bettzeug, während ich zur Seite gerollt werde. Es tut gut, sich der Fürsorge hinzugeben. Ich fühle mich wie ein krankes Kind, nur dass meine Mutter sich nie so liebevoll um mich gekümmert hat. Oder habe ich das vergessen?

Irgendwann falle ich in einen tiefen Schlaf. Ich schlafe so fest und erholsam wie schon lange nicht mehr. Als ich erwache, dämmert es bereits und ich bin ausgeruht und - hungrig.

Sabine besucht mich. »Na, dir scheint es besser zu gehen!«

Ich setze mich auf. Auch die Stimme ist wieder da. »Ich kann dir nicht genug danken. Was hätte ich ohne dich und die Pflege deiner Mädchen getan?«

Sie lächelt. »Auf Bali ist es selbstverständlich, einander beizustehen. Ich musste auch erst lernen, das anzunehmen - und weiterzugeben. Du bist Gast. Gastfreundschaft wird hier großgeschrieben.«

»Was für eine wunderbare Einstellung! Du hast dir hier wirklich ein kleines Paradies geschaffen.« Tränen steigen in mir auf, ich bin kurz davor, loszuheulen - dieses Mal vor Rührung.

»Die Balinesen sehen das Göttliche in jedem Menschen. In einander. Obwohl sie ebenfalls vielen Göttern im Außen huldigen. Es gibt so viele Rituale und Götter, ich komme da selbst kaum hinterher. Die wichtigsten sind, wie in Indien, Brahma, Vishnu und Shiva.«

»Ich bin ja erst angekommen, aber es scheint ein besonderes Volk zu sein.«

»Sie haben wenig Ehrgeiz, so wie wir ihn kennen, sie sind eher faul und gemütlich, aber warmherzig und hilfsbereit. Viele jedenfalls. Nun komm erst einmal zu Kräften. Aber ich muss dich warnen: Die Bauchkrämpfe und das Fieber können noch einige Zeit in abgeschwächter Form zurückkehren. Also halte dich mit dem Essen zurück und nimm weiterhin die Medizin.«

Meine Pflegerin bringt mir ungewürzten Reis und weiteren Tee. Während ich mit Appetit esse - was ich heute Morgen noch für völlig abwegig gehalten hätte -, drapiert sie zwei eckige Körbchen vor der Terrassentür, aus Palmblatt oder Bananenblättern geflochten. Sie enthalten Miniportionen Reis, Früchte, Blumen. Es sind Opfergaben.

»It is for the gods?«, versuche ich eine Unterhaltung. Die Mehrzahl von »Gott« klingt seltsam in meinen Ohren.

Das Mädchen erhebt sich lächelnd. »No. For the gods we put offering on family altar. Up there.« Sie zeigt nach oben. »Every house has family altars.«

»Oh. But why did you put this on the floor?«

»It is for the demons. We also sacrifice for the demons.«

Ich schlucke den letzten Bissen Reis hinunter, der sich zusammenklumpt und mir fast im Hals stecken bleibt. Ein seltsamer Gedanke kommt mir. Habe ich den Dämonen vielleicht nicht genug geopfert, sodass einer sich in meinen Gedärmen austoben musste?

*

In einer halben Stunde sollte die Verabschiedung der Abiturienten beginnen und Niklas war noch nicht fertig. Es herrschte das gewohnte Chaos in seinem Zimmer. Gläser, Chipstüten und leere Colaflaschen lagen zusammen mit Kleiderhaufen, Hanteln und der Verpackung des neuen Laptops auf dem Boden. Ein undefinierbarer Geruch lag in der Luft. Es roch nach ihm, nicht unangenehm, sondern wie eine verdichtete Aura seiner Persönlichkeit. Er fläzte auf dem Bett und lachte über irgendetwas, das er auf dem Handy anschaute.

»Nicki, willst du nicht allmählich aufstehen? Wir müssen in ein paar Minuten los, sonst kommen wir zu spät.«

»Oh, Mist. Hab die Zeit total verpennt.«

Er sprang aus dem Bett und taumelte. Die Farbe wich aus seinem Gesicht. Mit zwei Schritten war ich bei ihm und hielt ihn fest.

»Was ist los, Nicki?«

»Gar nichts. Ich bin nur zu schnell aufgestanden. Niedriger Blutdruck oder so.« Er schüttelte mich ab.

»Bist du sicher? Wie fühlst du dich?«

»Herrgott, Mama, es ist nichts! Mir war bloß eine Sekunde schwindelig. Kann ich mich jetzt bitte anziehen? Alleine?« Ungeduldig wedelte er mit der Hand, als wollte er eine Fliege verscheuchen.

»Klar, ich gehe ja schon.« Ich widerstand dem Drang, im Hinausgehen ein paar Gläser mitzunehmen. In der Tür drehte ich mich um: »Sollen wir vielleicht doch lieber deinen Blutdruck messen?«

»Nein!« Er riss die Schranktür so heftig auf, dass sie klapperte. Ein Stapel Pullover kippte ihm entgegen. Er warf ihn auf den Schreibtisch. Dort gab es kaum Platz für Bücher oder auch nur zum Schreiben. Meistens hatte er das Heft auf dem Schoß liegen gehabt. Dazu war der PC an, Musik hatte durchs Zimmer gedröhnt und das Handy alle zwei Minuten gepiepst. Wie hatte er sich da nur konzentrieren und das zweitbeste Abitur an seiner Schule machen können? Die beste Abiturnote hatte ein Mädchen erzielt, natürlich. Schule ist Mädchensache - meistens, ich war da eine Ausnahme gewesen.

Zehn Minuten später war Niklas fertig. Stefan und ich standen als Empfangskomitee an der Treppe und lächelten ihm entgegen. Eigentlich himmelten wir ihn voller Liebe an.

»Was starrt ihr mich so an?« Sein Anzug war ebenfalls grau, aber slim fit, mit engem Bein und einem Sakko, das aussah, als ob es eine Nummer zu klein wäre. An der Brust klaffte es leicht auseinander. Dabei war Niklas nur 1,73 Meter groß und eher schmal. Neben seinem Vater wirkte er schmächtig. Aber das kratzte nicht an Niklas' Selbstbewusstsein. Körperliche Schwächen oder Einschränkungen ertragen zu müssen hatte ihn seit jeher stärker gemacht.

»Wir sind so stolz auf dich«, entgegnete Stefan. Ich kämpfte wieder mit den Tränen. War der Staudamm erst gebrochen, strömte die Flut ungehindert.

»Nun werdet bloß nicht sentimental«, tat Niklas die Bemerkung ab.

Wir kamen gerade noch rechtzeitig an. Parkplätze gab es nicht mehr, daher ließ Stefan mich und Niklas am Schultor aussteigen. Menschenmassen strömten Richtung Schule. Viviana hatte Niklas entdeckt, winkte und stürmte auf ihn zu. Sie fiel ihm um den Hals und küsste ihn stürmisch ab. Viviana war das Mädchen mit dem besten Abi - und Nickies Freundin. Vivianas Eltern, ein unscheinbares Paar von Mitte fünfzig, folgten ihr in einigem Abstand. Wir schüttelten einander steif die Hände. Der Blick von Vivianas Mutter blieb an meinen Ohrringen hängen. Stefan hatte seinen Porsche Cayenne direkt gegenüber im Halteverbot geparkt und kam nun angejoggt.

»Da sind ja die Hauptpersonen«, rief Stefan und umarmte Viviana. Wir fanden Plätze in der Aula, allerdings keine nebeneinander. Dass Vivianas Eltern woanders saßen, erleichterte mich irgendwie. Ich fühlte mich in ihrer Gesellschaft unwohl. Niklas, Viviana und die übrigen Abiturienten hatten Ehrenplätze in der ersten Reihe. Sie umarmten sich gegenseitig, lachten, küssten sich auf die Wangen. Der Schulleiter bat um Ruhe und hielt eine melodramatische Rede, in der es um Schiffe ging, die in die Welt hinausfahren mussten, aber den Heimathafen immer wieder ansteuern konnten. Dann traten Schüler der unteren Klassen mit Gesangs- und Sketcheinlagen auf. Als Nächstes wurden Niklas und Viviana auf die Bühne gerufen. Strahlend nahmen sie Urkunden und Glückwünsche entgegen: Mein schöner, kluger Sohn, seinem Vater wie aus dem Gesicht geschnitten, und seine blonde, brillante Freundin, die mit beiden Beinen fest auf dem Boden stand. Dieser Moment prägte sich mir ein. Wie die beiden ins Auditorium hinabstrahlten, ein paar lockere Sätze von sich gaben, die uns Eltern zum Lachen brachten. Ihnen stand die Welt offen. Selbstverständlich würden sie an einer renommierten Universität studieren und ihre Erfolgsstory fortsetzen. Es gab keinen Grund, daran zu zweifeln.

*

Zwei Tage später geht es mir gut genug, um eine kleine Inselrundfahrt zu unternehmen. Erstes Etappenziel sind die berühmten Reisfelder, seit 2012 Teil des UNESCO-Weltkulturerbes.

Um Reis zu kultivieren, braucht man viel Wasser - und es ist viel Arbeit. Wasser gibt es genug. Wenn es hier regnet, hat das mit dem Hamburger Regen nichts gemein, wo es tage-, wochenlang unergiebig, aber hartnäckig nieselt. Hier öffnet der Himmel seine Schleusen und Wassermassen ergießen sich auf die Erde. Nach wenigen Minuten ist es vorbei und die Sonne brennt wieder vom Himmel. Bali gehört zu den wechselfeuchten Tropen, alles wächst, blüht und grünt in verschwenderischer Fülle. Die meisten Reisfelder werden immer noch wie in alten Zeiten bewirtschaftet, per Hand und mithilfe von Ochsen, die auf den schmalen »Sawahs«, wie die Felder genannt werden, den Pflug ziehen. Manche Felder sind zu schmal, als dass sie mit Rindern bearbeitet werden könnten. In den Ebenen kommen manchmal Traktoren zum Einsatz. Es ist eine harte, aber befriedigende Arbeit, schließt Pak seinen Vortrag.

Pak ist mein privater Fahrer, den Sabine mir vermittelt hat. Er ist ein gut aussehender Mann in den Zwanzigern, mit langbewimperten, glänzenden Augen, traditionell gekleidet: Er trägt einen Sarong, ein Tuch, das rockartig um die Hüften geschlungen ist, dazu Kaos, ein Hemd, einen Schal namens Selendang und um den Kopf gewickelt und vorn verknotet eine Art Turban, den sogenannten Udeng.

»Der Sarong dient der Erdung mit Mutter Natur, der Selendang teilt den Körper symbolisch und soll die Wut stoppen und der Udeng bewirkt Konzentration auf das Wesentliche«, erklärt Pak mir in ausgesprochen gutem Englisch. Viele Balinesen sind sprachbegabt und sprechen mehrere Sprachen, hat

Sabine erzählt. »Eigentlich müsste ich auch einen Kris tragen, einen geschwungenen Dolch, der eine besondere spirituelle Bedeutung hat«, fügt er hinzu.

Pak öffnet mir die Wagentür und bedeutet mir, hinten einzusteigen. Ich komme mir kolonialistisch vor, wie ich, die reiche Europäerin, mich von einem armen jungen Mann herumkutschieren lasse, und beschließe, ihm nachher ein üppiges Trinkgeld zu geben. Der Tagesausflug kostet 50 Euro, sodass nach Abzug dessen, was Sabine für Auto, Benzin und Vermittlung veranschlagen wird, nicht viel bei Pak ankommen kann.

Wir fahren über kleine Straßen, die den Namen eigentlich kaum verdienen, aus Seminyak heraus ins Landesinnere. Sobald man die gelackte Fassade des mit schicken Hotels aufgehübschten Örtchens hinter sich gelassen hat, offenbart sich das wahre Bali - oder das, was ich dafür halte. Die Straßen sind unbefestigt, die Dörfer klein, Holzhäuser und mit Alang-Alang-Gras bedeckte Hütten säumen den Weg, daneben grasen seltsame Kühe.

»Wasserbüffel«, erklärt Pak. Nach einigen Kilometern gelangen wir zu den ersten Ausläufern der Reisfelder, die auf der gesamten Insel, besonders rund um Ubud, zu finden sind. Beim Ort Tegalagang sollen einige der schönsten Reisterrassen liegen. Es ist nicht so überlaufen wie an anderen touristischen Stellen und äußerst weitläufig. Der Anblick der in allen Grüntönen leuchtenden, terrassenförmig angelegten Felder verschlägt mir den Atem. Zwar hatte ich zuvor Bilder im Internet gesehen, aber in natura sind die Reisfelder weitaus beeindruckender. Pak parkt den Wagen an der Straße und wir zahlen ein paar Rupiah Eintritt, um durch die Reisfelder wandern zu dürfen, die am Hang liegen.

»Seit Jahrtausenden bauen Balinesen auf diese Weise Reis an. Hänge und Berge mussten in Zentralbali in waagrechte Felder verwandelt werden«, erklärt Pak, »denn Reis wächst nur dort, wo das Wasser knietief stehen kann.«

Wohin der Blick reicht, schmeicheln ausladende, wunderschön angelegte Reisterrassen dem Auge. Ich kann mich nicht sattsehen, meine Augen laben sich am satten, lebensfrohen Grün. Wir folgen einem serpentinenartigen Weg ins Tal. Natürlich sind wir nicht die Einzigen hier. Größere und kleinere Gruppen von Touristen werden so wie ich von einheimischen Führern begleitet. Die Reisterrassen sind ein Vorzeigeobjekt auf Bali - zu Recht, wie ich finde.

»Balis Bauern bauten ein Bewässerungssystem aus Kanälen, Gräben und Bambusrohrleitungen, um das Wasser aus Bächen und Flüssen in die Terrassenanlagen zu leiten«, fährt Pak fort. »Der Boden ist vulkanisch und sehr nährstoffreich. So kann man bis zu dreimal im Jahr ernten.« Dadurch erklären sich die unterschiedlichen Grüntöne, denn auf den nebeneinanderliegenden Sawahs gibt es sowohl frisch gepflanzten oder gerade keimenden Reis bis hin zu erntereifem.

Palmen und Bananensträucher säumen den Weg. Es ist mittlerweile so heiß, dass ich einen Moment unter einer riesigen Bananenstaude im Schatten Pause machen muss. Pak reicht mir eine Flasche Wasser, aus der ich gierig trinke. Er selbst trinkt nichts - zu schwitzen scheint er ebenso wenig.

»Wir Balinesen nennen die Reisterrassen Himmelstreppen zu den Göttern.«

Irgendwie sehen sie auch so aus, als könnte man auf ihnen dem Himmel näher kommen. Ich muss mich noch daran gewöhnen, wie eingebunden die Götter - immer werden sie in der Mehrzahl genannt, nie ist von »dem einen Gott« die Rede - in Leben und Alltag der Menschen sind.

Nachdem wir den schweißtreibenden Aufstieg zurück zum klimatisierten Wagen geschafft haben, schlägt Pak vor, in einem Warung haltzumachen und danach weiter nach Tamparsiring zu fahren. Kurz vor dem Dorf liegen die Königsgräber von Gunung Kawi, nördlich davon der Tempel Tirta Empul mit den heiligen Quellen, ein Muss für jeden Bali-Besucher. Ich denke an Nickie, dem das Klima hier zu schaffen machen würde, und nehme mir vor, ihn nachher über Skype anzurufen. Ich vermisse ihn, so schön es hier auch ist.

Es ist Nachmittag, als wir nach einem leckeren Essen aufbrechen - zu dem ich Pak mit aller Macht überreden musste, denn er wollte mir nur Gesellschaft leisten. Nichts zu essen und nichts zu trinken, während man eine Touristin herumkutschiert, scheint eine Art Ehrenkodex zu sein. Auf mein Drängen hin hat er eine kleine Portion Gemüsecurry mit Reis verzehrt.

Pakerisan ist ein heiliges Flüsschen, erklärt Pak. Im Tal liegen die aus dem 11. Jahrhundert stammenden Königsgräber. Langsam steigen wir in die Schlucht hinab. Zehn Grabmonumente sind inmitten steiler Reisterrassen aus dem Fels herausgeschlagen. Staunend stehe ich davor, sie sind gigantisch.

»Die Legende sagt, der Riese Kbo Iwa habe es mit den Fingernägeln in nur einer Nacht aus dem Tuffstein-Fels gekratzt!«

Die Nischen müssen an die acht Meter hoch sein. Darin stehen pyramidenförmige Tempeltürme. Von Pak erfahre ich, dass es Heiligtümer sind, die an die Singhasari- und Majapahit-Dynastie in Ost-Java erinnern und dass die Schreine »candis« heißen.

»Sind es also Mausoleen?«, frage ich und leere durstig eine weitere Wasserflasche, die Pak für mich mitgenommen hat. Ich habe das Gefühl, dass das Wasser sofort wieder aus allen Poren heraustritt.

»Nein, es sind vielmehr Gedenkstätten für die alte Herrscherfamilie. Einst gab es Könige, die wie Götter verehrt wurden: Neben König Udayana dessen Gemahlin Mahendradatta sowie die Nebenfrau und die Söhne, die ebenfalls Könige wurden.«

»Meine Vorfahren haben noch in Höhlen und auf Bäumen gehaust, während ihr hier eine Hochkultur hattet«, werfe ich lachend ein.

Er lächelt höflich und erklärt: »Daneben sind Meditationsnischen und eine Höhle, die als Meditationsklause dient. In der Tempelzone werden auch Gott Vishnu und seine Frau, die Göttin Lakshmi, verehrt. Sie ist eine gütige Göttin und steht für Liebe, Schönheit, Fülle und Reichtum. Die Reisbauern bitten sie um gute Ernte. In anderen Traditionen heißt sie Shakti.«

Shakti und Shiva, von den beiden erzählte Guru Kirpal im Sommer. Das männliche und das weibliche Prinzip nannte er die beiden, glaube ich. Aber ich kann kaum noch einen klaren Gedanken fassen. Der Aufstieg bringt mich an meine Grenzen. Durch die feuchte Hitze klebt mir die Kleidung am Körper und Schweiß rinnt mir brennend in die Augen, sodass ich sie zusammenkneife. Meine Waden schmerzen, ich bin völlig außer Atem und muss immer wieder stehen bleiben. Dass ich zwei Tage zuvor mein Innerstes nach außen gestülpt habe, hat auch nicht gerade dazu beigetragen, meine Kondition zu verbessern. Aber ich beiße die Zähne zusammen, um mir nichts anmerken zu lassen. Pak wartet höflich auf mich, ohne Zeichen von Ermüdung.

»Warum schwitzt du nicht?«

»Doch, doch, das tue ich«, behauptet er und wischt sich demonstrativ über die trockene Stirn.

Zurück im Wagen schaltet er die unvermeidliche Klimaanlage an, die mich schnell trocknet. Ich wickle mich fröstelnd in einen Schal, den ich eigens dafür mitgenommen habe.

Der letzte Punkt auf unserer Besichtigungstour ist Tirta Empul. Den heiligen Quellen soll, Paks Worten zufolge, der Gott Indra magische Kräfte verliehen habe.

»Er hat den eitlen Gott Mayadenawa im Kampf besiegt«, erklärt er.

Seit über tausend Jahren kommen gläubige Anhänger der Hindu-Dharma-Religion, der balinesischen Variante des Hinduismus, zum Tirta Empul, um sich spirituell zu reinigen oder Krankheiten abzuwaschen. Von Karma und Dharma hat mir auch Guru Kirpal unlängst berichtet. Es geht ihm zufolge darum, ein rechtschaffenes und bescheidenes Leben zu führen, um Karma abzubauen. Mir schwirrt der Kopf von all den Göttern und ihren Verwicklungen. Ich komme mir vor wie in einer göttlichen Soap Opera.

Wir parken das Auto und schließen uns der Besucherschlange an. Um mich herum summt es vor europäischen, amerikanischen, australischen und indonesischen Stimmen. Es ist eine Riesenanlage: Über zwei Hektar erstreckt sich das Heiligtum, das aus drei Zonen besteht: dem äußeren Hof, Jabaan, dem mittleren Hof, Jaba tengah, und der inneren Hofzone, Jeroan, dem Allerheiligsten. Wir gelangen durch ein gespaltenes Tor in den äußeren Hof, nicht ohne dass Pak mir zuvor über meinen ohnehin schon knielangen Rock einen Sarong gebunden hat. Hier liegen die Versammlungshalle, wo rituelle Aufführungen stattfinden, und der Teich, der sein Wasser aus dem mittleren Hof erhält. Im mittleren Hof erwarten uns die Wasserbecken. Darin tummeln sich Gläubige sowie Touristen, die sich von Übeln reinigen wollen. Auf Bali gibt es viele Rituale mit geweihtem Wasser, so auch hier.

»Möchten Sie hinein?«, fragt Pak respektvoll.

Ich verneine. Lust hätte ich schon, aber ich traue mich nicht. Und wäre es nicht unvernünftig angesichts der überstandenen Krankheit? Ein wenig sehnsüchtig schaue ich den Männern und Frauen zu, die in dem schmutzig braun wirkenden Wasser an den kunstvoll gestalteten Ausgüssen Schlange stehen. Die Frauen tragen Blusen oder sonstige Oberteile und Sarongs, bei einigen Männern ist der Oberkörper nackt. Selbst Kleinkinder sind auf dem Arm ihrer Väter und Mütter dabei.

»Es gibt insgesamt dreizehn Ausgüsse mit spezifischen Funktionen«, erläutert Pak. »Der eine sorgt für geistige Reinigung, ein anderer wirkt gegen Magengifte, ein dritter bekämpft das Böse und so fort.«

Die dritte Zone mit dem Tepasana, Sitz und Altar von Bhatara Indra, dürfen wir nicht betreten. Dort soll es auch mehrere Pavillons, sogenannte Balés geben, an denen unterschiedliche Gebete gesprochen werden oder in denen bei Zeremonien das traditionelle Gamelan-Orchester sitzt. Als ich sehe, dass die Badenden den Rückweg tropfnass antreten müssen, da es keine Möglichkeit gibt, sich umzuziehen, bin ich froh, dass meine Vernunft gesiegt hat. Nass im klimatisierten Auto gefriergetrocknet zu werden, hätte mir den Rest gegeben.

Die Rückfahrt verläuft schweigend. Als Pak merkt, dass ich

vor Müdigkeit einsilbig reagiere, hört er mit seinen Ausführungen auf. Ich bin dankbar für seine Feinfühligkeit. Eigentlich wollte ich noch nach Ubud, wo in Kürze das Yoga-Retreat bei Guru Kirpal beginnt, aber ich beschließe, das zu verschieben. Ich freue mich auf einen geruhsamen Abend in der Casa Seminyak, ein wunderbares Essen inmitten dieser Oase und erholsamen Schlaf. Nachdem der Käfer tot unter dem Bett aufgefunden wurde, kann er mich nicht mehr in meine Träume verfolgen. Ich döse ein und Pak weckt mich sanft, als wir angekommen sind. Das Trinkgeld weist er entrüstet zurück. Erst nach langem Hin und Her ist er bereit, die Hälfte anzunehmen.

»Mögen die Götter dich beschützen. Mögen sie deine Tage erhellen und deine Träume erleuchten«, sagt er zum Abschied und drückt mir herzlich die Hände.

4.

Es ist dein Geburtsrecht, glücklich zu sein.

Vor einem Jahr nahm ich zum ersten Mal an einer richtigen Kundalini-Yoga-Stunde teil. Ich hatte im Internet einen Tag und eine Uhrzeit ausgesucht, die mir passend erschienen: Kundalini-Yoga für Anfänger. Dass ich Kundalini-Yoga gewählt hatte, war mehr oder weniger Zufall gewesen: Mir gefiel das Wort, die aufgerollte Schlangenkraft, die es symbolisierte. Und in der Schwangerschaft hatte ich ein paar Wochen Kundalini-Yoga für werdende Mütter gemacht, eine abgespeckte Version. Zwar half mir das Yoga nicht, eine supereinfache Geburt zu haben, wohl aber trugen mich manche der Dinge, die mir in dem Kurs erzählt wurden, mental durch die schwierige Zeit von Nickies Krankheit.

Ich konnte gar nicht genau sagen, was mich dazu bewogen hatte, nun wieder mit Kundalini-Yoga zu beginnen. Eine vage Sehnsucht nach Spiritualität? Eine Leere in meinem Herzen, meiner Ehe und meinem Leben? Oder die schlichte Suche nach einem neuen Hobby, das mich beweglicher und gelassener machen sollte, der Wunsch nach Entspannung? Ein unterschwelliger Hunger nach Erfahrungen, die nichts mit weltlichen Genüssen zu tun hatten? Irgendwie war es alles - und auch nichts davon. Vielleicht hatte ich mich einfach nur gelangweilt und das war das Erste gewesen, was mir vor die Füße gefallen war. Vielleicht dachte ich, Yoga könnte das sein, was mir Wurzeln und Flügel geben konnte, was meine Sehnsucht nach was auch immer stillen konnte.

An jenem Nachmittag herrschte starker Berufsverkehr. Ich hatte nicht damit gerechnet, weil ich ja gegen den Strom fuhr, und brauchte länger als gedacht. Mein Navigationssystem führte mich zu einem unscheinbaren roten Backsteingebäude, einem Mehrfamilienhaus. Ich überprüfte die Adresse. Sollte hier das Kundalini-Yoga-Zentrum Eppendorf sein? Straße und Hausnummer stimmten. Ich quetschte meinen Mini leicht im Halteverbot vor einen Baum. Das Yoga-Zentrum war im Souterrain. Mehrere Steinstufen mit goldenen Gravuren in einer unbekannten Schrift führten nach unten. Im winzigen Umkleideraum roch es nach feuchter Wolle und Gewürzen, eine Mischung aus Weihnachten und Schafstall. Die Tür zum Yogaraum war verschlossen. Als ich sie leise öffnete und unauffällig hineinschlüpfen wollte, richteten sich alle Augen auf mich. Ich war die Einzige in auffällig bunten Yogaleggings, alle anderen trugen weiße oder zumindest helle weite Kleidung. Wie ein Grünspecht stakste ich zu einem Platz in der hintersten Ecke und rollte meine pinke Gymnastikmatte aus. Ich fiel auf - genau das, was ich nicht wollte. Die meisten Kursteilnehmer hatten Schaffelle oder Wollmatten ausgebreitet. Die etwa dreißig Personen, im Schneidersitz auf runden Kissen sitzend, waren von Anfang zwanzig bis Ende sechzig.

»Du kannst dir eine Yogamatte und ein Yogakissen aus dem Regal nehmen«, flüsterte mir meine Sitznachbarin zu. Ich nickte dankbar und breitete eine Wollmatte über die pinke Unterlage. Erst jetzt bemerkte ich die schlanke Frau, die vorne saß. Sie trug einen Turban und weiße Gewänder, um den Hals eine Kette aus Holzperlen und am Handgelenk klirrten breite

Silberreifen. Sogar aus dieser Entfernung waren ihre hellblauen Augen, die fast durchscheinend wirkten, auffällig. Kurz streifte ihr Blick mich, bevor sie die Hände vor der Brust aneinanderlegte, die Augen schloss und einige Male laut ein- und ausatmete. Die anderen taten es ihr nach. Dann stieß sie einen langen Ton aus, im Chor wurde ein Mantra gesungen, an das ich mich dunkel vom Schwangerenyoga erinnerte. Es war so lange her. Nach zweimaliger Wiederholung stimmte die Lehrerin ein anderes Mantra an, das auch dreimal gesungen wurde.

»Ich bin Ananda Kaur, willkommen«, stellte die Lehrerin sich vor. Ihre Stimme klang klar und hell, ihr Alter war schwer zu schätzen. Ihre Ausstrahlung faszinierte mich sofort. Sie wirkte so ruhig, so klar, so vollkommen im Reinen mit sich. Beneidenswert. Ananda erzählte, wahrscheinlich nicht zum ersten Mal, denn außer mir waren noch drei, vier Neulinge dabei, dass sie eine *Western Sikh* sei.

»Lass den Atem langsam durch die Nase einfließen und spüre, wie dein Bauch sich vorwölbt. Beim Ausatmen ziehst du den Bauchnabel ein und spannst Mulbandh an«, sagte sie. »Schließe die Augen und konzentriere dich auf das Dritte Auge, den Punkt zwischen den Augenbrauen, wo die Intuition sitzt, dein sechstes Chakra.«

Sie wies uns an, den Oberkörper langsam auf den Hüften zu kreisen: *Sufi-Kreise*. Danach machten wir den *Kamelritt*, wobei man auf den Fersen sitzt und die Wirbelsäule vor und zurück bewegt. Die Übungen dauerten mehrere Minuten und ich konnte mich gut auf sie einlassen. Es fühlte sich wunderbar an, nach innen zu schauen, wie Ananda es ausdrückte. Bei der *Zange* streckten wir die Beine nach vorn aus. Während meine

Sitznachbarin ihre Zehen zu fassen bekam, ohne die Knie zu beugen, reichte es bei mir nur bis zu den Schienbeinen.

»Wir kommen nun zu einer Übung, die *Ego Eradicator* heißt«, kündigte Ananda an. Sofort wurde ich misstrauisch. Eine Übung, die das Ego auslöschen sollte? Wollte ich so etwas tun? Was würde das bewirken?

»Es ist ein Herzöffner«, ergänzte Ananda, als hätte sie meine Gedanken erraten. »Du kannst es am besten mit deinem neutralen Geist machen. Wenn du es mit dem Ego tust, ist es schwierig. Der neutrale Geist ist der Geist der Yogis, der Teil, der dich durch jede Herausforderung trägt.«

Wir sollten die Arme im Schneidersitz in einem 60-Grad-Winkel nach oben ausstrecken. Das war ziemlich anstrengend, mir schmerzten sofort die Schultern und die Oberarme. Es widerstrebte mir, am liebsten wollte ich die Arme sofort wieder herunternehmen, aber ich scheute mich davor, aufzufallen. Wenn alle die Arme oben behielten, war es ein Zeichen der Schwäche, wenn der Grünspecht aufgab.

Ananda schien zu spüren, was in mir vorging: »Geh durch die Übung. Nimm deinen Atem zu Hilfe. Atme langsam durch die Nase ein und langsam wieder aus. Diese Übung ist gut für das Nervensystem. Sie stärkt die Nerven.«

Also hielt ich durch, obwohl meine Arme zitterten. Als wir sie sinken ließen, ging ein kollektives Aufatmen durch die Gruppe. Der Schmerz war sofort weg und mein Oberkörper kribbelte vor Lebendigkeit. Es war erstaunlich. Ich fühlte mich so stark und wach wie schon lange nicht mehr.

»Leg dich nun hin und deck dich zu. Es folgt die Tiefenentspannung.« Ananda blieb sitzen wie eine Mutter, die über ihre Kinder wacht, und stellte leise Musik an, Meeresrauschen, sphärische Klänge. Ich kuschelte mich auf der leicht müffelnden Yogamatte ein und versank binnen Kurzem in einem wohligen Zustand. Ich hörte Anandas monotone Stimme, die mich durch den Körper leitete, angefangen bei den Füßen, den Zehen und Fußsohlen, langsam wanderten wir nach oben, irgendwann waren wir bei der Kopfhaut angelangt, dann verstummte sie. Ich musste eingeschlafen sein, denn als Nächstes sollten wir uns von Bildern und Träumen verabschieden, die Finger und Zehen bewegen, Kreise mit Händen und Füßen beschreiben, uns recken und strecken, die Füße aufstellen und die Knie nach links und rechts kippen, ein paarmal vor- und zurückrollen und uns wieder hinsetzen.

»Wir wollen eine Meditation machen. Die meisten Meditationen im Kundalini-Yoga sind Mantra-Meditationen. Wir chanten ein Mantra, weil es leichter ist, den Geist zur Ruhe zu bringen, wenn wir ihm etwas zu tun geben«, erläuterte Ananda. Das leuchtete mir ein, denn meine Gedanken sprangen immer wild von einem zum nächsten oder klammerten sich plötzlich an einem Gedanken fest. Dann konnte ich an nichts anderes mehr denken.

»*Chanten* ist eine monotone Art zu singen, ohne viele Höhen und Tiefen, wie ein Sprechgesang«, erläuterte sie.

Das Mantra lautete *Guru Wahe Guru Guru Ram Das Guru*. Ich fragte mich, ob wir damit Ananda anbeteten oder welcher Guru sonst damit gemeint sein könnte. Guru Ram Das sei einer der zehn Sikh-Gurus gewesen und für den Glauben anderer den Märtyrertod gestorben, erklärte Ananda. Heutzutage gäbe es statt lebender Gurus den Guru Granth Sahib, das Heilige Buch. Langsam wurde mir das zu religiös, unruhig rutschte ich auf meinem Platz hin und her. Wenn ich Religion gewollt hätte, wäre ich in die Kirche gegangen. Bislang war es eine tolle Erfahrung gewesen, nun verspürte ich Beklemmung. Ich schielte auf die Uhr - noch 15 Minuten - und sehnsüchtig zur Tür. Ananda holte eine Gitarre hervor, griff in die Saiten und stimmte das Mantra an. Da alle die Augen schlossen, fiel es nicht auf, dass ich misstrauisch in die Runde schaute und nicht mitsang. *Guru Wahe Guru Guru Ram Das Guuuuruuhuhu,* tönte es durch den Raum.

Die Melodie war jedoch nicht unangenehm, sondern im Gegenteil einlullend und tröstlich. Schon ein wenig wie die Kirchenlieder in meiner Kindheit, die ich ja auch gemocht hatte. Dann verstummten Gesang und Gitarre.

»Zum Abschluss singen wir *May the longtime* und dreimal *Sat Nam*«, sagte Ananda. Ich verdrehte innerlich die Augen, noch mehr Gesang. Aber außer mir schien das viele Singen niemanden zu stören. Danach waren wir entlassen. Ich trödelte ein wenig herum, während ich meine Sachen zusammenpackte. Ich hoffte auf die Gelegenheit, ein paar Worte mit der Yogalehrerin wechseln zu können. Sie faszinierte mich irgendwie. Obwohl sie etwa in meinem Alter sein musste, schien sie mir so viel vorauszuhaben. Und damit meinte ich nicht ihre Beweglichkeit und ihren geschmeidigen Körper oder ihre ruhige Art, die Gruppe anzuleiten. Sondern eine Seelenruhe, eine Unaufgeregtheit. Sie hatte die ganze Zeit mit leiser Stimme gesprochen, aber eine Art natürlicher Autorität ausgestrahlt. Charisma, das war es, was sie hatte. Ich konnte mir nicht vorstellen, dass diese Frau über irgendetwas in Aufregung geriet oder sich um Kleinigkeiten sorgte.

Ich fasste mir ein Herz, als sie an mir vorbeiging und mir zulächelte.

»Entschuldigung, darf ich etwas fragen?«

»Natürlich.« Sie blieb stehen. Ihr Turban war so eng gewickelt, dass keine einzige Haarsträhne hervorblitzte. »Du bist zum ersten Mal da, oder? Jedenfalls habe ich dich vorher nicht gesehen.«

»Ja, das stimmt. Ich habe während der Schwangerschaft Yoga gemacht. Aber das ist lange her und war irgendwie auch ganz anders.«

Ihre Augen waren wirklich von einem so hellen Blau, dass sie fast durchscheinend wirkten, und ihr Blick schien mein Innerstes zu berühren. Ich wünschte mir, ihre innere Ruhe würde ein wenig auf mich abfärben.

»Du hast gesagt, du wärst ein Sikh. Ist das eine religiöse Zuordnung?«

»Wenn du so willst, ja. Mein spiritueller Lehrer, Yogi Bhajan, war ebenfalls Sikh. Er hat 2003 seinen Körper verlassen. Yogi Bhajan oder Harbhajan Singh, wie er mit bürgerlichem Namen hieß, hat Kundalini-Yoga in den Westen gebracht. Heute ist es eine der am weitesten verbreiteten Yogaarten - auf jeden Fall die Yogarichtung mit dem höchsten Heilpotenzial.« Während sie sprach, hatte sie kein einziges Mal geblinzelt.

»Muss man denn Sikh sein, um Kundalini-Yoga richtig zu machen? Sind die anderen hier auch alle Sikhs?«

Sie lachte, und ich musste unwillkürlich mitlachen. Sie war die Art von Frau, mit der ich gern befreundet wäre, ein Vorbild, an dem ich mich orientieren könnte. »Nein. Man kann Kundalini-Yoga praktizieren, ohne dem Sikh Dharma anzugehören. Ich selbst trage Turban, weil es meine Energien bündelt, ich gehe zur Gurdwara, eine Art Gottesdienst, und ja - ich habe es mir zum Ziel gesetzt, als Leuchtturm zu leben.«

Das nahm ich ihr sofort ab. Wäre ich ein Schiff, würde ich darauf vertrauen, dass sie mir den Weg an den Klippen vorbeiweisen kann.

»Aber was bedeutet Sikh Dharma? Kann man das mit Evangelismus oder Katholizismus vergleichen?«

Sie überlegte einen Moment, bevor sie antwortete: »Wenn man so will, ist Sikh Dharma eine Religion für das Wassermannzeitalter. Im Fischezeitalter haben wir einfach gehorcht, nun wollen wir erfahren, was wir glauben. Der Weg des Sikh Dharma ist der des Dienens. So wird die Tür geöffnet für Toleranz, Frieden, Freundschaft und Harmonie. Eine alte Beschreibung für Dharma lautet: Die Hand, die sich ausstreckt, um den Weg zu zeigen.«

Sofort erfasste mich die Sehnsucht, Anandas Hand zu ergreifen. Wie gern wäre ich wie sie, so in sich ruhend.

»Und Kundalini-Yoga ist der Weg dahin?«

»Yogi Bhajan hat es so ausgedrückt: ›Yoga ist, was du für dich tust. Dharma ist, was du für andere tust‹«, antwortete sie. »Ich muss nun los. Wir sehen uns nächste Woche!«

Auf dem Heimweg ließ ich das Radio aus. Ich hatte einen Ohrwurm: *Guru Wahe Guru Guru Ram Das Guru ...* Die Yogastunde wirkte nach. Die Melodien erklangen noch lange in mir. Trotz meines Unbehagens, weil mir die Gesänge etwas zu religiös erschienen, wollte ich in der nächsten Woche wiederkommen. Ananda hatte mich ungeheuer beeindruckt und ich begann mich zu fragen, warum ich nicht mehr in mir ruhte. Warum war ich so unsicher, so abhängig von den beiden Menschen, die mir das meiste auf der Welt bedeuteten?

*

Die Tage in der Casa Seminyak sind viel zu schnell vorbeigegangen. Ich staune, dass ich so wenig an Hamburg und zu Hause denke. Hin und wieder schmerzt der Gedanke an Stefan, aber er geht vorüber. Nickie habe ich bislang leider nicht per Skype erreicht, aber wir schicken uns regelmäßig Textnachrichten. Ich vermute, dass es ihm gut geht, dass er zufrieden ist mit dem Studium und glücklich mit Viviana. Und dann ist es auch schon an der Zeit, nach Ubud weiterzufahren.

Leider ist es nicht Pak, der mich mitsamt dem Gepäck zum nächsten Hotel transportiert, sondern ein anderer junger Fahrer, der wenig redselig ist. Bevor das Retreat bei Guru Kirpal in seinem Ashram beginnt, wo ich wohnen werde, habe ich noch drei Nächte in einem Resort nahe Ubud gebucht. Es liegt in der Monkey Forest Road, in der Nähe des Affenparks, den ich unbedingt besuchen soll.

»Pass auf deine Sachen auf!«, hat Sabine mich gewarnt. »Die Makaken sind frech und aufdringlich, sie klauen dir die Sonnenbrille von der Nase!«

»Übertragen sie nicht auch Tollwut?«

»Es gibt genug Aufpasser im Park. Wenn einer der Affen zudringlich wird, sind sie zur Stelle. Du darfst dich nur den Babys nicht nähern, das ruft die Alten auf den Plan.«

Das habe ich nicht vor - Mutterliebe und den Wunsch, den Nachwuchs zu beschützen, kann ich gut nachvollziehen.

Der schweigsame Fahrer lädt mich vor einem imposanten Resort ab. Schon an das kolonialistisch-dekadente Herumkutschiertwerden gewöhnt, drücke ich ihm ein paar Scheine in die Hand. Das Hotel ist größer und deutlich teurer als die Casa Seminyak, eine Melange aus traditionell balinesischer Architektur und 90er-Jahre-Minimalismus. Hier würde Stefan sich wohlfühlen. Gerade hat er mir eine WhatsApp-Nachricht geschickt und sich nach meinem Befinden erkundigt. Ich habe eine lange, rührselige Antwort verfasst und sie vor dem Senden gelöscht. Was bringt es, darauf einzugehen, ich weiß ja, dass er mir nur aus Höflichkeit oder Pflichtbewusstsein schreibt, nicht mehr aus Liebe. Und ich muss mir die Liebe zu ihm, die ich noch immer in mir trage, aus dem Herz reißen. Ich darf sie nicht mit Hoffnungsworten füttern, mit den Brotkrumen, die er mir hinwirft, obwohl er sich längst für Eileen entschieden hat.

Die Rezeption sieht aus wie ein balinesischer Tempeltraum. Zwei wunderschöne Mädchen schweben anmutig auf mich zu, begleiten mich zum Tresen. Während ich einchecke, schlürfe ich das Wasser einer jungen Kokosnuss. In der hellgrünen Frucht steckt ein Strohhalm. Die Flüssigkeit ist milchig, warm und schmeckt herb-säuerlich. Sie soll wahnsinnig gesund sein, aber geschmacklich ist sie nicht mein Fall.

Ich habe mir auf Kosten meines künftigen Ex-Mannes eine luxuriöse Poolvilla gegönnt, Kontrastprogramm für das zu erwartende spartanische Ambiente im Ashram. Sie verfügt über ein riesiges und dennoch äußerst geschmackvoll eingerichtetes Schlafzimmer mit Ankleideraum, ein Marmor-Badezimmer ohne Käfer und herabfallende Wasserhähne und ein geräumiges Esszimmer, das ich garantiert nicht nutzen werde. Das Tollste ist ein eigener Pool. In einem Anfall von Übermut streife ich alle Kleider ab und steige in das verführerisch glitzernde Wasser. Es ist angenehm temperiert, warm, aber ein wenig kühler als die Luft. Während ich in dem etwa acht Meter langen Becken hin- und herpaddle, erinnere ich mich daran, wie gern Nickie als Kind gebadet hat. Wäre es nach ihm gegangen, hätte er stundenlang in der Badewanne sitzen können, bis die Fingerchen verschrumpelt waren. Auf seiner Brust prangte die lange Narbe, rot und wulstig, darunter die beiden runden Male der Wunddrainagen. Es hat lange gedauert, bis sie verblassten, und jede neue Operation hat sie wieder geöffnet. Ich versuche, die Erinnerung wegzuschieben und mich auf die wunderbare Umgebung zu konzentrieren. Es macht keinen Sinn, inmitten des Paradieses an Überwundenes zu denken. Jetzt geht es ihm gut. Jetzt, in diesem Augenblick, sitzt er vielleicht in einer Vorlesung oder kocht mit Viviana. Geht es ihm wirklich gut? Was, wenn er doch plötzlich ein Spenderherz braucht? Die Angst packt mich. Ich versuche sie wegzuschieben. Da geht die Tür zu meinem Privatgarten auf und ein Mädchen trägt ein Tablett herein. Ich schäme mich meiner Nacktheit. Sie tut so, als würde sie mich nicht sehen, und drapiert einen kunstvoll arrangierten Obstsalat, einen Fruchtshake sowie blütenweiße Handtücher und einen Bademantel auf einer Liege. Lautlos verschwindet sie.

Ich steige aus dem Pool und hülle mich in den flauschigen, nach Frangipaniblüten duftenden Bademantel. Die Teakholzliege bedeckt ein üppiges Polster. Bequem gebettet, esse ich die Früchte. Direkt über mir steht ein Frangipanibaum. Ich habe einmal versucht, daheim im Alstertal einen anzupflanzen. Nach zwei Jahren Dahinkümmerns ist er trotz aufopferungsvoller Pflege eingegangen.

Dieses Exemplar ist fantastisch. Der Pagodenbaum mit den hellgelben, wachsartigen Blüten ist an die fünf Meter hoch. Auf Bali wird er als heilig angesehen und oft in Tempelanlagen angepflanzt. Er soll den Menschen Gelassenheit geben, die Kreativität fördern und die Stimmung verbessern. Alles davon kann ich gebrauchen! Die Blüten sind Symbol für Unsterblichkeit. Als mein Hamburger Baum damals einging, deutete ich es als böses Omen. Stefan musste einen ganzen Abend auf mich einreden, um mich zu beruhigen.

Später schlendere ich durch die Straßen. Ich habe mich daran gewöhnt, allein unterwegs zu sein. Viele Frauen, dem Aussehen nach westliche Touristinnen, sind ohne Begleitung hier. Niemand sieht einen komisch an. An der Hauptstraße Ubuds reihen sich Geschäfte, Boutiquen, Cafés und Restaurants aneinander. Ubud gilt als kulturelles Zentrum der Insel, aber ein Geheimtipp ist es schon lange nicht mehr. In einem entzückenden Café mit pittoresken Metallstühlchen und opulentem Blumenschmuck esse ich ein Stück Mangokuchen. Wenige Meter weiter beginnt die Yoga-Meile. Es werden Matten, Kissen, Hosen und Shirts angeboten - alles fürs Yoga. Ich kann nicht widerstehen und kaufe ein weinrotes T-Shirt mit einem Ganesha-Aufdruck, dem elefantenköpfigen Gott. Anders als in Seminyak, wo sich die Läden an einer Straße entlangreihten, zweigen hier viele Gassen ab. Ich lasse mich treiben. Hin und wieder betrete ich einen kleinen Laden und erstehe Souvenirs zu Spottpreisen: eine Bluse für Viviana, eine Hose für Nickie, eine Muschellampe fürs Esszimmer, eine perlmuttüberzogene Holzschale, geflochtene Körbe. Obwohl ich weiß, dass Kaufen nur eine Ersatzbefriedigung ist und der Besitz mir weniger Freude machen wird, gestatte ich mir diesen simplen Spaß. Ja, ich bin eine reiche weiße Frau und wohne in einem Luxusresort, dessen Übernachtungspreis hier eine mehrköpfige Familie einen Monat oder länger ernähren könnte. Ich habe es mir nicht ausgesucht, in Deutschland geboren zu werden, in einer wohlhabenden Familie. Es ist eben so, genau wie die Tatsache, dass die Frau, die mir das Essen in dem einfachen Warung am Straßenrand serviert, möglicherweise kaum etwas besitzt, aber ein glücklicheres Leben führt als ich. Jedenfalls lächelt sie auf eine Weise, die mich das vermuten lässt. Sie hat weder die Zornesfalte zwischen den Augenbrauen noch die typischen, nach unten zeigenden Falten neben den Mundwinkeln, die Frauen meines Alters auszeichnet.

Auf dem Weg zurück zum Taxistand, es wird schon dunkel, verlaufe ich mich. Früher haben die Balinesen die Dunkelheit gefürchtet, weil dann die Dämonen herauskommen, hat Pak mir erzählt. Das scheint sich geändert zu haben. In Scharen kommen mir Einheimische entgegen. Ich schließe mich ihnen an, aus der Ferne erklingen Gamelan-Klänge. Für meine Ohren ist die Musik des typisch balinesischen Orchesters, das hauptsächlich aus Schlaginstrumenten besteht - Metall- und Holz-Xylofone, Gongs und Trommeln -, gewöhnungsbedürftig. Endlos werden bestimmte Segmente wiederholt, bevor eine leicht veränderte Melodie erklingt, wieder unglaublich lang. Die Veranstaltung findet in einem Tempel statt. Ein Tempel ist hier auf Bali ein Ort der Begegnung, des Tanzes, des Spiels, der Freude und der Feste. Die Götter nehmen am Geschehen teil, es wird ihnen gehuldigt und sie erhalten Opfer, dafür kümmern sie sich um die Menschen. Es ist eine lebendige Beziehung, wenn man so will. Ich suche mir einen Platz zwischen Einheimischen und Touristen. Es wird ein klassischer Tanz aufgeführt, der Legong. Tanzen gilt als Weg, um mit den Göttern in Kontakt zu treten, und wird auf Bali seit Menschengedenken exzessiv betrieben. Eigentlich ist jeder auf Bali ein Künstler, hat Pak mir erzählt. Der Brotberuf werde nur aus

Notwendigkeit ausgeübt und es müsse genug Zeit bleiben zum Feiern, Singen, Tanzen. Er selbst spiele Gamelan und tatsächlich meine ich ihn in einer der hinteren Reihen zu entdecken, aber ich kann mich irren. In der traditionellen Kleidung sehen für mich alle ähnlich aus.

Drei Tänzerinnen betreten die Bühne. Sie sind in goldbrokatdurchwirkte Gewänder gehüllt und tragen auf dem Kopf eine Art Krone aus Frangipaniblüten. Ihre Gesichter sind maskenartig geschminkt, sodass kleine Veränderungen der Mimik, wie Augenrollen, auffallen. Ich kapiere erst nicht, worum es geht. Es scheint eine Art Kampf um eine entführte Prinzessin zu entbrennen, wenn ich die langsamen und kunstvollen Bewegungen richtig deute. Die Balinesen um mich herum verfolgen das Geschehen aufmerksam und gespannt. Ich bekomme Kopfschmerzen von der Musik. Die fremdartigen Klänge zerren an meinen Nerven und hypnotisieren mich zugleich. Viele Tänzer fallen bei den stundenlangen Aufführungen regelmäßig in Trance und müssen von einem Priester zurückgeholt werden. Als die Vorstellung zu Ende ist, habe ich jedes Zeitgefühl verloren. Meine Uhr habe ich im Hotel gelassen. Glücklicherweise stehen Taxis vor dem Tempel. Mittlerweile versiert, schnappe ich mir eines aus der ersten Reihe und fahre zurück zu meiner paradiesischen Unterkunft.

*

Bei meiner zweiten Stunde im Yoga-Zentrum Hamburg begegnete ich Guru Kirpal. Ich hatte mich als waschechte Yogini verkleidet, mit einer weiten, beuteligen Yogahose und einem schlabberigen Hemd, dazu einen Meditationsschal aus Wolle und Seide. Optisch fiel ich nicht mehr aus dem Rahmen. Die Haare band ich zum Zopf.

Ich war überpünktlich da. Der Yogaraum war leer und ich suchte mir einen Platz, von dem aus ich gut sehen konnte. Allmählich füllte sich der Raum mit weiß gewandeten Gestalten. Viele begrüßten einander vertraut und vertieften sich in leise Gespräche, andere setzten sich mit gekreuzten Beinen auf den Boden, schlossen die Augen und versenkten sich in sich selbst. Beherrschten sie das wirklich oder zogen sie nur das Rollo vor der Außenwelt herab?

Ananda betrat den Yogaraum in Begleitung eines Mannes, der sie um Haupteslänge überragte, offenbar ebenfalls ein Sikh. Er hatte breite Schultern, einen dunklen Teint und einen langen, grau melierten Bart, der ihm bis zur Brustmitte reichte. Er trug einen imposanten Turban. Besonders auffällig waren jedoch seine dunklen Augen, sein hypnotischer Blick. War das Zufall, dass beide Yogalehrer so faszinierende Augen hatten? Oder bewahrheitete sich in ihnen der Spruch, dass die Augen der Spiegel der Seele waren?

»Das ist Guru Kirpal Singh, Gastlehrer aus Mexiko«, stellte Ananda den Mann vor, der sich neben sie setzte und seine langen Beine geschickt verknotete. »Er ist für ein paar Wochen in Hamburg. Guru Kirpal lebt in Mexiko und Bali, aber weil er einige Jahre im Hamburger Ashram gelebt hat, spricht er gut Deutsch.«

Guru Kirpal erzählte, dass er von 2004 bis 2009 in einem Ashram in Amritsar gelebt hatte, Menschen auf ihrem spirituellen Weg unterstützen wollte und eine Yogalehrerausbildung auf Bali ins Leben gerufen hatte. Seine Stimme war sanft und leise, was bei einem so kräftig gebauten Mann überraschte.

Wir lauschten seinen Worten, fast ohne uns zu rühren, um nichts zu verpassen.

Ich fühlte mich seltsam. Von Guru Kirpal Singh ging etwas aus, das ich nicht einordnen konnte. Irgendwelche Schwingungen. Obwohl ich ihn zum ersten Mal sah, kam er mir so vertraut vor. Seine Worte, die Gesten, die Mimik, alles kam mir wohlbekannt vor, nahe ... Ich schüttelte den Kopf, um die seltsamen Gedanken zu vertreiben.

Guru sei Teil seines spirituellen Namens, nicht etwa sein Titel. Singh bedeute »Löwe«, alle Männer hießen so, wie die Frauen »Kaur«, gesprochen »Kaar« hießen, was »Prinzessin« bedeute. Aber das wüssten wir ja. Viele nickten, für mich war es neu.

Er halte einen Workshop über Mitgefühl und den Gott im Inneren, erklärte er. Der Gott in meiner Kindheit war strafend oder lobend, eine äußere Instanz, die allmächtig über Wohl und Wehe urteilte, was dazu beitrug, dass ich mich während Niklas' Krankheit von ihm abgewandt hatte.

»Bei der Yogalehre geht es um die Einheit mit Gott im Herzen«, sagte Guru Kirpal und schien mich direkt anzusehen. »Es ist dein Geburtsrecht, glücklich zu sein.«

Ich war kurz davor, in Tränen auszubrechen. Es war, als würde er mir in diesem Moment die Erlaubnis erteilen, glücklich zu sein - als hätte ich mir das selbst bislang verwehrt. Gleichzeitig machte mich dieser Satz wütend. Es war genauso Niklas' Geburtsrecht, glücklich zu sein. Warum durchlebte er Jahre der Qualen, Schmerzen und Angst, warum hatte er keine unbeschwerte Kindheit gehabt, sondern sie mehr oder weniger im Krankenhaus verbracht? Hin- und hergerissen zwischen Berührtsein und Ärger, lauschte ich seinen Ausführungen.

»Du darfst dieses Recht einfordern, denn Gottes Güte ist unendlich. Güte wird niemals unterliegen. Mitgefühl ist unermesslich, ein Ozean ohne Ende«, sagte Guru Kirpal. Ich wünschte mir, dass er mich wieder anschaute, aber nun standen andere im Licht seiner Aufmerksamkeit, die er wie einen Scheinwerfer auf eine Person richtete. »Gott kennt nur eine einzige Sprache und das ist, das Herz eines Menschen zu berühren. Ich bete dafür, dass Gott und Guru euch segnen, jetzt und hier und für immer!«

Wir machten einige Yogaübungen, Sufi-Kreise, Kamelritt, Seitbeuge, Zange. Ich kannte sie vom letzten Mal, aber mein Körper fühlte sich steifer, verkrampfter an. Als Guru Kirpal uns bat, den Atem in bestimmte Regionen fließen und dort Mitgefühl entstehen zu lassen, löste sich etwas wie ein Krampf. Mitgefühl mit mir selbst - das klang merkwürdig und zugleich schön. Ich kannte bislang nur Selbstmitleid und so richtig war mir der Unterschied nicht klar. Doch ich wagte nicht, eine Frage zu stellen. Andere waren nicht so schüchtern und es entstand eine lebhafte Diskussion. Ich hörte nur mit halbem Ohr zu. Meine Aufmerksamkeit war von diesem beeindruckenden Paar gefangen, das da vorn saß. Ananda, die heute eine cremefarbene Tunika trug und wieder unerschütterlich selbstsicher und gelassen wirkte, und Guru Kirpal, der eine fast majestätische Ausstrahlung besaß. Wenn Yoga so etwas bewirken konnte, wollte ich dem auch nachstreben. Aber wie lange musste man dabei sein, bis sich das einstellte? Wahrscheinlich Jahrzehnte.

Auf einmal lachte Guru Kirpal auf. Mein Herz machte einen Hüpfer, ich lachte unwillkürlich mit und sah mich einen Moment lang auf der anderen Seite neben ihm sitzen. Dann rief ich mich selbst zur Ordnung. Das war ja lächerlich. War ich dabei, mich wie ein Teenager in einen Star zu vergucken?

Ich konnte nicht leugnen, dass Guru Kirpal eine enorme Anziehungskraft auf mich ausübte. Es war das erste Mal, seitdem ich verheiratet war, dass ich mich in irgendeiner Form zu einem anderen Mann hingezogen fühlte - und der war ausgerechnet ein spiritueller Lehrer und sowieso unerreichbar für jemanden wie mich. Vielleicht hatte er sogar allem Körperlichen abgeschworen und lebte zölibatär. Aber worüber grübelte ich eigentlich nach? Ich verbot mir jeden weiteren Gedanken. Niemals würde ich Stefan verlassen, das hatte ich mir selbst und ihm versprochen.

»Wir wollen den Abend mit einer Meditation für Mitgefühl mit dir selbst beschließen.« Er erklärte eine komplizierte Handhaltung - das Mudra - und ein Mantra, eine Mischung zwischen Autosuggestion und Anrufung von Gott, aber dem Gott im Innen, nicht im Außen, wie er hervorhob. Das Problem bestünde darin, dass die meisten Menschen meinten, von Gott getrennt zu sein, aber das stimme nicht, betonte der Yogalehrer. »Gott und ich, ich und Gott sind eins. Du und ich sind eins. Wir sind alle eins und wir sind Gott.«

Obwohl mir diese Aussage stark vereinfacht erschien und wieder leichte Zweifel hinsichtlich der dahinter stehenden Religiosität aufkamen, ließ ich mich aufs Chanten ein. »Ek Ong Kar Sat Nam Siri Wahe Guru«, lautete das Mantra, das jemand an das Whiteboard geschrieben hatte. Nachdem ich den Text verinnerlicht hatte, schloss ich die Augen und sang mit. Die Melodie trug mich, die Stimmen verwoben sich und in meinem Kopf, in meinem Herzen, entstand ein Gefühl der Ruhe, des Friedens und des Aufgehobenseins. Für die Dauer der Mantra-Meditation tauchte ich in den Klangstrom ein. Die Gedanken, die mich quälten, traten in den Hintergrund. Jedes Zeitgefühl kam mir abhanden, zum Schluss waren die Beine eingeschlafen und mein Gesicht tränennass.

5.

Yoga wurde entwickelt, damit Menschen gesund, glücklich, heilig und bewusst werden.

In dieser Nacht träume ich von Hanuman, dem Affengott. Vor dem Einschlafen habe ich noch über ihn gelesen, um mich abzulenken. Wenn ich allein im Bett liege, vermisse ich meinen Mann besonders schmerzlich. Wie lange wird das noch so sein? Wir waren so lange zusammen. Um auf andere Gedanken zu kommen, tauche ich in die indische Mythologie ein: Kronprinz Rama wird durch Intrigen seiner Stiefmutter für 14 Jahre in den Wald verbannt. So kann Bharata, sein Halbbruder und Sohn der Stiefmutter, den Thron besteigen. Währenddessen vollführt Rama, der von seiner wunderschönen Frau Sita und seinem Bruder Lakshmana begleitet wird, im Wald zahlreiche gute Taten, vernichtet Dämonen und Ungeheuer. Den Dämon Ravana kann er allerdings nicht bezwingen. Ravana entführt Sita und raubt Rama so die Liebe seines Lebens, sein Glück und seine Freude. In abgrundtiefer Verzweiflung wendet sich Rama an Hanuman, den General des Affenheeres. Hanuman verkörpert den hingebungsvollen Diener, ausgestattet mit grenzenloser Loyalität und übermenschlicher Kraft. Er macht Sitas Aufenthaltsort auf Sri Lanka ausfindig, wo sie vom Dämon Ravana gefangen gehalten wird. Ohne über die Unmöglichkeit seines Vorhabens nachzudenken, nimmt Hanuman - der sich wie alle Affen vor dem Meer fürchtet - Anlauf, springt mit einem Satz nach Sri Lanka und befreit Sita. Ramas

Glück ist wiederhergestellt und Hanuman ein Held. Er ist im Hinduismus populär und auch auf Bali kennt man ihn. Der Affengeneral soll der Sohn von Anjana und Windgott Vayu sein. Die hier frei lebenden Affen gelten als seine Nachkommen und sind deshalb heilig. In meinem Traum hat Hanuman Stefan aus Eileens Gefangenschaft befreit und ihn mir zurückgebracht. Doch leider hat mein Mann nun ebenfalls ein Affengesicht und zehn Arme. Ich weiß nicht, ob ich ihn so noch will. Mit dem unsicheren Gefühl, ob meine Liebe tief genug ist, erwache ich und beschließe, am letzten Tag vor dem Retreat in den Affenwald zu gehen. Vielleicht finde ich dort Antworten.

Der Naturpark ist in fußläufiger Entfernung vom Resort. Ich muss einfach die Monkey Forest Road hinuntergehen und dabei Mofas und Schlaglöchern, die sich unvermittelt vor mir auftun, ausweichen. Ich genieße das Gewusel von Menschen, die alle irgendwohin streben, das Stimmengewirr, die vielfältigen Gerüche. Jedes Bauwerk scheint dem Dschungel abgetrotzt und fügt sich dennoch ins Straßenbild ein.

»Sacred Monkey Forest Sanctuary« steht auf der Tafel am Eingang zum Park. Der Übersichtsplan enthüllt einen hinduistischen Tempelkomplex. Es gibt hier drei Tempel aus dem 14. Jahrhundert, den Pura-Dalem-Tempel, den Tempel des heiligen Wassers und den Kremationstempel, die jedoch den Einheimischen vorbehalten sind. Andere Besucher dürfen nur den Affenwald betreten. Touristen aller Nationen drängen sich durch den Eingangsbereich.

»Madam?«

Einer der Wächter weist mich an, meine Wasserflasche abzugeben und die Sonnenbrille zu verstauen.

Hanumans Kinder und Kindeskinder sind Makaken, die als

besonders frech gelten. Sie sitzen selbstsicher auf den Wegen, sodass Besucher um sie herumgehen müssen, hangeln sich von Ast und zu Ast oder springen Menschen, die sich nah an sie herantrauen, auf die Schulter. Ich halte Abstand, so ganz geheuer sind mir die Affen nicht. Am Eingang kann man Bananen kaufen. Sobald ein Affe mitbekommt, dass jemand diese begehrten Früchte hat, ruft er eine ganze Gruppe zusammen. Im Nu ist der Bananengeber umringt von einer hungrigen Meute, die ihm die Leckerei aus den Händen reißt. Es gibt Makaken in allen Größen und in jedem Alter, von Mini-Baby-Affe bis fetter Uropa. Die größten und dicksten haben das Sagen. Die süßen Babys locken fotosüchtige Touristen an. Wenn die Mutter oder ein anderer Familienangehöriger findet, dass es zu viel wird, beginnen sie ohrenbetäubend zu kreischen, schnappen das Baby und bringen es auf dem nächsten Baum in Sicherheit.

Ich lege den Kopf in den Nacken und schaue nach oben. Das ist kein Wald, sondern eine Kathedrale. Riesige uralte Banyanbäume mit beeindruckenden Luftwurzeln gestalten die Szenerie. Hanumans Nachfolger nutzen sie, um sich an Lianen elegant durch die Luft zu schwingen. Es ist hier viel kühler als im Städtchen Ubud. Die Bäume schaffen ein angenehmes Klima und spenden Schatten, sodass die Sonne nicht so stark herunterbrennt. Ich wandere über verschlungene Pfade und fühle mich wie in einem verwunschenen Märchenwald, zurückversetzt in Ramas Epos. Hat er hier gelebt und Dämonen bekämpft? Seine Sita geliebt, mit seinem Bruder gute Taten begangen, den Affengeneral gezähmt und zu seinem hingebungsvollen Diener gemacht?

Diese Affen sind niemandem zu Diensten, sie führen das Regiment. An die zehntausend Touristen kommen jährlich hierher und dringen in das Revier der Affen ein. Als ich in einer Art Amphitheater kurz raste, sehe ich ein Pärchen im Alter von Nickie und Vivi. Sie locken einen kleinen Affen an, der dem Mädchen auf den Schoß springt und sich streicheln lässt. Währenddessen macht dessen Kumpel sich unbemerkt am Rucksack des Jungen zu schaffen. In Windeseile hat er den Reißverschluss geöffnet, eine Plastikflasche und Kekse entwendet und schwenkt das Diebesgut triumphierend. Der kleinere Affe rupft dem Mädchen eine Haarspange vom Kopf, sie schreit auf, schlägt nach ihm. Die beiden Affen tanzen um das Pärchen herum. Ein Wächter schlendert herbei und versucht halbherzig, die Affen zur Rückgabe zu bewegen, aber schneller, als man schauen kann, sind sie zwischen ihren Artgenossen verschwunden. Ich muss lachen. Hätte Hanuman seine Familienangehörigen gerügt oder gelobt?

*

Einige Wochen nach der Abifeier hatte mein Sohn einen Kontrolltermin bei Dr. Behrmann. Ausnahmsweise durfte ich ihn begleiten. Seitdem er volljährig war, ging er lieber allein zu ihm, und ohne Nickies Einverständnis würde der Arzt mir nicht einmal mitteilen dürfen, wie es um ihn bestellt war.

Wir kannten Dr. Behrmann seit 19 Jahren. Er war uns von der Herzkinderhilfe empfohlen worden, nachdem die Kardiologen im Krankenhaus sich nicht auf eine Diagnose einigen konnten. Professor Nack, damals schon im Rentenalter, sprach sich für eine konservative Therapie aus und empfahl, mit der ersten OP so lange wie möglich zu warten. »Lassen Sie das Kind erst einmal etwas an Gewicht zulegen«, riet er uns vor all den Jahren und klopfte mir großväterlich auf die Schulter. Dahinter stand der Gedanke, dass die Herz-Lungen-Maschine ein bestimmtes Gewicht erforderte. Doch Niklas trank nicht genug, um zuzunehmen. Das Trinken strengte ihn zu sehr an. Wenig später musste er mit einer Magensonde ernährt werden. Verzweifelt harrten wir am Wärmebettchen unseres winzigen Sohnes aus, dessen Haut durch den Sauerstoffmangel, verursacht vom komplexen Herzfehler, bläulich schimmerte. Alles in mir sehnte sich danach, ihn zu berühren, ihn auf den Arm zu nehmen, doch stattdessen lag er dort, verkabelt und wie in einem Terrarium gefangen gehalten.

»Eins von hundert Kindern kommt mit einem Herzfehler zur Welt«, dozierte der nächste Kardiologe vom UKE, ein dynamisch wirkender Mittdreißiger. Er hätte Banker sein können, denn er betrachtete unser Kind, als wäre es eine faule Geldanlage, und empfahl, möglichst schnell zu operieren.

Tränen quollen mir aus den Augen. Seitdem Nickie gleich nach der Geburt reanimiert werden musste, war ein Staudamm in mir gebrochen und ich heulte ständig. Die Erinnerung daran, wie das Herz meines Babys ausgesetzt hatte, wie ein Rettungsteam in den Kreißsaal gestürmt und konzentrierte Hektik entstanden war, hatte mich in einen Zustand steter Alarmbereitschaft versetzt.

»Jetzt stehen die Chancen am besten. Die modernen Herz-Lungen-Maschinen haben keine Grenze nach unten. Professor Nack stammt noch aus einer Zeit, als die Kinder ein optimales Operationsgewicht von zehn Kilo haben mussten«, befand er.

»Die besten Chancen?«, echote ich. Es klang, als müssten wir eine Wette auf Nickies Leben abschließen. Stefan stand hinter mir, ich spürte, wie er vor Wut bebte.

»Überlebenschancen«, präzisierte der Kardiologe und sah auf seine Armbanduhr. »Wenn Sie sich nicht entscheiden, wird Ihr Kind zum Notfall. Mit einem hypoplastischen Linksherzsyndrom kann man nicht abwarten. Es erstickt, umgangssprachlich ausgedrückt.«

»Hören Sie mal, wie reden Sie mit uns!«, empörte sich mein Mann.

»Herr Winterberg, ich sage Ihnen nur, wie es ist. Sie können gern eine weitere Meinung einholen.« Fast gelangweilt wandte sich der Kardiologe zum Gehen.

Das taten wir und so kamen wir zu Dr. Behrmann. Als er das Krankenhauszimmer betrat, hatte ich seit Tagen nicht geschlafen und kauerte an Niklas' Bettchen, beobachtete das Blinken der Geräte, die ihn am Leben hielten. Behrmann war mir sofort sympathisch, obwohl er weder sonderlich freundlich noch verbindlich wirkte, eher spröde. Aber während er Nickie untersuchte, spürte ich echtes Mitgefühl. Letztlich hat es unserem Sohn wahrscheinlich das Leben gerettet, dass wir zu ihm in Behandlung kamen. Er hatte Nickie damals an eine unabhängige Klinik in London überwiesen.

Das Gebäude in der Fußgängerzone in Altona, vor 19 Jahren neu, wirkte mittlerweile leicht verwahrlost. Nickie hatte im Auto keinen Ton gesagt, mit der Begründung, sich aufs Fahren konzentrieren zu müssen. Ich war froh, dass er sich mal selbst ans Steuer setzte.

»Niklas Winterberg. Zur Kontrolle.« Er schob der Helferin die Versichertenkarte über den Tresen.

»Nehmen Sie bitte einen Moment Platz.« Die Empfangsdame wies zum Wartezimmer.

Ich kannte den Raum gut. Jahrelang hatte ich hier erst alle paar Wochen, später einmal pro Quartal mit Nickie auf dem Boden gesessen und aus abgeschrammelten Bauklötzen Türme gebaut, ihm vorgelesen oder ihn mit Häppchen gefüttert. Oft mussten wir stundenlang warten, weil Dr. Behrmann neben seinem kardiologischen Schwerpunkt eine normale Kinderarztpraxis führte. Wenn wir neben schniefenden, hustenden Kindern saßen, bat ich um einen Extraraum und wir durften in ein fensterloses Kabuff.

Nickie zog sein Smartphone aus der Tasche und begann darauf herumzutippen. Er war der älteste Patient im Wartezimmer. Zwei Mütter mit Kindergartenkindern saßen in der Spielecke, eine andere stillte ihr Baby. Dr. Behrmann hatte ihm letztes Jahr angeboten, zu einem Kardiologen für Erwachsene zu wechseln, doch Nickie wollte nicht.

»Möchtest du etwas essen? Oder trinken?« Wie früher hatte ich Obst, Salzbrezeln und Saft eingepackt.

Nickie grinste. »Du kannst es nicht lassen, oder?«

»Was?«

»Mich zu bemuttern.«

»Na ja, du bist nun mal mein Sohn.«

Er schüttelte den Kopf, nahm jedoch ein paar Brezeln.

Wenig später waren wir dran. Dr. Behrmann holte Nickie persönlich ab, klopfte ihm auf die Schulter. Grau war er geworden und sein Gang leicht gebeugt. Die vielen traurigen Schicksale waren nicht spurlos an ihm vorbeigegangen. Ich musste mich zurückhalten, um ihn nicht zu umarmen.

»Na, Frau Winterberg, Sie begleiten Niklas mal wieder?« Er zwinkerte mir vertraulich zu.

»Ich habe ihn um Erlaubnis gefragt.«

Nickie verdrehte die Augen. »Wie hätte ich Nein sagen können!«

Im Sprechzimmer plauderten die beiden ein wenig, Dr. Behrmann stellte die üblichen Rezepte aus. Ich dachte an all die Jahre, in denen wir hier gesessen hatten, bangend, hoffend, wartend ...

»Mama?« Nickies Stimme holte mich zurück.

»Ja, mein Schatz?« Ich lächelte ihn an. Sein liebes Gesicht, die blauen Augen.

»Ist es okay, dass du bei der Untersuchung nicht dabei bist?«

»Wenn das dein Wunsch ist ...«

»Super.« Er erhob sich, drückte mir aufmunternd die Schulter. »Ist doch nur Ultraschall.«

»Wir sind gleich zurück, Frau Winterberg.«

Mein Sohn und der Arzt verschwanden im Nebenraum, wo das Ultraschallgerät für die Dopplersonografie stand. Bei dem Verfahren wurde der Blutfluss in den Gefäßen und im Herzen sichtbar gemacht. Eine harmlose Untersuchung. Doch früher hatte Niklas das lange Stillliegen als quälend empfunden und nach den Operationen, mit der frischen Wunde am Brustkorb, als traumatisch. Obwohl die Tür verschlossen war, hörte ich die typischen Geräusche, die bei der Sono entstanden, das Rauschen und Puckern. Es dauerte lange, länger als sonst, oder bildete ich mir das nur ein?

Als sie zurückkamen, schien Niklas blass und Dr. Behrmann grauer und noch etwas gebeugter.

»Alles in Ordnung?«, fragte ich.

Dr. Behrmann und Nickie wechselten einen Blick. Nickie schüttelte leicht den Kopf. Ich hatte es geahnt. Blut stieg mir in den Kopf, ich begann zu schwitzen.

Dr. Behrmann räusperte sich, sagte aber nichts.

»Was ist los?« Meine Stimme klang schrill.

»Niklas ist erwachsen. Er entscheidet. Wenn er nicht möchte ...«

Ich drehte mich zu meinem Sohn, der kerzengerade auf dem Stuhl saß und mit keiner Wimper zuckte.

»Nickie, darf ich bitte erfahren, was herausgekommen ist?« Ich hörte die Panik in meiner Stimme, das atemlose Kieksen.

»Also gut.« Nickie nickte Dr. Behrmann zu. »Sie gibt ja sonst keine Ruhe.« Und zu mir: »Siehst du, deshalb wollte ich dich nicht mitnehmen. Weil du dich immer so aufregst.« Er sprach, als wäre ich das Kind und er die Mutter.

»Es sind gewisse Umstände eingetreten, die vorhersehbar waren. Wir haben sie befürchtet und nun ist es so. Nichts, was sich nicht lösen ließe. Die Medizin ist heutzutage so weit, da lassen sich wahre Wunder bewerkstelligen«, sagte Behrmann und wich meinem Blick aus.

Mein Herz raste. »Was meinen Sie denn, ich verstehe nicht, worauf das hinausläuft! Können Sie bitte genauer werden?«

»Frau Winterberg«, er beugte sich vor, fixierte mich. »Sie wissen, Nickie weiß, wir alle wissen, dass es sich stets um palliative Operationen gehandelt hat. Ein hypoplastisches Linksherzsyndrom kann man - oder zumindest konnte man es vor vierzehn Jahren, als die letzte der vier OPs stattfand - nicht heilen. Nicht vollständig.«

Ich schaute zu Niklas hinüber, dessen Miene wie versteinert wirkte.

»Was heißt das konkret?«

»Grob gesagt, haben sich die Untersuchungsergebnisse verschlechtert. Es gibt zwar keinen akuten Grund zur Besorgnis, aber es könnte auf einen größeren Eingriff hinauslaufen. Nicht jetzt. Nicht in der nächsten Zeit. Hoffe ich. Wann genau, wissen wir nicht.« Sein Blick war mitfühlend und traurig, zugleich professionell-optimistisch.

Schon seit Jahren hing das wie ein Damoklesschwert über uns. Natürlich hatte ich versucht, es zu verdrängen. Und nun stand es im Raum wie ein Elefant, den keiner sehen wollte. Ausgerechnet jetzt.

»Ein Spenderherz?« Ich flüsterte.

Der Kardiologe nickte. »Ich kann mich auch irren. Ich hoffe, dass ich es tue.«

Er hatte sich noch nie geirrt, nicht, was Nickie betraf. Er war der beste Kardiologe, den ich kannte, eine absolute Koryphäe auf seinem Gebiet.

»Nicht nötig«, entgegnete Niklas. Etwas, mit dem er gerechnet hatte, war im Begriff einzutreten und er wehrte sich nicht, sondern nahm es an. Oder stand er unter Schock? Ich an seiner Stelle hätte geheult und geflucht.

»Du bist ein Kämpfer. Das warst du schon, als du noch keine zwei Kilo gewogen hast. Du wirst es schaffen«, bekräftigte Behrmann.

Wir verabschiedeten uns und kehrten wie betäubt heim. Noch am selben Abend hielten wir Familienrat. Niklas legte die Untersuchungsergebnisse klar und nachvollziehbar dar. Nicht ein Mal zitterte seine Stimme, als spräche er über jemand anderes. Stefan erblasste, aber er riss sich zusammen, stellte vernünftige Fragen. Ein Gespräch unter Männern. Ich saß still daneben und hielt mich am Weinglas fest.

»Er beantragt, mich auf die Liste zu setzen. Noch sind keine Einschränkungen zu erwarten, was die körperliche Leistungsfähigkeit anbelangt. Ich soll mich mit sportlichen Höchstleistungen zurückhalten, aber das war ja noch nie mein Ding.« Niklas lachte gezwungen. Er spielte vor uns den Coolen.

»Dann wirst du wie geplant nach Rotterdam gehen?« Keine Frage, sondern eine Feststellung, die Nickie bestätigte.

Stefan war davon überzeugt, dass Niklas das schon bewältigen würde. Sowohl das Studium als auch die irgendwann anstehende Herztransplantation.

Später im Bett versuchte er, mich zu beruhigen. »Es kann Jahre dauern, bis es so weit ist. Du weißt, dass Behrmann sehr vorausschauend ist. Er meldet Nickie ja nur an, damit es keine Verzögerung gibt. Wir haben die Zeit auf unserer Seite. Die Medizin macht so rasante Fortschritte, dass ein derartiger Eingriff wahrscheinlich irgendwann ambulant durchgeführt wird.«

»Haha. Das glaubst du doch selbst nicht.« Aber ich ließ mich in eine beruhigende Umarmung ziehen. »Ich habe Angst! Können wir ihn unter den Umständen überhaupt gehen lassen? Was, wenn in Rotterdam etwas passiert?«

»Wir haben keine Wahl. Wir können ihn nicht aufhalten. Er ist erwachsen, er will und er muss gehen. Sein Leben leben, seinen Weg verfolgen. Und wir sollten ihn dabei unterstützen und optimistisch sein.«

»Aber Stefan, er ist schwer krank!«

»Willst du ihm das Gefühl geben, dass er ein Pflegefall ist, der jederzeit umkippen kann? Endlich ist er selbstbewusst und will auf eigenen Beinen stehen. Nimm ihm das doch nicht!«

*

Der Fahrer findet die Adresse erst nach einigem Suchen. Der Akal Ashram ist noch im Aufbau, hat Guru Kirpal mir gesagt. Er liegt inmitten von Reisfeldern, etwa eine halbe Stunde außerhalb von Ubuds Zentrum. Wir holpern über einen Feldweg, der so schmal ist, dass die Zweige der Büsche das Auto streifen. Es scheinen nicht viele vierrädrige Fahrzeuge hier entlangzufahren. Ganz entgegen der balinesischen Gelassenheit flucht der Fahrer vor sich hin. Er ist so etwas wohl nicht gewohnt, die meisten Gäste des Luxushotels reisen nach Nusa Dua weiter, in ein noch luxuriöseres Resort. Ich entschädige ihn mit einem mehr als angemessenen Trinkgeld. Er nickt, ohne zu lächeln, wirft mein Gepäck auf den Boden und wendet mit quietschenden Reifen in der engen Zufahrt. Auch auf Bali gibt es unfreundliche Menschen.

Ich schaue mich um und lausche. Der Verkehrslärm von Ubuds Innenstadt ist verstummt. Frösche quaken, Grillen zirpen, ein Hahn kräht und Tauben gurren. Weiter weg bellt ein Hund. Einige halb offene Gebäude in der landesüblichen Bauweise sind über das Gelände verteilt, andere noch im Bau. Wie auf ganz Bali grünt und blüht es in allen Farben, ein leichter Wind spielt mit den Palmblättern. Ich entdecke eine Frau in weiter Yogahose und verwaschenem T-Shirt, die Hibiskusblüten in ein Körbchen pflückt.

»Excuse me? Where is the reception?«, frage ich sie.

Sie mustert mich ein wenig belustigt. In meiner Seidenbluse mit passendem Rock und den hohen Sandalen bin ich overdressed.

»Eine Rezeption gibt es nicht«, antwortet sie auf Deutsch. »Am besten, du gehst ins Haupthaus.« Sie deutet auf einen größeren Pavillon mit roten Fensterläden.

»Ich bin zum Retreat bei Guru Kirpal angemeldet«, fühle ich mich zu einer Erklärung verpflichtet.

»Großartig«, gibt sie gleichmütig zurück.

Im Haupthaus stapeln sich herrenlose Rucksäcke. Nicht zum ersten Mal ärgere ich mich, meinen Rimowa-Koffer mitgenommen zu haben. Er macht mich auch ohne knallige Leggings zum Grünspecht. Auf einem Tisch steht eine Karaffe mit Gurken-Ingwer-Wasser. Ich schenke mir ein und stürze durstig zwei Gläser davon hinunter. Man schwitzt hier so viel, dass man beständig Flüssigkeit nachfüllen muss.

»Sat Nam!« Eine junge Frau mit locker geschlungenem Turban ist aufgetaucht. »Bist du Britta?«

»Ja, woher weißt du das?«

»Alle anderen sind bereits eingetroffen. Das Retreat hat gestern begonnen.«

»Oh Gott, wie konnte mir das passieren? Offenbar habe ich das Datum falsch notiert«, stammle ich. Schamesröte steigt mir ins Gesicht. Was wird Guru Kirpal nur von mir denken?

»Das macht gar nichts! Entspann dich. Hattest du eine gute Anreise?«, lächelt sie.

»Ich bin schon seit anderthalb Wochen auf Bali«, gebe ich zu.

»Wie schön! Dann konntest du in Ruhe ankommen und die deutsche Hektik hinter dir lassen!«

»Es ist mir so unangenehm, zu spät zu kommen ...«

Sie drückt mir freundlich den Arm und blättert in einem Heft. Ein Computer ist nirgendwo zu sehen. »Verurteile dich nicht! Du hast eine Hütte gebucht, nicht wahr?«

Ich nicke.

»Okay, da ist sie. Ich bin übrigens Atma Kaur.« Sie legt die Hände vor der Brust zusammen und verneigt sich leicht. Dann schnappt sie sich meinen Rollkoffer und bedeutet mir, ihr zu folgen. Schnell geht sie einen schmalen Pfad entlang, erklärt mir unterwegs, wo es Frühstück und Mittagessen gibt, wo Yoga praktiziert und meditiert wird, was es mit den kleinen Schreinen auf sich hat, in denen geopfert wird, wo der Tempel steht. Ich komme kaum hinter ihr her, bepackt mit meiner Reisetasche und einer großen Umhänge- sowie der Handtasche. Als ich umknicke, nehme ich mir vor, von nun an nur noch flache Schuhe zu tragen.

»Hier ist deine Hütte!« Sie zeigt auf eine türkis gestrichene Holzhütte mit umlaufender Veranda, deren Dach mit dem typischen Alang-Alang-Gras gedeckt ist. Es sieht anheimelnd aus. Atma Kaur öffnet die Tür, die nicht abgeschlossen ist. Drinnen stehen ein breites Bett mit Mückennetz, ein schmaler Schreibtisch, ein Stuhl und ein Schrank. Schlicht und gemütlich. Nebenan ist ein kleines Badezimmer.

»Ich hoffe, du hast keinen allzu leichten Schlaf. Die Wände sind dünn und es wird hier noch an vielen Orten gearbeitet.«

»Alles okay!« Wer wie ich einen superleichten Schlaf hat, reist nie ohne Ohropax. Und je weniger die Geräusche mit mir zu tun haben, je weiter sie weg sind, desto weniger stören sie mich.

»Komm erst einmal an. Mittagessen gibt es bis zwei Uhr, dann geht es um vier im Yogaraum mit Guru Kirpal weiter. Hast du noch Fragen?«

»Warum ist der Ashram eigentlich in der Nähe von Ubud und nicht in einsameren Gegenden im Norden? Hat es damit zu tun, dass Ubud das Yoga-Mekka von Bali ist?«, frage ich.

Sie lächelt. »Guru Kirpal hat sich nicht einfach da niedergelassen, wo alle sind. Es hat seinen Grund. Im 8. Jahrhundert reiste der indische Priester Rsi Markandeya von Java nach Bali, um die Lehren des Hinduismus zu verbreiten. Mitten in Bali, an einem Ort, wo zwei Flüsse zusammenfließen, spürte er eine starke Energie. Er fühlte sich inspiriert, dort zu meditieren. An dem von Heilpflanzen umgebenen spirituellen Platz, heute bekannt als Campuhan, ließ er sich mit seinen Anhängern nieder, baute einen prächtigen Tempel namens Pura Gunung Lebah und taufte sein neues Zuhause Ubad: Das bedeutet Medizin, Heilstätte. Immer mehr Hindus hörten davon und pilgerten nach Ubad, um zu meditieren und das heilige Wasser für reinigende Rituale und Tempelzeremonien zu nutzen. Der Ort wuchs und wurde irgendwann zu Ubud. Diese Geschichte und die für ihn nach wie vor spürbare Energie haben Guru Kirpal inspiriert, hier einen Kundalini-Yoga-Ashram zu gründen. Ubud ist tatsächlich immer noch ein heiliger Ort, auch wenn hier ein wahrer Yoga-Hype entstanden ist.«

»Okay, danke!«

Atma Kaur verabschiedet sich. Hunger haben ich keinen, also setze ich mich auf meine Yogamatte, um das erste Mal, seit ich auf Bali bin, zu meditieren. Ich habe auch die ganze Zeit kein Sadhana mehr gemacht, fällt mir schuldbewusst ein. Warum nicht? Warum habe ich eine mühsam angeeignete Disziplin, die mir in Hamburg in meiner deprimierten Phase des Verlassenseins so geholfen hat, so mir nichts, dir nichts sausen lassen? Und es ist mir nicht einmal aufgefallen. Ich habe hier einfach in den Tag hinein gelebt, mich treiben lassen, anstatt an meiner spirituellen Entwicklung zu arbeiten. Offenbar habe ich noch unendlich viel zu lernen. Die Wurzeln sind zu schwach. Hoffentlich schaffe ich es, sie zu festigen, denn ich weiß: In Hamburg werde ich sie brauchen.

6.

Im Lieben gibst du, ohne die Fehler der anderen zu beachten – so wie die Sonne ihr Licht und ihre Wärme jedem Wesen gewährt.

Der Sommer nach Nickies Abi: Meine beiden Kinder, wie ich sie nun insgeheim nannte, fuhren Ende Juli nach Rotterdam, mein Mann musste zu irgendeiner grottenlangweiligen Konferenz nach Singapur. Ich hatte mich spontan entschlossen, auf das Europäische Yogafestival nach Frankreich zu fahren. Guru Kirpal sollte dort einen dreitägigen Workshop über Chakras leiten. Es war die erste Reise ohne Stefan seit Niklas' Geburt.

Als ich meinem Mann von meinem Vorhaben erzählte, wirkte er überrascht, bestärkte mich aber darin.

»Eine prima Idee, etwas zu machen, das dich weiterbringt«, lobte er. Ich kam mir ein wenig wie ein Kind vor. Mir lag auf der Zunge zu sagen, dass es beim Yoga nicht ums Weiterkommen ging, sondern darum, bei sich selbst anzukommen, oder auch schlicht und ergreifend darum, »auf dem Weg zu sein«.

Er brachte mich zum Dammtorbahnhof, wo der »Yogabus« abfuhr, ein gecharterter Bus, der durch halb Europa zum Yogafestival nach Fondjouan gondelte. Gestalten in beigen Naturtextilien mit Kopfbedeckungen aller Art, bepackt mit Taschen, Rucksäcken, Schaffellen sowie Schlafsäcken, verbreiteten ein gemütliches Chaos. Stefan in seinem Designeranzug sah aus wie ein Exot.

»Bist du sicher, dass du dir das antun willst? Mit dem Bus

nach Südfrankreich? Fünfzehn Stunden Fahrt?« Skeptisch musterte er eine Horde Yogis mit blauen Turbanen und einem Bündel langer Stöcke. Sie praktizierten Gatka, eine Art yogischer Schwertkampf. Ich sah mich unauffällig um. Guru Kirpal war nirgends zu sehen. Wahrscheinlich reiste er separat an. Ananda würde nicht kommen, sie kümmerte sich um das Hamburger Yoga-Zentrum.

»Ja. Der Vorteil dabei ist, dass ich direkt auf dem Gelände ankomme. Kein Umsteigen, kein Transfer.«

»Na gut. Kreditkarten hast du dabei, nimm dir ansonsten ein Hotel - oder flieg zurück, wenn die Ökos dir auf den Geist gehen.« Die letzte Bemerkung brachte ihm einen ärgerlichen Blick des Yogis neben uns ein. Wir umarmten uns, ein letzter, inniger Kuss, dann stieg ich ein und suchte mir einen Platz am Fenster. Eine üppige Frau zwängte sich neben mich. Sie roch bereits jetzt nach Schweiß. Stefan winkte mir zu und kurz geriet ich in Versuchung auszusteigen. Doch da setzte sich der Bus auch schon in Bewegung.

Die Fahrt zog sich hin. Wir legten viele Zwischenstopps ein und sammelten Mitreisende ein. Familien mit kleinen Kindern stiegen zu, das größte im Teenageralter, das kleinste im Tragetuch. Alle hatten Unmengen an Gepäck dabei. Bald stapelten sich Rucksäcke und Taschen im Gang und aus den Gepäcknetzen quollen Habseligkeiten. Ich fühlte mich an Bilder der Busse in Indien erinnert - nur dass dort Dutzende Leute auf dem Dach mitfuhren, außerdem Ziegen und andere Tiere. Immerhin hatte hier niemand seine Ziege dabei.

Bei jedem Halt stürmten die Leute zu den Türen, machten Dehnübungen auf dem Parkplatz oder setzten sich irgendwo hin, um zu meditieren. Einige rauchten sogar. Das erstaunte mich, ich dachte immer, als Yogi würde man seinen Körper wie einen Tempel pflegen. Aber in manchen Tempeln wurden offenbar Räucherstäbchen benötigt. Ich kam mit einer Frau aus Köln, einer Business-Yogalehrerin mit eigenem Studio, ins Gespräch. Sie reiste seit Jahren nach Frankreich, um ihre Batterien aufzuladen, sich wieder »anzubinden«, wie sie sagte. Besonders die drei Tage Weißes Tantra hatten es ihr angetan.

»Eine unglaubliche Erfahrung, wenn zweitausendfünfhundert Seelen aus der ganzen Welt sich verbinden und gemeinsam meditieren. Das kann die Energie des gesamten Planeten verändern«, schwärmte sie.

Zweitausendfünfhundert? Ich schluckte, stellte mir das Durcheinander vor. Mir war nicht bewusst, dass so viele Teilnehmer erwartet wurden.

»Du wirst sehen, es ist wahnsinnig inspirierend. Es wird dich so was von upliften!«

Zweifelnd nickte ich. Mit jedem Kilometer, den ich mich von zu Hause entfernte, fühlte ich mich seltsamer. Obwohl die Luft im Bus stickig war, konnte ich wieder durchatmen. Wie kam das nur? Was lag mir denn in Hamburg so auf der Seele? Nickies Auszug? All die Erinnerungen an die schweren Jahre, die hinter uns lagen? Die Sorgen darum, wie es mit ihm weiterging? All das war ja nicht verschwunden oder unwichtig geworden, nur weil ich in einem Bus Richtung Frankreich saß.

Aber vielleicht hatte es etwas mit der Aufmerksamkeit und der Macht der Gedanken zu tun. Wenn ich mich nur mit all dem Schrecklichen beschäftigte, das passiert war und noch geschehen konnte, manifestierte sich das bereits in meinem Leben. »Du siehst die Welt nicht so, wie sie ist, du siehst sie so, wie du bist«, hatte ich neulich gelesen. Das stimmte. Ich hatte viel Zeit, darüber nachzudenken, während der Bus erst durch Deutschland, dann durch Holland und Frankreich kroch. Die Sitze waren furchtbar unbequem, aber ich dachte an all die Yogis im Himalaja, die sich absichtlich Strapazen ausgesetzt hatten, um daraus spirituelle Einsichten zu erlangen. Damit verglichen war eine Busfahrt keine sonderlich harte Erfahrung. Ich dachte auch immer wieder an Ananda, die mich mit ihrer inneren Ruhe beeindruckt hatte und an der ich mich orientieren wollte. Und an Guru Kirpal, dem ich begegnen würde. An Stefan dachte ich komischerweise kaum. Ich war mir sicher, dass er ohne mich gut zurechtkam.

Als der Bus endlich durch ein breites Tor auf das Schlossgelände holperte, spürte ich jeden einzelnen Knochen. Die Luft war in den letzten Stunden zum Schneiden dick gewesen und ich hatte allerhöchstens dösen können. Meine Sitznachbarin schaute entweder Yoga-Videos auf Youtube oder schnarchte mit offenem Mund. In den Gängen lagen schlafende Kinder. Dennoch bereute ich nicht, dieses unbequeme Verkehrsmittel gewählt zu haben. Wenn schon, denn schon. Luxus hatte ich zu Hause genug, nun wollte ich mich auf die Probe stellen und herausfinden, auf wie viel davon ich verzichten konnte.

Der Bus hielt neben dem Schloss, in dessen weitläufigem Park das Yogafestival stattfand. Die beiden Busfahrer, die ebenso erschöpft aussahen, wie ich mich fühlte, beförderten das Gepäck lustlos auf den Rasen. Die meisten Teilnehmer zelteten, einige waren in Wohnmobilen oder VW-Bussen gekommen. Ein bunter Wagenpark umgab uns.

Ich fand meinen Trolley begraben unter einem Zeltgestänge - als einziger Edelstahltrolley gut erkennbar - und stellte mich bei der Registrationsschlange an. Als ich endlich an der Reihe war, erfuhr ich, dass bei der Reservierung etwas schiefgelaufen war.

»Du hast ein Bett in einem Sechserzimmer«, informierte mich die Yogini am Tresen.

»Da muss ein Irrtum vorliegen. Ich habe ein Einzelzimmer im Schloss gebucht und bezahlt«, beharrte ich.

Sie konsultierte ihren Bildschirm. »Nein, tut mir leid. Das Schloss verfügt nur über wenige Zimmer und die sind den Lehrern vorbehalten.«

Fassungslos schüttelte ich den Kopf. »Darauf hat mich niemand hingewiesen. Und es kamen auch keine Einwände bei der Bezahlung.«

Ich kramte nach dem Überweisungsbeleg. Ein Einzelzimmer im Schloss mit eigenem Bad kostete das Achtfache dessen, was man mir nun zuwies. Die Yogini warf einen desinteressierten Blick darauf.

»Du kannst eine Erstattung beantragen.« Sie händigte mir einen Schlüssel aus und band mir ein oranges Wollband ums Handgelenk.

Niedergeschlagen trottete ich zu meiner Unterkunft in einer trostlosen Baracke hinter dem Schloss. Neben dem Frauenschlafsaal - es ging also noch schlimmer - lagen mehrere zweckmäßig eingerichtete Sechs-Bett-Zimmer. Drei Etagenbetten, zwei Regale, ein Tisch und zwei Stühle, vor dem Fenster eine Gardinen-Attrappe. Ich wählte die untere Koje des Bettes, das am weitesten vom Fenster entfernt war, und streckte mich auf der kratzigen Wolldecke aus. Auspacken brauchte ich nicht, es gab keinen Stauraum. Vielleicht würde ich ja allein bleiben - was für eine unsinnige Hoffnung. Bald rückten meine

Zimmergenossen an, eine Mutter mit vier Kindern zwischen vier und zwölf. Das konnte ja heiter werden!

Ich beschloss, über das Festivalgelände zu bummeln, damit die fünf sich in Ruhe einrichten konnten. Behelfsmäßige Schilder wiesen zum Sadhana-Field, zu den Küchen und Duschen, den speziellen Plätzen, wo die Workshops stattfanden. Ich entdeckte Guru Kirpals Namen und versuchte, mir den Weg zu seinem morgigen Workshop einzuprägen.

Wenig später gab es Essen: Mungbohnen mit Reis und scharfer Soße, Ingwer, Chili und Knoblauch, serviert aus großen Plastikeimern. Wir saßen mit dem selbst mitgebrachten Campinggeschirr auf dem Boden auf unseren Yogamatten. Jeder musste hier Seva ableisten, eine Aufgabe für die Gemeinschaft übernehmen und ich meldete mich zum morgendlichen Küchendienst. Immer noch besser, als Toiletten zu putzen. Dafür hatte ich zu Hause natürlich eine Putzfrau - aber kochen tat ich auch für meine Familie.

Am nächsten Morgen wollte ich zum Sadhana, daher beschloss ich, früh schlafen zu gehen. Leider war ich nicht allein im Zimmer. Die Kopfschmerzen waren auch noch schlimmer geworden. Ich machte mich bettfertig, schluckte zwei Ibuprofen, schob das weich geknetete Ohropax tief in die Gehörgänge und zog die Schlafbrille über. Meine Mitbewohner gingen inzwischen geräuschvoll ihren abendlichen Ritualen nach. Ich war so etwas überhaupt nicht gewohnt. Jeder kleinste Sinneseindruck malträtierte mich, durch Schlafmangel und die anstrengende Anreise überreizt, kam ich nicht zur Ruhe, selbst als alles still war. Wie lange ich wach lag, wusste ich nicht.

Dann hörte ich Glocken oder Gongs. Der Sadhana-Weckruf. Ein Blick auf die Uhr zeigte die unwirkliche Zeit von halb vier.

Offenbar war ich doch kurz eingenickt. Ich torkelte in die Waschräume, stellte mich an der Schlange für die Dusche an, fremde Körpergerüche stachen mir in die Nase. Endlich war ich dran. Das kalte Wasser rieselte nur aus dem Duschkopf. Während ich mich einseifte, versuchte ich, Körperkontakt zu den Duschnachbarn zu vermeiden. Immer wieder streifte mich ein Arm, ein Ellbogen, eine Hand. Zuletzt hatte ich so etwas in der siebten Klasse auf einer Klassenreise erlebt - und selbst damals hatte es mir nicht behagt. Es ist eine Erfahrung, sagte ich mir immer wieder, wie ein Mantra, nimm es so hin, ich musste sie als solche betrachten. Ich hatte es ja so gewollt.

Im Halbdunkel tapste ich zum Sadhanafeld, unter dem Arm das aufgerollte Fell, eine Plastikunterlage und die Trinkflasche. Überall blitzten Taschenlampen auf. Es war kalt, zum Glück trug ich Zwiebellook. Dann erhaschte ich einen ersten Blick auf die Szenerie: Sie war magisch und versöhnte mich sofort mit den spartanischen Begleitumständen. Auf der erleuchteten Bühne saßen Musiker, von allen Seiten strömten jetzt Menschen auf die tauglitzernde Wiese. Jemand begann das Japji zu lesen, das yogische Morgengebet, die Stimme vom Mikrofon verstärkt, nicht wenige murmelten den Text ehrfürchtig mit. Ich bedeckte meinen Kopf mit einem Tuch und lauschte, bekam eine Gänsehaut. Fremdartige Laute, die mich so viel mehr berührten als langweilige Predigten. Ich musste an Ananda denken und das, was sie über Sikh Dharma gesagt hatte: Die Hand, die den Weg weist. Genauso fühlte es sich an, obwohl oder gerade weil ich kein Wort verstand.

Danach leitete ein Yogi die Übungsreihe an, die im Kundalini-Yoga laut Ananda Kriya genannt wurde. Alle dehnten, streckten, schnauften und stöhnten synchron. Der Boden war hart und uneben, ich rollte über einen Stein, aber das störte mich nicht. Es war unglaublich, unter freiem Himmel und in Gemeinschaft so vieler Gleichgesinnter Yoga zu machen. Ob es am Schlafmangel, an der zermürbenden Anreise oder an den neuen Erfahrungen lag - ich war in diesem Moment glücklich. Nach der Tiefenentspannung folgten die Mantra-Meditationen, die von der Gruppe Musiker begleitet wurden. Es heißt, in den ambrosischen Stunden zum Sonnenaufgang sei das Magnetfeld der Erde am besten geeignet, um mit dem menschlichen Energiefeld zu kommunizieren. Ananda hatte uns vom Sadhana in Frankreich vorgeschwärmt. Es dämmerte. Langsam ging die Sonne auf. Ganz allmählich wurde das Licht heller, umgab den Wald und das Schloss wie mit einer Aureole. Wir chanteten voller Inbrunst, während der Tag mit einer Wucht anbrach, als wäre es das erste oder das letzte Mal. Die Welt schien den Atem anzuhalten und mir liefen Tränen die Wangen hinab.

*

Da ich schon einen ganzen Tag verpasst habe, will ich wenigstens jetzt nicht zu spät kommen. Daher finde ich mich eine halbe Stunde vor der angesetzten Zeit in der Yogahalle ein. Sie ist rund, aber ein Drittel hat keine Wand, sodass durch den Wind eine Art Klimaanlage geschaffen wird mit einem beeindruckend hohen Bambusdach. Die Matten sind im Kreis angeordnet. Es sind acht, eine davon scheint frei zu sein, denn neben den anderen liegen Stifte, Blöcke, Tücher und persönliche Gegenstände. Ein wenig unsicher setze ich mich auf die freie Matte mit dem Rücken zum Eingang und warte still und brav wie ein Kind auf die Einschulung.

Ich spüre ihn, noch bevor ich ihn sehe. Seine Ausstrahlung eilt ihm voraus wie anderen Menschen deren Ruf. Mein Herz klopft schneller, dann betritt Guru Kirpal den Raum. Ich drehe mich zu ihm um. Sein Blick umfängt mich liebevoll. Ich habe ihn seit Monaten nicht mehr getroffen, außer bei den Skype-Gesprächen, aber das ist nicht dasselbe. Er trägt einen kunstvoll gebundenen Turban, weiße Baumwollkleidung, um den Hals eine türkise Gebetskette, eine Mala, und er ist barfuß. Mit zitternden Knien gehe ich auf ihn zu, am liebsten würde ich ihn umarmen, aber ein paar Schritte vor ihm bleibe ich schüchtern stehen. Natürlich wäre eine Umarmung unangemessen, er ist mein Lehrer, mein Guru, er soll mich vom Dunkeln ins Licht führen.

»Sat Nam, Britta. Es ist schön, dass du da bist.«

Seine dunklen Augen ruhen lächelnd auf mir, er verströmt eine unfassbare Güte und Wärme. Es ist, als würde er all meine Versäumnisse und Fehler, die mangelnde Disziplin, die Verspätung und die weltlichen Genüsse, denen ich nicht widerstehen kann, sehen - und sie mir verzeihen. Mehr noch, als gäbe er mir die Erlaubnis, mir selbst zu vergeben. Könnte ich mich immer so anschauen, wie er mich ansieht, wäre ich ein besserer Mensch. Und vor allem ein glücklicherer.

»Ich freue mich so sehr. Es ist wunderbar hier, ein magischer Ort«, sprudelt es aus mir heraus.

Er nickt. »Es gibt noch einiges zu tun, aber mit Gottes Hilfe sowie mit dem Segen des Gurus werden wir es schaffen.«

Ich ergreife seine Hand und muss mich davon abhalten, vor ihm auf den Boden zu sinken und sie zu küssen. Energie strömt von ihm zu mir, pure Lebenskraft, ich kann sie beinahe sehen, es ist wie eine Energietransfusion. Meine Hände, Arme, mein ganzer Körper pulsiert. Am liebsten würde ich für immer so stehen bleiben, aber nun treten die anderen Teilnehmer ein, suchen sich leise plaudernd oder still ihren Platz. Wie der Zufall oder die Vorsehung es will, sitze ich neben Guru Kirpal. Oft ist es so, dass der Platz neben dem Lehrer bis zuletzt frei bleibt, weil alle respektvoll Abstand halten. So komme ich nun in den Genuss seiner Nähe, quasi als Belohnung fürs Zuspätkommen.

»Kundalini-Yoga verleiht innere Stärke, um der äußeren Welt zu begegnen. Deshalb praktizieren wir es jeden Tag, um in schwierigen Zeiten gefestigt zu sein. Ohne innere Stärke kannst du dein Leben nicht angemessen führen. Du brauchst fortwährendes Durchhaltevermögen. Und darum geht es beim Kundalini-Yoga«, beginnt er. Obwohl er mich nicht ansieht, meine ich, dass sich seine Worte nur an mich richten.

Nach der Einstimmung mit »Ong Namo Gurudev Namo« leitet er eine kurze Kriya an. Mein Körper, der schon so viel geschmeidiger war, fühlt sich wegen der Yogaabstinenz wieder steifer an. Innerlich schimpfe ich mit mir, dass ich nicht geübt habe. Obwohl wir die Augen geschlossen halten sollen, schiele ich zu den anderen Teilnehmern. Die meisten sind in meinem Alter, alle zwischen Mitte vierzig und Mitte fünfzig. Vier Frauen, zwei Männer, alle tragen das beim Kundalini-Yoga übliche Weiß - und sonderlich fit scheint keiner zu sein, was mich beruhigt, obwohl es mir egal sein sollte.

Bei der kurzen Tiefenentspannung weht eine warme Brise über mich hinweg. Es fühlt sich an wie ein Streicheln. Die Stimmen der Tiere, die zur Dämmerung auf Bali so laut werden, als gäbe es kein Morgen, zaubern mir ein Lächeln auf die Lippen. Es ist ein wunderbares Klangkonzert von Fröschen,

Grillen, Vögeln, Hühnern, Hunden. Nur die Hähne mischen sich nicht ein, sie schlafen schon, denn sie sind morgen früh als Erste dran. Ich bin glücklich. Hamburg scheint weit weg. Ich merke, dass ich Stefan mehr und mehr loslassen kann, und das tut mir gut. Die Gewissheit, dass Nickie sich wohlfühlt in Rotterdam, beruhigt mich. Als wir wieder auf den Meditationskissen sitzen, grinse ich vor mich hin.

»Bevor wir weitermachen, möchte ich euch eine Yogini vorstellen: Britta aus Hamburg. Hat sie nicht ein schönes Lächeln?«, sagt Guru Kirpal. Wie ertappt zucke ich zusammen.

»Ein Lächeln kann die Welt erobern und ein Stirnrunzeln kann sie verloren geben«, fährt er fort. »Lächle den Widrigkeiten zu und ich sage dir, sie rennen weg. Zwei Dinge können nie gleichzeitig existieren: Hindernisse können nicht dort verweilen, wo ihnen mit einem Lächeln begegnet wird, und Fülle lebt nicht mit denen, die missbilligend schauen. Im Gesicht zeigt sich nicht der Geist, sondern die Seele.«

Meine Gesichtsmuskeln verkrampfen allmählich beim Versuch, anmutig weiterzulächeln. Ich sehe wahrscheinlich ein wenig schwachsinnig aus. Die anderen mustern mich interessiert.

»Ich möchte heute über Fülle und Wohlstand sprechen und euch das yogische Konzept erläutern. Wohlstand ist nicht das, was du denkst. Es ist kein materieller Reichtum, obwohl wir, die wir hier beisammensitzen, damit gesegnet sind. Wir besitzen mehr als schätzungsweise 99 Prozent der Weltbevölkerung. In Indonesien leben viele Millionen Menschen von weniger als zwei Euro am Tag. Ihr kennt alle Sikh Dharma? Kundalini-Yoga ist nicht mit dem Hinduismus verbunden wie Hatha-Yoga, sondern mit Sikh Dharma. Ich bin Sikh.« Guru Kirpal schaut die Anwesenden der Reihe nach an.

»Sikh Dharma will grundsätzlich drei Dinge schaffen: Wohlstand der Seele, wir nennen es Wakash, Wohlstand des Geistes, wir nennen es Prakash, damit ist auch Reinheit gemeint, und Wohlstand des Körpers, Seva, der geschieht, indem wir selbstlos handeln. Wakash, Prakash, Seva. Wakash bedeutet Expansion, Weite, Unendlichkeit. Prakash ist Reinheit. Reinheit strahlt, der Geist ist rein, deshalb strahlt die Reinheit der Seele das Licht aus. Die Dunkelheit verschwindet, wenn es Licht gibt. Das dritte Wort, das Wohlstand erschafft, ist Seva. Wenn du über Reichtum und Mittel verfügst, kannst du den Menschen dienen. Du kannst etwas für Bedürftige tun, ihnen Gesundheit verschaffen. Wakash, Prakash und Seva. Diese drei Bereiche des Wohlstands garantiert Sikh Dharma den Menschen, die diesen Weg beschreiten.«

Einige machen sich Notizen, andere nicken. Ein Mann mit grauem Bart starrt Guru Kirpal beinahe hingerissen an.

»Viele von uns glauben immer noch, dass Wohlstand das Ergebnis von dem ist, was wir tun. Das wird uns so beigebracht. Aus yogischer Sicht entsteht Wohlstand aber durch Ausstrahlung und projiziertes Bewusstsein. Wir ziehen das an, was in uns schwingt und was wir ausstrahlen: *As we glow, so we grow.*«

»Ist Wohlstand dasselbe wie Reichtum?«, fragt jemand.

»Du hast nicht zugehört.« Guru Kirpal lächelt. »Du darfst in Wohlstand leben. Gesteh es dir ein, egal, ob du jung oder alt bist, du möchtest gerne erblühen und dein höchstes Selbst erstrahlen lassen. Doch Reichtum ist etwas anderes. Um nach gesellschaftlichem Maßstab reich zu sein, kann man erben, in der Lotterie gewinnen, was auch immer. Das löst das Problem nicht. Reichtum garantiert keinen Wohlstand. Wohlstand hilft dir, ein angenehmes Leben zu führen. Aber das kann nicht alles sein. Wenn wir uns entschließen, ohne Fehler zu leben, dann müssen wir ohne Emotionen und ohne Korruption leben. Es geht darum, dass wir uns selbst vertrauen. Das wird uns inneren Wohlstand bringen. Zehn Prozent der Menschen schaffen in Selbstliebe Vertrauen. Nur eine Beziehung, die vertrauenswürdig ist, lohnt sich, nur eine Beziehung, die kreativ sein kann. Die Beziehung besteht zwischen dir und dir selbst. Was ist das Einfachste, das wir tun können, um Wohlstand zu erreichen? Weiß es jemand?«

»Mantras rezitieren? Chanten? Beten?«, fragt eine Frau.

»Mantras geben dir Reinheit. Mit der Reinheit kannst du etwas anfangen. Beten? Das mache ich die ganze Zeit.«

Jemand kichert.

»Also? Gut, ich sage es euch. Du solltest dir selbst gegenüber verantwortlich sein, sodass du niemals lügen musst. Weißt du, warum du lügst? Was ist überhaupt eine Lüge? Wenn du dich einer Situation nicht stellen kannst und dir Zeit verschaffen willst. Wenn du dich gerade nicht mit jemandem auseinandersetzen willst, dann entschuldigst du dich: ›Ha, nun ja …‹ Aber wofür entschuldigst du dich? Bedauerst du wirklich? Nein, das tust du nicht. Es ist die Flucht eines Individuums vor anderen Individuen. Wenn wir alle versuchen, voreinander zu flüchten, werden wir uns nie wirklich begegnen. Wisst ihr, was für eine Tragödie das wäre? Wie furchtbar wäre es, wenn wir einander nicht vertrauen könnten, nicht einmal in intimen familiären Beziehungen?«

Bedrückt starren wir vor uns hin. Guru Kirpal hat die Fähigkeit, uns aufzurütteln, jeden von uns infrage zu stellen.

»Das Leben ist dazu da, um zu kommunizieren. Stelle anderen Menschen Fragen, damit sie dich hören und dir antworten können. Sprich, um die Menschen zu ermutigen. Kreiere Selbstverantwortung, um nicht zu lügen. Entwickle Selbstliebe. Noch werdet ihr nicht von der Liebe regiert. Was euch momentan regiert, ist phänomenale Angst. Lasst uns nun eine Kriya machen, die Liebe weckt und Angst reduziert.«

Wir setzen uns in den Schneidersitz und machen als Erstes eine Übung namens Reverse Adi Shakti Kriya, um uns mental und hypnotisch zu segnen. Das soll unser Magnetfeld beeinflussen und korrigieren. Dazu heben wir die linke Hand neben die Schulter, sodass die Handfläche nach vorn zeigt, und halten die rechte Hand in einer selbstsegnenden Geste über dem Scheitelpunkt.

»Atmet lang, tief und vollständig und schaut auf das Mondzentrum an der Kinnspitze!«

Wie lange die Position gehalten werden soll, verrät Guru Kirpal nicht. Ich weiß auch gar nicht, ob mir Zeitangaben Mut machen oder mich von vornherein frustrieren würden ... Meine Arme werden nach kurzer Zeit bleischwer. Es ist eine einzige Qual. Aber ich will durchhalten. Ich nehme meinen Willen, mein Ego zu Hilfe.

»Diese Übung wird wehtun, wenn du viel Ärger in dir trägst. Selbstliebe ist schwierig für diejenigen, die wütend sind«, sagt Guru Kirpal.

Okay, das Ego hilft also nicht, ich versuche, mich nach dem auszurichten, was Guru Kirpal »neutraler Geist« nennt. Der neutrale Geist soll der Geist der Yogis sein, aber für mich ist er ein Buch mit sieben Siegeln. Nach einer gefühlten Ewigkeit - in Wahrheit sind es elf Minuten - dürfen wir die Arme entspannen. Ich stöhne. Gleich darauf folgt der zweite, ebenso schmerzhafte Teil.

»Diese Übung wird die Verbindung zwischen Nacken und Nabel verbessern, dem Herzen Kraft geben und das Herzzentrum öffnen«, verspricht Guru Kirpal. Wir sollen die Arme nach vorn ausstrecken, mit nach unten zeigenden Handflächen, und sie so halten, während wir lange, tiefe Atemzüge nehmen. Meine Schultern brennen, der Nacken schmerzt, offenbar habe ich keine Verbindung zum Nabel. Diese Übung, obwohl sie nur drei Minuten dauert, ist noch schlimmer. Ich weiß, dass Armübungen das Nervensystem stärken und schlimme Schmerzen bei Armübungen auf ein geschwächtes Nervensystem hindeuten. Während mir der Schweiß in Strömen über das Gesicht läuft, fokussiere ich mich auf den Atem, um durchzuhalten.

»Und nun bring die Arme gestreckt nach oben, Handflächen nach vorn.«

Erleichterung durchströmt mich in dieser Position. Ich würde gern länger so bleiben, aber Guru Kirpal ruft: »Atme ein, halte den Atem an! Streck dich so sehr, dass der Po vom Boden abhebt, spann alle Muskeln im Körper fest an! Atme aus. Und noch einmal einatmen, alles anspannen, fester, fester! Ausatmen. Ein letztes Mal, atme tief ein, halte, zieh alles nach oben, jeden Muskel. Und entspanne.«

Ein kollektives Stöhnen erfüllt den Raum, als alle die Arme sinken lassen. Ich fühle mich erschöpft, aber nichts tut mehr weh. Wie nach einer Geburt, wenn man eben noch sterben wollte und in der nächsten Minute das Baby in den Armen hält.

Ich bin leer. Und still. Endlich keine Gedanken.

»Kannst du dir einmal am Tag diese siebzehn Minuten Zeit nehmen? Diese Meditation kann dich von innen heraus verändern, aber nur, wenn du sie täglich übst. Sie wird dir Selbstbewusstsein geben, Selbsterfahrung, Selbstliebe und dann brauchst du nicht mehr zu lügen.« Mit diesen Worten entlässt uns Guru Kirpal.

*

Niklas und Viviana hatten Studienplätze in Rotterdam bekommen. Sie waren auf der Suche nach zwei Zimmern, entweder in einer WG oder im Studentenwohnheim, was mir lieber gewesen wäre. Aber das Studentenwohnheim war ausgebucht und die Warteliste lang. Viviana verfügte nur über ein begrenztes Budget, doch wir hatten angeboten, die Differenz zum Studentenwohnheim zu übernehmen. Stefan und mir lag daran, dass die beiden in einer vernünftigen Wohngegend unterkamen, am liebsten, aber das sagten wir nicht, in der Nähe einer Klinik. Falls es den Notfall geben sollte, von dem wir nicht wollten, dass er jemals eintrat. Wir sprachen nicht darüber, als wollten wir ihn nicht heraufbeschwören, wie eine böse Macht, die man durch Nichtbeachtung dazu bewegen kann, weiterzugehen.

»Mir ist es unangenehm, wenn ich nicht so viel zahlen kann und ihr den Rest übernehmt. Ich will mich nicht aushalten lassen«, betonte Viviana, als wir bei einem ihrer Besuche darauf zu sprechen kamen. Inzwischen aß sie regelmäßig mit uns zu Abend, was mich sehr freute. Stefan war meistens noch im Büro oder geschäftlich unterwegs und ich genoss es, mit den beiden am Tisch zu sitzen, zu essen und zu reden. Nickie war gesprächiger und charmanter in Vivianas Gegenwart.

»Das verstehe ich, aber es muss dir nicht unangenehm sein. Sieh es so - wir haben das Geld und wenn wir eine kleine

Summe für vernünftige Zwecke einsetzen, tust du uns einen Gefallen. Ansonsten würde das Geld nur in überteuerte Klamotten und klimafeindliche Luxusurlaube fließen, die niemanden befriedigen. Ganz abgesehen davon, dass wir trotzdem überteuerte Klamotten kaufen und Luxusurlaube machen werden.« Sie lachte, ein glockenhelles Mädchenlachen, und Niklas schaute sie verliebt an. Ach, noch einmal frisch verliebt sein. Aber ich liebte meinen Mann ja und diese Liebe war viel stärker und beständiger als alles andere.

Dann musste ich kurz an Guru Kirpal denken. Ich ging nun jede Woche zu ihm in den Kurs und war beglückt von dem, was er mir dort mitgab. Natürlich waren noch jede Menge anderer Leute da, die an seinen Lippen hingen, und doch fühlte es sich jedes Mal wie eine persönliche Botschaft für mich an. Noch immer hatte ich mich nicht getraut, vor der Gruppe den Mund aufzumachen, sodass er nicht einmal meinen Namen kannte. Aber er sah mich auf diese spezielle Weise an. Es war nichts Sinnliches, Flirtendes oder gar Sexuelles in seinem Blick, nein, er schaute so tief in mich hinein wie noch kein anderer zuvor.

»Mama? Träumst du?«

Ich musste abwesend gewirkt haben, denn Nickie musterte mich ein wenig spöttisch.

»Ich habe nur nachgedacht. Wann brecht ihr nach Rotterdam auf?«

»Mitte Juli wollen wir los. Wenn wir sowieso schon unterwegs sind, dann machen wir noch eine kleine Tour durch Holland. Ein paar Tage ans Meer, einen Abstecher nach Amsterdam ...«

Sofort kamen mir die Gefahren in den Sinn, die dort drohten. Aber weder Niklas noch Viviana rauchten und Alkohol tranken sie auch kaum, beide waren viel vernünftiger als ich früher, wieso also sollten sie Drogen verfallen? Ich war eine Spießerin geworden, was natürlich in erster Linie an Nickies Krankheit lag und nicht daran, dass ich eine Helikopter-Mutter war. Oder doch?

»Ich passe auf ihn auf, mach dir keine Sorgen!« Viviana zwinkerte mir verschwörerisch zu.

Nickie zog einen gespielten Flunsch. »Nie darf ich Spaß haben!«

Seine Freundin knuffte ihn in die Seite. »Nee, das ist vorbei. Jetzt beginnt der Ernst des Lebens!«

Es berührte mich, die beiden so miteinander zu erleben. Waren Stefan und ich je so gewesen? Wir waren ernster, dramatischer. Große Verführungsgesten, laszive Posen, das Mann-Frau-Spiel nach allen Regeln der Kunst.

»Wo bleibt Papa?«

Ich zuckte die Achseln. »Keine Ahnung, es ist doch nichts Neues, dass er rund um die Uhr arbeitet, oder? Ich war schon immer mehr oder weniger alleinerziehend, nur ohne Geldsorgen.« Ich lachte, aber niemand lachte mit.

Mich wunderte, dass Nickie so etwas sagte. Normalerweise achtete er kaum darauf, wann sein Vater kam und ging.

»Seit wann hat er eigentlich diese neue Assistentin, wie heißt die noch mal?«

»Eileen Tyler. Keine Ahnung, ein paar Wochen oder sind es Monate? Auf jeden Fall ist sie hervorragend ausgebildet und dein Vater hält große Stücke auf sie.« In letzter Zeit war ich selten im Büro gewesen. Es gab nichts zu tun, das die beiden nicht ohne mich hätten besser lösen können, und ich hatte auch keine Lust mehr, die Vorzimmerdame zu mimen, während die wichtigen Besprechungen hinter verschlossenen Türen stattfanden.

»Eileen Tyler, klingt englisch«, schaltete Viviana sich ein.

»Ja. Lange rote Locken, knallgrüne Augen, Mitte dreißig und ein Masterstudium in Oxford in Rekordzeit absolviert«, meinte Nickie darauf.

»Ach, nun weiß ich, warum du gern an eine Eliteuni wolltest«, neckte seine Freundin ihn.

»Ich stehe nicht auf Rothaarige, schon gar nicht, wenn sie Haare auf den Zähnen haben, da mag ihr Verstand noch so brillant sein. Ich mag nur Mädchen mit braunen Haaren, die Viviana heißen ...« Die beiden küssten sich ungeniert vor meinen Augen und ich war kurz davor, »Ihh, eklig!« zu rufen, wie Nickie früher, wenn er uns beim Küssen erwischte.

Stattdessen sagte ich: »Ich wusste gar nicht, dass du sie kennst.«

»Ja, wir sind uns ein paarmal begegnet. Papa meinte, sie könne mir einiges über Oxford und Cambridge erzählen.«

»Und, konnte sie?«

»Klar. Man sei nur einer unter vielen, alle hätten eine Eins vor dem Komma, die Terms sind knallhart durchgetaktet, man müsse längere Zeit mit drei, vier Stunden Schlaf auskommen, ohne Disziplin laufe gar nichts, die Asiaten räumen die Bestnoten ab ... bla, bla, bla.«

»Klingt, als wäre das Gespräch nicht so toll gewesen.«

»Nein, es war okay. Sie ist nur so, ach, ich weiß nicht.«

Wir sahen ihn beide neugierig an. Er kaute an seiner Unterlippe und überlegte.

»Hungrig. Gierig. Sie wirkt wie jemand, der nicht genug

kriegt. Die wird sich alles nehmen, was sie will. Also, ich mag sie nicht.« Er sah mich düster und ein bisschen mitleidig an.

Ich lachte wieder. »Hungrig ist dein Vater auch. Als ich ihn kennenlernte ...«

»Ja, ich weiß, da hatte er nichts und er hat sich alles aufgebaut, Millionen gescheffelt, ich habe die Geschichte oft genug gehört.«

Viviana begann abzuräumen. Sie stellte das Geschirr in den Spüler und klapperte dabei lauter als nötig.

»Nickie, was ist los mit dir? So kenne ich dich gar nicht.«

»Mama, du lebst manchmal ein bisschen zu sehr in deiner eigenen Welt. Du willst die Menschen auf eine bestimmte Weise sehen und blendest alles andere aus. Sorry, dass ich das sagen muss - aber ich bin kein Kind mehr und habe mich verändert.«

»Wenn du meinst, dass ich befürchten müsste, dass dein Vater ...«, ich zögerte, »etwas mit einer Mitarbeiterin anfangen könnte, dann irrst du dich. Das würde er nie tun. Niemals.«

»Nein? Sicher?«

»Ja. Hundertprozentig.« Ich hatte vor vielem Angst, aber in dem Punkt war ich mir ganz sicher. Stefan und ich hatten uns geschworen, zueinander zu stehen, in guten wie in schlechten Zeiten. Die schlechten Zeiten waren vorbei - hoffentlich. Nun war eine gute Zeit angebrochen. Wir liebten einander und schliefen sogar noch gern miteinander, nach über zwanzig Jahren, das musste uns erst einmal jemand nachmachen.

7.

Der Weg gehört denen, deren Herzen nicht aus Stein und deren Köpfe nicht so aufgeblasen sind, dass sie die Stimme ihrer Seele nicht mehr hören können.

Ich wandere allein durch den nachtdunklen Garten und hoffe, niemandem zu begegnen. Guru Kirpal hat all das aufgezählt, was mir fehlt. Oh ja, ich will mich von innen heraus verändern. Selbstbewusstsein, Selbsterfahrung und Selbstliebe, danach will ich streben. Aber würde mir das gelingen? Die Tiere sind verstummt. Sie schlafen. Nach balinesischem Glauben ist die Nacht gefährlich, weil dann die Dämonen aus ihren Verstecken kommen. Aus demselben Grund fürchten die Balinesen das Meer. Früher konnte kaum ein Einheimischer schwimmen, denn es war tabu, sich im Reich der Dämonen aufzuhalten. Meine eigenen Dämonen kümmern sich weder um Uhrzeit noch Ort. Die sind kosmopolitisch. Wenn sie wollen, springen sie hervor, bedrängen mich, egal, wann und wo.

Ich habe das Abendessen schnell verschlungen, mich kaum mit den anderen unterhalten, obwohl die Leute einen sympathischen Eindruck machen. Mir war nicht nach Austausch zumute, nicht danach, das Erlebte zu analysieren. Ich will es in mir bewahren wie ein Geschenk, bei dessen Auspacken ich mir Zeit lasse.

Alles, was Guru Kirpal sagt, trifft den Nerv. Das war schon in Frankreich so und hier, auf dieser mystischen Insel, die mich im Innersten berührt, noch mehr. Seine Ausführungen über Reichtum und Wohlstand hallen in mir nach. Es geht um

Weite, Reinheit und Dienen, wenn ich seine Worte richtig interpretiere. Ich habe nicht alles verstanden oder mir gemerkt, aber ich muss an meine Ehe denken. Über zwanzig Jahre habe ich mit Stefan verbracht. Zwei Jahrzehnte meines Lebens, in denen ich meinte, glücklich mit ihm zu sein, glücklich, weil ich alles hatte. Aber im Grunde war ich unfrei, von Stefan abhängig, gefangen in der materiellen Welt. Wir waren reich, lebten aber dennoch nicht im Wohlstand. Seele und Geist blieben hungrig.

Wir dehnten uns nicht aus. Stefan expandierte zwar mit seinem Unternehmen, aber wir verbreiteten weder Licht, noch dienten wir einander und wir wussten auch nicht, was Reinheit war. Ich spürte einen undefinierbaren Hunger, den ich mit Konsum zu stillen versuchte. Stefan hungerte nach Reichtum und Macht. Je reicher wir wurden, umso weniger hatten wir. Alles wurde schal und leer, ich kapselte mich in meinem superkomfortablen Kokon ab, ohne in mich zu schauen, und Stefan strebte immer nach noch mehr, das Bemühen wurde Selbstzweck. Wie jemand, der Salzwasser trinkt, immer durstiger wird, so erzeugte jeder kleine Erfolg die Gier nach einem noch größeren. Anstatt zur Ruhe zu kommen und zu genießen, wurde er rastloser. Inzwischen sehe ich es klar vor mir. Seine Arbeitssucht hatte ich stets als bewunderns-, ja beneidenswerte Energie interpretiert. Dass er so früh aufstand, so lange arbeitete, um die Welt jettete, Besitz anhäufte. Ich dachte, das wäre seine Art der Fürsorge für die Familie. Dabei war es nur eine Flucht - auch vor mir? Stefan hatte bei der Trennung gesagt, wir hätten uns schon lange nichts mehr zu sagen gehabt. Das stimmte. Je mehr er nach materiellem Erfolg strebte, von dem ich profitierte, denn ich war ja wie eine Made im Speck, umso mehr verlor ich mich in spirituellen Träumereien. Selbst da mochte ich zu Beginn nicht wirklich hinschauen, sondern mich einfach nur wohlfühlen, mich mit der Spiritualität schmücken wie mit einem neuen Diadem. Ich wollte immer nur die Sonnenseite. Schatten blendete ich aus und merkte nicht, dass ich die ganze Zeit von Dunkelheit umgeben war.

Reinheit? Was hat Guru Kirpal noch gesagt - die Reinheit der Seele strahle ein Licht aus? Ich habe nie aus meinem Inneren gestrahlt, so viel ist klar. Da war kein Licht, keine Kraft - keine Selbstliebe. Nur Angst, Unsicherheit und Oberflächlichkeit. Ich wollte mich hinter dem schönen Schein verbergen. Es war mir wichtig, gut auszusehen, daher ging ich zum Friseur, zur Kosmetikerin und zur Maniküre, kaufte mir teure Kleider, alles, um die Fassade zu verschönern, um die Leere, die dahinter lauerte, zu kaschieren. Das konnte ich mir leisten, ohne etwas dafür getan zu haben, als Nutznießerin von Stefans Ehrgeiz, den ich jetzt verurteile. Zu verurteilen ist natürlich auch wieder falsch. Mir schwirrt der Kopf.

Ich setze mich auf eine Steinbank und lausche dem Plätschern des Bächleins, das vorbeifließt. Aber so ganz stimmt das nicht, ich darf nicht zu hart mit mir ins Gericht gehen. Liebe ist in Hülle und Fülle da gewesen. Ich habe Stefan, zumindest in den ersten Jahren, sehr geliebt, bis diese Liebe zerfasert ist, und ich liebe meinen Sohn aus vollem Herzen. Die Gefühle für und die Sorge um ihn sind das Reinste, was ich habe. Ich bin immer noch schockverliebt in ihn. Von Anfang an war er das wunderbarste Kind auf der Welt und er ist es noch; ich würde mir sofort den linken Arm für ihn abhacken lassen - ach was, ich würde ihm mit Freude mein Herz spenden, wenn das ginge. Nachher rufe ich ihn an!

Das Dritte ist das Dienen. Ich habe auf meine Weise Stefan gedient, aber nur in der traditionellen Rolle als Ehefrau und Hausfrau, noch dazu tatkräftig unterstützt von Angestellten wie Putzfrau, Gärtner und Fensterputzer. Was anstrengend oder schmutzig war, erledigte jemand, den ich mit Stefans Geld bezahlte. Okay, mit unserem »gemeinsamen« Geld, aber wäre ich mit einem Busfahrer verheiratet gewesen, hätte ich deutlich mehr selbst tun müssen. Natürlich habe ich für Nickie alles getan, ihm kann ich wirklich selbstlos dienen. Ich nicke mir befriedigt zu.

Selbstlos, lacht einer meiner Dämonen. Er muss wohl schon länger unter dem Mangostanbaum gegenüber sitzen und mich beobachten. Die Bäume werden bis zu 25 Meter hoch, dieses Exemplar ist klein, nur etwa zehn Meter hoch, und hängt voll mit Früchten. Die Dämonen, behaupten die Balinesen, befinden sich unten, in Erdnähe oder tiefer. Dann sind die Götter oben, beim Obst? Im Dunkeln gleichen die purpurroten Früchte Kokosnüssen.

Ja, selbstlos, beharre ich.

Wolltest du ihn etwa nicht aus selbstsüchtigen Motiven bei dir behalten? Wolltest du ihn nicht deshalb nicht gehen lassen, weil du ihn an dich ketten willst?

Nein, das stimmt so nicht! Ich sorge mich nur um seine Gesundheit.

Der Dämon lacht dreckig. *Kannst du beschwören, dass deine Sorge um ihn nicht Ausdruck deiner Angst ist, allein zu sein? Dass du ihn nicht bei dir behalten willst, um ihn unter Kontrolle zu haben? Komm, gib es zu,* flüstert der Dämon.

Was soll diese Anklage? Ich stehe hier nicht vor Gericht!

Überleg doch mal, was du ohne Nickie bist … ohne deinen Lebens-

inhalt und Lebensmittelpunkt. Er geht in die Welt hinaus und verlässt dich. Uuups. Der normale Lauf der Dinge. Nur dass dein Mann leider zum selben Zeitpunkt beschlossen hat, eure Ehe zu beenden. Mieses Timing, würde ich sagen. Nun hast und bist du gar nichts mehr. Ach, ja, doch – eine spirituelle Sinnsucherin. Er kichert höhnisch.

Gemeiner Idiot. Hör auf damit, lass mich in Ruhe.

Und nun sitzt du hier auf der Insel der Götter. Mann weg, Kind ausgezogen, daher willst du dich in eine spirituelle Welt flüchten. Wie praktisch. Und dich am besten einem Guru an den Hals werfen. Willst du in sein Bett?

Das ist ekelhaft, ich werde mir das nicht länger anhören.

Wo ist meine Selbstliebe, wenn ich sie mal brauche? Warum schweigen die Götter und laben sich an den Mangos?

Tja, Baby, ich verrate dir ein Geheimnis. Vor dir liegt ein langer Weg. Glaub ja nicht, dass es mit ein bisschen Armschmerzen und Guruweisheiten getan ist. Meinst du, spirituelle Erkenntnis gibt es einfach zum Frühstück?

Ich hasse solche Rechthaber.

Aber irgendwie hat der verdammte Kerl leider recht.

Ich muss neu lernen zu lieben. Ich muss lernen, neu zu lieben? Ich muss Liebe neu lernen.

*

Nickie und Vivi fanden eine Zweizimmerwohnung in Rotterdam, zwar nicht in Kliniknähe, dafür bezahlbar. Viviana konnte ihren Anteil aus eigenen Mitteln – BAföG und Kindergeld – bestreiten. Die Einführungsveranstaltungen für Studienanfänger sollten Mitte des Monats beginnen. So blieben mir zwei Wochen mit meinem Sohn. Zeit, die ich intensiv mit ihm zu verbringen versuchte. Wir gingen ins Kino und ins Theater. Stefan war meistens beschäftigt und bei den wenigen Gelegenheiten, wo er uns begleitete, wortkarg und geistesabwesend.

An einem wunderschönen Spätsommertag spazierten wir an der Alster. Niklas wirkte schlapp. Wir gingen eingehakt, ich freute mich darüber, dass es ihm nicht peinlich war.

»Wie war es eigentlich damals für dich, als ich geboren wurde, Mama?«, fragte er plötzlich.

»Ich war überglücklich, dich in den Armen zu halten.«

»Mit der Krankheit, meine ich. Hast du dir nicht gewünscht, ein gesundes Kind zu bekommen?«

»Natürlich habe ich das. Doch aus irgendeinem Grund sollte es nicht sein. Ich weiß nicht, warum das Universum uns diese Aufgabe gegeben hat oder was wir daraus lernen sollten, aber so war es nun mal.«

Nickie war so winzig, so hilflos. Er hatte nur knapp 2500 Gramm gewogen, obwohl mein Gynäkologe mir ein properes Baby prognostiziert hatte. Nach der Geburt lief er sofort blau an, anstatt rosa zu werden, wie das bei gesunden Neugeborenen der Fall war. Das medizinische Personal war in hektische Betriebsamkeit verfallen, dann hatte Nickies Herz ausgesetzt und er musste wiederbelebt werden. Diese Minuten hatten sich in mein Gedächtnis eingebrannt.

»Es ist Statistik, Mama. Bloßer Zufall. Ein bis drei von hundert Kindern kommen mit einem Herzfehler auf die Welt. Ich hätte auch eine Spina bifida haben können oder eine Trisomie. That's life.«

Niklas' Blick war so durch und durch naturwissenschaftlich und nüchtern. Manchmal erschreckte mich sein Weltbild.

»Aber ich denke, es gibt einen Grund. Etwas Tieferes, das sich unserem Verständnis entzieht. Wir sollen aus dem Leiden lernen ...«, wendete ich ein.

Er verdrehte die Augen. »Mamaaaa. Niemand sitzt oben im Himmel und verteilt Schulaufgaben, damit die kleinen Seelen eine Klasse weiterkommen. Warum willst du immer in alles einen Sinn hineininterpretieren?«

Ich zuckte die Schultern. »Wahrscheinlich, weil es mir hilft, einen Sinn zu suchen. Weil ich mich unendlich allein fühlen würde, wenn ich annehmen müsste, dass es keinen Gott gibt.« Ich zuckte zusammen, als ich mich das Wort »Gott« aussprechen hörte. Sollte ich ihm erklären, dass Guru Kirpal es mir wieder möglich gemacht hat, den Gedanken an Gott zuzulassen?

Nickie lachte auf. »Wenn du das brauchst, bitte. Aber ehrlich - Gott? Eigentlich bist du Oma ganz schön ähnlich, weißt du das?«

»Das stimmt nicht.« Ich war gekränkt. Der Kontakt zu meiner Mutter beschränkte sich auf das Notwendigste. Sie hatte damals von uns verlangt, Nickie vor den OPs nottaufen zu lassen, damit er in den Himmel käme. Ungetaufte Seelen würden im Fegefeuer enden. Ich hatte Nickie Jahre später davon erzählt.

»Wie du meinst. Aber du könntest ihr allmählich verzeihen. Sie hat es nicht böse gemeint, das ist einfach ihre Sicht, ihr Glauben.«

»Du hast recht. Ich sollte sie wohl mal wieder besuchen.«

Seit dem Tod meines Vaters wohnte meine Mutter in einer teuren Altersresidenz mit Blick auf die Elbe.

»Ich war letzte Woche bei ihr, um mich vor Rotterdam zu verabschieden.«

»Das wusste ich ja gar nicht!«

»Ich muss dir ja auch nicht alles haarklein berichten, Mama. Bist du jetzt sauer?«

»Nein, natürlich nicht. Hast du sie öfter besucht?«

»Alle zwei Monate oder so.«

»Da hat sie sich bestimmt gefreut.« War ich etwa eifersüchtig? Nein. Eher beschämt, weil Niklas sich erwachsener benahm als ich. Weil er Kontakt zu seiner Oma hielt, während ich, die eingeschnappte Tochter, sie für etwas bestrafte, das lange zurücklag. Wie passte das in meine neue Yogasicht der Dinge? Ich sollte das Konzept des Mitgefühls auf meine Familienmitglieder ausdehnen.

»Sie bekommt ja nicht viel Besuch. Aber sie hat dort Freunde gefunden, sie spielen Bridge. Du fehlst ihr.«

»Jetzt komme ich mir vor wie die böse Tochter. Dabei wollte ich immer nur die gute Mutter sein.«

Er umarmte mich. »Das bist du doch. Die beste Mama. Aber sie ist auch deine Mama und kein grundlegend schlechter Mensch. Eigentlich ist sie ziemlich cool. Sie macht ein Seniorenstudium in Philosophie.«

Jetzt fiel mir endgültig die Kinnlade herunter. Meine Mutter, zeit ihres Lebens Hausfrau und Kirchgängerin, hatte im fortgeschrittenen Alter ein Studium begonnen?

Als die Abreise bevorstand, begleiteten Stefan und ich die beiden zusammen mit Vivianas Eltern zum Hauptbahnhof. Ich hatte ihnen an einem der Backstände Proviant besorgt, obwohl sie nichts wollten. Viviana biss sofort hungrig in ein belegtes Brötchen. Soße tropfte ihr über das Kinn. Sie sah süß aus, proper und strahlend. Nickie hingegen wirkte müde, was mir Sorgen machte. Ich umarmte ihn, sein Vater verabschiedete sich ebenfalls mit einer festen Umarmung, zuletzt umschlang ich ihn noch einmal. Ich konnte ihn kaum loslassen.

»Mama, ich muss einsteigen. Wir sehen uns an Weihnachten wieder! Und wir können skypen.«

Weihnachten, bis dahin waren es dreieinhalb Monate! Eine unendlich lange Zeit. Früher hatte Nickie mich kaum allein zur Toilette gehen lassen wollen und mit seinen Fäusten gegen die Tür getrommelt, wenn ich es wagte, abzuschließen. Nun war ich es, die klammerte.

Vivianas Eltern winkten den Kindern freundlich-reserviert nach. Als der Zug abgefahren war, konnte ich meine Tränen nicht mehr zurückhalten. Schluchzend verbarg ich das Gesicht an Stefans Schulter. Er umarmte mich, wiegte mich tröstend.

»Nicht weinen. Er kommt bald wieder.«

»Das weißt du nicht. Du hast gehört, was der Arzt gesagt hat. Wenn etwas passiert ...«

Ungeduldig unterbrach er mich. »Es wird nichts passieren. Unser Sohn ist stark. Nickie geht seinen Weg ...« Sein Handy klingelte, er zog es aus der Tasche, warf einen Blick auf das Display. »Sorry, da muss ich kurz drangehen.«

Er entfernte sich ein paar Meter, sprach gestikulierend in sein Handy. Ich blieb zurück. War das mein künftiges Leben?

Vivianas Eltern verabschiedeten sich rasch, ihnen war mein Gefühlsausbruch sichtlich peinlich. Ich ließ den Tränen nun freien Lauf, es war mir egal, ob mich alle anstarrten. Nickie war auf dem Weg nach Rotterdam, was dort geschah, konnte ich nicht kontrollieren. Ich musste es hinnehmen.

Meine Tage wurden einsam. Ab und zu ging ich in Nickies Zimmer, das nach ihm roch, legte mich auf sein Bett, weinte ein bisschen. Stefan war noch seltener zu Hause. Das Großprojekt in Singapur war zwar unter Dach und Fach, aber nun hatte er mehrere Baustellen in der Nähe, hinzu kamen High-Risk-Geschäfte in Südostasien. Ich hatte gehofft, wir würden mehr Zeit miteinander verbringen, aber das entpuppte sich als Irrtum. Sobald ich das Gespräch auf Nickie bringen wollte, blockte er ab: Ich würde mir zu viele Sorgen machen und sollte lieber positiv in die Zukunft schauen.

Da ich mich nach spiritueller Führung und Verbundenheit sehnte, ging ich weiterhin regelmäßig ins Yoga-Zentrum. Die Yogastunden mit Ananda taten mir gut. Wenn ich Yoga übte, konnte ich die Gedanken einen Moment abschalten. Ich wurde kräftiger und geschmeidiger, vermisste aber die Magie von Guru Kirpal Singhs Unterricht. Er war nach dem Yogafestival nach Bali geflogen, um dort zu unterrichten und einen Ashram aufzubauen.

Ich entdeckte, dass Yoga angewandte Lebenshilfe sein konnte. Da ich mehr über die yogische Philosophie wissen wollte, las ich Bücher, die Ananda mir empfahl. Die Yoga-Sutras nach Pantanjali, die Bhagavad Gita, Werke über Kundalini-Yoga. Ich verstand nicht alles. Und die Kluft zwischen dem, was ich las, und dem, was ich fühlte, war nach wie vor groß.

Jeden Morgen klingelte mein Wecker um halb fünf. Guru Kirpal hatte betont, die Stunden vor Sonnenaufgang seien am besten zum Meditieren geeignet. Das Unterbewusstsein sei dann geöffnet. Tatsächlich war das die Zeit, zu der ich am meisten träumte, wirre, beunruhigende Träume, die mich in einem somnambulen Zustand erwachen ließen.

Innere Ruhe zu finden war alles andere als leicht. In Frankreich war es einfacher gewesen - ich war aufgestanden, wenn die Glocke bimmelte, und der Gruppe hinterhergetappt. Der Platz hatte magisch geleuchtet, die Natur, die aufgehende Sonne und nicht zuletzt das Zusammensein mit Hunderten von Gleichgesinnten hatten geholfen. Nun saß ich allein zu Hause auf meinem Fell und versuchte, meine Gedanken zu beruhigen. Ich war eine Denkfabrik, die nur Nutzloses produzierte, Ausschussware. Kaum schloss ich die Augen, wurde ich regelrecht von einem Strudel ergriffen, da konnte ich noch so sehr versuchen, beim Einatmen SAT und beim Ausatmen NAM zu wiederholen. Mein Geist schien sich über meine Bemühungen totzulachen, zugleich mokierte sich mein Ich-Bewusstsein über diese Trennung. Ich war doch das, was ich dachte, ich war ich, wie konnte ich meinen Geist als etwas Eigenständiges ansehen? Ich stellte Musik an, machte Sufi-Kreise, quälte mich in die Kobra, malträtierte die Bauchmuskeln mit der Streckposition. Nichts half.

Schließlich ging ich auf Guru Kirpals Internetseite und stellte überrascht fest, dass er Lektionen im Internet anbot. Auf der Kontaktseite fand ich den Button »Online-Konsultation buchen«. Es schien ein Chat zu sein. Man konnte aus einer Liste eine Zeit wählen und vorab per Paypal zahlen. Ich überlegte nicht lange.

Es war albern, aber ich fühlte mich, als bereitete ich mich auf ein Date vor. Obwohl Guru Kirpal mich nicht sehen konnte und Äußerlichkeiten für ihn sicher keine Rolle spielten, zog ich meine schönsten Yogagewänder an und schminkte mich. Derweil zeterte der innere Kritiker herum, dass ich nichts verstanden hätte. Ich gab ihm recht. Guru Kirpal hatte selbst gesagt, der Yogaweg erschlösse sich erst nach Jahren. Warum sollte ich nicht zugeben, dass ich mich zwar nach spiritueller Führung sehnte, diese aber gerne von ihm bekommen würde, weil er mich auf einer unyogischen Ebene ansprach? Die Erinnerung an die bei ihm erlebten Energieströme war wie ein Pflaster, das ich auf die kleinen Alltagsverletzungen klebte. Das unfassbare Gefühl der Vertrautheit ein Verband, den ich um meine Einsamkeit wickelte. Um zehn Uhr - bei ihm auf Bali war es fünf Uhr nachmittags - meldete er sich in dem Chatfenster.

Sat Nam, Britta. Wie geht es dir?

Sat Nam. Ich versuche zu meditieren.
Aber es ist nicht so einfach.

Nein, das ist es nicht. Zumindest am Anfang.
Und der Anfang kann Jahre dauern. Wenn du in die Stille gehst,
kommt all der Müll aus deinem Unterbewusstsein hoch.
Meditation ist seelische Hygiene. So wie du deine Wohnung
aufräumst, musst du auch deinen Geist aufräumen. Und du musst
den Müll genau anschauen, bevor du ihn entsorgst, so schmerzhaft
es ist. Nur so kannst du erreichen, dass er sich nicht ablagert und
dein Leben schwer macht.

Dann muss ich gar nicht nichts denken?
Das klappt nämlich nicht.

Wenn du zwischendrin eine Sekunde der Stille wahrnimmst,
kannst du dich glücklich schätzen. Das ist die Karotte, die dem Esel
vor die Nase gehalten wird und ihn dazu bringt, weiterzugehen.
Wenn du einmal den Geschmack dessen genossen hast,
was wir Shunia nennen, willst du mehr davon. Das ist der Moment,
wenn die Bewegungen des Geistes zur Ruhe kommen.
Yogash citta-vritti-nirodhah. Das ist das erste Sutra des Patanjali.

Ich muss immer an meinen Sohn denken, an Niklas.
Ich habe in Frankreich große Sorge und Traurigkeit
bei dir gespürt. Hängt es mit ihm zusammen?

Ja. Er ist mit einem schweren Herzfehler geboren worden.
Nur durch komplizierte Operationen hat er überlebt. Nun ist er 19,
hat Abi gemacht und ist zum Studium nach Rotterdam gezogen.

Und warum machst du dir Sorgen?

Es fällt mir schwer, ihn gehen zu lassen. Außerdem hat der Arzt
bei der letzten Untersuchung gesagt, er bräuchte irgendwann,
vielleicht sogar bald, ein Spenderherz. Ich habe solche Angst,
dass er sterben könnte!

Es dauerte, bis Guru Kirpal antwortete. Ich befürchtete schon, dass die Internetverbindung abgebrochen war. Seine Antwort war so kryptisch wie tröstlich.

Glück ist ein Nebenprodukt der Gesamtheit des Lebens,
das mit allen gütig geteilt werden muss. Einige Tassen
des Lebens sind leer, sie müssen gefüllt werden.
Du musst sie selbst füllen. Wir müssen lernen,
dass Auferstehung ein Gesetz des Lebens ist.
Dass wir uns wie Phönix aus der Asche erheben
müssen! Die Liebe ist sehr mächtig. Sie vergeht niemals.

*

In Rotterdam ist es sechs Stunden früher, also fünf Uhr nachmittags. Wir haben uns per WhatsApp zum Skypen verabredet. Als mein Laptop die Verbindung endlich aufgebaut hat, starre ich erwartungsvoll auf den Bildschirm, lausche dem vertrauten

Tuten. Nickie hebt nach dem dritten oder vierten Klingeln ab und Freude durchfährt mich, als ich sein liebes Gesicht sehe. Die dunklen Haare hängen ihm wirr in die Stirn, seine Gesichtszüge gleichen meinen. Aber er ist viel hübscher als ich. In meiner Jugend war meine Haut zart. Doch das nervenzehrende Bangen um Nickies Leben hat mich vorzeitig altern lassen. Mit meinen 45 Jahren sehe ich ungeschminkt aus wie Mitte fünfzig.

Nickie ist das vollkommen egal. Er kennt mich ja auch nicht anders. »Hallo, Mama!«, sagt er lächelnd.

»Hallo, mein Schatz! Ich freue mich so sehr, dich zu sehen.« Eine Welle von Zärtlichkeit durchflutet mich, wie immer, wenn ich ihn sehe, wenn er mich »Mama« nennt. »Wie geht es dir, was macht das Studium?«

»So langsam kriege ich mit, wie das hier läuft. Im ersten Semester eiert man ganz schön rum, muss sich erst mal organisieren. Aber nun weiß ich allmählich, welche Vorlesungen und Seminare wichtig sind und welche ich sausen lassen kann.«

»Das ist wunderbar!« Ich hatte befürchtet, dass Nickie zu strebsam sein und zu jeder Veranstaltung rennen könnte. Etwas Lässigkeit tut ihm gut.

»Mein Semesterplan ist nicht zu voll. Am Ende wird es etwas stressig, weil Hausarbeiten abzugeben sind und Klausuren anstehen - natürlich alles gleichzeitig. Aber bis dahin kann ich es ruhig angehen lassen.« Er gähnt.

»Bist du müde?«

»Ein bisschen. Das Wetter ist auch nicht toll. Es regnet seit einer Woche und ist so kalt, dass mir auf dem Fahrrad fast die Finger abfrieren.«

Meine Alarmglocken schrillen. »Pass bloß auf, nicht dass du dich erkältest.« Die altbekannten Sorgen flammen auf. Als Nickie klein war, bedeutete jede Erkältung Alarmstufe Rot: erhöhtes Risiko für eine Perikarditis oder eine Endokarditis. Täglich mussten wir zum Arzt, und sobald eine bakterielle Infektion drohte, bekam er ein Antibiotikum verschrieben.

»Keine Angst, ich bin vorsichtig. Ich nehme alle Medikamente vorschriftsmäßig, dazu Vitamine und Aufbaupräparate. Außerdem drängt mir Vivi ständig Obst auf und schleppt mich in vegane Restaurants, die hier wie Pilze aus dem Boden schießen.« Er stöhnt, verdreht genervt die Augen und steckt sich den Finger in den Hals. Vivi taucht hinter ihm auf, legt das Kinn auf seine Schulter und grinst in die Kamera.

»Mach dir keine Gedanken, ich passe auf Lumpi auf!«, sagt sie und beißt ihn ins Ohrläppchen. »Aber er ist so süß. Du bekommst ihn allerdings nur dann heil wieder, wenn ich es schaffe, ihn nicht aufzufressen!«

»Au!«, schreit Nickie und packt sie spielerisch. »Siehst du, du Verrückte, das kommt davon, wenn man kein Fleisch mehr isst! Du wirst noch zur Kannibalin!«

Ich lächle gerührt. Die beiden sind entzückend miteinander. Viviana tut meinem Sohn gut, sie nimmt ihm die Schwere. Mit ihr wird er zu dem herumalbernden Kind, das er nie war. Gleichzeitig sorgt sie für ihn, passt fast mütterlich auf ihn auf. Ich kann nur hoffen, dass das mit den beiden lange hält. Vielleicht ewig? Aber was ist schon für ewig. Nicht einmal das mit Stefan und mir.

»Wie geht es dir denn, Mama? Gefällt es dir auf deiner Trauminsel?«

»Es wäre früher nicht ungefährlich gewesen. Auf Bali gab es bis ins 20. Jahrhundert hinein Witwenverbrennungen, wusstest du das? Zum Glück haben sich die Zeiten geändert!«, schaltet sich Vivi ein. Man merkt, dass sie im Nebenfach Anthropologie studiert. »Auf freiwilliger Basis, nachdem die Holländer es Anfang 1900 verboten hatten.«

»Wer lässt sich denn freiwillig verbrennen?«, frage ich verwundert.

»Wenn ein Fürst starb, galt es als Ehre für dessen Haupt- und Nebenfrauen, sich mit ihm verbrennen zu lassen. Dafür wurden eigens Verbrennungstürme gebaut. Die Frauen stürzten sich lebendig und weiß gekleidet ins Feuer, um mit ihm im Himmel zu leben.«

»Wie barbarisch. Aber eigentlich passt es zu dem, was ich von der hinduistisch-balinesischen Kultur bislang mitbekommen habe. Alles ist von Mystizismus geprägt. Zum Glück bin ich keine Witwe!« Ich frage lieber nicht, was mit verstoßenen Frauen passierte.

»Bist du am Meer, in Kuta? Lernst du surfen?«, fragt Nickie.

»Nein. Kuta soll der Ballermann von Bali sein. Nichts für mich. Ich bin jetzt in der Nähe von Ubud, der künstlerischen Metropole. Dort nehme ich an einem Retreat teil.«

»Bei deinem Guuuruuu?« Nickie kichert albern.

»Bei meinem spirituellen Lehrer.« Ich lächle etwas angespannt.

»Bist du in einem richtigen Ashram mit Love, Peace and Happiness? Und sind alle total gechilled, relaxed und lieben einander?«

»Der Ashram ist im Aufbau. Ich habe ein Einzelzimmer.« Ich schwenke den Laptop, sodass die Kamera den Raum erfasst.

»Übrigens sind die Sechziger- und Siebzigerjahre des 20. Jahrhunderts lange vorbei. Ich glaube, du hast falsche Vorstellungen. Ich bin nicht bei Bhagwan im indischen Poona.« Ich höre, dass ich eingeschnappt klinge.

»Ehrlich gesagt, habe ich überhaupt keine Vorstellung, höchstens Vorurteile, aber ich freu mich, dass du es da gut hast und Papa nicht länger nachtrauerst.«

Bei der Erwähnung seines Vaters überkommt mich Traurigkeit. Nicht nur, dass unsere Ehe gescheitert ist, Nickie hat auch seine heile Familie verloren. Zumindest das hätte ich ihm ersparen wollen. Hatte er es nicht schwer genug? Selbst die gefühlsarmen Eltern von Vivi bekommen es miteinander hin. Warum wir nicht?

»Es ist nicht einfach, nach so vielen Jahren. Ich bemühe mich um Abstand und es geht voran. Hast du etwas von ihm gehört?«

Nickie und Vivi wechseln einen schnellen Blick.

»Ja, wir telefonieren ab und zu.«

»Schön«, entgegne ich. »Es ist gut, dass ihr regelmäßig Kontakt habt.«

Nickie zögert, dann gibt er zu: »Er war letzte Woche kurz auf einen Sprung da. Beim Stop-over nach Peking.«

Ach, ich darf erst im Juni zu Nickie kommen, aber Stefan nimmt es sich einfach heraus, mal so bei ihm vorbeizuschneien? Obwohl etwas anderes vereinbart war und er meinte, Nickie solle sich erst mal in Ruhe dort einleben? Ärger steigt in mir auf, aber ich bemühe mich, ihn nicht zu zeigen.

»Nur für zwei, drei Stunden«, beeilt Nickie sich zu sagen. »Er hat mir kurz vorher 'ne WhatsApp geschickt.«

»Ich hoffe, es war nett«, entgegne ich. Der arme Nickie, er

soll nicht zwischen den Stühlen sitzen und mir gegenüber ein schlechtes Gewissen haben. Ich lenke das Gespräch auf andere Themen, wir plaudern ein wenig über dies und das, bevor wir uns verabschieden. Beide lächeln und winken wir, ich werfe Küsschen, bis ihr Bild verschwindet.

Siehst du, das war ein weiteres Zeichen deiner Selbstsucht, zischt einer der Dämonen, als ich im Bett liege. *Gönnst deinem Sohn nicht mal ein Treffen mit dem Vater, aus Neid und Eifersucht, weil du ihn noch nicht besuchen durftest. Wie erbärmlich du bist!*

8.

Befreie dich vom Ego, damit du Liebe empfangen und sie mit allen teilen kannst.

Ich hatte mich inzwischen auf dem Festival eingelebt. Obwohl ich mein bequemes Bett und den Luxus eines eigenen Badezimmers nach wie vor vermisste, stellte ich überrascht fest, dass mir sonst nicht viel fehlte. Ich aß das immer gleiche Essen, hockte mit den anderen auf dem harten Boden, schnippelte Gemüse und trank Yogitee statt teuren Wein. War das Luxusweibchen, als das ich mich immer betrachtet hatte, vielleicht auch nur eine Rolle, die ich ohne größere Probleme abstreifen konnte? Brauchte ich womöglich gar nicht so viel? Doch bei allem Gefühl des Angekommenseins wurde ich den Verdacht nicht los, dass ich mich genauso schnell, wie ich ihn verlassen hatte, wieder in meinem Alstertaler Seidenkokon einspinnen konnte. Vermutlich war ich flexibel, was ja auch nicht so schlecht war. Flexibilität zu erlangen oder zu erhalten war ja ein Ziel des Yoga. Ananda hatte in einer der ersten Stunden eine Übungsreihe für die Wirbelsäule angeleitet, um sie flexibler zu machen. Das Alter, hatte sie gesagt, bestünde darin, unflexibel zu werden, und mit Yoga könnten wir den Prozess aufhalten.

Es hatte etwas seltsam Befreiendes, nicht überlegen zu müssen, was ich anziehen sollte oder was es zum Abendessen gab. Nur darauf, mich zu schminken, konnte ich nicht verzichten. In den hellen, mittlerweile etwas angeschmuddelten Klamotten, die Haare zum Zopf gebunden, bummelte ich abends über den Basar und nahm tagsüber an allen möglichen Yogasessions teil. Ich verstand nicht alles, bemühte mich aber nach Kräften, zu lernen und offenen Herzens an die mitunter seltsamen Unterweisungen heranzugehen.

Der Workshop mit Guru Kirpal fand in einer Kapelle statt. Draußen herrschte südfranzösischer Sommer, aber drinnen war es angenehm kühl.

Etwa dreißig Personen versammelten sich nach und nach im Kreis. Als Guru Kirpal hereinkam, lächelte er mir zu.

»Schön, dich zu sehen.«

Ich errötete.

»So I will lead the seminar in English. Any translations needed?«

»Ich verstehe kein Englisch«, rief eine Frau.

Guru Kirpal schaute mich freundlich an: »Kannst du bitte übersetzen?«

»Äh«, stammelte ich. »Ich weiß nicht, ob ich gut genug bin.«

Das war anscheinend keine Frage, sondern eine Aufforderung, denn er fügte sofort hinzu: »Danke - wie ist dein Name?«

»Britta.«

»Britta will translate into German«, sagte Guru Kirpal und klopfte auf den Platz links neben sich. »Please take a seat.« Mit pochendem Herzen kam ich zu ihm. Ich hasste es, im Mittelpunkt zu stehen. Warum nur hatte er mich zum Übersetzen ausgesucht? Dabei richtete sich alle Aufmerksamkeit auf Guru Kirpal, mich sah niemand. Ich spürte seine Ausstrahlung so stark, als würde er mich berühren. Er schien zu leuchten. Mit einem Mal verstand ich, was mit »Aura« und »Charisma« gemeint war.

Wir stimmten uns mit dem Adi Mantra »Ong Namo Gurudev Namo« ein. Damit, erklärte Guru Kirpal, stellten wir eine Verbindung mit der Goldenen Kette aller Yogapraktizierenden vor uns her. Danach chanteten wir das Schutzmantra »Ad Gureh Nameh, Jugad Gureh Nameh, Sat Gureh Nameh, Siri Guru Deve Nameh.«

Zu Beginn erzählte Guru Kirpal Singh von sich. Seine Geschichte wäre wichtig, nicht aus persönlichen Gründen, sondern damit wir verstünden, worum es bei Yoga für Mitgefühl ginge. Er wurde als Mexikaner mit indianischen Wurzeln Anfang der 1950er-Jahre geboren und war in einer großen Familie aufgewachsen, die die Ahnen verehrte und an Geister glaubte. Schon früh ging er bei einem Schamanen in die Lehre, doch als er in den Siebzigerjahren Yogi Bhajan begegnete, wendete er sich ganz dem Kundalini-Yoga zu. Yogi Bhajan wurde sein Lehrer, dem er seine ganze Existenz verschrieb. Guru Kirpal legte immer nach zwei, drei Sätzen eine Pause ein, um mir Zeit zum Übersetzen zu lassen. Erst stotterte ich, dann wurde ich ruhiger und flüssiger.

Er hatte seine mexikanische Jugendfreundin in einer yogischen Zeremonie geheiratet und beide erhielten spirituelle Namen - er hieß nun Guru Kirpal Singh, sie Guru Kirpal Kaur. Das Paar führte eine auf yogisch-philosophischen Einsichten beruhende Ehe, die von Innigkeit und Harmonie geprägt war. Sie lebten gemäß der Traditionen der Sikhs, blieben kinderlos und widmeten ihr Leben der Spiritualität, der Meditation und dem Yoga. Zum engen Kreis der Western Sikhs gehörend, unterrichteten sie und gaben Workshops und Seminare auf der ganzen Welt, besonders in Mexiko und Frankreich bei den dortigen Kundalini-Yoga-Festivals. Dann erkrankte seine Frau an Bauchspeicheldrüsenkrebs. Guru Kirpal Singh unterstützte sie mit aller Kraft mit Gebeten, Meditationen und schamanischen Heilungsritualen. Dennoch starb sie Anfang 2004.

Ich stockte mit meiner Übersetzung, es fiel mir schwer, weiterzusprechen. Nichts hatte genützt, weder Yoga noch Heilungsrituale oder Schamanismus. Guru Kirpal Singh geriet in eine spirituelle Krise, zumal kurz zuvor auch sein Lehrer den irdischen Körper verlassen hatte. Er zog sich in einen Ashram zurück, um das Geschehene zu verarbeiten. Fünf Jahre blieb er dort. 2009 verließ er den Ashram bei Amritsar und folgte weiter seiner Berufung, Menschen auf ihrem spirituellen Weg zu unterstützen. Er unterrichtete in Frankreich und pendelte zwischen Mexiko und Bali hin und her, wo er ebenfalls Yogalehrer ausbilden wollte.

Seine persönliche Geschichte hatte uns alle berührt. Einige schauten zu Boden, andere wischten Tränen fort. Es war vollkommen still in der Kapelle.

Guru Kirpal sprach weiter. »Jeder von euch hat eine eigene, mitunter tragische Vergangenheit. Irgendetwas hat dich hierhergebracht. Es gibt einen Grund und selbst wenn du ihn noch nicht kennst - nun bist du hier. Wir wollen über Mitgefühl sprechen«, übersetzte ich. »Was dich menschlich macht, ist Mitgefühl. Denke an menschliche Regungen, an Rache, Lügen - und dann denke an Gott und Größe. Wenn kein Mitgefühl da ist, wird alles bitter. Ohne Mitgefühl gibt es absolut keine Gnade.«

»Was meinst du damit?«, fragte jemand.

»Mitgefühl zu haben, ist deine wahre Natur, selbst wenn du es nicht wahrhaben willst. Sei es. Lebe deine Barmherzigkeit.«

»Ist Mitgefühl die Kunst, das Bewusstsein einer anderen Person wahrzunehmen? Um wahre Einheit zu erfahren?«

»Ja. Mitgefühl ist Leben, Mitgefühl ist Kraft, Mitgefühl ist Gott, Mitgefühl ist Meditation, Mitgefühl ist Wahrheit. Die höchste Tugend ist, dass du da bist. Es geht nicht darum, ob du gut oder schlecht bist, das ist nur eine Manifestation in Zeit und Raum. Es geht um Vergebung. Jeder auf dieser Erde muss lernen zu vergeben. Das ist das Gesetz des Herzzentrums.«

Er forderte uns auf, die Augen zu schließen und beide Hände aufs Herzzentrum zu legen. Mein Herzschlag verlangsamte sich allmählich und ich stellte mir ein grünes Licht der Heilung vor, das mein Herz umgab. Die Zeit schien stillzustehen. Irgendwann holte uns Guru Kirpals Stimme zurück und ich musste die Sprache wiederfinden:

»Der Mensch glaubt zu wissen, was er tun will, aber das Herzzentrum, das vierte Chakra, ist das Zentrum der Totalität, aus diesem Zentrum kommt die Mutter. Von dort kommt die Milch, die Liebe des Menschen während seines ganzen Lebens, egal, ob er ein eintägiges oder ein achtzigjähriges Kind ist. Alles geschieht dort, es ist das Zentrum des Mitgefühls. Lebe aus dem Herzchakra, um das Göttliche in dir zu manifestieren. Nur aus Mitgefühl kannst du Wunder vollbringen. Wenn du opfern kannst, wahrheitsgetreu und selbstlos bist, verfügst du über die Kraft des Mitgefühls. Mitgefühl ist Schönheit und Würde, die Ekstase des Menschen. Es ist die lebendige Projektion der Seele in das Leben, das schönste Geschenk, das der Schöpfer dem Ich geben konnte. Lasst uns nun eine Partnermeditation machen, die Herz-Lotus-Meditation.«

Ich schaute Guru Kirpal vorsichtig von der Seite an, hoffte, mit ihm praktizieren zu dürfen, aber er schloss die Augen. Eine

Teilnehmerin setzte sich mir gegenüber. Unsere Knie berührten sich. Die Hände brachten wir ins Lotusmudra, wobei Daumen und kleine Finger beider Hände aneinanderlagen, die übrigen zeigten nach oben, geöffnet wie eine Blüte. Sie schob ihre kleinen Finger unter meine und wir blickten einander in die Augen. Erst fühlte ich mich unbehaglich, einer Unbekannten derart nah zu sein, aber sie begegnete mir so voller Offenheit, dass ich mich entspannte. Danach sollten wir die Augen schließen und unseren Partner im höchsten Potenzial visualisieren. Vor mein inneres Auge schoben sich erst Stefan, dann Guru Kirpal, nur mit Mühe konzentrierte ich mich auf mein Gegenüber.

»Das ist der Zustand des Mitgefühls, das Potenzial des Herzzentrums, wenn du alles vergeben kannst. Wenn du demjenigen vergibst, dem niemand vergibt, kommst du dem Göttlichen gleich. Mehr noch, der Mensch kommt über Gott, wenn er das Unverzeihliche vergeben kann. Dann ist er nicht Gott, er ist mehr als Gott.«

Ich zuckte innerlich zusammen, dachte an meine Eltern. Für sie käme das einer Gotteslästerung gleich. Wie sehr war ich noch von meiner Erziehung geprägt?

»Sei dir bewusst«, sagte Guru Kirpal, »Gott und ich, ich und Gott sind eins. Es gibt keine Trennung. Du und Gott, Gott und du sind eins. Es gibt keinen äußeren Gott, keine Polarität.«

Nachmittags hatte ich einen Termin bei Guru Kirpal für eine Sat-Nam-Rasayan-Behandlung im Schloss. Zwar wusste ich nicht, was mich erwartete, hatte mich aber sofort in die Liste eingetragen. Jetzt überkamen mich Zweifel, vielleicht hätte ich erst einmal ein Seminar über Sat Nam Rasayan belegen sollen. Ich stieg eine verwinkelte Treppe hinauf, schaute auf die

Zimmernummern, die fast unleserlich auf den verschlossenen Türen standen. Herzklopfen wie bei einem Rendezvous - war etwas Unanständiges daran, seinen Lehrer in seinen Privatgemächern aufzusuchen? Das Zimmer lag am Ende eines Ganges mit knarzenden Dielen. Ich klopfte zaghaft.

»Herein!«

Guru Kirpal erwartete mich, wie immer saß er auf dem Boden. Er winkte mich zu sich. Ich bekam vor lauter Schüchternheit kein Wort heraus. Keine der vermutlich banalen Fragen, die ich mir überlegt hatte, fiel mir ein.

»Meister ...«, das klang komisch, aber wie sollte ich ihn sonst anreden? Mit Guru? Immerhin war das Teil seines Namens, kein Titel. Ich verstummte. Er lächelte herzlich, hielt sich nicht mit Reden auf und deutete auf die Schurwollmatte, die vor ihm lag. Unbeholfen nahm ich im Schneidersitz Platz. Meine Beine schmerzten vom vielen ungewohnten Sitzen auf dem Boden. Ich saß dicht vor ihm, was mich noch verlegener machte, traute mich aber auch nicht, etwas abzurücken.

»Nein, leg dich hin.«

»Ich dachte, wir sprechen über ...« Mir fehlten die Worte, ich fühlte mich unbehaglich, warum sollte ich mich hinlegen?

»Vertrau mir. Du möchtest eine Sat-Nam-Rasayan-Behandlung und bist zu mir gekommen, weil du mehr über Mitgefühl lernen möchtest. Es geschieht wortlos. Ich öffne den sensitiven Raum, in dem Heilung stattfindet. Du musst währenddessen nichts tun.«

Ich streckte mich auf der Matte aus. Er breitete ein dünnes weißes Tuch über mich. Aus halb geschlossenen Augen schielte ich zu ihm hinauf. Seine Präsenz schien mich fast zu erdrücken.

»Schließ deine Augen ganz«, sagte er sanft.

Ich gehorchte. Eine Zeit lang geschah nichts. Ich hörte ihn atmen, die Geräusche im Schloss drangen gedämpft zu uns hinein. Draußen waren Stimmen zu hören und ab und zu ein Pfau, der seinen charakteristischen Ruf von sich gab. Allmählich entspannte ich mich, ließ mich zu Boden sinken. Wurde schwerer, gelöster.

Dann berührte er mich am Arm. Er tippte mich nur mit zwei oder drei Fingerspitzen an und sofort durchströmte mich eine Flut von Empfindungen. Reine Elektrizität schien zu fließen, ein Strudel von Energie wirbelte durch mich hindurch. Als öffneten sich Schleusen in meinem Inneren, so prasselten Bilder, Emotionen, Träume auf mich ein, rannen durch meine Adern, fluteten mein Gehirn und kumulierten schließlich in einem Gefühl reiner Glückseligkeit und Liebe. Ich schwebte. Es fühlte sich so an, als wäre ein Luftkissen zwischen meinem Körper und der Erde. Später versuchte ich mir diese Erfahrung zu erklären, doch vergeblich. Ich fiel in eine tranceartige Tiefenentspannung, als würde ich zugleich schlafen und wachen, all meine Sinne sensibilisiert und dennoch in Einklang mit allem.

Ich hatte keine Ahnung, wie lange dieser Zustand andauerte. Ich hätte dort noch endlos liegen bleiben können. Irgendwann holte mich Guru Kirpals Stimme zurück, obwohl ich nicht zurückwollte. Sprechen konnte ich nicht, was hätte ich auch sagen sollen? Alle Fragen schienen sich beantwortet zu haben. Es gab sie schlicht nicht mehr. Wir verabschiedeten uns schweigend und ich gelangte irgendwie, vermutlich schwebend, zurück in mein Sechs-Bett-Zimmer, das mir wie eine Oase der Gemütlichkeit vorkam. In der folgenden Nacht schlief ich tief und traumlos, absolut geborgen, ohne mich im Geringsten von meinen Mitbewohnern gestört zu fühlen.

*

Völlig übermüdet habe ich das Sadhana ausfallen lassen. Ich fühle mich wie gerädert, habe wenig und schlecht geschlafen, mich die ganze Nacht mit meinen Dämonen auseinandergesetzt. Hatte ich denn all die Jahre ein falsches Bild von den wichtigsten Beziehungen in meinem Leben? Habe ich mir selbst etwas vorgemacht? Wie kann ich lernen, einerseits Selbstliebe zu entwickeln und andererseits selbstlos zu lieben? Wenn man selbstlos liebt, wer oder was liebt dann? Ich bin doch mein Selbst, oder nicht?

Ist das ein unauflösbarer Widerspruch oder eine perfekte Symbiose? Bedeutet es, wenn man sich selbst genug liebt und wertschätzt, dass man seine emotionalen Bedürfnisse nicht mehr von anderen befriedigen lassen muss? Und wie sollen Beziehungen funktionieren, wenn man den anderen eigentlich gar nicht braucht? Oder ist das Ziel, zu lieben, ohne zu brauchen? Mir schwirrt der Kopf.

Ich würde meine Verwirrung gern mit Guru Kirpal besprechen, aber ständig kleben Leute an ihm. Selbst bei einem Spaziergang durch den Garten oder auf dem Weg zum Yogaraum hat er wechselnde Begleitung. Natürlich haben die anderen Retreat-Teilnehmer auch Fragen und ihre eigenen Themen, die sie umtreiben. Ich bin nur eine von vielen. Außerdem bin ich zu spät angereist und habe noch nicht das Gefühl, in der Gruppe angekommen zu sein. Meine Schüchternheit überkommt mich wieder, sodass ich die Augen senke, als Guru Kirpal in die

Yogahalle kommt. Hartmut, der Mann, der gestern hingerissen an Guru Kirpals Lippen hing, redet mit leiser Stimme und geröteten Wangen auf ihn ein. Carla aus Braunschweig, mit der ich mich beim Frühstück unterhalten habe - sie ist Yogalehrerin mit eigenem Studio -, richtet in der Mitte des Kreises eine Art Mandala her, bestehend aus den Blüten, Blättern und Früchten aus dem Garten. Es sieht wunderschön aus. Die Frangipanis verströmen einen exotisch-blumigen süßen Duft.

Nachdem wir uns eingestimmt haben, leitet Hartmut eine Kriya an. Sie heißt »Goldenes Herz« und soll die Energie vom Nabelpunkt zum Herzzentrum bringen. Hartmuts Stimme verliert sich im offenen Raum, aber sie ist sanft und angenehm. Ich kann mich gut auf seine Anleitungen einlassen. Er schielt zwar immer zu Guru Kirpal hinüber, scheint auf eine Reaktion zu warten, die nicht kommt, aber seine Übungsanleitungen sind klar und präzise. Nach der Tiefenentspannung, einer Fantasiereise, die uns in die balinesische Landschaft mit den Reisterrassen entführt, schauen wir gespannt zu Guru Kirpal. Wir erwarten sein Urteil. Ich komme mir vor, als wäre ich Teil einer Herde orientierungsloser Gänse, die auf Führung hoffen. Viele Menschen, mich selbst eingeschlossen, führen ein Leben in stiller Verzweiflung, richtungslos und ohne spirituelle Basis, warten auf etwas oder jemanden, der eine Richtung vorgibt. Das ist die eigentliche Bedeutung von »Guru« - er ist derjenige, der vom Dunklen, Gu, ins Licht, Ru, führt.

Anstatt Hartmuts Unterricht zu bewerten, erzählt Guru Kirpal etwas. »Ich will heute über die Ehe sprechen. Wie ihr wisst, habe ich meine Jugendfreundin geheiratet. Zu dem Zeitpunkt, als mein spiritueller Meister sagte, sie sei für mich bestimmt, kannte ich sie nur flüchtig. Aber wir taten, was er uns sagte. Es war eine arrangierte Ehe. Vielen mag das seltsam erscheinen. Aber das existiert noch immer in vielen Kulturen, auch auf Bali heiraten Menschen innerhalb ihrer Kasten und die Person, die die Eltern oder der Priester ausgesucht haben. Für euch mag es komisch klingen, jemanden zu heiraten, in den man nicht verliebt ist. Aber die romantische Liebe bringt für das Konstrukt der Ehe eine Menge Probleme mit sich. Nämlich dann, wenn die Gefühle abnehmen, erlöschen oder ins Gegenteil umschlagen. ›Marriage is a carriage to God‹, sagte mein Lehrer. Die Ehe bringt euch zu Gott. Er war selbst nahezu fünfzig Jahre verheiratet und er liebte solche Wortspiele.«

Ich kann mir keinen anderen Grund als Liebe vorstellen, um zu heiraten. Aber meine Ehe ist gescheitert, weil Stefan sich anderweitig verliebt hat und wir weder eine Grundlage noch eine gemeinsame Vision hatten.

»Was ist eine ideale Ehe? Die ideale Ehe ist eine Lebensweise, in der Mann und Frau eine Vereinbarung eingehen, um Zeit und Raum der Sicherheit ihres eigenen Lebens und des Lebens ihrer Kinder zu widmen. Die Ehe ist etwas, das nicht langweilig werden kann, weil sie uns ständig herausfordert. Wie kann etwas langweilig werden, wenn du dich jede Minute deines Lebens anstrengen musst, um es am Laufen zu halten?«

Verhaltenes Kichern. Hartmut dreht nachdenklich an seinem Ehering, Carla schaut zweifelnd, die beiden blondierten Frauen, beste Freundinnen, die fast immer unter sich bleiben, stecken die Köpfe zusammen und tuscheln. Für mich klingt das nicht nach einem sonderlich guten Konzept. Wenn man sich ständig anstrengen muss, wo bleibt dann die Freude am anderen? Darf man sich nicht in eine Beziehung hinein entspannen?

»Die Institution der Ehe ist das ehrliche, lebendige Engagement zweier Personen«, betont Guru Kirpal. »Sie muss für Gott gelebt werden, und zwar bis zum letzten Atemzug, was auch immer kommen mag. Wenn diese Verpflichtung fehlt, ist es eine sexuelle, physische, emotionale Beziehung vorübergehender Natur. Eine Art geistige Prostitution. Missversteht nicht die Institution der Ehe, ihre Ursachen und Wirkungen. Die Ehe bedeutet, sich ineinander zu verlieren. Es ist ein Prozess der Verschmelzung. Wenn du Kupfer und Zink zusammenfügst, erhältst du eine neue Legierung: Messing. Weder Kupfer noch Zink sind übrig. In der Ehe verschmelzen zwei Personen. Sie verlieren ihre grundlegenden Eigenschaften und kommen mit einer gemeinsamen Legierung heraus, mit unterschiedlichen Tugenden und Aufgabenverteilungen im Leben.«

Ich überlege. Stefan und ich sind bestimmt nicht verschmolzen, außer beim Sex, aber hätte ich das gewollt? Dass unsere Persönlichkeiten ineinander verschmolzen wären? Es klingt nicht so, als wäre das möglich gewesen. Oder sind wir genau deswegen gescheitert, weil wir uns immer mehr voneinander wegbewegt haben, weil die Unterschiede größer statt kleiner wurden? Wenn man sich richtig alte Paare anschaut, gleichen diese einander oft, sowohl im Aussehen wie auch im Verhalten. So ungern ich es zugebe, Eileen ist Stefan schon jetzt viel ähnlicher, als ich es jemals sein könnte.

»Die Ehe ist eine kreative Institution des menschlichen Bewusstseins. Sie vereint das Bewusstsein von Mann und Frau zu gemeinsamer Erfahrung im Guten wie im Schlechten, durch alle Polaritäten des Lebens hindurch«, fährt Guru Kirpal fort. »Die Ehe ist das höchste Yoga, denn da musst du wirklich durchgehen und atmen! Wenn du heiratest und dich in einem

Bereich getrennt fühlst, fühlst du dich in jedem Bereich getrennt. Warum zerbrechen Ehen? Weil wir uns in einem Bereich getrennt fühlen, auch wenn wir in anderen vereint zu sein scheinen. Aber so ist diese Institution der Ehe nicht gemeint. Das individuelle Bewusstsein kann Ehen nicht helfen, Bestand zu haben.«

Er räuspert sich und trinkt einen Schluck Wasser, schaut in die Runde. Einige nicken versonnen. Ich spüre innere Widerstände. Er stellt die Ehe als etwas Nüchternes dar, als eine Art Vertrag, den man kühlen Kopfes eingeht, aber ich bin noch nicht bereit, auf die Liebe als Triebfeder zu verzichten. Ich kritzele unruhig auf meinem Block herum.

»Die Ehe ist eine Institution, die von der Achtung des Wortes abhängt. Deshalb heißt es in den heiligen Schriften: ›Wer das Wort der Ehe achtet, wird im Gericht des Herrn geehrt.‹ Eine Ehe ist organisch. Sie muss leben und wachsen. Du kannst die Ehe als einen organisierten, klugen, diplomatischen Streit erachten, als eine Prüfung deines menschlichen Formats. Es ist das Einfachste auf der Welt, sich zu verlieben, aber das Schwierigste, verheiratet zu bleiben. Entweder bist du auf dem Weg nach oben oder nach unten. Ich muss dich verstehen, du musst mich verstehen. Gott sorgt für das Verständnis. Du solltest jemanden von ähnlichem Format und Seele heiraten, denn die Ehe ist nicht an einen Körper gebunden. Die Mehrzahl der Menschen leiden in der Ehe, weil sie bloß einen Körper geheiratet haben. Das Geheimnis einer Ehe besteht jedoch darin, gemeinsam etwas zu bewegen: Sieh nicht auf den anderen neben dir, sondern schaut gemeinsam nach vorn. Zähle nicht die Mängel und Fehler deines Ehepartners. Erinnere dich stattdessen an seine Vorzüge und füge so viele eigene wie möglich hinzu.«

Ich habe auf meinem Block eine kleine Familie hingekritzelt: Vater, Mutter, Kind. Wir drei. Hatten Stefan und ich ein ähnliches »Format«? Was ist das überhaupt? Zumindest in der Zeit, als es darum ging, unser Kind zu beschützen und zu begleiten, haben wir gemeinsam nach vorn geschaut. Mein Fehler war zu denken, dass die Erinnerung daran für den Rest unseres Lebens reichen würde.

Guru Kirpal räuspert sich. »Ich verrate euch etwas. Es ist nicht so, dass Guru Kirpal Kaur und ich das Ideal immer perfekt erfüllt haben. Auch wir hatten Konflikte und Auseinandersetzungen. Wir haben aber versucht, klug zu streiten. Das Wort zu achten. Nicht immer hat die Meditation oder das Lesen heiliger Schriften geholfen. Manchmal waren wir auch unyogisch. Aber eines haben wir einander geschworen: ›Ich halte deine Hand und lasse nicht los. Auch wenn wir durch die Hölle gehen.‹ Ich sagte zu ihr, ›eher rollt mein Kopf, bevor ich das tue‹. So ist Liebe gewachsen. Meine Ehe war das Beste, was mir passieren konnte.«

*

Schnell vergehen die Tage. Sie sind straff strukturiert, obwohl – oder gerade weil – Zeit für Kontemplation bleibt. Ich stehe nun wieder jeden Morgen um vier Uhr auf, dusche kühl, nachdem ich mich mit Mandelöl eingerieben habe. Es fällt mir hier leichter als auf dem Yogafestival in Frankreich – ich muss ja keinen fremden Körpern unter dem Duschstrahl ausweichen. Ich genieße die Privatsphäre in meinem spartanisch eingerichteten Reich und das Klima bekommt mir sehr gut. Nie friere ich oder muss mich in tausend Schichten hüllen. Das

Thermometer sinkt auch nachts nicht unter 25 Grad. Bali ist ein tropisches Gewächshaus und wie eine der Pflanzen, die in Hamburg mickrig und hier gigantisch sind, entfalte ich mich allmählich. Fast habe ich den Eindruck, mich zu entknittern.

Es gelingt mir sogar, auf mein übliches Make-up zu verzichten. Erst fühle ich mich komisch, nackt und hässlich, dann wie befreit. Ungeschminkt und mit einem hellen Tuch locker um den Kopf geschlungen, meinem Amateur-Turban, schlendere ich durch den betörend duftenden Garten zur Yogahalle. Unterwegs mache ich Rast beim Haustempel, knie nieder und neige den Kopf. Ich bete nicht wirklich - das verbinde ich zu sehr mit dem Christentum -, aber ich lasse Demut zu. Vielleicht fällt es mir hier leichter, weil die balinesischen Haustempel spielerische Anhäufungen von Kitsch und Kunst sind.

Umsichtig kümmern wir uns um die traditionellen Opfer für Götter und Dämonen, tragen Körbchen voll Blumen, Reis und Früchten zum Altar und räumen die verwelkten weg. Niemand von uns sieht einen Widerspruch darin, Kundalini-Yoga zu praktizieren, das auf dem Sikh Dharma gründet, und zugleich die hinduistische Landesreligion zu respektieren. Der Gott des Sikh Dharma - der ja sowieso in jedem von uns lebt - scheint seinerseits kein Problem mit den vielen Göttern Balis zu haben. Offiziell wird diese Religion »Agama Hindu Dharma« genannt. Dieser harmonischen bali-hinduistischen Religion gehören an die neunzig Prozent der Bevölkerung an. Die übrigen zehn Prozent sind Muslime und Christen.

Das Sadhana beginnt um vier Uhr dreißig. Die fünf teilnehmenden Yogalehrer leiten es abwechselnd an. Lediglich das Freundinnen-Duo und ich sind keine Yogalehrer. Guru Kirpal ist jeden Morgen dabei, hält sich aber im Hintergrund. Er liest nur mit sonorer Stimme das Japji, das Morgengebet der Sikhs. Zweieinhalb Stunden dauert das Sadhana, bestehend aus Japji, Yogaset, Tiefenentspannung und Meditation. Allein die sieben Mantra-Meditationen sind 62 Minuten lang.

Danach ist mein Kopf leer und das Herz voll. Begleitet vom Kikeriki der Hähne und dem Tschilpen der Vögel schwebe ich zum Frühstück, das in einem offenen Pavillon, der Küchen-Balé, schon bereitsteht. Balinesinnen, genauso attraktiv wie in der Casa Seminyak, aber des Englischen nicht mächtig, haben appetitliche Platten mit Mangos, Litschis, Papayas, Bananen, Drachenfrüchten, Melonen, Guaven und Erdbeeren bereitgestellt, dazu gibt es Müsli, Nüsse, Joghurt, junge Kokosnüsse und Yogitee. Hungrig stürzen wir uns auf die Köstlichkeiten. Es ist ein Traum, der pure Luxus.

»Ist das lecker«, stöhnt Carla, mit der ich mich ein wenig angefreundet habe.

»Ich weiß nicht, wie ich mich wieder an das klägliche Obstsortiment in Deutschland gewöhnen soll. Ab und zu kaufe ich Flugmangos, aber auch die sind nur faserige Stiefverwandte dieser Früchte«, antworte ich, während ich in eine saftige Papaya beiße.

Sie lacht. »Wann fliegst du zurück?«

»In drei Tagen. Ich mag gar nicht daran denken. Und du?«

»Mein Flug geht übermorgen. Aber ich kehre noch nicht nach Hause zurück, sondern reise weiter nach Thailand - Koh Phi, Koh Lanta, Krabi. Insgesamt zwei Wochen. Und dann nach Vietnam.«

»Oh, wie schön! Du hast es gut.« Mich erwarten Einsamkeit, Kälte und Sinnlosigkeit. Ein Hamburg, das mich nicht haben will.

Sie schaut mich mit hochgezogenen Augenbrauen an und stibitzt ein Stück Drachenfrucht von meinem Teller. »Musst du denn unbedingt zurück? Ich dachte, du arbeitest nicht.«

»Nein. Aber der Flug ist gebucht und ich kann doch nicht einfach ... hierbleiben?«

»Warum nicht? Kannst du nicht? Willst du nicht? Oder fehlt dir der Mut?« Carla legt mir die Hand auf den Arm und schaut mir tief in die Augen. »Was sagt deine innere Stimme?«

Den ganzen Tag denke ich darüber nach. Selbst Guru Kirpals Vorträge, die nach der Frühstückspause beginnen, erreichen mich nicht richtig. Ich betrachte ihn, die imposante Erscheinung, die Weisheit, Güte und Kraft ausstrahlt, sehe, wie seine Lippen sich bewegen, ohne zu hören, was er sagt. Die Worte rauschen wie Wasser an mir vorbei. Stattdessen schwirren die Fragen in mir: Kann ich bleiben? Will ich zurück? Traue ich mich? Darf ich mir das erlauben? Innere Stimme, hallo?!

Nach dem Mittagessen gehe ich in mein Zimmer. Es ist ab übermorgen neu vermietet. Eine holländische Gruppe kommt, sie bringt ihren eigenen Lehrer mit. Währenddessen wird Guru Kirpal sich seinen Studien und dem Aufbau des Ashrams widmen. Für mich ist hier dann kein Platz mehr. Ich setze mich auf die kleine Veranda und versuche zu meditieren. Sobald ich die Augen schließe und langsam atme, stürmen die Gedanken wie eine aufgeregte Kindergartengruppe auf mich ein. Das Chaos verwirrt mich. Ich schaffe es nicht, ruhig zu werden, und gebe nach wenigen Minuten auf.

Frustriert lege ich mich ins Bett, will schlafen oder wenigstens dösen, aber auch das klappt nicht. Trostlose Bilder tauchen vor meinem inneren Auge auf: Niemand holt mich vom

Flughafen ab, ich sitze allein im zu großen Haus, umgeben von hohlem Luxus, der Tag hat zu viele leere Stunden, die Nacht ist trist und einsam, es regnet immerzu.

Auch der nachmittägliche Unterricht zieht an mir vorbei, ohne dass ich wirklich darauf geachtet hätte. Danach ärgere ich mich über mich selbst. Anstatt die letzten Tage im Paradies zu genießen und wertvolle Lektionen aufzusaugen, bin ich gedanklich mit meiner künftigen Misere beschäftigt. Ich schaffe es nicht, im Hier und Jetzt zu sein, bin innerlich schon auf dem Rückweg. Traurig trotte ich nach dem Unterricht zu meinem Zimmer, ohne nach links und rechts zu schauen, ohne mich wie sonst für die überbordende Vegetation zu begeistern.

»Britta!« Guru Kirpal ruft nach mir. Ich bleibe stehen und drehe mich um. Er kommt lächelnd auf mich zu. Mein Herz macht einen kleinen Hüpfer. Wie gern würde ich ihm entgegenlaufen, mich in seine Arme werfen. Wieder diese Seifenopernträume.

»Wir haben in den letzten Tagen nicht viel gesprochen. Wie geht es dir?« Er schaut mich voller Güte an.

»Es war ein wunderbares Seminar. Ist, meine ich. Wir haben ja noch morgen. Ich danke dir von ganzem Herzen für alles.«

»Lass uns ein Stück gehen, dann erzählst du mir, was dich bedrückt.« Er führt mich in den hinteren Teil des Gartens. Verschlungene, unfertige Wege winden sich hier durch das ungebärdige Grün. Wir gehen schweigend. Seine pure Gegenwart ist Balsam für mich.

»Also?«

»Es ist so, ich muss eine Entscheidung treffen. Das fällt mir nicht leicht. Darin war ich noch nie gut, daher habe ich meistens andere für mich entscheiden lassen, in erster Linie meinen Mann. Oder die Umstände. Nun ist es anders. Mein Rückflug nach Hamburg geht am Samstag, aber ich weiß nicht, was ich dort soll. Ich habe keine Aufgabe, keine Familie, die mich erwartet. Carla hat mir das heute klargemacht. Was soll ich nur tun?«

Er lächelt. »Carla ist wie dein Unterbewusstsein. Sie legt den Schmerz bloß. Und was siehst du da?«

»Keine Ahnung, ich bin wohl blind.«

»Nimm eine Handvoll Steine, wirf sie hoch und zähle sie. Bringt dich das weiter? Nein. Wenn du eine Entscheidung treffen musst, denk daran, dass eine Entscheidung, die niemanden verletzt, immer gut ist. Güte ist die Belohnung des Lebens und wenn du eine Entscheidung triffst, die für alle gut ist, werden gute Ergebnisse erzielt. Verstehst du? Triff keine Entscheidung im Zorn, triff keine Entscheidung, die jemanden verletzen soll, übe keine Rache.«

»Es wird niemand verletzt.« Ich hole tief Luft. »Außer mir.«

Er nimmt meine Hände und drückt sie lachend. »Du hast dich schon entschieden. Du willst glücklich leben? Dann sei glücklich.«

Mich durchflutet eine grenzenlose Erleichterung. »Danke. Danke, danke.«

»Danke nicht mir, sondern dir selbst. Fang endlich an, dir zu vertrauen, Britta.«

9.

Liebe ist Liebe. Es gibt keine Bedingung.
Liebe kann nur aus der Fülle des befreiten Herzens empfangen – und gegeben – werden.

Weihnachten stand vor der Tür und ich freute mich darauf, dass Nickie nach Hause kam. Dreieinhalb Monate hatte ich ihn nicht gesehen. Zuerst hatten wir noch wöchentlich, dann nur alle zwei oder drei Wochen gesprochen. Es ging von ihm aus und ich wollte ihm nicht ständig auf die Pelle rücken.

Niklas kam wenige Tage vor Heiligabend an. Ich holte ihn und Vivi vom Bahnhof ab. Die beiden schienen sich immer noch gut zu verstehen, Hand in Hand stiegen sie aus dem Zug, Nickie in einen dicken schwarzen Parka eingemummelt, der ihm zwei Nummern zu groß war. Ich erschrak bei seinem Anblick, er kam mir noch dünner vor als bei seiner Abreise, noch blasser. Er lächelte und wir fielen uns in die Arme.

»Schön, dass ihr da seid. Wie war die Fahrt?« Ich verkniff mir sentimentale Bemerkungen wie »Du hast mir so gefehlt«.

»Gut, hat alles reibungslos geklappt, keine Verspätungen.«

Ich umarmte auch die propere Vivi mit ihren vor Kälte geröteten Apfelbäckchen.

Plaudernd gingen wir zum Wagen, verstauten das Gepäck und fuhren zu Viviana nach Hause. Ihre Eltern konnten sie nicht abholen, da beide voll berufstätig waren. Obwohl ich mir meiner Privilegien bewusst war - einen gut verdienenden Ehemann zu haben und nur meinen Interessen nachgehen zu können -, beneidete ich Vivis Mutter. Vielleicht wäre ich auch ausgefüllter, wenn ich einen Beruf hätte - besser noch, eine Berufung.

»Lieben Dank fürs Bringen, Britta - wir sehen uns am Tag vor Silvester«, sagte Vivi und küsste mich zum Abschied auf die Wange. Vivi würde die Weihnachtstage im Kreise ihrer Familie verbringen, wofür ich ehrlich gesagt dankbar war. So hatte ich zwölf kostbare Tage mit meinem Sohn, bevor die beiden nach Rotterdam zurückfuhren.

»Gefällt dir die Stadt? Und die Uni?«, fragte ich Nickie, als wir allein waren.

»Von der Stadt sehe ich nicht viel. Die Uni ist ziemlich groß, aber so langsam finden wir uns zurecht.«

Zu Hause verschwand er sofort in seinem Zimmer. Hunger hatte er keinen. Als ich zwei Stunden später vorsichtig hineinspähte, schlief er, immer noch im dicken Parka. Seine Wangen waren gerötet wie als Baby, wenn er im Schneeanzug eingeschlafen war. Ich betrachtete ihn gerührt und öffnete das Fenster, um kühle Luft hereinzulassen.

Kurz darauf kam er nach unten. Er wirkte jetzt ausgeruht und fitter.

»Gibt es was zu essen? Ich habe einen Mordshunger.«

Ich freute mich, das musste ein gutes Zeichen sein. »Papa ist in fünf Minuten zu Hause, dann wollten wir essen gehen. Hast du Lust?«

»Klar, gern.«

Wir hatten einen Tisch bei unserem Lieblingsitaliener reserviert. Wie immer war es dort voll und so laut, dass wir uns kaum unterhalten konnten. Nickie vertilgte eine ganze Pizza und zum Nachtisch ein Tiramisu. Ich genoss den Abend in vollen Zügen, es war wie früher, als wir jeden Sonntag hier waren. Während Nickie in Rotterdam war, hatten Stefan und ich diese Gewohnheit leider aufgegeben. Niklas saß seinem Vater gegenüber, die beiden diskutierten angeregt über Makroökonomie. Ich hörte kaum zu, war einfach zufrieden, mit ihnen zusammen zu sein.

»Hast du dir in Rotterdam einen Kardiologen gesucht?«, wechselte Stefan das Thema. Ich war froh, dass er das ansprach.

»Noch nicht. Es gab so viel zu tun. Wenn ich zurück bin, werde ich im Januar mal bei der Uniklinik anrufen.«

»Hast du denn kein neues Rezept gebraucht?«

»Bisher nicht, aber ich hole mir in den nächsten Tagen eins bei Dr. Behrmann.«

Meine Hoffnung, dass Dr. Behrmann ihn kurz durchcheckte, erfüllte sich leider nicht. Der Arzt war im Weihnachtsurlaub und seine Vertretung, eine Kinderärztin, stellte das Rezept mit der Empfehlung aus, sich bald wieder untersuchen zu lassen.

Nickie schlief lange und viel und ich genoss es, ihn zu umsorgen. Er schien es ebenfalls zu mögen und schlüpfte zurück in die Kinderrolle. Sogar die Pillen sortierte ich ihm wieder vor - wie früher. Jeden Morgen bereitete ich Frühstück für uns beide zu, dann saßen wir lange zusammen und redeten. Er war redseliger als im Sommer und die alte Vertrautheit aus Kindertagen stellte sich wieder ein.

Stefan hatte viele Termine. Einerseits ärgerte es mich, dass er die Zeit mit seinem Sohn nicht als wichtig genug erachtete, andererseits war ich froh, ihn nicht teilen zu müssen.

Seltsamerweise schlief ich noch schlechter als sonst. Mein Schlaf war immer leicht, abhängig von Dunkelheit und Stille,

Essen und Alkohol, Gedanken und Gefühlen. Als Nickie klein war, hatte ich ganze Nächte an seinem Bett verbracht und ihn beim Schlafen beobachtet, aus Angst, er könnte nicht wieder aufwachen. Nach den Operationen hatte ich wochenlang nur häppchenweise und im Sitzen geschlafen, bis ich so überreizt war, dass an Schlaf gar nicht mehr zu denken war.

Seitdem Nickie studierte und ich mit Yoga begonnen hatte, war es etwas besser geworden. Aber im Weihnachtsurlaub ließ meine yogische Disziplin nach. Ich stellte mir nicht mehr den Wecker, um zu meditieren, erlaubte mir abends das ein oder andere Gläschen Wein, was mich zwar einschlafen ließ, aber nach ein, zwei Stunden wachte ich auf und blieb wach. Ich hatte beunruhigende und wirre Träume. Mal machte ich mit Nickie eine Reise nach Tunesien, wo er von Menschenhändlern entführt wurde, mal flohen wir vor Organräubern, mal wurden wir zu Hause überfallen. Die Albträume hielten mich gefangen. Sie waren so real und glaubhaft in ihrer Unlogik, dass ich sie im halbwachen Zustand fertig dachte, um sie glücklich enden zu lassen. Dann lieber gar nicht schlafen.

Heiligabend verbrachten wir zu dritt. Wir aßen Raclette, wie immer, redeten stundenlang und lachten viel, spielten Karten und fläzten uns vor den Fernseher, um uns rührselige Weihnachtsfilme anzuschauen. Am ersten Weihnachtstag hatten wir meine Mutter eingeladen. Sie hatte sich gefreut und entgegen meiner Befürchtungen keine sarkastischen Bemerkungen gemacht. Wir holten sie in der Seniorenresidenz ab, wo sie festlich gekleidet an der Rezeption wartete. Nickie und sie umarmten einander.

»Ihr könnt euch nicht vorstellen, welche Freude ihr mir bereitet. Mein wunderbarer Enkel hat uns zusammengeführt, ich bin so stolz auf ihn!« Sie ließ Nickie nicht los, sodass er sie untergehakt zum Auto führte.

Wir hatten einen Tisch im »Fischereihafen-Restaurant« reserviert, verspeisten ein vorzügliches Menü, begleitet von passenden Weinen. Die Unterhaltung mäanderte von einem Thema zum anderen.

»Was machst du eigentlich jetzt, wo dein Sohn außer Haus ist?«, fragte meine Mutter plötzlich. Sofort fühlte ich mich an den Pranger gestellt.

Ich nahm einen großen Schluck Wein und antwortete nicht.

»Britta interessiert sich für Yoga«, verkündete Stefan. Ich hätte ihn am liebsten unter dem Tisch getreten.

»Yoga?« Meine Mutter zog leicht spöttisch die Augenbrauen hoch. »Ach. Das wird in der Residenz auch angeboten. Willst du denn Yogalehrerin werden!?«

»Nein! Ich mache das nur für mich«, gab ich zurück.

»Das ist ja schon mal ein Anfang ... Hauptsache, du machst überhaupt etwas. Du könntest eine Bildungsreise nach Indien machen!«

»Genau«, murmelte ich. »Eine Senioren-Busreise.«

»Ich studiere jetzt übrigens Philosophie«, sagte sie selbstgefällig. »Was ist denn eigentlich mit deinem Studium der Kunstgeschichte? Das hast du leider nie abgeschlossen. Mach das doch mal, jetzt, wo Nickie aus dem Haus ist.«

Die ungebetenen Ratschläge meiner Mutter hatten mir gerade noch gefehlt. Irgendwie schaffte ich es, das Gespräch auf ein anderes Thema zu bringen. Als wir das Restaurant verließen, war ich betrunken und Stefan musste mich zum Auto führen. Warum ließ ich mich von meiner Mutter immer so in die Enge treiben?

Am übernächsten Tag hatte es geschneit. Der Garten versank unter einer Puderzuckerhaube. Nickie und ich hatten Schnee schon immer geliebt. Ich weckte ihn und wir rannten noch vor dem Frühstück juchzend in den Garten. Dort bauten wie einen Schneemann, fast so groß wie wir. Seine Karottennase fiel immer wieder ab, aber der Hut, den wir Stefan stibitzt hatten, stand ihm hervorragend.

An den darauffolgenden Tagen machten wir Spaziergänge durchs Alstertal, das sich in eine verzauberte Märchenwelt verwandelt hatte. Der Schnee knirschte unter unseren Stiefeln und wenn wir zurückkamen, machte ich uns heißen Kakao.

Viel zu schnell war der 30. Dezember da. Der Tag der Trennung. Stefan kam im letzten Moment ein Termin dazwischen, sodass ich Nickie allein zum Bahnhof brachte. Ich fühlte mich wie zerschlagen. Seit vier Uhr morgens hatte ich wach gelegen. Die beste Sadhana-Zeit - aber ich hatte mich wieder nicht aufraffen können. Inständig hatte ich gehofft, einschlafen zu können, doch vergeblich. Schließlich dämmerte es, ich musste aufstehen, völlig neben der Spur, zittrig und weinerlich.

Als ich mit Nickie die Stufen zum Bahnsteig hinunterging, war es wie damals, als ich ihn ins »Operation Theatre« bringen musste. Die erste OP in der Londoner Harley-Street-Klinik. Ich hatte mein sich windendes, von Beruhigungsmitteln benebeltes Kind im offenen OP-Hemdchen auf dem Arm getragen, ein Gang wie zum Schafott. Energisch schüttelte ich den Kopf, um diese Bilder zu vertreiben. Lächerlich. Ich brachte doch nur meinen erwachsenen Sohn zum Zug.

Nickie spürte meine Stimmung: »Hey, Mama, im Juni kommst du mich besuchen. Nun zieh nicht so ein Gesicht!«

»Ja, mein Schatz, pass bitte auf dich auf.« Tränen stiegen mir in die Augen. Ich versuchte, sie wegzublinzeln.

»Natürlich. Mach dir keine Sorgen!« Er umarmte mich zum Abschied und ich heulte ihm in den Nacken. Die Scham darüber, mich nicht unter Kontrolle zu haben, nicht einmal fünf Minuten warten zu können, bis er abgefahren war, machte es noch schlimmer.

Vivi reichte mir ein Taschentuch. Ihre Eltern, die diesmal dabei waren, wanden sich diskret ab. Nickie drückte mir einen flüchtigen Kuss auf die Wange und hievte seinen Trolley in den Waggon. Nicht einmal dabei war ich ihm behilflich, ich stand nur unnütz auf dem Bahnsteig herum. Mit verschmierter Wimperntusche winkte ich dem abfahrenden Zug nach, bis er hinter der Kurve verschwunden war.

*

Sabine ist nicht überrascht, als ich vor ihrer Tür stehe: »Ich wusste, dass du bleibst. Bali lässt auch dich so schnell nicht wieder los. Das habe ich sofort gesehen!«

Sie gibt mir ein Zimmer im ersten Stock. Es ist ein bisschen kleiner als der Erdgeschossraum, doch genauso verspielt eingerichtet. Vielleicht krabbeln hier nicht so viele Käfer herein - das Problem hatte ich im Ashram seltsamerweise nicht. Ich öffne die Glastür zum Balkon, trete hinaus und blicke in den Innenhof. Unten im Pool planschen zwei kleine Mädchen, ihre Mutter liegt schläfrig auf der Sonnenliege und genießt einen Fruchtcocktail, an einem Tisch spielt ein Pärchen Karten. Es ist ein bisschen wie nach Hause kommen. Ich fühle mich sofort wohl.

Als ich meinen Koffer auspacke und die Schmutzwäsche farblich sortiere, um sie dem Personal zum Waschen zu geben, durchflutet mich ein Glücksgefühl. Es ist die richtige Entscheidung hierzubleiben! Während in Deutschland die Schlechtwetterperiode anhält, nur um irgendwann in einen Frühling überzugehen, der diesen Namen kaum verdient, und die Leute dort von der Arbeit nach Hause hetzen, um sich mit Bier und Tiefkühlpizza vor dem Fernseher vom Trübsinn ihres Lebens abzulenken, genieße ich den Luxus, an einem der schönsten Fleckchen der Welt zu sein und tun und lassen zu können, was ich will.

Warum sollte ich ein schlechtes Gewissen haben, Stefans Geld auszugeben? Vermutlich wird er nichts dagegen einzuwenden haben. Ich muss es ihm nur noch sagen. Ein Aufenthalt in einer Privatklinik für Nervenerkrankungen würde ihn teurer zu stehen kommen, genauso wie ausgedehnte Shoppingtouren, um mein verletztes Ego aufzubauen. Hier wohne ich zwar in einem komfortablen Hotel, das im Vergleich zu anderen jedoch immer noch relativ günstig ist. Und ich bin weit weg und falle ihm nicht auf die Nerven. Shoppen gehe ich hier so gut wie gar nicht und wenn, dann kaufe ich einen Sarong für umgerechnet drei Euro. Ich würde sogar so weit gehen zu behaupten, dass er umso mehr Geld spart, je länger ich hierbleibe. Mein Lieblingsfahrer Pak, der mich einen ganzen Tag lang herumkutschiert, berechnet für eine Privattour lächerliche 50 Euro. Da buche ich doch gleich für den nächsten Tag eine Tour zum Mount Agung.

Am Abend sitze ich auf dem lauschigen Balkon, trinke einen Guaven-Ananas-Smoothie und bereite mich auf den Ausflug zum sogenannten balinesischen Olymp vor. In Sabines Bibliothek gibt es viele Bücher über Bali. Der Gipfel des über dreitausend Meter hohen Vulkans Gunung Agung, oft unsichtbar und schwer zugänglich, gilt als Zuhause der balinesischen Götter. Dort wohnen dem Mythos zufolge nicht nur die orthodoxen Gottheiten des Hinduismus - Brahma, Vishnu und Shiva -, sondern auch die Ahnengötter, die in jedem Tempel und Haustempel verehrt werden. Während oben die Götter leben, liegt die Hölle, sinngemäß als ständiges Feuer dargestellt, tief in den Eingeweiden der Erde. Der Aufstieg ist schwierig, sodass fast nur Balinesen ihn wagen und meist in Begleitung eines Priesters, denn auf dem Weg dorthin müssen Opfergaben dargebracht werden. Man darf weder Schuhe noch eine Uhr tragen, auch kein Geld, Gold, Silber oder Schmuck bei sich haben. Alle Zeichen weltlichen Reichtums wären eine Beleidigung für die Götter, denn vor ihnen muss der Mensch arm und demütig erscheinen. Der Tempel Pura Besakih liegt weiter unten und ist ohne große Anstrengung zu erreichen. Er ist das zentrale Heiligtum, der heilige Muttertempel Balis.

Derzeit köchelt der Vulkan auf kleiner Flamme. Gelegentlich stößt er Rauch und Aschewolken aus und grummelt vor sich hin. Zuletzt geschah 1963 ein Unglück, zufälligerweise - oder auch nicht - während Eka Dasa Rudra. Das ist eine große exorzistische Zeremonie, die nur einmal im Jahrhundert durchgeführt wird. Ausgerechnet während des Rituals brach der Gunung Agung aus. Ein gewaltiger Asche- und Steinregen ging nieder, dennoch blieb der Haupttempel unversehrt. Lavaströme löschten ganze Dörfer aus, forderten Menschenleben und vernichteten Häuser, kleine Tempel und Reisfelder. Die Erinnerung daran lastet immer noch auf vielen älteren Balinesen.

Ich habe nicht vor, den Vulkan zu besteigen - dafür bin ich viel zu unsportlich. Pak, der mich frühmorgens abholt, rät mir trotzdem, Turnschuhe anzuziehen. Das Areal sei weitläufig.

»Gunung Agung ist der Mittelpunkt der Welt«, erklärt Pak. »Pashupati hat den Himmelsberg Mahameru gespalten und die Vulkanberge Batur und Agung geschaffen.«

Wir kutschieren gemächlich über die Insel, machen hier und da eine Pause, um den Proviant zu verzehren, den Sabines Mädchen mir eingepackt haben. Zeit scheint unendlich. Ich sitze nun auf dem Beifahrersitz anstatt auf der Rückbank, um mir weniger kolonialistisch vorzukommen, und genieße den Blick aus dem Fenster. Gut, dass ich wenigstens keine Holländerin bin. Die Holländer hatten Bali im vergangenen Jahrhundert unterworfen und die letzten Stammesfürsten in einen rituellen Selbstmord getrieben, dem sich Tausende angeschlossen hatten.

Die Landschaft wird immer schöner, je höher wir kommen. Die Spiegel der bewässerten Reisfelder glitzern in den Tälern und die seidenen Felder des Alang-Alang-Grases sehen wie bewegtes Wasser aus, wenn der Wind darüber streicht. Meine Augen laben sich an den sanften Linien der Hügel und Berge, die mit kleinen Tempeln unter Palmen gekrönt sind. Ich öffne das Fenster und lausche dem Gesang vielstimmiger Vögel, erhasche einen Blick auf Bergpapageien, die in den Ästen sitzen, bewundere weiße Falken mit braunen Schwingen, die in der Luft zu hängen scheinen. Überall erklingt die Stimme des Wassers, das die Insel so fruchtbar macht. Von Reisfeld zu Reisfeld rieselt und plätschert, murmelt, rauscht und strömt es. Ich fühle mich berauscht.

»Bali ist ein Wunder!«, schwärme ich.

»Ja, ein Wunder«, stimmt Pak mir zu. »Es ist aber nicht unser Eigentum. Die Götter haben bestimmt, dass die Insel ihnen gehört, und sie den Menschen nur als Leihgabe überlassen, damit sie den Boden fruchtbar machen. Die Erde soll reich genug sein, um alle zu ernähren, die Menschen sollen Feste feiern und des Lebens froh sein.«

Der »Tempel aller Tempel« liegt an der Westflanke des wolkenverhangenen Mount Agung. Er ist für die Balinesen das, was für die Katholiken der Petersdom in Rom ist. Pak stellt den Wagen auf einem Parkplatz ab und wir reihen uns in die lange Prozession der Pilger ein.

Das Areal ist riesig. Auf insgesamt 250 Hektar stehen über dreißig Tempel mit mehr als zweihundert Bauwerken. Die drei heiligsten Tempel sind der Dreieinigkeit, den Trimurti, gewidmet. Im Pura Kiduling Kreteng wird Brahma verehrt, im Pura Batu Madeg ist es Vishnu. Wir lassen diese beiden hinter uns und begeben uns auf der Prozessionsallee zum Pura Penataran Agung. Über sieben Terrassen verteilen sich sechzig Einzelbauten. Der Komplex ist weder alt noch besonders schön. Er stammt aus dem 17. Jahrhundert und gehörte einst der Königsfamilie von Klungklung. Vornehmlich handelt es sich um gewöhnlich aussehende schwarz bedeckte Schreine, wie Pak mir jedoch versichert, gilt er als mächtiges Symbol.

»Hier wird der allmächtige Gott, Sanghyang Widhi Wasa, in seiner wichtigsten Erscheinungsform Shiva verehrt«, flüstert Pak ehrfürchtig.

Über eine von Heroen des Mahabharata-Epos bewachte Treppenflucht gelangen wir zum Candi Bentar, dem gespaltenen Eingangstor des Shiva-Tempels. Das Allerheiligste dürfen wir nicht betreten. Hier beten Gläubige vor dem Sanggar Agung, dem dreisitzigen Lotusthron. Wir bleiben einen Moment in stiller Andacht und respektvoller Entfernung stehen, bevor wir über weitere Terrassen aufsteigen. Sie werden von drei- bis elfstufigen Meru bewacht, die Hindu-Gottheiten oder vergöttlichten Vorfahren geweiht sind. Es ist ein bewegendes Erlebnis.

Pak hat den traditionellen Aufstieg bereits als Teenager gemacht. »Wie war es auf dem Gipfel des Gunung Agung? Bist du den Göttern näher gekommen?«, frage ich neugierig auf der Rückfahrt. Die Dämmerung setzt bereits ein, begleitet vom Abendkonzert der Tiere.

Er überlegt einen Moment, bevor er antwortet. »Ich denke schon. Ja. Als gläubiger Balinese wird mein Leben von Traditionen bestimmt. Der Aufstieg zum Gunung ist ein besonders wichtiges Ritual. Der Zweck aller Riten ist es, zu reinigen, was unrein ist, zu einigen, was unvereinbar scheint, auszugleichen, zu verehren und zu besänftigen, Gefahr abzuwenden, Nahrung zu gewinnen. Es geht nicht nur um das aktuelle Leben, sondern darum, sich ein glückliches Leben im Jenseits und eine gute Wiedergeburt zu sichern.«

*

Einen Tag nach Nickies Abreise war Silvester. Ich lag deprimiert im Bett und döste vor mich hin. Warum sollte ich aufstehen? Um irgendwelche Yogaübungen zu machen? Oder um shoppen zu gehen und ein überflüssiges Kleid in den ohnehin schon randvollen Kleiderschrank zu hängen?

Ich hatte Stefan nicht gefragt, was wichtiger war, als sich persönlich von Nickie zu verabschieden. Angeblich hatte er unseren Sohn angerufen. Das war seine Sache.

Seit Jahren schon richtete mein Mann eine große Silvesterfeier in einem schicken Restaurant am Alsterlauf aus. Kunden und Geschäftspartner samt Anhang waren eingeladen. Es gab ein sehr gutes Buffet, der Champagner floss in Strömen und ein angesagter DJ legte Musik auf, zu dem die Gäste zu fortgeschrittener Stunde unrhythmisch herumhopsten.

»Muss ich mitkommen?«

»Ich bitte dich darum. Wie soll ich den Abend ohne meine schöne Frau überstehen? Gastgeber sind wir schließlich beide.«

»Ich habe damit doch gar nichts zu tun.«

»Liebste, es wird dir Spaß machen und dich ablenken. Denk daran, dass Nickie auch feiert. Sei einmal unbeschwert! Es geht ihm gut. Dich zu Hause einzuigeln, hilft keinem.«

»Okay, wie du meinst ...« Ich wollte ihn nicht verärgern und ging ins Badezimmer. Nach einer Dusche, geschminkt und gestylt, fühlte ich mich tatsächlich besser.

»Du siehst fantastisch aus«, behauptete Stefan, als ich die Treppe herunterkam. Ganz Charmeur, in seinem Smoking unverschämt gut aussehend, küsste er mir die Hand. Wir stiegen ins Taxi. Normalerweise fuhr Stefan selbst, aber Silvester trank er gern ein Gläschen mehr.

Wir waren früh dran, nur ein paar Kellner wuselten herum. Eileen, in einem dunkelgrünen, hochgeschlossenen Kleid, redete in einem Kommandoton auf drei Mädchen ein, anscheinend Aushilfen. Als sie uns sah, ließ sie die drei stehen und begrüßte uns mit kühlem Lächeln und festem Händedruck.

»Alles im Griff?«, fragte Stefan.

»Natürlich.« Sie strich sich eine Locke ihrer roten Mähne aus der Stirn. Eileen hatte etwas Raubtierhaftes an sich, das mich einschüchterte. Sie war selbstbewusst, was ich ihrer Schönheit und ihrer hervorragenden Ausbildung zuschrieb. Der DJ, in hippem Outfit und mit dunkler Sonnenbrille, tauchte an der Tür auf. Suchend schaute er sich um. Eileen ging zu ihm.

Ich schluckte. Von hinten war ihr Kleid geradezu provokant. Es hatte einen Rückenausschnitt bis zur Pofalte. Eileen dirigierte den DJ an seinen Platz und gab ihm ein paar Anweisungen. Für mich bestand kein Zweifel, dass Eileen alles unter Kontrolle hatte.

Stefan nahm zwei Gläser Champagner vom Tresen, lehnte sich dagegen und legte mir den Arm um die Taille. Er roch nach meinem Lieblingsduft und ich ließ mich an seine Brust sinken.

»Sehr angenehm, sich um nichts kümmern zu müssen. So kann ich Zeit mit meiner wunderbaren Frau verbringen. Cheers, Liebste, auf ein schönes neues Jahr!« Er ließ sein Glas gegen meines klirren und küsste mich zart auf die Lippen.

»Bringt es nicht Unglück, vor Mitternacht auf das neue Jahr anzustoßen?«

Er lachte. »Das ist nur ein blöder Aberglaube.«

Ich prostete ihm zu und trank einen Schluck.

Wenig später trafen die Gäste ein. Die meisten kannte ich, sie gehörten zu unserem erweiterten Bekanntenkreis. Man sah sich selten, aber wenn, dann tauschten wir Neuigkeiten aus, Klatsch und Tratsch. Wer mit wem und warum angebändelt hatte, welche Hochzeiten, Todesfälle, Erkrankungen, Umzüge, späte Babys, Enkelkinder, Pleiten, Pech und Pannen es gab. Ich ließ mich vom Strom der Leute mitreißen. Zwischendurch aß ich vom Buffet - Eileen hatte einen neuen Caterer gefunden, der fantastisch war - und trank das ein oder andere Glas. Ich hatte tatsächlich Spaß, endlich mal wieder. Plötzlich war Mitternacht und alle fielen sich in die Arme, überhäuften einander mit guten Wünschen. Stefan tauchte neben mir auf, wir gaben uns ein schnelles Küsschen. Dann wurde ich weitergeschoben, stieß mit Freunden an, plauderte.

Um zwanzig nach zwölf wollte ich endlich Nickie anrufen. Wahrscheinlich war das Netz überlastet, aber versuchen konnte ich es ja. Ich presste das Handy ans Ohr - doch selbst wenn ich ihn erreichen sollte, war es hier drinnen viel zu laut. Also öffnete ich die Tür zur Terrasse. Eiskalte Luft schlug mir entgegen, mein Mantel hing an der Garderobe. Draußen entdeckte ich einige Raucher. Wie hielten sie das nur aus? Ein paar Meter weiter standen zwei Gestalten nah beieinander im Dunkeln. Sie rauchten jedoch nicht.

Wie erwartet, ertönte permanent der Besetztton. Nickie war nicht zu erreichen. Ich beschloss, ihm eine Textnachricht zu schicken. Oder eine Sprachnachricht? Die Tür zum Veranstaltungsraum öffnete sich wieder, als ein Raucher heraustrat. Helles Licht fiel auf die Terrasse und ich erkannte Stefan und Eileen. Eng umschlungen küssten sie sich, ihre Hände wühlten durch sein Haar, was er eigentlich hasste, seine Finger krochen über ihren nackten Rücken, ein Zeigefinger schob sich in ihre Poritze.

Mir wurde speiübel. Einen Moment fürchtete ich, mich übergeben zu müssen, alles drehte sich, dann war ich schlagartig nüchtern. Mir fiel das Handy aus der Hand, polterte auf den Boden. Stefan zuckte zusammen. Unsere Blicke trafen sich für einen Sekundenbruchteil. Ich hob das Handy auf, rannte nach drinnen. Drängelte mich rücksichtslos an den Gästen vorbei, trat jemandem auf den Fuß, alles egal. Nur weg von hier. An der Garderobe schnappte ich mir irgendeinen Mantel und sprang in eines der Taxis, die vor dem Lokal Schlange standen.

»Wo soll es hingehen?«

Wie ein Automat nannte ich dem Fahrer die Adresse und gab ihm zu verstehen, dass ich kein Gespräch wollte. Mein Kopf hämmerte. Alles fügte sich zusammen, wie ein Puzzle, das offen vor mir gelegen hatte, das ich aber nicht hatte sehen wollen, obwohl das Bild vollkommen klar war. Der Lippenstiftfleck am Hemd - der Klassiker -, die vielen Reisen. Die häufigen Anrufe zu ungewöhnlichen Zeiten. Ständig wichtige Termine, sogar über Weihnachten. Wie hatte ich so blind sein können? Selbst Nickie hatte mich gewarnt. Hatte er es gewusst? Zumindest geahnt oder befürchtet. Und ich hatte Vogel Strauß gespielt. Immer schön den Kopf in den Sand stecken. Warum war ich mir so sicher gewesen, dass Stefan mich nicht betrog? Weil ich von mir ausgegangen war. Ich hatte geglaubt, nichts und niemand könnte uns trennen. Nicht nach dem, was wir durchgemacht hatten.

Wie ein Polaroidbild leuchtete die Szene vor meinen Augen auf. Seine Hand an ihrem Hintern, ihre in seinen Haaren. Die leidenschaftliche Umarmung, der gierige Kuss. Oh Gott. Ich war dem nicht gewachsen. Ich war Eileen nicht gewachsen.

10.

Wir sind nicht menschliche Wesen, die eine spirituelle Erfahrung machen, sondern spirituelle Wesen, die eine Erfahrung als Mensch machen.

Am Abend nach dem Ausflug auf den Mount Agung rufe ich Stefan an.

»Britta?!« Er gähnt vernehmlich.

»Hallo, Stefan. Guten Morgen.« Ich habe die Zeitverschiebung nicht bedacht und ihn offenbar geweckt.

»Ist etwas passiert? Muss ich mir Sorgen machen?«

»Was? Nein, alles in Ordnung.« Seit Wochen haben wir nicht mehr miteinander gesprochen. Seine Stimme klingt vertraut und für einen Moment bilde ich mir ein, die Geschehnisse seit Silvester nur geträumt zu haben. Vielleicht hat das alles nur in einem Paralleluniversum stattgefunden, die Affäre mit Eileen, die Trennung, möglicherweise ist Nickie noch klein und gleich besprechen wir, wann die beiden nach Bali nachkommen.

Es gab eine kurze Zeit in unserem Leben zu dritt, in der wir unbeschwert waren. Nickie hatte die große OP in der Harley-Street-Klinik gut überstanden und war mit Stefan zu Hause, wo er auf dem Dreirad über das frisch verlegte Eichenholzparkett in unserem Haus raste, das wir gerade bezogen hatten. Ich hörte die Reifen quietschen, ihn gegen Türen donnern, während ich mit Stefan telefonierte.

»Kommt bitte schnell nach, ich halte es allein mit ihr nicht aus«, flüsterte ich und warf nervöse Blicke auf den Balkon, wo meine Mutter saß, an ihrem Nachmittagscocktail nippte und mit verkniffenem Mund auf die Ostsee schaute. Wie war ich auf die Idee gekommen, mich auf ein ganzes Wochenende mit meiner Mutter einzulassen? Sie hatte sich um mich kümmern wollen nach all dem Stress - Pustekuchen, stattdessen sollte ich sie bei Laune halten.

»In zwei Stunden sind wir da«, versprach Stefan. »Nickie muss nur den neuen Boden testen.« Wir lachten. Erst vor einem Jahr hatte er laufen gelernt und noch immer musste er Medikamente nehmen. Es war uns egal, ob er das Parkett ruinierte. Hauptsache, er konnte wie ein fast normaler Vierjähriger herumtoben. Endlich litt er nicht mehr unter dem durch seinen Herzfehler bedingten Sauerstoffmangel, der seine Haut bläulich und ihn dauermüde gemacht hatte. Nach der Korrektur war seine Lebenserwartung immens gestiegen.

»Sie wollte sich um mich kümmern, doch stattdessen jammert sie ständig herum und betrinkt sich ab mittags«, wisperte ich.

»Halte durch, nachher bekommst du Unterstützung von deinen beiden Männern!«

Als sie schließlich ankamen, war es schon dunkel. Nickie schlief auf dem Arm meines Mannes, eingehüllt in eine warme Decke. Ich lief ihnen entgegen, umarmte sie und eine Welle der Zärtlichkeit überrollte mich.

Fünfzehn Jahre sind seitdem vergangen. Alles ist anders. Wir sind keine Einheit mehr, sondern in drei Einzelwesen zerfallen.

»Es ist nicht so, dass ich mich nicht freue, von dir zu hören, aber gibt es einen Anlass?« Doppelte Verneinung, eine seiner Spezialitäten. Offenbar will er weder Zeit mit Small Talk verschwenden noch Urlaubserlebnisse hören, sondern die Distanz wahren. Ich spüre die unsichtbare Mauer zwischen uns.

»Ja. Ich wollte eigentlich am Freitag zurück nach Hamburg fliegen - nicht, dass ich erwartet hätte, dass du mich abholst ...« Es rutscht mir so heraus, warum sage ich das, will ich kokettieren?

»Wenn du das möchtest, tue ich das gern. Wann landest du?«

»Gar nicht.« Ich räuspere mich, ein Adrenalinstoß durchfährt mich angesichts dessen, was ich ihm gleich mitteile. »Ich habe nämlich beschlossen, zu verlängern!«

Seine Reaktion ist beinahe euphorisch. Wahrscheinlich ist er froh, dass die deprimierte künftige Ex-Frau ihm nicht zur Last fällt. »Natürlich! Mach das, ich freue mich, dass es dir gefällt auf - Java? Wie lange willst du bleiben?«

»Bali. Das weiß ich noch nicht. Der Rückflug ist offen. Ist das okay für dich?«

»Selbstverständlich, Britta, alles, was du willst, warum fragst du?«

»Es entstehen Kosten.«

»Aber das ist doch überhaupt kein Thema! Wir haben genug Geld. Und nach dem, was ich dir angetan habe, darfst du dir jeden Luxusurlaub erlauben.«

Knauserig war er nie, ganz im Gegenteil. »Ich werde das Geld nicht mit vollen Händen ausgeben, mich nicht im Oberoi in Nusa Dua einmieten, wenn du das meinst.«

»Das könntest du aber. Du weißt hoffentlich, dass ich dir alles gönne. Geld wird zwischen uns nie ein Thema sein.«

Diese Seite an Stefan habe ich immer gemocht, obwohl ich nach dem Seminar weiß, dass eine gute Beziehung nicht darin besteht, den Partner mit materiellen Dingen zu füttern. Dass es auf andere Nahrung ankommt.

Wir plaudern ein wenig, das Gespräch mäandert dahin. Heikle Themen wie Eileen oder die anstehende Scheidung - die er sicher im Hintergrund vorantreiben wird - klammern wir aus.

»Hast du Kontakt zu Nickie?«, fragt er plötzlich.

»Selbstverständlich!« Seltsame Frage. »Wir telefonieren und skypen regelmäßig. Er hat erwähnt, dass du kürzlich bei ihm warst.«

»Ja, ich hatte zwei Stunden Zeit bei einem Stop-over. Da haben wir uns auf eine Cola getroffen. Britta, wir sollten über das Thema Spenderherz reden.«

»Was? Ich habe gedacht, du meinst, das liegt in weiter Zukunft?«

»Nickie soll sich natürlich auf das Studium konzentrieren. Aber ich habe mich informiert. Derzeit warten rund achthundert Menschen in Deutschland auf ein Spenderherz. Patienten mit schwerer Herzschwäche, meist todkrank, oft stationär im Krankenhaus. Sie alle kämen vor Nickie dran.«

»Zum Glück geht es ihm ja gut.« Oder etwa nicht?

»Verstehst du denn nicht? Sollte sich sein Zustand verschlechtern, hätte er nur eine minimale Chance, eines der begehrten Spenderherzen zu bekommen. Jedes Transplantationszentrum legt die individuellen Kriterien, die das Spenderorgan erfüllen sollte, selbst fest. Hinzu kommt, dass Spender und Empfänger in Größe, Gewicht und Alter in etwa übereinstimmen müssen. Was glaubst du, wie groß die Wahrscheinlichkeit ist, dass ein junger, mit Nickie kompatibler Mann an einem Unfall stirbt, darüber hinaus über einen Organspendeausweis verfügt und sein Herz dann direkt an Nickie geht, ohne dass jemand vor ihm dran ist?«

Das Blut rauscht in meinen Ohren. Am liebsten würde ich sie mir zuhalten. Das Gespräch entwickelt sich in eine Richtung, an die ich nicht gedacht habe. Wie immer ist Stefan mir einen Schritt voraus.

»Was bedeutet das?«

»Dass ich alle Hebel in Bewegung setze, um seine Chancen zu optimieren. In Deutschland sind diese begrenzt, aber eine Spende von, sagen wir mal, hunderttausend Euro - übrigens kostet eine Herztransplantation ungefähr so viel - könnte so manchen Entscheidungsträger motivieren, einen vielversprechenden Jungen vorrücken zu lassen. Da sondiere ich gerade die Lage. Natürlich auch im Ausland.«

Tränen brennen in meinen Augen. Ich komme mir nutzlos vor, wie ich hier im tropischen Paradies herumsitze und es mir gut gehen lasse. Warum habe ich mir darüber bislang keine Gedanken gemacht? Wieder mal Vogel Strauß? Trotzdem kommt mir Stefans Vorgehensweise unethisch vor. Ist es richtig, sich vorzudrängeln, nur weil man Geld hat? Jedes einzelne Schicksal ist doch schlimm. Andererseits geht es um Nickie, für den ich Himmel und Hölle in Bewegung setzen würde, also müssen Moral und Ethik hinten anstehen.

»Ich dachte, dass die medizinische Versorgung bei uns gut genug ist, sodass alle ein Herz bekommen, wenn es nötig ist ...«

Er lacht spöttisch. »Britta, wie naiv bist du eigentlich? Meinst du, Herzen wachsen auf Bäumen? Hast du vergessen, dass wir schon damals nach London gegangen sind, damit der weltbeste Kinderherzchirurg unseren Kleinen operiert und nicht irgendein Pfuscher aus dem Universitätskrankenhaus? Hast du das nicht sogar aktiv vorangetrieben? Was ist mit dir los, spült dieser Esoterikkram das letzte bisschen Vernunft aus dir heraus?«

*

Als ich in jener Nacht nach Hause kam, wanderte ich eine Zeit lang wie betäubt durch die Zimmer. Ich nahm Bilder vom Kamin: Auf allen war eine glückliche Familie zu sehen, Vater, Mutter, Kind. Zwar von Krankheit und Schicksal gebeutelt, aber von Zusammenhalt geprägt, loyal, stärker geworden. War das alles ein Irrtum gewesen? Wann hatte Stefan angefangen, mich zu betrügen? War es nur eine Affäre oder liebte er mich nicht mehr? Diese Gedanken hämmerten in meinem Kopf. Und es tat so weh. Etwas tropfte auf mein Kleid, die Nase lief, Tränen strömten mir aus den Augen.

Ein Teil von mir hoffte, es mir nur eingebildet zu haben. Zu viel Wein, ein Riss in der Realität, ein Blick in ein Paralleluniversum. Quatsch. Der Finger in ihrer Poritze war real gewesen, kein Irrtum möglich. Ich goss mir ein weiteres Glas Wein ein und stürzte es hinunter. Hinten im Küchenschrank lag eine angebrochene Zigarettenpackung. Obwohl ich vor Jahren aufgehört hatte zu rauchen, hatte ich sie für Notfälle aufbewahrt. Ich stand schon draußen im Garten, als ich es mir anders überlegte. Auf wen nahm ich Rücksicht? Nickie war nicht da. Ich zündete mir die Zigarette im Wohnzimmer an. Sie schmeckte scheußlich, ich musste husten. Der Tabak war trocken und krümelig. Ich warf die Kippe in die Vase mit den Rosen, die

Stefan mir gestern mitgebracht hatte. Nie mehr würde ich Rosen ansehen können, ohne an Verrat zu denken.

Ich trug immer noch den fremden Mantel, anscheinend ein Herrenmantel, grau, kratzig und viel zu groß. Aber ich fror furchtbar, also behielt ich ihn an. Meine Zähne klapperten, dabei kochte der Heizkörper. Gott sei Dank war Niklas nicht hier. Wie schrecklich, wenn er das mitbekommen würde. Aber er hatte etwas gewusst oder zumindest geahnt, er hatte mich gewarnt und ich hatte ihn ausgelacht, wie hatte ich so naiv sein können? Ich dachte, mein Mann wäre nicht anfällig für eine andere Frau, dabei lauerte sie ihm direkt vor meiner Nase auf, schön und schlau, eine Raubkatze. So hungrig wie sie war er auch mal gewesen. Und er war es noch, nur ich, weinerlich und sentimental, kreiste darum, dass mein Kind das Nest verlassen hatte. Ich war in Jogginghosen herumgelaufen, hatte mich mit Yoga abgelenkt, war mir meiner Ehe so sicher gewesen.

Wie oft hatte ich vor Pseudofreundinnen mit meinem tollen Mann geprahlt, mit seiner Attraktivität, seinem Charme, dem Erfolg. Hatte ich tatsächlich geglaubt, er wäre mir bis ans Ende der Tage sicher? Ja. In meiner unendlichen Dummheit hatte ich nie an seiner Loyalität und Liebe gezweifelt. Ich Idiotin.

Aber ... vielleicht war es ja nur Sex? Eine kleine Hoffnung flackerte in mir auf, für die ich mich sofort verachtete. Wie würdelos. Würde ich Stefan eine bloße Affäre verzeihen können? Ich hockte auf dem Boden vor der Couch, trank direkt aus der Flasche.

Die Wahrheit lautete: Ja. Ja, ich würde ihn zurücknehmen, ihm verzeihen, ich wollte ihn um nichts auf der Welt verlieren.

Ohne ihn war ich verloren. Einsam, er war mein Anker, mein Zuhause, ohne ihn war ich nichts.

Die Tür ging auf. Stefan war heimgekommen. Wie spät war es? Ich hatte jedes Zeitgefühl verloren. Es dämmerte bereits. Ich registrierte auf einmal, dass er mir nicht direkt gefolgt war, obwohl er mich doch gesehen haben musste. Er stand im Türrahmen, distinguiert, distanziert.

»Du warst plötzlich verschwunden. Warum? Du bist auch nicht an dein Handy gegangen.« Seine Stimme klang kühl. »Weißt du eigentlich, wie du mich vor den Gästen hast dastehen lassen?«

»Nein ...«

»Das ist eine wichtige Veranstaltung für mich. Alle Kunden und Geschäftspartner sind da. Ich gebe ein Fest, auf dem sich alle wohlfühlen sollen. Da macht es einen denkbar schlechten Eindruck, wenn meine Frau auf einmal weg ist, ich keine Ahnung habe, wieso, und mir dann eine Ausrede einfallen lassen muss.«

»Was hast du ...?« Ich konnte kaum sprechen. Sah er denn nicht, wie es mir ging, was sollte das alles? Oder hatte ich es mir doch eingebildet?

»Dass du Migräne hast.«

Er ging mit großen Schritten zur Bar und goss sich einen Whiskey ein.

»Was ist los? Wieso sitzt du wie ein begossener Pudel auf dem Boden und weinst? Und was hast du eigentlich an - dieser komische graue Mantel gehört dir doch gar nicht!« Er seufzte genervt. »Ja, Nickie ist weg - aber es ist normal, dass Kinder ausziehen, wenn sie erwachsen sind. Herrgott, er muss seinen Weg gehen. Ohne dich. Hänge ihm doch nicht wie Mühlstein um den Hals. Lass ihn gehen und fang endlich selbst wieder an zu leben!«

»Ich habe dich gesehen. Euch«, unterbrach ich ihn.

Er starrte mich an.

»Auf der Terrasse«, ergänzte ich überflüssigerweise.

»Was redest du denn da?«

»Jetzt tu nicht so unschuldig!«, platzte es aus mir heraus. »Ihr habt geknutscht, du und Eileen, warum zwingst du mich, das auch noch auszusprechen, als wäre es nicht demütigend genug ...« Wieder rannen mir Tränen über das Gesicht, das sich geschwollen anfühlte.

Wortlos drehte er mir den Rücken zu und schenkte sich nach, trank in vorsichtigen Schlucken, als wäre es heiße Milch mit Honig. Ich wagte nichts zu sagen. Schließlich sah er mich an, seine Miene unbewegt, wie ein Pokerspieler. Ich erkannte ihn kaum wieder.

»Du hast uns also gesehen.« Während er das beiläufig feststellte, ließ er das Getränk im Glas kreisen.

»Ist das alles?« Ich hatte gehofft, er würde vor mir auf die Knie fallen, mich um Vergebung bitten. Aber nein. Ich wischte mir die Nase am Ärmel ab. Ein Teil von mir schwebte unter der Zimmerdecke und schaute auf mich herab, auf dieses Häufchen Elend, das dort kauerte.

»Was erwartest du jetzt von mir?«

»Eine Erklärung ...? Eine Entschuldigung ...? Betrügst du mich schon lange?« Meine Stimme zitterte.

Er kam zu mir, packte mich bei den Oberarmen und hievte mich auf das Sofa.

»So ist es besser. Möchtest du ein Glas Wasser?« Er setzte sich neben mich.

»Nein …« Ich hätte mich gern an ihn gelehnt, aber er wirkte wie von einer Glaswand umgeben.

»Es tut mir leid, dass ich es dir nicht früher gesagt habe. Das wäre ich dir schuldig gewesen. Doch ich wollte den richtigen Zeitpunkt abwarten. Du warst so labil.«

»Was? Dass du eine … Affäre mit deiner Assistentin hast?« Ich wollte ihren Namen nicht in den Mund nehmen. Wie konnte sie sich einen fremden Mann stehlen, sie, die jeden hätte haben können.

Doch das Schlimmste kam noch. Stefan drehte nachdenklich an seinem Ehering. Dann sah er mich an. »Es ist keine Affäre. Ich will nicht lügen. Ich habe mich verliebt.«

Ich japste, bekam keine Luft. Der Raum kreiste, alle Hoffnungen zerschlagen, seine Worte dröhnten in meinen Ohren wie ein Mantra, wisperten »Ich habe mich verliebt, verliebt, verliebt«.

»Atme!«, befahl Stefan und pumpte meine Arme auf und ab. Ich musste kurz weggetreten gewesen sein. »Soll ich einen Arzt rufen?«

»Nein …«

Er nahm meine Hand. War es das letzte Mal, dass er sie hielt? Bodenlose Traurigkeit übermannte mich. Nach ihm, nach dem, was wir hatten, nach unserer Familie.

»Seit wann geht das schon?«

»Warum ist das wichtig?«

»Sag es mir.«

»Seit ein paar Wochen.« Er hatte einen Moment gezögert und ich wusste, dass er log. Wahrscheinlich hatte es gleich nach ihrer Einstellung angefangen. Dann lief es über ein Jahr. Seitdem hatten wir mehrfach miteinander geschlafen. Waren verreist, hatten durchaus noch schöne Abende miteinander verbracht. Und ich hatte nichts gemerkt, nichts merken wollen.

»Warum?«

Er seufzte, als wären meine Fragen eine Zumutung. »Seien wir ehrlich, Britta. Was verbindet uns noch, außer unserem Sohn? Wir haben Nickie, ja, er ist ein Geschenk, aber das reicht auf Dauer nicht. Es gibt keine Gemeinsamkeiten mehr zwischen uns. Wir haben uns in den letzten Jahren voneinander entfernt.« Er drehte das Messer, das er mir in die Brust gestoßen hatte, noch einmal um.

»Aber das stimmt doch gar nicht. Außerdem hast du mir damals versprochen, in guten wie in schlechten Zeiten ...«, hörte ich mich jammern.

»Ja, das macht man so, wenn man heiratet. Erst mal für immer. Und ich wollte es wirklich. Jahrelang warst du die Einzige für mich. Doch die Dinge ändern sich nun mal. Trotzdem wäre ich bei dir geblieben, zumindest so lange, bis es dir wieder besser geht. Aber jetzt, wo du es weißt, ist es sinnlos, so weiterzumachen.«

Er rückte ein Stück von mir ab. »Du brauchst dir keine Sorgen um Geld zu machen. Ich werde weiterhin für deinen Unterhalt aufkommen. Solange du willst.«

Ich starrte ihn an. Ging es jetzt nur noch ums Geld? Er wollte sich freikaufen, innerlich war er schon fort.

»Du willst - mich verlassen?« Es fehlte nicht viel, dann hätte ich angefangen zu betteln, ich hatte keine Selbstachtung mehr.

Er legte den Kopf in die Hände. Ich war eine Belastung für ihn, Ballast, den er abwerfen wollte, um mit der Raubkatze ein neues Leben zu beginnen, ein spaßiges Leben, in dem sie gemeinsam jagten und sich täglich gegenseitig ihrer Großartigkeit versicherten. Vielleicht bekamen sie sogar noch ein Kind, das nicht so schadhaft war, ein Raubtierbaby, das sich mit Krallen und Zähnen durchsetzte und das Imperium seiner Eltern weiterführte. Sie war seine Zukunft. Ich die Vergangenheit.

Und das Schlimmste war, ich konnte ihn verstehen. Würde ich es nicht genauso machen, wenn ich wie er und er wie ich wäre?

»Britta, lass uns wie vernünftige Menschen miteinander reden. Ich weiß, dass es ein Schock sein muss, und ich bitte dich inständig um Verzeihung, dass du es auf diese Weise erfahren musstest. Aber nun müssen wir damit umgehen. Es gibt keinen Weg zurück, tut mir leid.«

Eine Weisheit Guru Kirpals über die Ehe fiel mir ein und ich flüstere tonlos, immer noch hoffend: »Ich halte deine Hand und lasse nicht los, auch wenn wir durch die Hölle gehen. Gilt das nicht mehr?«

Wieder dieses Seufzen. »Wir sind mehrfach durch die Hölle gegangen, als Nickie krank war. Das weißt du. Wir sollten nach vorn blicken.« Ja, er schaut nach vorn, geht vorwärts und lässt mich zurück wie ein ausrangiertes Möbelstück.

»Wir haben so viel durchgestanden. Zählt das denn gar nicht?« Ich war kurz davor, vor ihm auf die Knie zu fallen.

»Doch, natürlich. Dafür werde ich dir ewig dankbar sein. Für all das, für Nickie, für die Zeit, die wir miteinander hatten. Es war trotz allem eine schöne Zeit und ein Teil von mir liebt dich noch.«

Ein Teil? Der kleinere Teil natürlich. Aber immerhin. Es gab nur diese eine Chance, ich riss mich zusammen.

»Du darfst das nicht einfach so wegwerfen. Über zwanzig Jahre, eine Familie, ein gemeinsames Leben! Du weißt nicht, was dich mit ihr erwartet. Noch bist du verliebt, aber das ändert sich. Es ändert sich immer. Lass uns eine Paartherapie machen, ich bitte dich! Und wenn es nicht klappt, wäre es immerhin eine Trennungsbegleitung. Das bist du mir, das bist du unserer Familie schuldig.«

Er zögerte. »Lass mich drüber schlafen, ja? Wir reden morgen, versprochen. Du brauchst jetzt Ruhe und ich auch.«

Doch der nächste Morgen war nur eine Verlängerung der Nacht. Nichts hatte sich geändert. Es war nur hell geworden. Die Katastrophe hatte sich nicht in Luft aufgelöst. Ich hatte nicht schlafen können. »Erinnere dich, wer du wirklich bist«, hatte Guru Kirpal auf dem Yogafestival gesagt. Damals dachte ich, ja, ich bin Britta, Mutter von Nickie und Ehefrau von Stefan. War das meine Identität? Aber sie war zerbrochen, denn mein Mann wollte mich nicht mehr. Ich konzentrierte mich stärker auf SAT NAM, Hunderte, Tausende Male SAT NAM, aber anstatt dass die Gedanken leiser wurden, kreischten sie nur umso lauter. Schreckensszenarien taten sich auf. Ich geisterte einsam, verloren, als Gespenst durch das viel zu große Haus. Dazwischen Bilder von Stefan mit der Raubkatze, gern hätte ich sie Hyäne genannt, wie sie sich im Bett wälzten, wie er ihr all die Dinge sagte, die er mir einst ins Ohr geflüstert hatte. Wie sie Hand in Hand flanierten, umgeben von der Aura des Erfolgs und der Liebe, zwei Gewinner auf der Sonnenseite des Lebens. Es war Sadhana-Zeit, in der das Unterbewusstsein Müll und Träume produzierte. Daher sollte man Yoga und Meditation praktizieren, seelisches

Housekeeping, so nannte Guru Kirpal das, aber davon war ich unendlich weit entfernt. Ich war schon immer eine miserable Hausfrau gewesen.

Irgendwann musste ich doch für ein paar Minuten in einen unruhigen Schlaf gefallen sein. Als ich erwachte, schien die Sonne ins Zimmer. Nach einer Sekunde der Unschuld war alles sofort wieder da: Die Erinnerung an den vergangenen Abend baute sich höhnisch vor mir auf.

Die Schlafzimmertür öffnete sich und Stefan trug ein Tablett mit einer Kaffeekanne und zwei Bechern, Milch und Keksen herein. Ich setzte mich auf. Das hatte er seit Jahren nicht mehr gemacht. War das ein gutes oder ein schlechtes Zeichen?

Er zog die Vorhänge auf, hockte sich neben mich auf die Bettkante und reichte mir eine Tasse.

»Gut geschlafen?«

»Grauenhaft. So gut wie gar nicht.«

Er nickte betrübt und rührte in seiner Tasse. Auch er sah müde aus. Und zerknirscht. Vorsichtig berührte ich seine Hand. Vielleicht gab es noch eine Chance.

»Danke für den Kaffee.«

»Gern. Komm, iss einen Keks.«

Das Licht des ersten Tages im neuen Jahr war hart, aber strahlend, es ergoss sich über die Schlafzimmermöbel, das bequeme Boxspringbett, meinen Schminktisch, die Sitzecke mit den gemütlichen Sesseln, die Fotos an den Wänden. Unser Zuhause und ich wünschte mir nichts sehnlicher, als hier in alle Ewigkeit mit meinem Mann zu sitzen und schweigend Kaffee zu trinken. Wir waren hier, zusammen, immer noch, wir beide, an diesen Augenblick klammerte ich mich fest.

Dann war er vorbei.

»Britta«, sagte Stefan und ich wusste schon, was er sagen würde. »Ich habe nachgedacht und es tut mir leid. Wirklich. Aber eine Paartherapie kommt für mich nicht infrage. Aus Zeitgründen und auch aus persönlichen Motiven. Lass uns bitte in Frieden auseinandergehen. Würdevoll.«

Hatte er sich das so zurechtgelegt, während der Kaffee durchlief, um mir seine schon gestern feststehende Entscheidung durch eine letzte nette Geste zu versüßen? Ich stellte die Tasse auf das Tablett, weil meine Hand so sehr zitterte.

»Du gibst uns also keine Chance?« Meine Stimme brach.

Er sah mich mitleidig an. »Es tut mir leid. Wirklich.«

Ich konnte dieses »Tut mir leid« schon nicht mehr hören, es war nur eine banale Floskel.

»Stefan«, schluchzte ich. »Ist dir unsere Ehe nicht einmal zwei Stunden pro Woche wert, nach all den Jahren?«

»Doch, entschuldige, das habe ich unglücklich formuliert. Ich mag einfach keine Psychologen. Das weißt du auch.«

»Es sind nicht alle so. In Volksdorf soll es eine gute Paartherapeutin geben.«

»Wer sagt das? Ganz ehrlich - ich will mir nicht von einer Frau sagen lassen, was ich falsch gemacht habe.«

»Wir können zu einem Mann gehen! Oder zu einem Paar! Und es geht nicht darum, was du falsch gemacht hast, sondern ich, wir ...«

Es war aussichtslos. Nichts, was ich sagte, hätte ihn umstimmen können.

»Ich will nicht. Nicht jetzt. Vielleicht zu einem späteren Zeitpunkt. Es tut mir leid, dass ich dich so enttäuscht habe. Ich habe das nicht geplant, das musst du mir glauben.«

»Ist sie schwanger?«

»Was?« Er lachte ungläubig auf. »Nein, natürlich nicht. Eileen will Karriere machen. Sie ist hungrig nach Erfolg.«

Und nach meinem Mann. Wenn sie sich an ihm sattgefressen hatte, würde sie vielleicht weiterziehen, neue Alphamännchen aufspüren und vertilgen. Das konnte ich nur hoffen.

»Bitte sprich ihren Namen nicht aus.« Ich schob die Bettdecke beiseite, drängelte mich an ihm vorbei. Ich war nicht die Art Frau, die mit Gläsern oder Kaffeetassen warf, ihren Mann ohrfeigte oder beschimpfte. Das hatte ich noch nie getan. Das würde ich auch jetzt nicht tun.

Ich ging ins Bad, zog die Tür leise hinter mir zu. Nicht einmal Türen knallen konnte ich. Im Spiegel blickte mir eine verquollene Frau entgegen, über Nacht gealtert, so blass und blond, dass sie fast durchsichtig wirkte.

Als ich angezogen nach unten kam, saß Stefan an der Küchentheke und las Zeitung. Als wäre nichts geschehen, als hätte er nicht gerade unserer Ehe den Todesstoß versetzt.

»Ende der Woche werde ich ausziehen«, erklärte er. »Du kannst im Haus bleiben, so lange du willst. Für immer, wenn du möchtest. Ich übernehme alle Kosten und überschreibe dir meinen Anteil. Du bekommst, was immer du möchtest.«

»Alles, was ich möchte, bist doch du.«

*

»Ich habe keine Kinder, aber ich fühle mit dir«, sagt Guru Kirpal, als wir zwei Tage später spazieren gehen. Ich habe ihm von dem Gespräch mit Stefan erzählt, davon, dass er nach einem Spenderherz sucht. Von meinem moralischen Dilemma.

»Als meine Frau krank wurde, ging es mir ebenso. Ich wollte

sie unterstützen, sie heilen. Ich konnte nicht verstehen, warum ihr das widerfahren musste. Ich habe mit Gott und mit meinem Guru gehadert.«

Weil er etwas in Seminyak zu erledigen hat, haben wir uns in meinem Hotel getroffen. Wie üblich trägt er einen sorgfältig gebundenen Turban, eine weiße Leinenhose, eine weiße bestickte Tunika und dazu Trekkingsandalen; die Mala und mehrere klirrende Armreifen, die Karas, vervollständigen sein Outfit. Was beim Yogafestival und im Ashram normal ist, wirkt hier aus dem Kontext gerissen. Sabine, die gerade am Empfangstresen steht, zieht amüsiert die Augenbrauen hoch und die beiden kleinen Mädchen, die mit ihrer Mutter unten wohnen, verstecken sich kichernd hinter ihr. Ich empfinde das Bedürfnis, Guru Kirpal verteidigen zu müssen, obwohl ihn niemand angegriffen hat, und stelle ihn Sabine als meinen spirituellen Lehrer vor.

»Neben meiner Familie ist er der wichtigste Mensch für mich«, füge ich wichtigtuerisch hinzu, was Guru Kirpal mit einem Lächeln quittiert.

Er scheint unbeeindruckt von dem Aufsehen, das er auch unterwegs erregt. Schon durch seine Körpergröße fällt er auf, er überragt die Balinesen um Haupteslänge, dazu kommen sein indianisches Aussehen und der lange dunkle Bart. Auf der Straße hält man respektvollen Abstand und wirft ihm verstohlene Blicke zu. So viele Yogameister in vollem Ornat sieht man in Seminyak nicht - und in Ubud sind die Yogalehrer meist um die dreißig und tragen Tanktop und Leggings.

Wir gehen die staubige Straße entlang, wohin, hat er nicht gesagt, aber er bewegt sich zielstrebig. »Ich weiß nicht, wie ich das verdrängen konnte. Die Sache schwebt die ganze Zeit wie ein Damoklesschwert über ihm. Es gibt keine Sicherheit hinsichtlich seines Herzens. Der Kardiologe hat schon vor Monaten darauf hingewiesen. Nickie wollte nicht, dass ich bei der Untersuchung dabei bin, um mich nicht zu belasten. Jedenfalls mache ich mir hier eine schöne Zeit, während in ihm eine Zeitbombe tickt! Ich komme mir dumm vor und schäme mich, weil ich im Gegensatz zu Stefan nichts tue. Die Angst frisst mich auf. Vielleicht sollte ich zu ihm fliegen. Aber dort gehe ich ihm nur auf die Nerven und das will ich ja auch nicht!«, bricht es aus mir heraus.

»Ich spüre deinen Schmerz. Was glaubst du, tun zu können?«

»Keine Ahnung, sag es mir!«

»Manchmal vergessen wir, dass der Eine, der uns geschaffen hat, uns wirklich liebt. Wir verbringen unser Leben mit der Suche nach einem Gefühl der Sicherheit, die wir eher in der materiellen Welt suchen als in der Liebe des Schöpfers. Das Gegenteil von Liebe ist nicht Hass - sondern Angst. Angst ist das, was die Erfahrung der Liebe zerstört.«

»Aber wie sollte ich denn keine Angst um mein Kind haben?«

Guru Kirpal weicht einem Bemo aus, einer Art offenem Minibus, der Mitfahrwillige für wenig Geld auf halsbrecherische Art befördert. Das Bemo, mindestens dreißig Jahre alt und ziemlich verrostet, macht einen Schlenker auf die Fußgängerseite, um seinerseits einer Fahrradrikscha auszuweichen.

»Du willst deinem Kind helfen, aber du kannst es nicht. Genauso wenig kann es dein Mann, auch wenn er das nicht wahrhaben will. Er versucht, Sicherheit herzustellen, um die Angst von sich fernzuhalten. Guru Nanak hat diese Eigenart der menschlichen Natur verstanden und uns mit dem 33. Pauri ein wirksames Gegenmittel gegen Angst gegeben.«

»Was ist ein Pauri?«

»Eine Art Vers aus dem Japji. Guru Nanak nimmt diese Liste von Dingen, die uns Sorgen machen, alle Bilder von Sicherheit, die wir in unserem Geist erschaffen, und sagt: ›Ich habe keine Macht, irgendetwas davon zu tun. Ich habe keine Macht zu leben. Ich habe keine Macht zu sterben. Ich habe keine Macht, mich selbst zu befreien. Alle Macht liegt in deiner Hand, oh mein göttlicher Schöpfer.‹«

»Aber das klingt ja wie in der Kirche. Gott wird es schon richten? Darauf soll ich mich verlassen?« Unzufrieden kicke ich einen Plastikbecher zur Seite, besinne mich eines Besseren und sammle ihn auf, um ihn in den nächsten Mülleimer zu werfen. Umweltbewusstsein ist bei vielen Balinesen nicht vorhanden - aber die Veränderung beginnt im Kleinen. Und auch in mir.

»Das Göttliche hat uns kreiert und es hat die Macht, alles für uns zu erschaffen. Aber wir wenden uns ab, wollen es selbst tun und haben Angst.«

»Ja, ich habe Angst. Sie lähmt mich und lässt mich nicht schlafen. Was soll ich tun?«

»Wenn du das 33. Pauri fünfundzwanzigmal am Tag rezitierst, führt es dich in ein Stadium der Hingabe, in dem du erkennst: ›Wow, ich kann es wirklich nicht tun. Ich habe keine Macht.‹ Aber da gibt es den liebenden, universellen, unendlichen göttlichen Schöpfer. Du solltest dich von der Illusion lösen, die Macht zu haben, und stattdessen die Hand des Einen begrüßen und das, was sie bereits für dich getan hat. Mit einem solchen Bewusstsein entdeckst du die Liebe. Liebe war da, die ganze Zeit über. Wenn du akzeptierst, was die liebende Schöpfung dir bringen möchte, hast du all die Sicherheit, die du brauchst.«

Wir bleiben vor einer Bankfiliale stehen. Offenbar war sie Guru Kirpals Ziel.

»Ich muss etwas klären. Bin gleich zurück.« Er nestelt eine Kreditkarte und seinen Ausweis aus einem Brustbeutel.

»Hmm. Gibst du mir das Pauri? Versuchen kann ich es ja, wenngleich ich es noch nicht verstehe. Ich muss akzeptieren, dass ich keinen Einfluss auf das Geschehen nehmen kann, und dann verschwindet die Angst?«

»Es ist ein perfektes Siegel. Für einen Menschen, der dieses Pauri fünfundzwanzigmal am Tag singt, wird es nichts geben, was er nicht haben wird. Du bekommst alles, wenn du nicht danach fragst - das ist das Gesetz.«

Mit diesen Worten dreht er sich um und geht zur Eingangstür der Bankfiliale. Ich bleibe ratlos und mit einem Gefühl der Unzulänglichkeit zurück. Ich bekomme alles, also auch die Gesundheit meines Sohnes, wenn ich nicht darum bitte? Und wenn ich darum bitte, bekomme ich sie nicht? Ich kann doch nicht so tun, als würde ich das nicht mehr als alles sonst auf der Welt wollen - nach außen hin vielleicht, aber kaum im inneren Dialog mit dem Göttlichen. Ich könnte schreien vor Frustration. Es ist genau diese Art von Widerspruch, die mir zeigt, dass ich das Mysterium nicht ansatzweise gelöst habe. Aber vielleicht ist es gar nicht zu lösen?

11.

Yoga schenkt dir Lebensfreude. Diese Freude findest du nur in dem Licht in dir.

Stefan hielt Wort. Eine Woche später zog er aus. Wohin, sagte er nicht, aber ich konnte es mir denken. Er nahm nur zwei Koffer mit seinen besten Anzügen, Hemden und Schuhen mit.

In den Tagen nach dem Eklat, der keiner war, gingen wir höflich miteinander um. Schnell baute sich eine routinierte Distanz auf. Mir war Kultiviertheit bereits als Kind eingeimpft worden. Meine Mutter hatte mir beigebracht, dass man niemals herumschreien und sich gehen lassen durfte. Stefan kam sogar früher als in den vorangegangenen Monaten aus dem Büro heim und ich heulte nur, wenn er nicht da war. Hatte er ein schlechtes Gewissen? Oder war er vielleicht sogar erleichtert, dass ich nun von seiner Affäre wusste? Abends aßen wir gemeinsam und unterhielten uns, aber nicht über das, was mich bewegte, nur über Organisatorisches. Wir hatten unsere Ehe und deren Auflösung so schnell zu einer Tatsache gemacht, dass ich mich fragte, wie lange sie schon hohl gewesen war. Stefan hatte eine Trennungsvereinbarung aufsetzen lassen und mich ermuntert, sie von einem Anwalt prüfen zu lassen. Der hatte nichts zu beanstanden, sondern lobte die Großzügigkeit meines Mannes. Ich las in seinem Gesicht die Frage, wovon oder wofür Stefan sich freikaufen wollte, dass er freiwillig bereit war, einen so hohen Preis zu zahlen.

Was immer wir all die Jahre unter den Teppich gekehrt hatten, wir holten es auch jetzt nicht hervor. Wir führten keine Gespräche, die uns einander nahebrachten, wie andere Paare in der Trennungsphase. Ich gab es auf, nachzufragen.

»Es hat nichts mit dir zu tun«, behauptete Stefan steif und fest. »Wir haben eine gute Ehe geführt und uns dann auseinandergelebt, sodass ich mich in Eileen verliebte.« Als wäre eine Ehe ein Nahrungsmittel mit Verfallsdatum. Mehr wollte er mir nicht sagen, vermutlich hatte er sich innerlich schon lange von mir gelöst.

Ich resignierte, gab den Kampf auf, ohne ihn begonnen zu haben. Mit Nickie hatte ich am 3. Januar telefoniert, sobald ich mich etwas gefasst hatte. Ich wünschte ihm ein frohes neues Jahr, lauschte den Erzählungen der Silvesterparty und erzählte nichts von der bevorstehenden Trennung. Er würde es noch früh genug erfahren.

Ich zwang mich, jeden Morgen um halb fünf aufzustehen und Sadhana zu machen. Es half mir über den Tag, daher klammerte ich mich an dieses Ritual. Wegen meiner Schlafstörungen riss mich der Wecker nach zwei, drei Stunden aus dem Schlaf. Dann schleppte ich mich ins Badezimmer, zog mich aus und rieb mich mit Mandelöl ein, mechanisch, der Körper nur ein Ding aus Haut, Knochen, Organen. Ich hatte keinen Bezug mehr zu ihm, fütterte und versorgte ihn lediglich wie ein ungeliebtes Haustier. Unter der Dusche drehte ich das kalte Wasser voll auf. Da spürte ich etwas, japste und verbot mir, das Wasser wärmer zu stellen. Eine Art Selbstbestrafung namens Ishnaan. Eine yogische Technik, die gesund sein sollte. Mir kam sie eher masochistisch vor, aber das war genau das, was ich brauchte. Nach einigen Minuten war die Quälerei beendet, beim Abtrocknen breitete sich ein wohliges Gefühl aus, es prickelte, gleichzeitig war ich endlich wach. Als Yogini verkleidet, weißer Baumwollkaftan und Schlabberhose, Kopfbedeckung, begab ich mich auf die Yogamatte. Ich setzte mich in die einfache Haltung und beobachtete meinen Atem. Die Gedanken, die sich immer und immer wieder um Stefan drehten. Ich war eine verdammte Denkmaschine, die nichts Vernünftiges produzierte. Dann atmete ich tief ein und sang dreimal »Ong Namo Gurudev Namo«, so wie ich es gelernt hatte. Das bedeutete: Ich begrüße den Weg vom Dunkel ins Licht. Allerdings sah ich nur Dunkelheit. Danach chantete ich das Schutzmantra »Ad gureh nameh, jugad gureh nameh, sat gureh nameh, siri guru deve nameh.« Das hieß: Ich begrüße die Weisheit, die am Anfang war, die ewige Weisheit, die wahre Weisheit, die göttliche Weisheit oder so ähnlich. Weisheit war mir vollkommen fremd. Gern hätte ich auch nur einen Funken Weisheit in mir gehabt. Dann hätte ich womöglich verstehen können, wozu das alles gut war. Was sollte ich lernen? Was hatte ich falsch gemacht? Vermutlich alles, ich war ein verwöhntes Luxusweibchen gewesen, das nicht einmal mit Herzensgüte oder Schönheit punkten konnte.

Ich stellte den iPod an. Sanfte Mantra-Musik umhüllte mich. Singh Kaurs engelsgleiche Stimme schwebte im Raum. Sie war schon lange tot, qualvoll an Krebs gestorben. Dabei hatte sie bestimmt alles richtig gemacht, sich vegan ernährt, nicht geraucht oder getrunken, Yoga praktiziert und Körper und Geist unablässig gereinigt. Ihre Stimme hatte überlebt und schwebte in dem Zimmer, das ich zu meinem Yogaraum gemacht hatte, mit einer Yogamatte aus Schurwolle sowie einem Altar, auf dem Blumen und Bilder der Sikh Gurus standen. Auch ein Foto von Nickie prangte dort.

Tag für Tag wiederholte ich die Kriya, die Guru Kirpal mir empfohlen hatte. Sie sollte den Nabelpunkt und das Herzchakra stärken. Mein Körper war steif, als hätten die emotionalen Schmerzen ihn hart gemacht. Es wurde nicht besser. Nicht denken, befahl ich mir wieder und wieder. Besonders schwer fielen mir die Übungen in Rückenlage, bei der ich die Beine vom Boden heben und den Feueratem praktizieren sollte. Feueratem war furchtbar. Eine Art Hechelatem, bei der man den Bauchnabel einzog. Regelmäßig wurde mir schwindelig davon. Außerdem fiel ich ins Hohlkreuz, weil meine Bauchmuskeln nicht stark genug waren. Aber es bereitete mir ein fast perverses Vergnügen, mich zu malträtieren. Danach folgte die Tiefenentspannung. Elf Minuten durfte ich auf der Yogamatte liegen, zugedeckt, und zu Meeresrauschen und ätherischen Klängen entspannen. Manchmal, ganz selten, war ich ein paar Minuten weg.

Die letzte und längste Etappe waren die Mantra-Meditationen. Sie dauerten etwa eine Stunde. Sechs Mantras, die in vorgegebener Reihenfolge gesungen wurden, manche nur wenige Minuten, das längste, »Wahe Guru« - Freude angesichts des Wegs vom Dunkeln ins Licht -, ist 22 Minuten lang. Ich hockte auf dem Meditationskissen, die Augen geschlossen, die Hände im Gyan-Mudra. Dabei berühren sich Daumen und Zeigefinger. »Verbinde dein Ego mit der Weisheit«, sagte Guru Kirpal immer. Für mich war das lediglich eine Geste. Mein Ego war so weit von irgendeiner Weisheit entfernt wie die Erde von der Sonne.

Aber was blieb mir übrig? Meine Stimme war brüchig, ich versuchte, den Ton zu treffen. Zwischendurch heulte ich. Ich stellte mir vor, durch einen endlosen Tunnel zu wandern, wo mein einsamer Gesang von den Wänden widerhallte. Ich rief ins Leere und niemand antwortete. Warum war meine Ehe gescheitert?

Ob Guru Kirpal Singh es wusste? Ich fragte ihn per Chat. Die räumliche Distanz löste seltsamerweise eine größere Nähe aus. Ich erzählte, was geschehen war, sparte nicht an Details. Und er gab mir eine Antwort:

Du hast dein Bestes getan, Britta. Und das Wichtigste ist, dass du immer dein Bestes gibst und davon ausgehst, dass der andere es auch tut. Lass uns betrachten, was die Ehe aus Sichtweise eines Yogis ist: Sie ist eine Verpflichtung des Bewusstseins. Der Bonus ist erst der Sex, dann die Zukunft der Kinder. »Bahey jinna de pakadiye, sirr deejiye bahay na chodiye.« Das bedeutet: Lass deinen Kopf rollen, aber lass deine Hand nicht gehen, das nennt man Ehe. Möglicherweise hat dein Mann das nicht verstanden.

Ich sage dir nicht, dass die Ehe süß und wunderbar sein kann, der Himmel auf Erden, das ist lächerlich. Ich sage, die Ehe ist sehr schwierig, eine Herausforderung. Es ist einfach, Single zu sein, aber sehr schwierig, den Weg zusammen zu gehen, aber genau darum geht es in der Ehe. Die Ehe hat keinen Platz für das Ego. Missverstehe nicht die Bedeutung der Ehe. Die Ehe ist eine Vereinigung. Es geht darum, bis zum Ende unseres Lebens und der Ehe zu gehen. Die meisten Menschen wissen überhaupt nichts über die Ehe, selbst wenn sie lange verheiratet sind. Die Ehe ist Gottbewusstsein. Marriage is a carriage to God.

Wenn du bewusst mit einem anderen Menschen durch dick und dünn gehen kannst, dann kannst du mit Gott durch dick und dünn gehen. Es gibt nur einen einzigen Gott. Wenn du dich von ihm scheiden lässt, musst du ihn wieder heiraten. Niemand anderes ist verfügbar. Es ist nicht so, ich heirate Mary und ich verlasse Mary und ich heirate Joe und alles ist anders. Du heiratest immer wieder Gott. Es gibt keinen Ausweg. Die Idee ist, das Leiden zu beenden, und das Leiden wird nicht durch Geld enden. Leiden wird nicht durch Macht enden, Leiden wird nicht enden, nicht einmal, wenn du gesund bist, glücklich und heilig. Heilige Leute leiden sogar mehr als alle anderen. Jesus war sehr heilig, sie hatten ihn am Kreuz festgenagelt, Guru Arjan war sehr gesund, sie stellten ihn auf eine heiße Platte. Guru Gobind Singh war sehr heilig, sein Leiden ist unermesslich.

Lass dir eines sagen, Britta: Eine Scheidung ist sinnlos. Du lässt dich von einem Ehepartner scheiden, der zehn Fehler hat, und heiratest den nächsten, der elf Fehler hat. Wir denken immer, so und so ist die Ehe gut, deshalb können wir gut sein, und ist die Ehe schlecht, wird alles immer schlimmer sein. Doch die Ehe ist eine individuelle Verpflichtung des Bewusstseins zwischen zwei Menschen vor Gott. Das ist alles.

*

Auf dem Rückweg zum Ashram erzählt Guru Kirpal mir vom Mysterium: »In heidnischen Zeiten fanden wir die Magie, das Geheimnis, den Geist, Gott selbst, in den Hügeln, Felsen, Wäldern und in den Tieren. Dann erhoben wir uns, um einen Gott im Himmel zu finden. Die Religion hat uns die irdischen Freuden verweigert und mit dieser Trennung gab uns die Wissenschaft die Industrie. Wir haben alles umgeworfen, die Bäume entwurzelt, die Tiere gezähmt und dadurch Kapitalismus, Konsum und eine Wüste aus Beton geschaffen. Es ist Zeit, das innere Geheimnis zu lüften, die Magie der Seele kennenzulernen. Die Wahrheit Gottes in unserem Herzen zu fühlen, in die Liebe zu fallen, die da ist, um uns aufzufangen. Halte jemandes Hand, beteilige dich an der menschlichen Gemeinschaft, teile den Schmerz des anderen und bringe Himmel und Erde wieder zusammen.«

Die Schönheit seiner Worte berührt mich. Wir sitzen einander im Yogaraum des Ashrams gegenüber, der ohne die Gruppe riesig wirkt. »Akhan Jor« heißt das Pauri oder Mantra, das Guru Kirpal mir gibt.

»Wenn du furchtlos werden willst, gilt es zunächst, die Vergangenheit loszulassen, indem du dein höheres Selbst, deine Essenz oder Seele in der leuchtenden Klarheit der Stille aufsuchst«, betont Guru Kirpal.

»Ich soll regelmäßig meditieren?« Ein Anflug schlechten Gewissens überkommt mich. Blöde Frage. Das hat er schon mehrfach gesagt, genau wie es auch Ananda Kaur immer wiederholte. Eine Zeit lang habe ich es ja schon mehr oder weniger getan. Zumindest versucht. Das Chaos in meinem Kopf strafte meist die Ruhe in meinem Gesicht Lügen.

»Selbstverständlich. Besonders, weil du eine Frau bist. Die Kapazitäten einer Frau sind sechzehnmal so groß wie die eines Mannes. Dein biologisches, physiologisches, psychisches und mentales Vermögen ist sechzehnmal größer - vorausgesetzt, du erforschst es. Es ist ein Geschenk und zugleich eine Verantwortung, denn du hast auch sechzehnmal so viel Macht, dich selbst zu zerstören. Dein Nervensystem ist leistungsfähiger, aber auch anfälliger. Du bist wie ein hochgezüchteter Motor. Daher ist es für eine Frau essenziell, sich täglich mindestens zweimal elf Minuten zu entspannen.«

Mein schlechtes Gewissen meldet sich. Ich habe nicht gerade Durchhaltevermögen bewiesen, als ich meine mühsam aufgebaute Meditationspraxis sofort vernachlässigte, sobald ich auf Bali war. Die Ausrede, mit der ich das vor mir selbst rechtfertigte, lautet: Die Insel lenkt mich mit ihrer Schönheit ab. Mind-Games.

»Wenn du regelmäßig Yoga und Meditation praktizierst, schreibst du dein Schicksal auf zellulärer Ebene neu. Du entwickelst die Geduld, die Vergangenheit zu begreifen, du wirst dankbar für die Geschenke, die sie dir beschert hat, kannst sie segnen und loslassen.«

Die schwierige Zeit, die wir mit Nickie durchgemacht haben, hat uns reifen lassen - keine Frage. Ich möchte Demut entwickeln, um sie nicht als Bürde, sondern Geschenk zu sehen. Was wollte mir das Leben damit beibringen? Hingabe? Bedingungslose Liebe? Langmut?

Er reicht mir den Text und liest ihn mit seiner schönen, sonoren Stimme vor:

»Akhan jor chupai nah jor
Jor na mangan den na jor
Jor na jiwan maran nah jor
Jor na raaj mal man sor
Jor na surati gian vichar
Jor na jugati chhutai sansaar
Jis hath jor kar vekhai soe
Nanak uttam nich na koe.«

Beim zweiten Mal versuche ich mitzulesen. Es ist gar nicht so schwierig, weil alles so gesprochen wird, wie man es schreibt.

»Man nennt es auch Sampuran Kriya.«

»Wie lautet die Übersetzung?«

»Es gibt verschiedene. Oft sind die Worte nicht eindeutig, ich würde daher eher Übertragung sagen. Eine davon lautet:

Keine Kraft zu schweigen, keine Kraft zu sprechen,
Keine Kraft zu bitten, keine Kraft zu geben,
Keine Kraft zu leben, keine Kraft zu sterben,
Keine Kraft, ein König zu sein und reich zu werden und
den Geist aufzuwühlen,
Keine Kraft, den göttlichen Weg der Meditation zu gehen,
Keine Kraft, sich zu befreien,
Die göttliche Kraft hat alle Macht und alles Wissen
Nanak sagt, keine(r) kann durch eigene Kraft gut oder
schlecht sein.«

Guru Kirpal stellt einen altmodischen Kassettenrekorder an. Trotz der würdevollen Situation muss ich ein wenig grinsen. Es rauscht und knackt, dann ertönen Gesang und eine eintönige, fast deprimierend klingende Melodie. Ich schließe die Augen halb und schiele auf den Text, während wir mitsingen. Je öfter ich das Mantra wiederhole, umso mehr scheint es mich zu umarmen. Danach bleiben wir ein paar Minuten sitzen und lauschen dem Mantra nach. Guru Kirpal räuspert sich schließlich: »Mir persönlich gefällt es, Macht statt Kraft zu sagen. Das ist meine Übertragung des Pauri:

Schweigen verleiht keine Macht, Sprechen gibt keine
Macht.
Macht entsteht nicht durch Betteln, Geben verleiht
keine Macht.

Macht gewinnt man nicht durch Leben, Tod gibt keine Macht.
Macht ist nicht die Dominanz von Wohlstand und okkulten geistigen Mächten.
Macht gewinnt man nicht durch Verstehen, spirituelle Weisheit und Meditation.
Macht erlangt nicht, wer vor der Welt flieht.
Derjenige, in dessen Hand alle Macht ist, wacht über alles. Oh Nanak, niemand steht hoch oder niedrig.«

Wir singen das Mantra noch einmal, dann will er mir die Kassette zum Üben mitgeben. Manchmal kommt er mir vor wie aus der Zeit gefallen.

»Danke, aber ich habe leider keinen Rekorder. Ich werde mir das Mantra downloaden.«

Er nickt. »Ach ja, das Internet!«

»Wie oft soll ich das Mantra singen?«

»Jeden Morgen sechsundzwanzigmal.«

Ich nicke gehorsam, mit derart genauen Anweisungen kann ich am meisten anfangen. Mit dem Text in der Hand wie ein Rezept stehe ich vor ihm. Da ist es wieder, das Gefühl inniger Vertrautheit. Am liebsten würde ich ihn umarmen, aber man fällt seinem spirituellen Lehrer nicht einfach so um den Hals.

Wir verabschieden uns stattdessen, indem wir die Hände vor der Brust aneinanderlegen und uns verneigen: »Das Göttliche in mir grüßt das Göttliche in dir.« Auf die gleiche Weise bedanken und verabschieden sich auch die Balinesen. Ich mag die Geste, sie ist inniger als ein Händeschütteln und nicht so vertraulich wie die Wangenküsschen, die sich vom Mittelmeerraum bis zu uns Nordlichtern ausgebreitet haben.

Am nächsten Morgen stehe ich vor Sonnenaufgang auf. Es ist nicht schwer, sich den Wecker zu stellen und die Duschprozedur durchzuführen. Die Sonne geht gegen sechs Uhr morgens auf und gegen achtzehn Uhr unter. Weil Bali fast auf Höhe des Äquators liegt, ändert sich die Länge der Tage rund ums Jahr kaum.

Ich rolle die Yogamatte aus, stimme mich ein und mache einige Übungen. Etwa eine halbe Stunde dehne, recke und strecke ich mich. Danach sitze ich im Halbdunkel auf meinem Balkon und chante leise das Mantra, das von meinem Handy erklingt. Hoffentlich störe ich niemanden. Ich mag nicht drinnen meditieren. Es kommt mir unnatürlich vor, in klimatisierter Luft, abgeschottet vom Leben, zu singen. Also vertraue ich darauf, dass das Tschilpen der Vögel, das Summen der Insekten und die Hähne, die auch in Seminyak morgens eifrig krähen, mich übertönen.

Weil keiner sich beschwert, mache ich mir am nächsten Morgen weniger Gedanken. Die Melodie des Mantras wird vertrauter. Mit jeder Wiederholung erscheint sie mir weniger deprimierend, vielmehr ruhig und hingegeben. Tagsüber begleitet sie mich, setzt sich wie ein Widerhaken in meinem Kopf fest. Furchtlos bin ich deswegen noch lange nicht. Aber ich bin auf einem guten Weg. In den nächsten Tagen nerve ich meinen Sohn nicht so häufig mit besorgten Textnachrichten und schlafe besser, knüpfe an meine Disziplin an und beherzige Guru Kirpals Ratschlag, zweimal täglich zu entspannen. Wovon, weiß ich zwar nicht, denn genau genommen tue ich ja den ganzen Tag nichts anderes. Ich bewege mich von einer meditativen zur kulinarischen zur vergnüglichen Entspannung.

Leise singend zu meditieren fällt mir leichter, als zu versuchen, die Gedanken abzustellen. Mein Geist beruhigt sich eher, wenn ich chante. Vermutlich ist das die Einsteigervariante des Meditierens. Egal, ich bin ja eine Anfängerin. So verbringe ich die folgenden Tage. Manchmal laufen mir die Tränen übers Gesicht, ein anderes Mal bin ich glücklich, oft geschieht nichts. Ich sitze einfach und chante und gebe dem Pauri Raum und mir Zeit.

*

Wir verabschiedeten uns voneinander, als würde Stefan auf eine Reise gehen. Unbeholfen umarmten wir uns.

»Wenn du etwas brauchst, ruf mich an«, sagte Stefan.

Eine Floskel. Ich brauchte nicht etwas, sondern ihn.

»Ich melde mich in den nächsten Tagen«, fügte er hinzu. Sein Handy klingelte, die Raubkatze wartete ungeduldig auf ihren neuen Gefährten. Er ignorierte das Klingeln, schaute mich an, als erwartete er eine Absolution.

»Geh schon«, sagte ich. Ich hatte keine Kraft mehr für einen emotionalen Abschied. Es war alles und nichts gesagt. Erleichtert drehte er sich um und ich schloss die Tür, bevor ich sehen musste, wie er die Gartenpforte hinter sich zuzog.

Drinnen erschlug mich die Wucht der Leere. Ich sank zu Boden, an die Haustür gelehnt, und bekam kaum Luft. Der Kummer schnürte mir die Luft ab. Ich brauchte das, was Guru Kirpal als »Prana« bezeichnete, essenzielle Lebensenergie, denn das letzte bisschen Energie entwich gerade. Ich fühlte mich wie ein platter Fahrradreifen. Lange Zeit saß ich auf dem kalten Boden und konzentrierte mich auf das Atmen. Irgendwann schien ein Teil von mir auf mich herabzuschauen und sah eine Frau Ende vierzig, vorzeitig gealtert, blond und etwas zu dünn, die in einer feudalen Villa im Hamburger Alstertal saß und ihren zerbrochenen Lebensentwurf betrauerte. So banal. So etwas geschah jeden Tag.

Marriage is a carriage to god? Die Ehe trägt dich zu Gott? Weder Stefan noch ich hatten das verstanden. »Du solltest nicht heiraten, wenn du nicht bereit bist, bis zum Ende zu gehen«, hatte Guru Kirpal gesagt, und dass man immer nur ein Abbild Gottes heiratete.

Ich ging in die Küche und machte Tee. Hunger hatte ich seit Silvester nicht mehr. Vielleicht sollte ich gar nicht mehr anfangen zu essen. In Zeiten von Anspannung, Angst und Kummer hatte ich mich immer dazu zwingen müssen. Ich dachte an Nickie und aß pflichtschuldig ein paar Kekse. Es waren noch Lieblingskekse da. Aber sie schmeckten wie Stroh.

Vielleicht sollte ich eine Freundin anrufen. Aber wenn ich ehrlich war, hatte ich keine echte Freundin, nur ein paar oberflächliche Bekannte. Und ich hatte weder Kraft noch Lust, mein Elend vor einem anderen auszubreiten.

Ich vermisste keine Freundin, nur Stefan. Ich vermisste meinen Sohn und meinen Mann. Vor einem Vierteljahr hatte ich eine Familie, nun war ich eine vom Leben und von der Liebe Amputierte.

Vielleicht hätte ich Stefan eine Szene machen sollen, ihm wütende Worte entgegenschleudern, ihn anklagen. Aber so war ich nicht. Ich empfand weder Wut noch Hass. Besser, man verabschiedete sich respektvoll und leise voneinander. Das hatte ich verinnerlicht.

Irgendwann ging ich ins Bett. Natürlich konnte ich nicht schlafen. Der Wecker klingelte für mein Sadhana. Ich stand automatisch auf. Bei den Mantra-Meditationen schlief ich ein, erwachte auf dem Boden. Ein neuer Tag brach an. Und eine weitere Nacht, gefolgt von Helligkeit, und so ging es weiter. Die Welt drehte sich unbarmherzig um die Sonne. Ich schlich durchs Haus, berührte Dinge, als sähe ich sie zum ersten Mal. Überall war viel zu viel Stefan. Wir hatten hier so lange zusammengelebt. Die Dinge waren von ihm durchdrungen. Während sein Fehlen abends und nachts, sobald es dunkel wurde, übermächtig war, schien er tagsüber hinter jeder Tür zu stehen. Ich erwartete ihn zu sehen, wenn ich ins Badezimmer ging, die Terrassentür öffnete. Der Postbote brachte ihn mit Briefen, an ihn adressiert, die ich in seinem Arbeitszimmer stapelte. Sein Duft schwappte aus dem Kleiderschrank, ich schnüffelte an seinen zurückgebliebenen Anzügen.

Nickie rief an. Er hatte von der Trennung erfahren.

»Wie geht es dir, Mama?« In seiner Stimme lag Mitgefühl. Mein liebes Kind.

»Nicht so gut. Aber ich werde es überleben.« Zum Glück skypten wir nicht, mein abgehärmtes ungeschminktes Gesicht musste er nicht sehen.

»Kann ich etwas tun?«

Ja, komm her, wollte ich rufen. »Nein, lieb von dir, dass du anrufst. Mir hilft das Yoga. Wie ist es für dich, dass deine Eltern sich getrennt haben?«

Er nahm es gelassen, denn er führte nun sein eigenes Leben. Vermutlich war er nicht überrascht. Alle hatten es kommen sehen außer mir. »Mir tut es leid für euch. Für dich besonders. Aber ihr bleibt ja beide meine Eltern.«

Ich hangelte mich von Tag zu Tag, von Sadhana zu Sadhana. Ich hörte auf, darüber nachzudenken, ob ich aufstehen sollte oder nicht. Ich tat es einfach, machte meine Übungen, egal ob eine dunkle Wolke trüber Gedanken mich heimsuchte. Es half mir, nicht durchzudrehen, nicht bei Stefan herumzujammern. Er hatte ein paar Mal angerufen. Wir unterhielten uns höflich über Banalitäten, die Post, den Klempner, den Schornsteinfeger. Die einzigen echten Gespräche führte ich mit Guru Kirpal im Chat. Eines Morgens sagte er, dass er im März ein Retreat auf Bali gäbe.

Bali. Draußen hellte der Himmel sich wie aufs Stichwort auf. Die Wolken, die schon seit Tagen wie nasse Wäschesäcke über Hamburg hingen, verzogen sich. Die Sonne lugte zwischen ihnen hervor. Bali, Insel der Götter. Verheißung am anderen Ende der Welt. Wunderschön musste es dort sein.

Britta, warum kommst du nicht her?

Ich? Ich dachte, es ist eine Lehrerausbildung?

Nein, es ist ein Retreat, das an den Workshop in Frankreich anknüpft. Vom Nabel- zum Herzchakra, die Energie selbstloser Liebe. Wir wollen geliebt werden. Du solltest geliebt werden. Liebe ist in uns. Das Bedürfnis nach Liebe wird nicht verschwinden. Wir werden eine Person lieben, zwei lieben, drei lieben, vier lieben, lieben, lieben, lieben. Liebe hat viele Bedeutungen.

Was passiert mit uns, wenn wir lieben und dann nicht mehr lieben? Hassen wir dann? Es sind dieselben Menschen, eigentlich ändert sich nichts. Unser Leben bewegt sich zwischen Liebe und Hass, Hass und Liebe. Wenn du nicht bis zur Tiefe der Gesamtheit liebst, wirst du niemals lieben. Das ist die Tragödie. Wenn du dich nicht bis zur Gesamtheit deines eigenen Selbst liebst, wirst du die Realität der Liebe niemals erkennen.

12.

Du bekommst ein Kind, um es darauf vorzubereiten, seine Lebenszeit bis in die Unendlichkeit zu meistern.

Ich habe Guru Kirpal überredet, mit mir einen Ausflug zum Mount Batur zu machen. Normalerweise gibt er sich solch weltlichen Vergnügungen wie touristischen Exkursionen nicht hin, aber eine Gruppe von Kölnern samt ihrem Yogalehrer hat den Ashram gerade in Beschlag genommen. Er beklagt sich zwar nicht, aber ich glaube, die überschwängliche Kölner Lebensfreude stört seine Stille.

Weit vor den ambrosischen Stunden holen Pak und ich ihn ab. Wir wollen den Sonnenaufgang auf Batur erleben. Pak zufolge ist es ein mystisches Erlebnis. Dafür müssen wir um ein Uhr nachts losfahren. Mount Batur ist wie sein Bruder Agung ebenfalls ein Vulkan und der zweitheiligste Berg auf Bali. Der Legende nach hat Shiva den kosmischen Berg Mahameru in zwei Teile gespalten und diese als Gunung Agung und Gunung Batur nach Bali versetzt. Wie romantisch - zwei Elemente, die zusammengehören, auf einer Insel, in kurzer Distanz und doch unerreichbar füreinander.

Ich fürchte, dass ich mich ein wenig in Guru Kirpal verliebt habe. Die Symptome sind eindeutig: Ich sehe ihn ständig vor meinem inneren Auge, seine Stimme erklingt in meinem Kopf und wenn ich ihn ein paar Tage nicht sehe, sehne ich mich nach ihm. Manchmal bilde ich mir sogar ein, wir wären füreinander bestimmt. Die Vertrautheit, die ich sofort empfand, kann doch kein Zufall sein. Vielleicht ist er mein Seelengefährte, der abgespaltene Teil, der mich zu einem Ganzen machen würde. Ich würde seiner spirituellen Perfektion die Kehrseite hinzufügen, Zweifel und Unsicherheit. So wie Gunung Agung und Gunung Batur könnten wir zu Mahameru verschmelzen. Im nächsten Moment kommt mir diese Idee anmaßend vor.

Er steht in seinem weißen Outfit vor dem Tor des Ashrams und blickt uns lächelnd entgegen. Den vorsichtigen Hinweis, sich für den zwei Stunden dauernden Aufstieg zum Vulkan besser mit Wanderschuhen und praktischem Outfit auszustatten, hat er offenkundig ignoriert. Wahrscheinlich besitzt er so etwas gar nicht. Ich hingegen bin gleich nach Ubud gefahren und habe mich so ausgestattet, wie mein Reiseführer es empfiehlt.

»Sat Nam«, grüßt er Pak und mich, als er einsteigt. Ich habe mich nach hinten gesetzt, weil ich auf seine Nähe hoffte, aber er setzt sich nach vorn auf den Beifahrersitz. »Hast du gut geschlafen, Britta?«

»Es geht so.«

Ich bin zwar schon um acht Uhr ins Bett gegangen, aber an Schlafen war nicht zu denken. Die meiste Zeit habe ich mir unseren Ausflug ausgemalt - lebhafte Szenen, wie er meine Hand nimmt, als ich stolpere, und sie dann nicht mehr loslässt oder mir auf dem Gipfel des Batur seine Zuneigung gesteht. Die kleine Verliebtheit tut mir gut und ich gestatte sie mir.

Guru Kirpal hat sein Sadhana gemacht und wirkt ausgeruht. Er beginnt ein Gespräch mit Pak. Sie unterhalten sich angeregt und bald fühle ich mich ausgeschlossen. Wie ein schmollendes Kleinkind sitze ich auf der Rückbank und starre aus dem

Fenster. Viel zu sehen gibt es nicht, denn es ist noch dunkel. Meine Augenlider werden schwerer und ich lehne den Kopf an die Scheibe.

»Britta?« Pak rüttelt mich leicht an der Schulter. Ich muss trotz des holprigen Weges eingeschlafen sein. Gähnend reibe ich mir die Augen, bis mir einfällt, dass ich sie nach langer Zeit mal wieder geschminkt habe. Eine blöde Idee, um Guru Kirpal zu gefallen - nun sehe ich wahrscheinlich aus wie ein Pandabär. Unauffällig versuche ich, die Kajalspuren wegzuwischen.

Wir sind in der Nähe des Dorfes Toya Bungkah - allerdings sind wir bei Weitem nicht allein. Ganze Gruppen von Wanderern stehen am Westrand des Batur-Sees und warten darauf, zum Gipfelsturm aufzubrechen. Andere Touren beginnen in Kedisan, doch Pak hat uns Toya Bungkah empfohlen und ich vertraue ihm. Es ist ungewohnt kalt, ich fröstele trotz meiner dünnen Daunenjacke. Guru Kirpal trägt nur einen Meditationsschal über seiner Tunika. Zwei bis drei Stunden dauert die Wanderung. Sie soll auch für Ungeübte zu bewältigen sein. Zweifelnd blicke ich jedoch auf Guru Kirpals nackte Füße in den Trekkingsandalen. Selbst Pak trägt Strümpfe. Guru Kirpal ist nicht mehr der Jüngste. Mit Mitte sechzig ist er sogar einer der Ältesten hier.

Pak gibt uns Stirnlampen, die wir aufsetzen, und lotst uns an der Menge vorbei. Wir folgen ihm einen ausgetretenen Fußpfad entlang. Der Weg führt über erstarrte Lavafelder. Abseits des winzigen Lichtkegels, den die Stirnlampen verbreiten, ist es stockdunkel. »Vorsicht vor den heißen Quellen! Sie schlummern direkt unter der Erde«, warnt Pak uns.

Wir gehen im Gänsemarsch, Pak voraus, ich in der Mitte und Guru Kirpal hinter mir. Ich spüre ihn intensiv. Er ist nur wenige Schritte hinter mir. Ich widerstehe dem Impuls, mich zu ihm umzudrehen.

»Batur ist ein unberechenbarer Götterberg«, fährt Pak lauter fort. »1917 und 1926 ist er ausgebrochen. Das Dorf Batur an der Westseite des Batur-Sees wurde unter dem Lavastrom begraben.«

Mich schaudert. Vor Feuer fürchte ich mich genauso wie vor Hunden und tiefem Wasser. »Gab es Überlebende?«

»Ja«, antwortet Pak. »Allerdings mussten sie ihre Siedlung an der Vulkanflanke aufgeben. Aber sie haben ein neues Dorf Batur in sicherer Entfernung gebaut.«

»Und droht derzeit Gefahr?«

»Nein. Ich glaube, zuletzt hat er im Jahr 2000 ein bisschen gespuckt. Er grummelt vor sich hin, spricht mit seinem Bruder Agung. Man weiß nicht, was sie vorhaben. Vielleicht wollen sie uns eine Lektion erteilen. Die Götter beschützen Bali, aber manchmal brauchen die Menschen eine Belehrung.«

Nun wird der Weg steiler und ich rutsche mit meinen Wanderschuhen ein paarmal auf losen Gesteinsbrocken aus. Pak turnt mit Socken in Flip-Flops locker vor mir her.

»Agung, der heiligste Berg, hat letztes Jahr Asche und Gestein gespuckt. Agung und Batur gehören zusammen. Wir können nur warten und die Götter beschwichtigen«, erläutert Pak. »Wisst ihr, dass Bali noch vor 180 Jahren viel größer war? Ein Ausbruch von Agung Batur hat 1857 einen Tsunami ausgelöst, der die halbe Insel verschluckte.«

»Wahe Guru!«, sagt Guru Kirpal hinter mir. Mir ist endgültig mulmig zumute, während meine Begleiter vor guter Laune nur so sprühen. Neben mir zischt es, eine Wasserdampfwolke steigt auf und ich mache instinktiv einen kleinen Sprung zur Seite. Pak lacht.

»Was war das?«, frage ich.

»Nichts Schlimmes, nur eine Fumarole. Der Vulkan atmet durch seine Poren aus!«

»Na, so ein Glück«, gebe ich zurück und versuche mich durch yogisches Atmen zu beruhigen. Die Luft wird dünner, je höher wir kommen. Jeder Schritt ist anstrengend. Ich beginne zu schwitzen.

»Wie geht es dir, alles okay?« Mit dieser Frage wende ich mich zu Guru Kirpal um.

»Sehr gut!« Er lächelt und wirkt überhaupt nicht angestrengt. Anscheinend ist er fitter, als ich dachte - yogische Lebensführung und tägliches Yoga scheinen ihn gestählt zu haben.

Allmählich lässt die Dunkelheit nach. Diffuses Licht durchlöchert sie. Ich schnaufe und ziehe die Daunenjacke aus. Meine Wasserflasche ist fast leer. Wieso ist meine Kondition nur so schlecht?

»Gleich haben wir es geschafft!« Nach wenigen Metern bringt Pak uns zu einer Art Plateau. Wir sind tatsächlich oben angekommen. Ich lasse mich auf den Boden fallen. Die beiden anderen setzen sich ebenfalls hin. Meine Beine zittern, aber der Ausblick entschädigt für alle Anstrengung. In der Morgendämmerung entsteht ein beeindruckendes Panorama, der Batur-See und die umliegenden Berge schimmern mystisch. In ehrfürchtiger Stille betrachten wir das Panorama. Ich bin ergriffen von dem schmalen orange-roten Lichtstreifen am Horizont, den Wolken und Nebelschwaden, die emporsteigen, mir kommen die Tränen und ich wünsche mir, Nickie wäre hier.

»Es ist magisch«, flüstere ich. Auf Ibiza habe ich mit Stefan und Nickie viele Sonnenuntergänge erlebt, aber nie einen so grandiosen Sonnenaufgang. Zu der Zeit haben wir immer noch im Bett gelegen und die Cocktails des Vorabends verarbeitet.

Guru Kirpal schließt die Augen. Während ich den Ausblick in mich aufsauge, als könnte ich ihn speichern und meinem Sohn als Datei schicken, sitzt er aufrecht im Lotussitz und meditiert. Mit dem üppigen dunklen Bart und dem Turban sieht er majestätisch aus. Während die ersten Sonnenstrahlen die Landschaft erleuchten, strahlt er von innen heraus. Ich weiß nicht, was eindrucksvoller ist, die mich umgebende, in jungfräuliches Licht getauchte Schöpfung oder der Mann neben mir.

*

Es ist der 10. Mai, als ich mit Nickie skype. Nur noch drei Wochen, dann werde ich nach Rotterdam fliegen und ihn endlich wiedersehen, spüren, umarmen können! Voller Vorfreude starte ich meinen Laptop und stelle die Verbindung her. Erstaunlicherweise klappt das von Bali weitaus besser als von Hamburg aus, dabei nahm ich an, dass die Internetverbindung von Deutschland aus viel stabiler wäre. Vielleicht haben die Götter ihre Finger im Spiel? Möglicherweise möchten sie, dass ich mit Nickie in Verbindung bin, weil sie meine Liebe zu ihm unterstützen wollen. Das mag eine infantile Sichtweise sein, aber je länger ich auf dieser Insel bin, umso magischer denke ich. Statt der Unterschiede zwischen den Religionen erkenne ich Parallelen. Ein evangelischer Marinepfarrer hat den berühmten Ausspruch geprägt: »Du kannst nicht tiefer fallen als in Gottes Hand.« Besonders die Balinesen haben die erstaunliche Fähigkeit, Gutes aufzuwerten und Katastrophen abzumildern, indem sie ihr Schicksal als von höheren Mächten bestimmt sehen. Sie glauben, dass Götter die Insel beschützen, dass übernatürliche Kräfte all diejenigen, die der Insel schaden wollen, davon abhalten, Bali zu betreten.

Im Oktober 2002 gab es mehrere Bombenanschläge, unter anderem auf den Sari Club, dessen Eigentümer ein Chinese war. Chinesen sind hier nicht sonderlich beliebt, weil man keine guten Erfahrungen mit ihren Geschäftspraktiken gemacht hat. Die Attentate wurden als Ausdruck des Zorns der Götter interpretiert. Sie galten als Konsequenz des schlechten Karmas, das Bali erfuhr, weil es der Unreinheit Macht gegeben hatte. Kurz darauf hielten die Inselbewohner eine große Zeremonie mit den mächtigsten Priestern, den wirksamsten Mantras und den heiligsten Wassern der Insel ab. Sabines kleine Bibliothek lässt mich tiefer in die Inselhistorie einsteigen - und es gibt noch so viel zu entdecken!

Nach dem dritten Klingeln nimmt Nickie ab.

»Mama?«

»Hallo, mein Schatz! Oh, ich kann dich hören, aber nicht sehen.«

»Moment. Die Kamera ist nicht aktiviert.«

Kurz darauf erscheint er auf dem Bildschirm. Zum Greifen nah taucht sein vertrautes Gesicht vor mir auf. Liebe überschwemmt mich. Skypen ist surreal - mit einem Menschen zu sprechen, der Abertausende von Kilometern entfernt ist, und das Gefühl haben, ihn fast berühren zu können.

Nickie lächelt, aber er sieht erschöpft aus. Unter den Augen, die tief in die Höhlen eingesunken sind, liegen dunkle Schatten. Sein Gesicht wirkt fahl. Die Wangen sind eingefallen. Er hustet.

»Nickie! Was ist los, bist du krank?«

»Nein. Nur ein bisschen erkältet. Nichts Schlimmes.«

»Aber du schaust ...«, ich ringe nach Worten, um nicht das Falsche zu sagen, »so furchtbar müde aus!«

»Das liegt wahrscheinlich an der Kamera, da sieht selbst Vivi aus wie ein Zombie!«, behauptet er.

»Das kann ich mir nicht vorstellen. Ist sie da?«

»Nein, sie arbeitet in der Bibliothek.«

»Warum siehst du so erschöpft aus?«, bohre ich weiter.

»Viel zu tun. Es ist Klausurzeit, da muss ich jede Minute lernen, Tutorien besuchen, Seminare ...« Er hustet wieder und hält sich eine Hand vor den Mund. Täusche ich mich oder sind seine Finger und Hände geschwollen?

»Bist du sicher, dass nicht mehr dahintersteckt? Nimmst du deine Medikamente regelmäßig?«

»Natürlich. Alles im Griff. Vivi erinnert mich daran«, er verdreht die Augen. »Warum behandeln mich eigentlich alle, als wäre ich ein Kleinkind?«

»Das macht keiner. Wir wollen alle nur dein Bestes!« Oh Gott, habe ich das wirklich gesagt? Ich klinge wie meine eigene Mutter.

Sarkastisch verzieht er den Mund. »Na, da bin ich ja froh. Und wie geht es dir so? Was machen die Balinesen? Hast du schon Eingeborenentänze gelernt?«

»Bei mir ist alles bestens. Ich habe das Retreat beendet, bleibe aber noch hier, bis ich dich besuche. Und vielleicht fliege ich danach wieder hierher zurück. Papa weiß Bescheid und hat nichts dagegen. Was soll ich im kalten Hamburg ohne dich?«

»Ich finde es gut, dass du dein Ding machst, Mama.« Er trinkt einen Schluck Wasser, verschluckt sich und bekommt einen heftigen Hustenanfall. Minutenlang hustet er fast tonlos, scheint kaum Luft zu bekommen und läuft bläulich an. Voller Entsetzen starre ich auf den Bildschirm, kann nichts tun, so nah und doch so fern, möchte ihm auf den Rücken klopfen, ihn in den Arm nehmen, fühle mich an schlimme Zeiten erinnert, als er noch ein blaues Baby war und unter ständigem Sauerstoffmangel litt.

»Nickie, oh Nickie ...«

Der Husten verebbt, er ringt nach Luft, die Augen tränen, seine und meine nun auch. Ein Speichelfaden rinnt aus seinem Mundwinkel, er wischt ihn mit einer wütenden Bewegung weg.

»Nun mache ich mir aber wirklich Sorgen!«, bricht es aus mir heraus. »Das ist nicht normal, Schatz, du musst zum Arzt gehen! Hast du denn schon einen Kardiologen gefunden?«

»Herrgott, ich habe mich bloß verschluckt! Das kann jedem passieren, selbst dir, das ist nichts!«, gibt er barsch zurück. Sein Atem geht stoßweise, seine Brust hebt und senkt sich so schnell, als wäre er gerade gelaufen.

Mein Herz klopft laut, was soll ich sagen, was tun? In drei Wochen bin ich da, aber das ist eine lange Zeit. Die Alarmglocken in meinem Kopf schrillen unüberhörbar.

»Hast du dir inzwischen einen Kardiologen gesucht?«, wiederhole ich.

»Ja.« Er starrt mich unwirsch an.

»Und wann warst du bei ihm? Was sagt er?«

»Was wird das jetzt hier, ein Verhör? Ich bin erwachsen!« Er scheint kurz davor aufzulegen.

Ich atme ein paarmal betont langsam ein und aus, bevor ich antworte. »Natürlich bist du das. Niemand bezweifelt es, ich am wenigsten. Aber kannst du bitte noch in dieser Woche zu ihm gehen? Oder eine Klinik aufsuchen? Das Erasmus Medical Center soll sehr gut sein. Ich will ja keine Panik verbreiten, doch ich denke, nein, ich fühle, dass es nötig ist. Nickie, bitte.«

»So, du fühlst das? Es ist aber mein Körper. Mein repariertes und vielleicht austauschbedürftiges Herz. Wie kannst du das also fühlen?«

Warum ist er so bockig? So war er früher nie, weder in der Trotzphase noch in der Pubertät. Wie kann ich ihn erreichen? »Entschuldigung. Ich will dich nicht bevormunden oder irgendwie suggerieren, dass ich etwas besser weiß, denn das ist nicht so ...«

»Dann tu es auch nicht!«

Ich hole tief Luft, schaue ihn an, versuche, die Verbindung herzustellen, die wir immer hatten. »Verzeih, bitte. Ehrlich, es tut mir leid. Ich bitte dich nur, zum Arzt zu gehen. Ich hab dich sooo lieb.«

Sein Blick wird weicher. »Ich hab dich auch lieb. Und ich weiß ja, dass ihr euch Sorgen macht. Aber das braucht ihr nicht. Papa hat diese Woche ebenfalls angerufen und genervt.«

Ich nicke. Kein Wunder, dass er auf stur schaltet. Früher haben wir gemeinsam auf ihn eingeredet, nun tun wir es getrennt und verdoppeln unsere Einflussnahme.

»Schatz, das wusste ich nicht ... aber er macht sich eben auch Sorgen.«

»Lasst mir einfach mein Leben! Okay? Ich geh zum Arzt. Versprochen. Wenn die Prüfungen vorbei sind.«

Er lässt sich zu keinem Zugeständnis bewegen. Wir verabschieden uns, nachdem wir noch ein wenig geplaudert haben, um die emotionalen Wogen zu glätten. Als ich auflege, ist mir schlecht vor Angst. So krank hat er schon lange nicht mehr ausgesehen. Am liebsten würde ich ihn höchstpersönlich zum Arzt schleifen. Soll ich den Flug umbuchen? Aber er hat mir gerade sehr deutlich gemacht, was er davon hält. Wir sollen uns nicht einmischen. Ich überlege, Vivi anzurufen, aber Nickie würde es mir wahrscheinlich erst recht übel nehmen, wenn ich versuche, hinter seinem Rücken seine Freundin zu beeinflussen.

In der Nacht schlafe ich grauenhaft. Albträume plagen mich, ich hetze endlose Krankenhausflure hinunter, rüttle an verschlossenen Türen, finde niemanden, weder Arzt noch Schwester. Irgendwo dahinter wird mein dreijähriger Sohn am offenen Herzen operiert und ich habe vergessen, ihn abzuholen, wie konnte das passieren und jetzt ist es zu spät, sie behalten ihn hier, geben ihn nicht her. Schweißgebadet erwache ich. Ich trinke Wasser, die Angst hat mich fest im Griff. Um drei Uhr morgens setze ich mich auf die Yogamatte und chante zwei Stunden lang Akhan Jor. Dann schlafe ich ein.

In den nächsten Tagen versuche ich etliche Male, Nickie zu erreichen. Sein Handy klingelt, ohne dass er abnimmt oder mich zurückruft. Wahrscheinlich hat er Stress wegen der Klausuren. Oder er will nicht mit mir sprechen. Ich schicke Textnachrichten, die er selten liest und nie beantwortet. Dabei wechsle ich zwischen aufbauenden, liebevollen und besorgten Botschaften. Auch Vivi habe ich ein paar Nachrichten geschickt, doch sie antwortet spärlich und einsilbig.

Endlich, am 20. Mai, zehn Tage vor meinem Flug nach Rotterdam, meldet er sich per WhatsApp: »Es geht mir besser. Klausuren sind gut gelaufen. Morgen ist die letzte, dann Party!« Es folgt ein grinsender Smiley. Und im Anhang ist ein Foto, auf dem er gut aussieht.

»Ich bin erleichtert und wünsche dir viel Glück für morgen. Freue mich auf dich. Hab dich lieb!«, antworte ich und füge drei Herzen an.

In der Nacht schlafe ich das erste Mal seit Langem gut.

*

Das Telefon klingelt in der Dunkelheit. Ich taste nach dem Handy, das irgendwo auf dem Nachttisch eine fröhliche Melodie erklingen lässt, und werfe einen schlaftrunkenen Blick aufs Display. Es ist Viviana. Auf Bali ist es zwei Uhr, in Rotterdam muss es acht Uhr abends sein. Ich schmunzle. Sie denkt bestimmt nicht an die Zeitverschiebung und will sich vor der Abschlussparty, nach den Klausuren, endlich melden.

Als Nickie klein war, habe ich viele Nächte mit ihm verbracht. Meist wachte er nach wenigen Stunden Schlaf gegen ein Uhr weinend aus einem schlimmen Traum auf. Wer weiß, was die Operationen in seinem Unterbewusstsein hinterlassen haben? Der Körper ist betäubt durch die Narkose, doch das Bewusstsein vielleicht aktiv. Das Herz wird sukzessive heruntergekühlt und schließlich stillgelegt, es schlägt während des Eingriffs nicht mehr - das muss mit dem genetischen Programm des Menschen unvereinbar sein. Eine Herz-Lungen-Maschine übernimmt die Tätigkeit, um die Organe, besonders das Gehirn, am Leben zu erhalten - oft für viele Stunden. Nickies längste OP dauerte neun Stunden. Was tut die Seele, verlässt sie den Körper zeitweilig? Schwebt sie über dem OP-Tisch und sieht den Chirurgen bei der Arbeit zu, um dann, wenn das Herz repariert und langsam aus dem Kälteschlaf aufgeweckt wird, zurück in ihre Behausung zu schlüpfen? Zumindest hinterlassen diese Erfahrungen nicht nur körperliche Narben, sondern auch seelische Traumata, da bin ich mir sicher.

Er war noch so klein, zweieinhalb Jahre erst, und hatte bereits so viel durchgemacht. Ich nahm ihn dann immer in die Arme und wiegte ihn sanft, bis er sich beruhigte. Manchmal hatte er Hunger oder Durst und die nächtlichen Picknicks, wenn das Haus still war, sind wunderschöne Erinnerungen. Während er Kekse knabberte, Fruchtzwerge löffelte und Milch trank, las ich ihm aus seinem Lieblingsbuch vor. Es handelte von zwei Freunden, die einander immer beistanden. »Ich mach dich gesund«, sagte der kleine Bär zum kleinen Tiger, als dem einmal ein Streifen verrutscht war. »Kleine Spritze, blauer Traum, alles wieder gut.« Wenn das nur so einfach wäre! Irgendwann schliefen wir aneinandergekuschelt ein, meine Nase in seinem leicht verschwitzten Haar.

»Vivi, wie schön, von dir zu hören! Geht ihr gleich feiern?«

Seltsame Laute dringen aus dem Handy, die ich nicht deuten kann. Es klingt nach dem Jaulen eines verletzten Tieres. Unterbrochen werden die Laute von stakkatohaftem Atem. Plötzlich begreife ich, dass Viviana schluchzt.

»Was ist los?« Alarmiert sitze ich kerzengerade im Bett und bin hellwach. »Viviana, ist etwas passiert? Mit Nickie?«

»…«

Ich springe aus dem Bett, rase in meinem Zimmer herum wie von der Tarantel gestochen, kann nichts tun, bin Tausende Kilometer weit weg und herrsche sie schließlich an: »VIVIANA!«

Ich stehe am Rand eines Abgrunds, blicke nach unten, Hunderte Meter tiefer lauern unsägliche Kreaturen oder messerscharfe Felsen darauf, dass ich falle.

Sie scheint sich zusammenzunehmen, zumindest so, dass sie sprechen kann. Was sie sagt, stürzt mich ins Bodenlose. In die Hölle, auch wenn Guru Kirpal mir versichert hat, dass das eine Erfindung machtgieriger Kirchenleute ist, die ein Regime von Angst und Schrecken aufbauen wollten. Das ist Quatsch, denn es gibt die Hölle. Und sie ist hier. Ich bin mittendrin.

»Nickie ist tot.«

»Neinneinneinnein«, stammle ich, will es durch Leugnen ungeschehen machen. Es kann nicht sein, darf nicht sein, gestern noch ging es ihm besser, sogar gut, das hat er mir doch geschrieben, ich habe das Bild gesehen, er hat heute die letzte Klausur geschrieben, in zehn Tagen reise ich zu ihm, nehme ihn in die Arme.

»Es ist so furchtbar. Er lebt nicht mehr«, wiederholt sie.

Ihre Worte spalten mir den Schädel, ich schlage mit der Stirn gegen die Holzwand meiner Hütte im Dschungel, was mache ich hier nur, so oft hatte ich Albträume, nur diese Nacht habe ich geschlafen wie ein Baby, ich Idiotin, bitte, lieber Gott, lass das ein Albtraum sein, lass mich erwachen.

Vivianas Weinen wird leiser. Unterbrochen von Schluchzern erzählt sie mir, dass er sich nachmittags hingelegt hat, weil er sich schlapp fühlte. Dass er schon seit Tagen, Wochen matt und erschöpft war, aber erst nach den Klausuren zum Kardiologen gehen wollte, weil er befürchtete, der könnte ihn ansonsten gleich ins nächste Krankenhaus einweisen und dann stünde ihm die angedrohte Herztransplantation bevor.

»Er wollte einmal etwas zum Abschluss bringen, ohne dass seine Scheißkrankheit ihn davon abhält! Das hat er gesagt. Auf mich hat er nicht gehört. Ich habe ihn angefleht, zum Arzt zu gehen ...«

Die Wände der Hütte kommen auf mich zu, eng, bedrohlich. Ich bekomme kaum Luft, muss mich zusammenreißen, um nicht zu schreien, das arme Mädchen kann ja nichts dafür, ich presse die Frage hervor: »Was ist geschehen?«

»Er ist nicht aufgewacht. Ich wollte ihn nach zwei Stunden wecken, denn er sah so still aus, so abwesend, er schlief so tief, ich habe mir Sorgen gemacht, weil er nicht zu atmen schien, und dann atmete er wirklich nicht, ich habe ihn angestupst, geküsst, gekitzelt, nichts, schließlich habe ich ihn gerüttelt und geschüttelt« - sie zögert, weint lauter -, »Britta, ich habe ihn sogar geohrfeigt, es tut mir so leid, aber er hat die Augen nicht aufgemacht, dann habe ich den Notarzt gerufen und irgendwie versucht, eine Herzdruckmassage zu machen, ihn zu beatmen, so wie ich es im Erste-Hilfe-Kurs gelernt habe, doch es hat nichts genützt. Es war ein plötzlicher Herztod, hat der Arzt gesagt. Er hat nicht gelitten. Man konnte nichts mehr tun.«

Der Schmerz bricht mit unvermittelter Wucht über mich herein, begräbt mich unter Wassermassen wie ein Tsunami. Mein Verstand weigert sich, zu glauben, was ich gehört habe, aber tief in meinem Inneren weiß ich, dass es wahr ist. Ich löse mich auf, die Haare fallen mir aus, Wimpern und Augenbrauen, die Zähne, die Fingernägel, die Fußnägel. Es ist ein sekundenschneller Verfall, eine Auslöschung im Zeitraffer. Die Knochen zerbröseln, sodass ich mich nicht auf den Beinen halten kann, auf den Boden falle, das Telefon rutscht mir aus der

Hand, verschwindet im Nirwana, die Organe schrumpfen zusammen. Gut so. Nur mein Herz, mein verdammtes gesundes Herz, hört nicht auf zu schlagen. Es klopft und rast, ach, würde es nur platzen, gebrochen, wie es ist, mich gehen lassen, ich will doch nur gehen, zu Nickie, ihm folgen, was soll ich noch hier, das Leben hat keinen Sinn mehr. Jeder Tag, der dieser Nacht folgt, wird die Qual nur verlängern. Aber es schlägt unbarmherzig weiter, die Herzkammern kontrahieren sich und pumpen Blut durch den Körper, sauerstoffreiches in die Zellen, sauerstoffarmes zu der Lunge, der Austausch funktioniert reibungslos, ich verfluche mein gesundes Herz, warum, warum kann es nicht einfach stehen bleiben wie das meines Sohnes?

Mein Kind ist tot.

Mein Kind ist tot.

Mein Kind ist tot.

Kein Kind sollte vor seiner Mutter sterben.

Ich hätte an seiner Stelle sterben sollen.

Gott, warum tust du mir das an?

Es gibt dich nicht, aber wen soll ich sonst anklagen?

Warum diese Strafe und wofür?

Das Schlimmste, was einer Mutter geschehen kann, ist, ihr Kind zu verlieren.

Das Beste, was eine Mutter tun kann, ist, ihr Leben für das ihres Kindes zu geben.

Doch ich bin da, auf dieser scheißverdammten Welt und mein Sohn ist fort.

Und nun brechen Tränen aus mir heraus, der Schmerz öffnet alle Schleusen, schwemmt, was von mir noch da ist, mit sich fort. Ich weine, schreie, hysterisch, besinnungslos, unmenschliche Laute entringen sich meiner Kehle, die älter sind als alles, aus einer vergangenen Epoche stammen, ich entledige mich der dünnen Zivilisationshaut und doch ist da dieser eine Teil von mir, der ungerührt zuschaut, der sich abgespalten hat und beobachtet, wie der Schmerz mich zerbricht, mich mit seiner Faust zerschmettert und ich, hässlich wie der fette Käfer, der neben mir über den Boden krabbelt, bin immer noch da, obwohl ich um Besinnungslosigkeit und Tod flehe.

13.

Wir sind Atma, die Seele, gekommen, um eine menschliche Erfahrung zu machen.

Irgendwann kommt jemand. Man spricht auf mich ein. Reicht mir Wasser. Es ist eine Frau. Ich kenne sie nicht. Sie ist mir egal. Ich will sterben. Tot sein wie mein Sohn.

Ich rede nicht. Es gibt nichts zu sagen. Meine Augen sind zugeschwollen. Ich blute aus Sehschlitzen. Man hält meine Hände fest. Ich reiße mir Haare aus. Habe mir die Arme zerkratzt. Das Gesicht. Blut und Tränen vermischen sich.

Mehr Menschen sind da. Stehen um mich herum. Sie beratschlagen, was zu tun ist. Klauben mich vom Boden auf. Legen mich ins Bett. Ich bin nicht krank. Ich wäre es gern. Ich möchte tot sein.

Fensterläden werden geöffnet. Sonne scheint herein. Hässliche Sonne, böse Sonne. Sie verhöhnt mich. Ein neuer Tag im Paradies. Ich hasse das Paradies. Wie kann die Sonne es wagen, aufzugehen? Zu scheinen, als wäre nichts geschehen? Betäubender Blütenduft strömt herein. Ekelhafte Frangipanis. Ich muss mich erbrechen. Man hält mir ein Gefäß hin.

Sie kümmern sich. Sehen mich besorgt an. Sie sollen weggehen. Ich will niemanden anschauen. Sie sollen mich allein lassen. Aber sie gehen nicht weg. Sie tupfen mir im Gesicht herum. Verbinden meine Arme. Bringen Speisen, die ich nicht anrühre. Stellen Fragen. Ich antworte nicht. Ich kann nicht sprechen. Will es nicht. Will kein Mitleid. Keinen Trost. Es gibt keinen Trost. Nie wieder.

Ich will Nickie.

Ich will ihn zurück.

Es darf nicht wahr sein.

»Nickie, Nickie.« Das einzige Wort.

Mein Handy klingelt. Wieder und wieder. Es liegt in der Ecke. Jemand geht dran. Spricht.

Ich beiße mir auf die Lippen. Innen in die Wangen. Es soll bluten. Wehtun. Aber ich spüre nichts. Nichts außer dem Schmerz in mir. Verzweiflung. Trauer. Fassungslosigkeit. Leugnen.

Jemand steht neben mir, ragt auf wie ein Turm. Es ist Guru Kirpal. Er schaut mich an. Setzt sich. An meine Seite. Er nimmt meine Hand. Ich ziehe sie weg. Er nimmt sie wieder. Hält sie fest.

Er sagt und fragt nichts. Ist einfach da.

Die anderen gehen. Es ist leise im Zimmer. Die Sonne scheint. Der Blütenduft wabert herein. Hähne krähen, Vögel zwitschern. Nichts bedeutet etwas. Das Paradies ist verloren. Nickie ist verloren. Ich bin tot. Ich bin toter als Nickie. Und lebe noch. Schlimmer geht es nicht.

Guru Kirpal schweigt. Ich heule und zucke. Es ist eine OP am offenen Herzen. Ohne Narkose.

»Bitte schlage mich!«

Er schüttelt leicht den Kopf.

»Töte mich!«

»Wenn Gott dir gute Zeiten gewährt, möchte er, dass du ihn vergisst und schläfst. Wenn er dir schlechte Zeiten gibt, möchte er, dass du aufwachst und ihm gegenübertrittst«, entgegnet er.

Leere Worte. Sie bedeuten nichts. Verhöhnen mich. Ich schließe die Augen. Dort ist nur Dunkelheit, Abgrund, Horror. Der pure Horror. Warum, warum, warum?

»Ich will mein Kind zurück! Nickie darf nicht tot sein!«

»Ich mache eine Sat-Nam-Rasayan-Behandlung. Vielleicht hilft es dir, zu verstehen.« Er setzt sich im Schneidersitz auf einen Schemel. Begibt sich in den heiligen Raum der Wahrnehmung. Berührt mich am Arm.

Es ändert nichts. Ich spüre nichts. Verstehe nichts. Keine Entspannung, kein Fließen der Energie. In der Hölle haben die Dämonen das Sagen. Grauenhafte Fratzen. Teuflische Visagen. Ein Gestank nach Schwefel und Verwesung. Unvorstellbare Schmerzen. Leiden bis ans Ende der Zeit.

Doch das Ende kommt nicht.

Ich bin immer noch da und mein Kind ist immer noch tot.

Irgendwann beendet Guru Kirpal die Behandlung. Er sieht mich an. Seine Augen sind voller Güte, Liebe und Mitgefühl. Nichts davon verdiene ich. Ich bin ein schlechter Mensch. Ein Nichts. Eine Rabenmutter. Ich konnte mein Kind nicht beschützen. Nicht retten.

Es kommen keine Tränen mehr.

Die Zeit steht still und ich vergehe.

Guru Kirpal ist immer noch da.

Er nimmt mich in die Arme. Ich klammere mich an ihn. Wie eine Ertrinkende an den Rettungsring.

Aber ich will ertrinken. Im tiefen, blauen Meer. Oder in einer Pfütze. Mir egal. Hauptsache, ich bin nicht mehr da.

Kleinkinder können in einer Pfütze ertrinken. Das nennt man trockenes Ertrinken, weil die Stimmritze sich verschließt. Die Kinder ersticken. Mit Argusaugen hatte ich über Nickie gewacht. Damit ihm nichts geschah. Mit seinen blauen Bob-der-Baumeister-Gummistiefeln ist er in der Pfütze herumgestapft und ich stand daneben, während die anderen Mütter auf der Bank saßen und mich für überbesorgt hielten. Ich hatte ihn immer beschützen wollen und versagt.

Aber vielleicht stimmt es ja nicht. Es gibt immer wieder Fehleinschätzungen, Menschen, die für tot erklärt werden, aber noch leben. Eine aberwitzige, klitzekleine Hoffnung keimt in mir auf. Erst ist es nur ein Fünkchen, dann ein Funke. Solange ich ihn nicht gesehen habe, glaube ich es nicht. Kann es nicht glauben, darf es nicht glauben, das bin ich ihm schuldig. Ich muss so schnell wie möglich nach Rotterdam. Zu viel wertvolle Zeit habe ich vergeudet mit Selbstmitleid, anstatt gleich zu handeln. Ich muss sofort los. Ihn aufwecken.

*

Als ich mit dir schwanger war, träumte ich von einem Engel mit durchscheinenden Flügeln. Das habe ich nicht einmal Stefan erzählt, obwohl ich ihm damals fast alles anvertraut habe. Ich befürchtete, er würde mich albern finden. Es war mir peinlich und ich interpretierte es als einen schwangerschaftsinduzierten Rückfall in die Kindheit, die von Kirchenbesuchen und Bibellesungen geprägt war. Doch der Engel tauchte immer wieder in meinen Träumen auf, sodass ich glaubte, er wäre mein oder dein Schutzengel. Dabei warst du es. Ein Engel, der nur eine kurze Stippvisite auf der Erde machte.

Ich hatte nicht geplant, dich so früh zu bekommen. Mit 25 war ich selbst fast noch ein Kind. Vielleicht wollte ich die Leere füllen, die ich damals schon empfand, der Orientierungslosigkeit entkommen, die neben deinem zielstrebigen Vater deutlich wurde. Falls es so war, geschah es unbewusst. Aber was in unserem Leben ist schon bewusst angelegt? Je älter ich werde, desto demütiger muss ich anerkennen, dass ich fast nichts von Belang entschieden habe. Die Dinge und Menschen sind zu mir gekommen. Und wieder gegangen.

Du hast auf mich gewartet. Irgendwo dort draußen im Äther hat deine Seele geschwebt. Guru Kirpal sagte, Kinder suchten sich ihre Eltern aus. Du hast mich als Mutter ausgewählt - eine unfähige Person -, du wolltest mich etwas lehren oder wolltest du etwas durch uns, deine Eltern, lernen?

Wie zu erwarten, war ich begriffsstutzig. Ich trug dich in mir, ein befruchtetes Ei, das sich zu einem Zellhaufen und dann zu einem beseelten Fötus entwickelte, und du sandtest mir fortwährend Nachrichten. Du hast versucht, in meinen Träumen mit mir zu kommunizieren, mich vorzubereiten, aber ich habe nichts verstanden.

Das erste Mal sah ich dich beim Gynäkologen. Damals kam »Babyfernsehen« in Mode und man machte bei jeder Vorsorgeuntersuchung einen Ultraschall. Ich war in der zwölften Schwangerschaftswoche. Eigentlich konnte ich nichts auf dem Schwarz-Weiß-Bildschirm erkennen. Ein verschwommenes Hin- und Herzucken, unterlegt von einem rauschenden Pulsieren, das dein Herzschlag sein sollte. Der Arzt identifizierte Kopf, Arme, Beine, wo ich nur Flecken sah. Alles dran, meinte er, aber dein Geschlecht wolltest du dem fremden Mann nicht verraten. Doch ich wusste, dass du ein Junge bist. Du hast deinen Namen mitgebracht: Niklas. Deinen Namen habe ich mehr als einmal geträumt.

Die Schwangerschaft war einfach. Mein Bauch wuchs, du gediehst und ich hatte keinerlei Beschwerden. Du wolltest es mir wohl leicht machen. Deine Oma sagte, ich wäre die geborene Schwangere, dein Vater fand tausend Wege, seiner Liebe Ausdruck zu verleihen. Mir ging es so gut wie nie zuvor. Ich war ausgeglichen, ruhte in mir und strahlte von innen heraus. Das Gefühl, nicht allein zu sein, ein Wesen in mir zu tragen, erfüllte mich mit Stolz und Freude. Daher sah ich der Geburt, die die Symbiose beenden würde, zwiespältig entgegen. Zwar freute ich mich darauf, dich in den Armen zu halten, aber ab da wärst du nie mehr vollkommen mein.

Zwei Tage vor dem errechneten Geburtstermin ging es los. Die ersten Wehen waren harmlos, dann kamen sie schneller und wurden heftiger. Ich atmete, wie ich es im Geburtsvorbereitungskurs gelernt hatte, und surfte über die Wellen des Schmerzes. Angst hatte ich keine. Mein Körper spulte das genetische Programm des Gebärens ab und ich konnte mich dem Prozess anvertrauen. Im Krankenhaus untersuchte die Hebamme, wie weit der Muttermund schon geöffnet war: vier Zentimeter. Durchschnittlich dauert die erste Geburt zwölf Stunden, zehn Stunden für die zehn Zentimeter, bis der Muttermund geöffnet ist, und zwei Stunden für die Austreibungsphase.

Dein Vater und ich stellten uns auf weitere acht Stunden Geburtsarbeit ein und bezogen - dank der privaten Krankenversicherung - das gemütlich eingerichtete Gebärzimmer. Wir waren ein gutes Team: Er massierte mir den Rücken, sobald eine Wehe kam, tupfte mir den Schweiß von der Stirn, benetzte meine Lippen. Ich atmete und bewegte mich, so gut es ging, und wanderte an Stefans Arm auf und ab. Du wolltest auf die Welt kommen und ich tat mein Mögliches, um dir zu helfen.

Ab und zu kam eine Hebamme und verschwand nach ein paar aufmunternden Worten wieder. Wir machten unsere Sache prima, lobte sie. Die Stunden verstrichen, ohne dass ich es merkte. Ich war in einer Blase der Zeitlosigkeit, konzentriert darauf, nicht von den stärker werdenden Kontraktionen überrollt zu werden. In den Wehenpausen versuchte ich, Kraft zu schöpfen.

»Der Muttermund ist voll eröffnet«, verkündete die Hebamme schließlich. Plötzlich schoss ein Schwall Wasser aus mir heraus. Die Fruchtblase war geplatzt und damit der Puffer um dich fort. Unvermittelt begann die letzte Phase der Geburt mit echten Schmerzen. Ich ging auf Hände und Knie, bewegte mich weiter. Die Wehen zermalmten mich beinahe, schlugen über mir zusammen, ich schnappte kurz nach Luft, dann kam auch schon die nächste Wehe. Keine Pause mehr. Ich kam mit dem Atmen nicht hinterher und bettelte um eine Periduralanästhesie. Zu spät. Das sei die herausfordernde Übergangsphase. Das Kind käme nun. Betriebsamkeit entstand. Der Oberarzt erschien, in frisch gestärktem Kittel und von einem blumigen Aftershave umhüllt, das mir Brechreiz verursachte. Während ich mich in eine Schüssel übergab, forderte er mich auf, mich hinzulegen.

»Nein«, keuchte ich kratzbürstig. Ich wollte dich auf dem niedrigen Gebärhocker zur Welt bringen, aufrecht sitzend, selbstbestimmt, nicht wie ein Käfer auf dem Rücken liegend. Ich wurde wütend. Mein Körper, dafür gemacht, Kinder zu gebären, mobilisierte letzte Kräfte. Ich war 26 Jahre alt, auf dem Höhepunkt der körperlichen Leistungsfähigkeit und wenn ich nichts anderes gut konnte, das hier ja.

»Nein! Ich sitze!«, schrie ich.

Der Oberarzt gab nach und kauerte sich vor mich hin. Die Hebamme und er krabbelten auf dem Boden herum. Trotz der

Schmerzen musste ich grinsen. Stefan saß hinter mir und stützte mich, während du herauskamst. Das war meine erste und echte spirituelle Erfahrung. Ich war nicht ich, sondern ein Kanal für das Leben, es zerriss mich fast, aber es war ein heiliger Schmerz, dieses Gefühl werde ich nie vergessen. Dann kamst du, ich fasste zwischen meine Beine, spürte dein Köpfchen, nass und haarig. Eine Welle puren Glücks durchströmte mich, ich berührte zum ersten Mal mein Kind.

Aber du schriest nicht.

Du lagst auf der Matte vor mir.

Du bewegtest dich kaum.

Es wurde still im Raum.

Du warst nicht rosig, sondern bläulich. Erst dachte ich, das wäre normal, schließlich musste sich die Lunge entfalten und du den ersten Atemzug tun, bislang hattest du Sauerstoff über die Nabelschnur erhalten, die nun durchtrennt war, eigentlich hätte dein Vater das tun sollen, aber er wurde beiseitegeschoben. Hektik brach aus. Man ergriff dich, rieb dich ab, massierte dich, machte Dinge mit dir, die ich nicht sehen konnte, nahm dich mir weg, dabei solltest du in meinen Armen liegen, an meiner Brust, und noch immer kein Ton von dir. Weißkittel stürmten den Raum, Kinderärzte, ich schnappte die Worte »blaues Baby« auf, man horchte deinen Brustkorb ab, ein schwaches Quäken ertönte, deine Stimme, und ich wollte schon erleichtert sein, als irgendetwas geschah, was weitere Hektik auslöste.

Ich begriff nichts. Du warst doch erst ein paar Minuten auf der Welt, was stimmte hier nicht? Und dann nahm man dich weg und brachte dich auf die Neugeborenenintensivstation und ich war allein. Mein Bauch war leer und du warst fort. Dein

Vater und ich weinten und hielten uns in den Armen, bevor ich ihn anbrüllte, er solle dir, verdammt noch mal, hinterherlaufen.

»Bleiben Sie liegen, Frau Winterberg, ich muss Ihren Dammriss nähen!«

»Beeilen Sie sich, ich muss zu meinem Baby!«

Der Oberarzt, der mich entbunden hatte, fummelte an mir herum, hantierte mit Nadel und Faden, sonderlich geschickt schien er sich nicht anzustellen. Mir liefen Tränen die Wangen hinunter, nicht vor Schmerzen, sondern weil ich zu dir wollte. Jede Faser meines Körpers sehnte sich nach dir, diese Trennung war unnatürlich, was taten sie mit dir?, ich musste dich beschützen. Als das Nähen beendet war, ignorierte ich die Aufforderung, im Bett zu bleiben, und rollte mich seitlich heraus. Immerhin hatte man mir ein sauberes Hemd angezogen.

»Bringen Sie mich zur Neugeborenenintensivstation!«, herrschte ich eine junge Schwester an. Sie gehorchte. Auf sie gestützt taumelte ich den endlos langen Gang entlang. Wie ich dieses Gebäude bereits hasste, die verzweigten Korridore, die wichtigtuerischen Ärzte, den Krankenhausgeruch. Wir waren im Universitätskrankenhaus Eppendorf, weil dein Vater es so gewollt hatte. Vorsichtig, wie er war, hatte er gemeint, dort wäre man für Notfälle gerüstet. Ich hatte das für unnötig gehalten, um des Friedens willens jedoch zugestimmt. Musste ich ihm nun dankbar sein? Kein CT, bei dem die Herztöne des Ungeborenen gemessen wurden, hatte je Auffälligkeiten gezeigt, selbst unter der Geburt hatte dein Herz regelmäßig geschlagen. Nichts hatte darauf hingedeutet, dass etwas nicht in Ordnung sein könnte.

Die Schwester bewirkte, dass ich Zugang zur streng gesicherten Station erhielt. Dort kam mir dein Vater entgegen. Ich erkannte Stefan kaum wieder, so aufgelöst war er.

»Er musste reanimiert werden! Und nun wird er beatmet!«

»Nein!« Schluchzend klammerte ich mich an ihn.

Er umarmte mich fest. »Er lebt. Das ist das Wichtigste. Es wird alles gut, Britta, das verspreche ich dir.« Dein Vater hat mir immer das Blaue vom Himmel herunter versprochen und ich glaubte ihm nur zu gern. Zwanzig Jahre hatte ich ihm geglaubt.

Wir standen vor einer Art Plastikkäfig. Nur durch ein kleines Loch durften wir dich berühren. Du warst nackt, in eine Windel gehüllt, kurz durchzuckte mich das Bild von Maria und Josef an der Krippe des kleinen Jesus, nur dass hier keine Weisen aus dem Morgenland ihre Gaben darbrachten, keine Hirten mit ihren Schafen friedlich herumstanden. Stattdessen piepste und blinkte es überall, du hattest einen dünnen Schlauch im Mund, ein venöser Zugang steckte in deiner Neugeborenenhaut, Elektroden verkabelten dich. Deine Brust hob und senkte sich, deine Augen waren geschlossen. Du warst immer noch leicht bläulich. Alles in mir verlangte danach, dich an meine Brust zu drücken. Doch ich konnte dich nur mit dem Zeigefinger streicheln. Ein Ziehen in der Brust kündigte den Milcheinschuss an.

Jemand räusperte sich. Wir fuhren herum, als hätte man uns bei etwas Verbotenem ertappt.

»Ich bin Doktor Prenz, Kinderkardiologe. Wie heißt ihr Junge?«

»Niklas. Was ist mit ihm?«

»Das wissen wir noch nicht genau. Er hat Herzgeräusche. Sein Herz hat nach der Geburt ausgesetzt. Wie Sie sehen, ist er blau, das deutet auf ein Sauerstoffproblem hin. Sobald er sich stabilisiert hat, müssen wir eine Herzkatheteruntersuchung vornehmen.«

»Ein Herzkatheter? Oh Gott, nein!« Ich wusste, was das war, mein Vater hatte sich dieser Prozedur unterziehen müssen. Ich stellte mir vor, wie sie eine Nadel in deine zarte Leiste einführten, eine winzige Kamera an einem Kabel zu deinem kleinen Herz führten, dich mit Kontrastmittel vollpumpten und mit Röntgenstrahlen durchleuchteten.

»Es gibt keine alternative Untersuchungsmethode. Möglicherweise ist es ein hypoplastisches Linksherzsyndrom. Oder eine Transposition der großen Arterien.«

»Was ist das, bitte?«

»Beides sind seltene und schwere Herzfehler. Sie führen zu der typischen Bläue. Sie können froh sein: Heutzutage kann man die meisten Kinder retten. Noch vor wenigen Jahren haben die Kinder das nicht überlebt.«

*

Die Diagnose lautete »Hypoplastisches Linksherzsyndrom«. Es bedeutete, dass du nur eine statt zwei Herzkammern besaßt. Er hatte recht, der Kardiologe, obwohl er dich bei der ersten Herzkatheteruntersuchung beinahe umbrachte. Wie sich herausstellte, war das Krankenhaus nicht für herzkranke Neugeborene ausgerüstet. Man verfügte weder über speziell ausgebildetes Personal noch über adäquate Ausstattung. Es gab zu der Zeit nicht einmal einen Kinderherzchirurgen - falls nötig, erledigte der Herzchirurg für Erwachsene die Baby-OPs »nebenbei«. Dein Vater recherchierte noch in derselben Nacht, nachdem man uns den Zwischenfall gebeichtet hatte, welche Klinik die beste für Neugeborene war: die Londoner Harley-Street-Klinik. Dort konnte man die notwendigen korrigierenden OPs durchführen. Nur warst du nicht transportfähig. Wie man uns mitteilte, würdest du den Transport dorthin wahrscheinlich nicht überstehen.

Mehrere palliative Operationen waren nötig, um dein Überleben zu sichern, die erste schon im Alter von einer Woche. Normalerweise hätte der Eingriff in einem Neonatal-Zentrum erfolgen müssen. Aber es ging nicht. Wir waren hilflos. Dein Vater versuchte, eine Spezialversorgung zu bewirken, aber Geld spielte dabei keine Rolle. Er hätte sein letztes Hemd gegeben, damit du die allerbeste Versorgung erhieltst. Wir hätten alles für dich getan - notfalls auch unsere Seele dem Teufel überlassen. Aber anders als im Märchen trat kein Teufel an uns heran, um uns einen Handel zu unterbreiten.

Wir mussten unser Kostbarstes in die Hände von Menschen legen, von denen wir wussten, dass sie nicht die Besten auf ihrem Gebiet waren. Ein entsetzliches Gefühl. Der Moloch Krankenhaus hatte uns im Würgegriff.

Die meiste Zeit verbrachten wir zusammen oder abwechselnd auf der Intensivstation. Wir studierten jede winzige Änderung deiner Mimik, wir projizierten all unsere Liebe, durchdrangen das durchsichtige Material deines Bettchens mit Hoffnung und Hingabe, schickten Lebensenergie, um dich am Leben zu erhalten. Wir achteten darauf, dass du unsere Tränen nicht sahst, um dich nicht zu belasten. Wenn einer weinen musste, ging er hinaus. Wir programmierten uns auf Durchhalten. Die Angst war immens, aber wir erlaubten uns nicht, daran zu denken, dass die OP schiefgehen könnte. Wäre das geschehen, hätte dein Vater vermutlich das Krankenhaus so lange verklagt, bis Kläger oder Beklagte bankrott gewesen wären.

Ich versuchte, Milch abzupumpen, damit du die kläglichen Mengen Muttermilch durch die Magensonde zugeführt bekamst. Da ich in einem Einzelzimmer lag, wurde ich dort nicht mit dem Glück einer anderen jungen Mutter konfrontiert, die ihr Baby im Arm hielt oder stillte. Und wenn ich über die Flure huschte, blendete ich die Frauen aus, die ihr Kind im Bettchen vor sich herschoben.

Bald würdest du gesund sein, sagte ich mir immer wieder. Dein süßes kleines Gesicht ließ heiße Liebe in mir aufwallen. Die meiste Zeit schliefst du, leicht sediert. Man wartete, bis du dich genügend stabilisiert hattest. Gewicht konntest du bei der spärlichen Ernährung und unter den belastenden Umständen nicht zulegen. Im Gegenteil, du nahmst sogar noch ab, wie die meisten Neugeborenen in den ersten Tagen. Als es so weit war und die erste palliative OP stattfand, durften wir dich nicht einmal in den Vorraum des Operationssaales begleiten. Du würdest sowieso schlafen, teilte man uns mit.

Wir wollten hier nicht warten. Während der Stunden, die die OP dauern würde, verließen wir das Krankenhausgelände und fuhren in die Hamburger Innenstadt. Ich fand mich nicht mehr zurecht. Da ich seit dem schrecklichen Befund fast nichts mehr gegessen hatte, hatte ich mein Gewicht von vor der Schwangerschaft wieder, war nur unendlich schwächer. Am Arm deines Vaters taumelte ich über den Jungfernstieg, vorbei an prunkvollen Schaufenstern und lachenden Menschen, die unbeschwert einkauften. Ich fühlte mich der Welt nicht zugehörig. Wir gingen ins Alsterhaus, direkt in die Baby- und Kinderabteilung. Dort kauften wir Unmengen an Kleidung und Spielzeug, wie Opfergaben oder Bestechungsversuche eines unentschiedenen Gottes. Die Verkäuferin zuckte nicht einmal mit den Wimpern angesichts der beiden randvollen Einkaufswagen, als Stefan ihr seine Kreditkarte reichte und die Lieferadresse nannte.

Zurück im Krankenhaus gab es noch keine Nachricht. Keine Erlösung aus dem furchterregenden Schwebezustand. Dein Vater hatte nach mehreren Jahren Abstinenz angefangen zu rauchen. So standen wir vor dem stinkenden Aschenbecher, aneinandergelehnt wie zwei windschiefe Bäume. So nah wie in dieser schrecklichen Zeit sind wir uns danach nie wieder gewesen. Als dann eine Schwester auf uns zulief, blieb mir fast das Herz stehen. Sie lächelte.

»Ihr Sohn hat die OP überstanden. Sie können zu ihm.«

Danke, danke, danke!

Von Kopf bis Fuß in sterile Kleidung gehüllt, passierten wir mehrere Schleusen. Man hielt dich gefangen wie in einem Hochsicherheitstrakt. Winzig klein lagst du da, von Maschinen und gleißendem Licht umgeben. Auf deiner Brust klebte ein Riesenpflaster, aus deinem Brustkorb kamen Drainageschläuche, du warst intubiert und so verkabelt, dass wir dich kaum sahen. Aber du lebtest.

Weitere acht Monate sollten vergehen, bis wir dich zum ersten Mal mit nach Hause nehmen durften. In dem Alter krabbeln oder robben die meisten Babys, manche ziehen sich schon zum Stehen hoch. Du konntest gerade mal dein Köpfchen heben und mit den Armen und Beinen strampeln und wogst so viel wie ein drei Monate altes Kind. Ich trug dich feierlich über die Schwelle des Hauses. Staunend sahst du dich um, deine Augen funkelnd vor Neugier und Freude. Nie habe ich begriffen, wie kleine Kinder all das Leid und die Schmerzen verkraften können, wie sie darüber hinweggehen, während es uns Erwachsene für immer knechtet. In der Harley-Street-Klinik, wo wir zweimal mit dir waren, als du anderthalb und drei Jahre alt warst, um die korrigierenden OPs vornehmen zu lassen, habe ich frischoperierte Kleinkinder gesehen, die auf dem Bobby Car oder dem Dreirad herumfuhren, als wäre das ein Klacks gewesen. Jene Kinderklinik war das komplette Gegenteil vom Hamburger Universitätsklinikum. Die Schwestern trugen bunte Kittel mit Comicfiguren, an der Rezeption checkte man wie in einem Hotel ein. Mit den Kindern wurde gesprochen, sie wurden liebevoll berührt, getröstet. Ihr Wohl stand im Mittelpunkt.

Dort durfte ich dich bis ins *Operation Theater* bringen, wie man den OP dort nannte. Schön war auch das nicht, denn du wehrtest dich und wandest dich in meinen Armen, benebelt vom Beruhigungsmittel, durstig vom Trinkverbot. Und ich kam mir vor, als trüge ich dich höchstpersönlich zum Schafott.

Doch es lief gut. Besser hätte es nicht laufen können. Dein Vater dankte Doktor de Lavalle, damals einer der drei weltbesten Kinderherzchirurgen, und bat um die Ehre, ihm lebenslang täglich seinen Porsche waschen zu dürfen. Der hagere Franzose lächelte zum ersten Mal, seit wir ihn kannten. Auch die nächste OP, die ebenfalls von dem exzellenten de Lavalle durchgeführt wurde, gelang. Vor dem Eingriff hattest du Angst, denn mit drei Jahren wusstest du, was auf dich zukam. Im Flugzeug hast du dich an mich geklammert und darum gebeten, lieber woanders hinzufliegen. Ich versprach dir, es wäre die letzte Operation. Danach wärst du gesund. Ich habe gelogen. Und de Lavalle ist mit 46 Jahren an einem Herzinfarkt gestorben.

14.

Liebe ist eine immerwährende Erinnerung. Sie kommt mit jedem Atemzug, lebt in dir und erhebt dich.

Habe es gestern erfahren. Bin in Singapur. Gleich geht der Flug nach Bali. Hole dich ab.« Stefan spricht im Telegrammstil, seine Stimme heiser und abgehackt, klingt wie ein rostiger Automat. Ich spüre, dass er kurz davor ist zusammenzubrechen. Den Vater meines Kindes so zu hören, bringt mich fast um den Verstand. Die gekappte Verbindung zu dem, was wir miteinander hatten, macht das Geschehene noch unfassbarer.

Ich kann das Handy kaum am Ohr halten, so sehr zittere ich. Um mich herum wuseln Leute, die sich kümmern, mir stärkende oder beruhigende Getränke reichen. Eine Frau hat mir das Telefon gebracht, weil es nicht aufhörte zu klingeln.

»Vielleicht stimmt es nicht«, stoße ich hervor. Seit gestern Nacht klammere ich mich an diesen Gedanken, der aufgetaucht ist wie eine Lotosblüte aus schlammigem Grund. Ich kann nicht akzeptieren, dass es wahr sein soll. Während wir reden, werfe ich sinnlos Klamotten in den Koffer. Als wenn es nicht völlig egal wäre, was ich mitnehme. »Wir müssen nach Rotterdam! Ihn da rausholen.«

Er schweigt.

»Bist du noch da? Wir treffen uns in Denpasar am Flughafen ...«

»Britta, ich bin genauso traurig wie du. Es ist grauenhaft, aber Realität: Unser Sohn ist tot.«

»Nein!« Trotzige Tränen sammeln sich hinter meinen Lidern. »Das kann nicht sein. Solange ich ihn nicht gesehen habe, ist es nicht wahr!« Ich bin wie das kleine Mädchen, das sich die Augen zuhält und meint, für alle anderen unsichtbar zu sein.

Stefan schluchzt. Ein ungewohnter Laut. Dann fasst er sich und sagt: »Ich buche uns zwei Flüge nach Rotterdam. Wir holen ihn ab und bringen ihn heim.«

Heim, nach Hause, in die Oase im Alstertal. Unser verlorenes Paradies. Wo Nickie in seinem Zimmer spielt, ich koche und Stefan den Rasen mäht. Glückliche Zeiten.

Ohne ein weiteres Wort legen wir auf. Ich knalle den Kofferdeckel zu und schnappe mir meinen Reisepass. Irgendetwas in mir schaltet auf Autopilot. Ein Notprogramm wird hochgefahren, das mich ermächtigt, die Scherben meines Ichs zusammenzusammeln und zu funktionieren. Guru Kirpal steht neben mir, er ist wie aus dem Nichts aufgetaucht.

»Du reist zu ihm? Gut. Es ist wichtig, dass du dich verabschiedest.« Seine braunen Augen blicken mich voller Mitgefühl an. Er bietet an, mich tröstend in die Arme zu nehmen. Es ist ein verführerisches Angebot. Aber ich darf mich da nicht hineinfallen lassen, sonst schaffe ich die Reise nicht. Ich muss stark und zuversichtlich werden. Also nicke ich nur, verzichte darauf, ihm zu erklären, dass Nickie vielleicht wieder aufgewacht ist, man weiß ja, dass Ärzte eben auch nur Menschen sind, und Menschen machen Fehler, viele Fehler, dass jemand für tot erklärt wird, der noch lebt, ist bekannt, so mancher ist schon lebendig begraben worden. Es wird sich aufklären, zur Erleichterung aller, sobald ich da bin.

»Wahe Guru. Solange wir den Tod fürchten, sind wir verloren. Aber wir haben den meditativen Geist, mit dem wir den Tod überwinden und furchtlos werden können. Akhan Jor. Meditiere auf das Pauri. Du schaffst das«, gibt er mir mit auf den Weg.

»Danke. Sat Nam.«

»Sat Nam. Geh mit Gottes Segen. Und komm bald zurück. Dein Platz ist hier.«

Innerlich widerspreche ich. Mein Platz ist bei dir, meinem Sohn. Warum habe ich dich überhaupt allein gelassen? In einer Zeit, wo alles auf der Kippe stand, wollte und sollte ich dich loslassen und nun sieht man, was daraus geworden ist.

Der Fahrer wuchtet den Koffer ins Auto. Guru Kirpal, Sabine und die hübschen Mädchen stehen Spalier, als ich an ihnen vorbeitaumle, als hätte ich zu viel Alkohol getrunken. Sie lächeln und machen aufmunternde und tröstende Bemerkungen. Ich schwitze wie verrückt. Im Wagen ist es feucht-kalt. Der Fahrer braust los. In einer Staubwolke lassen wir das Anwesen hinter uns, das verblasst wie eine Fata Morgana. Im Rückspiegel sehe ich Guru Kirpal, der größer ist als die anderen, und ich muss an Turtur, den Scheinriesen, denken, den du so gemocht hast. Jim Knopf und Lukas, der Lokomotivführer, gehörte zu deinen Lieblingsgeschichten. In der Wüste, als die Lokomotive Emma die Gleise verließ und durchs Gebirge fuhr, weil sie die kleine chinesische Prinzessin - wie hieß sie noch, Lin-Lin, Li Si? - aus Frau Mahlzahns Klauen retten wollten, begegneten sie ihm. Turtur war aus der Entfernung riesengroß und schrumpfte, je näher sie kamen. Du wolltest diese Passage immer wieder hören.

Anders als Turtur schrumpft Guru Kirpal und ist im Handumdrehen verschwunden, genau wie die Wochen - oder sind es Monate -, die ich hier verbracht habe, sofort verblassen. Der Flughafen empfängt mich mit trister Leere. Das Elend stürzt auf mich ein, als ich durch die Schiebetüren trete, über den trostlos braun-orange gemusterten Teppichboden gehe, und ich muss mir immer wieder sagen, dass du noch lebst. Du lebst und ich bin auf dem Weg zu dir. Ich klammere mich an den Strohhalm, dass alles ein Irrtum ist. Denn ich hätte doch den Moment spüren müssen, als es geschah, anstatt fest zu schlafen. Ich kann nie schlafen und ausgerechnet, als du gestorben sein sollst, habe ich geschlafen? Ausgeschlossen. Wir hatten immer eine Verbindung und sie ist nicht abgerissen. Vivi hat sich geirrt, der Notarzt hat keine Ahnung und Stefan ist ein Pessimist.

Ich setze mich auf eine Bank und warte. Früher haben wir am Flughafen Karten gespielt, weißt du noch? Erst Mau-Mau, dann Rommé, später Skat, aber dafür war ich zu blöd oder du zu schlau, jedenfalls habe ich nie gewonnen. Du sagtest, man müsse sich die Karten merken, die die anderen ausspielten. Wenn dein Vater nicht dabei war, bestandest du auf Bauernskat. Manchmal konnte ich dich zu Rommé überreden. Wenn ich dabei eine Glückssträhne hatte, habe ich dich gewinnen lassen, aber du durftest es nicht merken, sonst wurdest du sauer. Du hast es gehasst, weil es kein richtiger Sieg war. Du wolltest keine Almosen. Auch keine Nachsicht in der Schule und keine Extrawurst wegen deiner Krankheit. Mein lieber, lieber Nickie. Ich vermisse dich so.

Ein schlanker Mann kommt schnellen Schrittes auf mich zu. Erst als er vor mir steht, erkenne ich Stefan. Er scheint gealtert, die von grauen Strähnen durchzogenen dunklen Haare wirken fast vollends grau. Ich habe ihn als athletisch in Erinnerung, nun wirkt er hager und geht gebeugt. Meine Beine sind wie Pudding, als ich aufstehe. Ich beginne zu zittern.

»Britta, es tut mir so leid!«

»Sag das nicht!«

Wir fallen uns weinend in die Arme, klammern uns wie Ertrinkende aneinander, nur dass keiner den anderen retten kann. Wir sind verloren, Schiffbrüchige ohne Rettungsboot, allein im weiten Ozean. Am Schalter weist man uns getrennte Plätze zu, was mir egal ist, aber Stefan macht einen Aufstand, regt sich so auf, wie ich es gar nicht von ihm kenne, bis wir nebeneinandersitzen dürfen. Aber wer sind »wir«? »Uns« gibt es nicht mehr. Mich zumindest nicht, ich bin ein Hologramm. Alles was geschieht, passiert nur dem durchscheinenden Abbild meines Selbst. Der Platz neben mir in der Dreierreihe ist frei. Nein, da sitzt du. Wir sind immer zu dritt in den Urlaub geflogen. Warum sollte es jetzt anders sein? Côte d'Azur, Toskana, Bretagne, Algarve, Luxusresorts in Europa mit guter ärztlicher Versorgung in der Nähe, später in die USA, Santa Monica, Los Angeles, New York, du liebtest Großstädte. Nie nach Südostasien wegen des Klimas oder in Gebiete, wo ein kardiologischer Notfall verheerend wäre. Also, was machen wir hier, auf dem Rückflug von Denpasar über Kuala Lumpur nach Rotterdam? Möchtest du etwas trinken, eine Cola, ein Eis?

Stefan hält meine Hand. Wir reden nicht. Worüber sollten wir uns unterhalten? Ab und zu weint einer von uns. Das Essen haben wir nicht angerührt. Stefan trinkt einen Rotwein nach dem anderen. Als es dunkel wird, verteilen die Stewardessen Schlafbrillen und Kopfkissen. Stefan schläft ein, mit offenem Mund. Er schnarcht. Ein Speichelfaden rinnt ihm aus dem Mundwinkel. Er ist mir fremd. Ich kann mich nicht mehr daran erinnern, wie es war, mit ihm verheiratet zu sein.

»Die Ehe ist die höchste Form des Yoga, denn da musst du wirklich durchgehen und atmen«, sagte Guru Kirpal. Noch so eine Yogaform, in der ich versagt habe. Aber ist es nicht egal? Gegangen, gegangen, gegangen. Ich begrüße die Leere. Wir sind Seelen, die eine menschliche Erfahrung gemacht haben. Da bist du ja. Mein Hologramm nimmt deines in den Arm, wir kuscheln uns aneinander und schauen uns einen Zeichentrickfilm nach dem anderen an.

*

Als wir in Rotterdam landen, ist es Nacht. Zeitverschiebung und Flugdauer haben das innere Chaos noch verstärkt. Ich muss zu dir. Du wartest auf mich.

»Gibt es eine Nachricht?«, frage ich Stefan, der den Kopf schüttelt. Unser Sohn liegt im Leichenschauhaus, da ist es kühl, nein, eiskalt, und wenn er sich jetzt noch eine Lungenentzündung zuzieht?

Am liebsten würde ich sofort losfahren, stattdessen warten wir am Gepäckband auf die Koffer. Zeitverschwendung. Doch als das Gepäck eintrudelt, überkommt mich Mutlosigkeit, sodass ich kaum einen Fuß vor den anderen setzen kann. Stefan wuchtet die Koffer auf einen Trolley und bugsiert mich zum Taxistand.

Es ist kalt und dunkel. Obwohl ich noch nie in Rotterdam war, ist mir die Stadt auf Anhieb unsympathisch. Amsterdam ist schön, Grachten und schiefe Häuser, fröhliche Menschen auf Fahrrädern und in Coffeeshops, aber Rotterdam klingt schon so unangenehm, nach Verrotten. Die Straßen glänzen regennass. Stefan hat dem Fahrer die Adresse genannt. Ich habe nicht zugehört. In erschöpftem Schweigen brausen wir durch die Nacht.

»Willst du dir nicht etwas überziehen?«

Ich blicke an mir herunter: Mit dem bunten Balikleid und den Sandalen bin ich viel zu dünn und unpassend gekleidet. Ich hole eine dunkle Strickjacke aus der Tasche und wickle einen Schal um. In mir streiten sich zwei Extreme: »Gleich wird sich alles aufklären«, sagt die eine Stimme und »Ich habe solche Angst, den Leichnam meines Kindes zu sehen« die andere. Hoffnung und Entsetzen ringen in meiner Brust miteinander. Stefan hat sich ergeben. Er ist in sich zusammengesunken, die 1,90 Meter große Gestalt scheint mit jedem Kilometer mehr zu schrumpfen.

Dann sind wir da. Bestattungsinstitut Van der Waal steht auf dem Schild über dem Eingang, ich stutze: »Ich dachte, er wäre im Kühlraum der Klinik?«

Stefan schüttelt den Kopf. »Nein, das habe ich nicht gesagt. Die Ärzte haben seinen Tod festgestellt und man hat mir mehrere Bestatter zur Auswahl genannt, ich habe diesen gewählt, weil er der beste schien. Zumindest ist er der teuerste.«

Ich lasse ihn stehen, stürme zur Tür, hämmere dagegen. Wir sind außerhalb der Öffnungszeiten hier, aber ein Mitarbeiter eilt herbei. Er trägt einen zu großen schwarzen Anzug mit weißem Hemd, in dem er aussieht wie ein Pinguin, und blinzelt uns aus halb geschlossenen Augen an. Wie ich diesen professionell pietätvollen Gesichtsausdruck hasse! Üben die Leute vor dem Spiegel, wie man auszusehen hat, eine Maske aus Trauer, Mitleid und Seriosität? Erarbeitet man sich das mühsam, ist das Einstellungskriterium und Begabungssache?

»Herr und Frau Winterberg, nehme ich an?« Er spricht deutsch mit holländischem Akzent, was albern klingt und seinen Gesichtsausdruck konterkariert.

Stefan nickt knapp.

»Hier entlang, bitte.«

Das Zittern fängt wieder an, so stark, dass ich mit den Zähnen klappere. Dein Vater stützt mich, das Angebot, mich hinzusetzen und eine Tasse Tee zu trinken, schlage ich aus.

Der Pinguin öffnet eine Tür und knipst das Licht an. Es ist ein Schock, dich zu sehen. Da liegst du, auf einem Metalltisch, unter einem dünnen weißen Laken anscheinend nackt. Ich bin empört, schnappe nach Luft, wie kann man dich so frieren lassen? Im Raum ist es so kalt wie in einem Kühlschrank. Ich eile zu dir, stolpere dabei über meine eigenen Füße, falle fast auf dich, dann fasse ich deine Hände, sie sind eisig, deine Haut unnatürlich wächsern und blau, so blau warst du zuletzt bei deiner Geburt, ich beuge mich über dich, deine Augen sind geschlossen, ich küsse deine Lippen und Wangen, du reagierst nicht, ich küsse deine Stirn, streichle dein schönes Haar, es ist das Einzige, was sich lebendig anfühlt. Etwas ist anders, etwas fehlt. Dein Körper ist hier, aber deine Seele nicht mehr. Ich begreife es. Der Schmerz zerreißt mich, es ist schlimmer als auf Bali, heftiger als nach Vivis Anruf und all meine Hoffnung zerbirst jetzt, denn es ist nicht zu leugnen, du bist nicht mehr da. Du bist fort und ich kann nichts machen, dich nicht wiederbeleben, dich nicht zurückholen, dich nicht neu gebären. Ich bin machtlos. Tränen laufen mir über das Gesicht, ein Heulen und Wehklagen erfüllt den Raum, das nicht menschlich klingt, ich bin es, die diese Laute von sich gibt, kein körperlicher Schmerz ist je so schlimm gewesen, wird jemals so grauenhaft sein wie dieser, wie die Gewissheit, dass mein Kind tot ist.

Stefan steht auf der anderen Seite, mir gegenüber, sein Gesicht ist schmerzverzerrt, gemeinsam beugen wir uns über unseren Sohn, diesen wunderbaren Menschen, das Schönste und Beste, was je aus uns beiden entstanden ist. Warum, warum, warum mussten wir dich verlieren? Alles, was wir geben mussten, haben wir gegeben und doch hat es nicht gereicht. Es entspricht nicht der natürlichen Ordnung der Dinge, dass ein Kind vor seinen Eltern geht.

Eltern haben vor ihren Kindern zu sterben, nicht umgekehrt.

Es ist nicht gerecht.

Es gibt keine Gerechtigkeit.

Wie lange wir hier sind, weiß ich nicht. Ich habe dich ein wenig angehoben und wiege dich in meinen Armen. Doch du wirst nicht warm, erwiderst die Umarmung nicht. Wie oft habe ich dich gehalten, um dich zu trösten, dich zu besänftigen, dich zum Einschlafen zu bringen. Nun schläfst du für immer. Ich will mich nicht von dir trennen. Sobald ich mich umdrehe, wirst du vergehen. Der Prozess der Auflösung, der Zersetzung wird unaufhaltsam einsetzen, er hat schon begonnen, mit dem letzten Schlag deines Herzens, irgendwann in jener Nacht. Zumindest warst du nicht allein, wenigstens warst du geborgen, in Liebe, hast nicht gelitten, bist einfach nicht wieder aufgewacht. An diesen Gedanken muss ich mich klammern, wie zuvor an die Hoffnung, dass es ein Irrtum gewesen sein könnte.

»Britta, komm. Sag Lebewohl.«

Die beiden Männer drängen mich zu gehen. Dem Pinguin ist kalt, er trippelt von einem Fuß auf den anderen. Stefan legt mir die Hand auf die Schulter. Wie immer ist Stefan schneller als ich, er hat sich verabschiedet, sich abgefunden. Widerwillig lege ich dich behutsam auf den Tisch zurück. Ziehe das tränennasse Laken hoch.

»Ich werde ihn ankleiden«, kündigt der Pinguin an. »Seine Lebensgefährtin hat einen Anzug gebracht.«

»Nein!« Die Vorstellung, dass der fremde Mann meinen Sohn berührt, ist mir zuwider. »Das machen wir selbst.«

»Sind Sie sicher? Die meisten wollen das lieber uns überlassen.«

»Ja. Lassen Sie uns allein.«

Das ist unser letzter Liebesdienst. Gemeinsam ziehen wir unseren toten Sohn an, die Socken, Unterwäsche, Hemd und Hose, das Sakko. Wir tun es schweigend, behutsam. Halten dich noch einmal in den Händen, kleiden deinen Körper an, sorgsam. Ich weine ohne Unterlass.

In anderen Kulturen ist es üblich, Totenwache zu halten, viele Stunden, Tage sogar. Verwandte und Freunde kommen vorbei und nehmen Abschied. Man kann sich allmählich mit dem Tod vertraut machen, den Schrecken darüber mildern, dass jemand gegangen ist. Die Menschen lernen, den Tod als Teil des Lebens zu betrachten und das Unausweichliche zu akzeptieren.

Hier dürfen wir das nicht. Man will uns loswerden. Schon viel zu lange belagern wir dich. Auf seltsame Weise scheint der Bestatter Besitzansprüche anzumelden.

»Kann ich hier übernachten? Bei meinem Sohn?«

»Das ist leider nicht möglich, Madame.« Er schüttelt scheinheilig-bedauernd den Kopf.

Stefan klärt, wann du morgen Vormittag zum Flugzeug gebracht wirst, mit dem die Überführung nach Hamburg stattfindet. Der Pinguin spricht von »dem Leichnam« und ich bin kurz davor, auf ihn loszugehen.

»Er heißt Niklas. Niklas Winterberg. Er hat einen Namen!«, fahre ich ihn an.

Als wir das Etablissement verlassen, dämmert es bereits. Wie Kriegsversehrte schleppen wir uns Arm in Arm zum Hotel, das nur zwei Straßen weiter liegt. Dein Vater hat vorausschauend gebucht. Nicht einmal ein Weltuntergang beraubt ihn seiner Handlungsfähigkeit.

Das Hotelzimmer ist geräumig, die Betten breit. Wir legen uns hin, an Schlaf ist nicht zu denken. Meine Gedanken kreisen unentwegt um dich, Bilder, wie du im dunklen Anzug im Sarg liegst, überlagern die Bilder an schöne Zeiten. Immer wieder quellen Tränen und Schluchzer aus mir heraus, krampfartig, wie bei deiner Geburt ebbt der Schmerz ab und schwillt an, steigert sich. Auch Stefan weint.

Irgendwann putzt er sich die Nase, dreht sich zu mir um, streicht mir über das Haar, das Gesicht, eine langsame, hypnotische Bewegung, wie ich es immer bei dir gemacht habe, wenn du geweint hast, du konntest ihr nicht widerstehen und bist zur Ruhe gekommen.

»Schlaf«, sagt er. »Schlaf.« Und für diese Geste liebe ich ihn. Ein heiß aufwallendes Gefühl inmitten der Schwärze. Verzweifelt klammere ich mich an ihn. So liegen wir stocksteif da, bis es Zeit ist, aufzustehen.

Als es hell wird, duschen wir, ziehen uns an, trinken Kaffee, die Routine bewahrt uns davor, in den Abgrund zu fallen, der sich bei jedem Schritt auftut: Vor ein Auto rennen. Von der Brücke stürzen. Oder aus dem Fenster. Hat das Hotel uns deshalb ein Zimmer im Erdgeschoss gegeben? Einfach nichts mehr fühlen, nicht mehr leiden, nicht trauern. Der Weg ist so weit, es ist ein unendlicher Tunnel. Ich sehe kein Licht am Ende, nie mehr werde ich lachen, nie mehr Freude empfinden können. Ich will nur bei dir sein, eins mit dem Vergessen.

Am Flughafen treffen wir Viviana. Sie ist ebenfalls blass, hat dunkle Ränder unter den Augen, sieht elend aus. Ein hilfloses Mädchen stürzt mir in die Arme.

»Es tut mir so leid, Britta!« Gequält sieht sie mich an, als bedürfe sie meiner Absolution. Das arme Kind, wie furchtbar muss es für sie sein, den Geliebten tot neben sich zu finden und dann noch den Eltern Rede und Antwort stehen zu müssen, so als hätte sie nicht gut genug auf ihn aufgepasst.

»Es nicht deine Schuld. Du kannst nichts dafür«, flüstere ich und sie beginnt zu weinen.

Im Flugzeug sitzt sie zwischen uns, auf deinem Platz, ein Ersatzkind, ich halte ihre Hand und wir spähen aus dem Fenster. Aber wir sehen nicht, wie dein Sarg verladen wird.

Die Stewardess serviert Getränke. Stefan drängt uns Orangensaft auf, er selbst trinkt Rotwein, morgens um elf. Ich bin ihm dankbar, dass er Flüge in der ersten Klasse gebucht hat, so sitzen wir abgeschirmt von den anderen Passagieren. Jeder Schluck, den ich trinke, kommt mir unethisch vor, denn damit erhalte ich mich am Leben, was mir nicht zusteht. Aber um Viviana ein gutes Beispiel zu sein - sie scheint seit deinem Tod auch nichts mehr gegessen zu haben -, beiße ich in ein

Croissant. Es schmeckt wie Pappe. Vivi würgt an einem Gebäckteil herum.

»Es ist entsetzlich. Er ist gestorben, einfach so! Ich denke immer noch, es ist ein böser Traum.«

Vivi will ihr Studium in Rotterdam aufgeben. »Ich kann da nicht weiterstudieren, es wäre, als würde ich über ihn hinwegtrampeln, verstehst du?« Sie schnieft. »Ich weiß nicht, wie es weitergehen soll. Wahrscheinlich bleibe ich erst einmal bei meinen Eltern. Ich muss mir Zeit nehmen und in Ruhe trauern.«

In Ruhe trauern. Kluges Mädchen. Die richtige Einstellung. Eine weise Sicht. Und so traurig, so am Boden zerstört sie auch ist, spüre ich, dass sie sich bereits von dir fortbewegt. Sie hat dich geliebt, sie wird dich vielleicht für immer lieben, wer weiß, oder sie wird dich als Jugenderinnerung, als traurige Anekdote abhaken, doch sie wird einen anderen Freund finden, einen neuen Mann, sie wird heiraten oder auch nicht, Kinder bekommen oder nicht, sie wird ihren Weg gehen. Sie wird ein wunderbares Leben haben.

Aber ich werde keinen neuen Sohn haben. Kein anderes Kind. Auch keinen Mann. Keine Hoffnung. Ich hatte nur dich und werde dich für immer nie mehr haben.

15.

Halte durch und du wirst gehalten.

Wenige Tage später tragen wir dich zu Grabe. Ich nehme seit der Ankunft in Hamburg Beruhigungsmittel am Tag, Schlafmittel zur Nacht. Mein Hausarzt hat mir großzügig bunte Pillen verschrieben, die ich nun mit Wein hinunterspüle. Nur im Rausch ertrage ich es zu existieren. Der Schmerz und die Trauer sind dadurch zwar nicht fort, aber ich bin in Watte gepackt. Die Kanten sind nicht ganz so hart. Ich wate durch all die sinnlosen Stunden wie durch Morast, nicke zu Stefans Entscheidungen über deinen Sarg, den Grabstein, den Ablauf der Beerdigung. Er nimmt das Zepter in die Hand, wie immer, und ich brauche keinen klaren Verstand zu haben.

Du wirst im Familiengrab auf dem Ohlsdorfer Friedhof beigesetzt, wo mein Vater liegt. Stefan hat drei Plätze dazugekauft, denn eigentlich war deine letzte Ruhestätte für meine Mutter gedacht. Sie war lange vor dir dran und hat die Chance nicht genutzt. Ihr hat die Nachricht vom Tod des einzigen Enkels einen solchen Schock versetzt, dass sie vollkommen verwirrt ist. Immer wieder faselt sie etwas von ihrem Bruder, der vor fast sechzig Jahren von einem Trecker überfahren wurde und den sie mit dir zu verwechseln scheint. Sie fährt mit einem Taxi vor. Wir stehen schon vor Kapelle 9, wo die Zeremonie stattfinden soll.

»Wo ist Nickie?«, fragt sie statt einer Begrüßung. Eine Pflegerin, die sie begleitet, versucht, ihr die verrutschte Jacke des schwarzen Kostüms zuzuknöpfen. Meine Mutter weist ihre Begleiterin an, ihr eine Zigarette anzuzünden. Dabei raucht sie seit einem Vierteljahrhundert nicht mehr.

Stefan und ich lehnen aneinander wie Bäume, denen man die Wurzeln weggerissen hat, windschief dem Sturm trotzend. So begrüßen wir die Trauergäste, Verwandte, eine Handvoll Schulfreunde von dir, ein paar Eltern der Herzkinderhilfe, einige Freunde. Sie umarmen mich, flüstern mir tröstliche Worte ins Ohr. Ich bedanke mich, lächle unter Tränen. Aber es gibt keinen Trost. Jeder deiner Freunde ist ein Stich ins Herz. Sie zu sehen, lebendig, atmend, bereit für die Zukunft, reine Tortur. In Wahrheit könnte ich sie alle umbringen. Vivi wird von ihren Eltern begleitet, die zu Boden blicken und nichts zu sagen wissen. Sie hat abgenommen und ihre Drallheit verloren, alles Mädchenhafte ist verschwunden.

Es ist Mai. Man glaubt es kaum. An einem wunderschönen Tag im Mai habe ich einst geheiratet, die Sonne schien, ich badete in Lachen und Freude. So viel Licht war um mich herum. Nun sehe ich nichts als Schatten und Schwärze, obwohl die Rhododendren in voller Blüte stehen. Der Ohlsdorfer Friedhof ist berühmt für seine gigantischen Rhododendrenbüsche, sie blühen in Weiß, Pink, Violett, ein reines Farbenmeer. Die Bäume, teilweise hundert Jahre alt, rauschen und ich lege den Kopf in den Nacken. Irgendwo dort bist du vielleicht noch, schwebst im Magnetfeld der Erde und schaust dabei zu, wie deine irdische Hülle in der Erde versenkt wird. Gibst du mir ein Zeichen? Bitte, Nickie, ich kann dich nicht hören.

»Britta, komm. Es ist so weit.«

Stefan führt mich in die Kapelle. Wir sitzen in der ersten

Reihe, flankiert von Oma und Vivi. Dein Sarg, ein wunderschönes weißes, mit reichen Schnitzarbeiten versehenes Exemplar, steht vor uns aufgebahrt, rote Rosenkränze sind darauf und daneben drapiert, Schleifen bekunden Liebe und Anteilnahme. Aber es ist eben doch nur eine Holzkiste. Man kann es sich nicht schönreden. Und du solltest nicht in einer verdammten Kiste liegen. Du solltest studieren und leben, älter werden, Kinder bekommen, Erfahrungen sammeln, die Welt mitgestalten. Du hattest so viel Potenzial.

Der Pastor betritt den Raum. Es ist derselbe, der dich getauft hat, mit fünf Jahren, nach den letzten großen OPs. Aus Trotz deiner Oma gegenüber, die meinte, ungetauft kämst du in die Hölle, falls etwas schiefgehen sollte, haben wir es spät getan. Du trugst einen rohseidenen Neru-Anzug und hast die Taufkerze selbst gehalten, ohne dass dir Wachs auf den Boden getropft wäre. Auf den Fotos lächelst du schelmisch in die Kamera.

Das verhaltene Gemurmel verebbt. Der Geistliche hält seine Ansprache in einer wohlmodulierten Stimmlage. Stefan hat ihm zuvor Informationen gegeben, die der Mann nun abspult, verpackt in Bibelweisheiten. Ich höre nicht zu. Die Sätze fließen an mir vorbei, Geschwafel über Endlichkeit und ewiges Leben, göttlichen Willen und menschliche Demut. Dass Gott dich zu sich genommen hat, will mir nicht einleuchten. Es gibt mir keinen Trost. Meine Mutter brabbelt vor sich hin, wo Nickie sei und wie ungehörig sie sein Zuspätkommen bei Richards Beerdigung finde. Stefan drückt ihre Hand. Ich werfe eine rosa Pille ein. Könnte ich mich nur auflösen oder wie Oma in Fantasiewelten abdriften. Es war schön, auf dem Weg von Bali nach Rotterdam zu denken, ich bräuchte dich nur aufzuwecken.

Wir singen, dann steht Stefan auf und spricht über dich. Ich bewundere ihn, wie er seine Trauer in Worte gießt, ein Kunstwerk daraus macht, das er dort in seinem Maßanzug vorführt und das die Gäste berührt. Ein Vater, der würdig Abschied nimmt. Eine Mutter, die unter Psychopharmaka steht. Eine Oma, die gaga ist.

Wir erheben uns zum Gebet und zum Segen. Es folgt die Prozession zur Grabstelle. Sechs Schulfreunde tragen den Sarg, sie haben inständig darum gebeten. Du warst beliebt, man bewunderte dich für deine Lässigkeit und Intelligenz, obwohl du nie um Anerkennung gebuhlt hast. Vivi stolpert heulend hinterher. Sie hat sich von ihren Eltern losgerissen. Ich hole sie ein, biete ihr eine rosa Pille an. Sie sieht mich an, als wolle ich ihr Liquid Ecstasy in den Drink kippen.

»Danke. Ich will mich nicht betäuben.«

Gut, dann komm so klar, ich kann es nicht. Die Grube ist ausgehoben. An Seilen versenken sie den Sarg im Boden. Es ist martialisch. Unfassbar. Man kann doch einen geliebten Menschen nicht verbuddeln, ihn den Würmern zum Fraß überlassen. Also besser eine Verbrennung wie in Varanasi, wo die Toten angezündet den Ganges entlangtreiben? Oder eine Himmelsbestattung mit absichtlicher Entfleischung durch Geier? Warum haben wir ihn nicht einäschern lassen?

Übelkeit überkommt mich. Ich drehe mich zur Seite und übergebe mich. Tee, rosa Pillenschaum und Galle. Seit Tagen kann ich nichts essen. Ich entfleische mich auf meine eigene Art.

»Alles in Ordnung?« Stefans besorgtes, mitleidiges Gesicht. Die angeekelten Blicke der Trauergäste, die sich eine pietätvolle Beisetzung wünschen. Und nun kotzt die Mutter ins Gebüsch. Aber Sterben ist nicht ästhetisch und Trauern ebenso wenig. Ich könnte mir auch das schwarze Designerkleid vom Leid reißen und mir Gesicht und Brüste zerkratzen. Würden sie das vielleicht angemessen finden?

»Nein. Nichts ist in Ordnung! Unser Kind wird beigesetzt!« Ich drossele meine hysterische Stimme.

»Erde zu Erde, Staub zu Staub«, doziert der Geistliche und wirft eine Handvoll Erde in das Loch. Es klafft auf wie eine Wunde. Später werden die Friedhofsangestellten kommen und es zuschütten. Wenn alle fort sind und das Spektakel beendet ist.

Wir sind dran. Zitternd, tränenblind beuge ich mich nach vorn und lege, von Stefan gehalten, der fürchtet, ich könnte mich hinabstürzen, einen Strauß weißer Rosen auf den Sarg.

»Es tut mir so leid, liebster Nickie. Ich liebe dich unendlich.«

Nacheinander werfen die anderen Trauernden Erde oder Blumen oder Zettel ins offene Grab und kondolieren uns. Ihre Gesichter verschwimmen vor meinen Augen.

Im Anschluss hat Stefan für den Leichenschmaus einen Raum im »Locks« reserviert, in dem Lokal, wo die Silvesterfeier stattfand und ich ihn mit Eileen überrascht habe. Wo ist eigentlich Eileen? Ich habe sie vergessen. Weder ist sie aufgetaucht noch fiel ihr Name. Aber das ist mir gleichgültig.

Wir sitzen im Wagen, meine Mutter fährt bei uns mit. Sie sagt nichts, starrt nur aus dem Fenster. Ihre Betreuerin tippt auf dem Handy herum.

»Stefan, ich kann da nicht hin. Lass mich zu Hause raus«, bitte ich.

Er wirft mir einen kurzen Blick zu. »Meinst du, mir macht das Spaß? Ich leide auch. Aber so ist nun mal der Ablauf.«

»Es tut mir leid. Ich schaffe das wirklich nicht.«

»Das sind wir Nickie schuldig!«

»Dass wir auf seinen Tod anstoßen und anderen dabei zusehen, wie sie sich den Bauch vollschlagen und sich betrinken? Sicher nicht.«

»Wie du willst, Britta.« Seine Stimme klingt verletzt.

Schweigend fährt er mich nach Hause, schweigend steige ich aus. Ich weiß, dass ich ihn enttäuscht habe. Aber auch das ist belanglos.

*

Nach der Beerdigung stürze ich in ein Loch, das tiefer nicht sein könnte. Ich kann weder schlafen noch essen, wate wie durch einen Sumpf, umwölkt von Beruhigungsmitteln. Die Hosen schlackern an mir, selbst Kleidergröße 36 ist mir zu groß geworden, ich binde sie mit Gürteln eng um die Taille, sodass sie ins Fleisch schneiden, denn so spüre ich wenigstens etwas. Mein Arzt, den ich regelmäßig wegen der Rezepte für die Psychopillen aufsuche - einziger Sozialkontakt -, fängt an, weitere Verschreibungen vom Gewicht abhängig zu machen.

»Frau Winterberg, wenn Sie noch mehr abnehmen, kann ich die Verantwortung nicht mehr übernehmen und muss Sie in eine Klinik einweisen lassen!«

Lächerlich. Als wenn irgendjemand die Verantwortung für ein anderes Leben übernehmen könnte ... Jahrelang habe ich es versucht und kläglich versagt. Ich verspreche ihm, regelmäßig zu essen. Mir ist alles egal, ich mache gleichgültig jede Zusage. In ein Krankenhaus will ich jedenfalls nicht, es graust mir davor, von Ärzten und Schwestern bevormundet zu werden. Ich ziehe es vor, in meiner Trutzburg vor mich hin zu vegetieren.

Stefan ist wieder eingezogen, ohne dass einer von uns darüber ein Wort verloren hat. Das »Zu verkaufen«-Schild an der Straße ist verschwunden. Wir leben schweigend nebeneinanderher, unterhalten uns über nichts, liegen im selben Bett, stocksteif, ohne uns zu berühren, wie Bruder und Schwester. Sobald er eingeschlafen ist, lausche ich seinem Schnarchen, das mich nicht mehr nervt, sondern daran erinnert, dass ich nicht allein bin. Tagsüber geht er in die Firma, abends sitzen wir auf der Terrasse oder dem Sofa und starren ins Leere. Auf dem Fernsehbildschirm flackern bunte Bilder, die wir anschauen, ohne etwas von der Handlung zu begreifen. Wenn wir im Garten sind, singen die Vögel, und es klingt höhnisch. Wir sind nur Hüllen unseres Selbst. Die Zeit verstreicht sinnlos, ich weiß nicht einmal mehr, welcher Monat ist. Jeder Tag ist eine endlose Wiederholung der Trivialität. Die Sonne geht auf und unter, alles ist ohne Bedeutung. Das Dasein hat seinen Sinn verloren.

An irgendeinem Freitagabend räuspert Stefan sich und fragt mich, wie es mir geht und was ich tagsüber gemacht habe.

»Nichts.«

Er seufzt und nimmt einen großen Schluck Rotwein. Früher hat er selten Alkohol getrunken, nun trinkt er mindestens eine Flasche am Abend. Die Kartons werden regelmäßig und diskret geliefert. Dafür braucht man kein Rezept. Wir betäuben uns, ich mit Pillen, er mit Wein. Ab und zu trinke ich ein Glas mit, aber es schmeckt mir nicht mehr.

»Was ist denn mit deinem Yoga? Kann dir das nicht helfen?«

Yoga. Ein Fremdwort. Etwas, das ich nicht verstanden habe.

Ab und zu habe ich daran gedacht, wie an einen tollen Urlaub, den man mal vor langer Zeit an einem karibischen Strand verbracht hat. Ich hatte angenommen, einen Zugang zu dieser Technik gefunden zu haben, aber dem war nicht so.

»Vielleicht, wenn ich mich dazu aufraffen könnte. Aber ich schaffe es nicht. Es kommt mir so selbstsüchtig vor.«

»Selbstsüchtig? Ich dachte, Yoga wäre eher selbstlos.« Er zündet sich eine Zigarette an. Überall im Haus stehen Aschenbecher herum und verpesten die Luft mit Gestank nach Tod und Verderben. Mir egal. Es gibt niemanden mehr, der beschützt werden müsste.

»Keine Ahnung. Ich habe alles vergessen. Ich sehe es nun als eine egoistische Beschäftigung mit mir selbst. All das Streben nach einem gesunden Körper, einem ausgeglichenen Geist. Wofür?« Tränen steigen mir in die Augen.

Er ergreift meine Hand, sieht mich eindringlich an. »Für dich. Für deine Seelenruhe. Wir müssen einen Weg finden, weiterzuleben.«

»Tatsächlich? Warum, wer sagt das? Ich kann nicht mehr, ich will nicht mehr ...« Aber mir fehlt der Mut, mich umzubringen.

»Wir tun unserem Sohn keinen Gefallen, wenn wir uns aufgeben. Er hat das nie getan, sondern immer weitergekämpft.«

Ich stehe auf und gehe ein paar Schritte in den Garten hinein. Er hat recht. Nickie war tapfer, ein Kämpfer, der trotz schlechter Prognose das Beste aus allem gemacht hat. Ist es Trauer oder bloßes Selbstmitleid, das mich im Morast festhält? Plötzlich verwandelt sich meine Niedergeschlagenheit in Wut.

»Warum, verdammt noch mal? Es ist so ungerecht, so gemein! Eine hirnverbrannte Scheiße, ich könnte kotzen!« Ich schreie wie eine Besessene, Schimpfwörter und Fäkalausdrücke strömen aus mir heraus, von denen ich gar nicht wusste, dass ich sie kenne. Im nächsten Moment finde ich mich auf dem Rasen wieder, wo ich kniend Grasbüschel ausreiße, meine Finger in den Boden grabe, mich mit Erde beschmiere.

»Erde zu Erde, Staub zu Staub!«, brülle ich.

»Hey! Hör auf!« Stefan ist neben mir, reißt mich in eine ungestüme Umarmung, bevor ich mir Erde in den Mund stopfen kann.

Heftig atmend ringe ich um Worte. »Denkst du manchmal daran, wie er langsam verrottet, wie Würmer sich über seinen Körper hermachen, ihn zersetzen, bis er nur noch ein Skelett ist? Wie lange dauert der Verwesungsprozess?«

Entsetzt schüttelt er den Kopf. »Nein, so etwas denke ich nie. Und das solltest du auch nicht. Behalte ihn in Erinnerung, wie er war. Zerfleische dich doch nicht! Man könnte annehmen, es macht dir Spaß, dich in deinem Elend zu suhlen!«

»Wie kannst du das sagen? Lass mich gefälligst los!« Ich versuche, mich aus seiner Umklammerung zu befreien, aber er ist stärker. »Soll ich das abhaken? Nach vorn schauen, seinen Tod ad acta legen? Ich bin nicht so schnell wie du, nicht so effektiv, Entschuldigung!«

»Meinst du, mir fällt es leicht? Glaubst du, ich leide nicht wie ein Tier? Sorry, dass ich jeden Tag zur Arbeit gehe und mich bemühe, den Laden am Laufen zu halten! Ich würde auch am liebsten den ganzen Tag im Bett liegen und mir die Decke über den Kopf ziehen!« Er schluchzt. Tränen strömen ihm über das Gesicht.

Was bin ich nur für eine egoistische Idiotin! Ich sehe anscheinend immer nur mich, mich, mich. Während er sich um mich und sein Unternehmen kümmert und Geld verdient, nehme ich mir heraus, in meiner Trauer zu versinken. Und klage ihn noch dafür an, dass er es nicht tut.

»Es tut mir leid«, flüstere ich.

Er schüttelt den Kopf. »Das muss es nicht. Wir sollten unser Unglück nicht gegeneinander aufrechnen. Genauso wenig wie die Tiefe der Liebe, die wir für Nickie empfunden haben.«

Ich umarme ihn. Innig halten wir uns fest. Stefan ist mein Mann. In guten wie in schlechten Zeiten, haben wir uns geschworen. Und in schlechten Zeiten waren wir schon immer besser zusammen als in guten, in denen wir auseinandergedriftet sind. Kummer war der Kitt unserer Ehe. Wir sitzen eine Zeit lang in der Kühle und Dunkelheit des Gartens und beinahe empfinde ich so etwas wie Frieden. Es dauert nur ein paar Sekunden, bevor der Schmerz wieder die Oberhand hat.

»Komm, lass uns reingehen. Es ist kalt.« Stefan steht auf und reicht mir die Hand, um mich hochzuziehen. Wir sind beide erdverschmiert. Sein weißes Hemd ist schmutzig, in seinem grauen Haar hängt Gras.

»Willst du zuerst duschen gehen?«

»Ja.«

Früher war das unser Code für Sex. In einem vergangenen Leben erwartete einer den anderen im Bett, frisch geduscht und parfümiert. Ich trug Seidenwäsche, schmeichelnd und leicht auszuziehen. Mag sein, dass andere Paare, die ihr Kind verloren haben - verwaiste Eltern -, aus purer Verzweiflung miteinander schliefen, um das Leben zu spüren, dem Tod zu trotzen oder um den Zeugungsakt zu wiederholen, sogar nach ihrer Trennung. Das setzt eine gewisse Lebendigkeit voraus. Aber ich bin eine wandelnde Leiche. Keine Ahnung, ob Stefan auch nur ein Dahingeschiedener oder noch mit Eileen zusammen ist.

Nach dem Duschen ziehe ich einen Flanellschlafanzug an. Stefan liegt schon im Bett und starrt an die Zimmerdecke, neben ihm auf dem Nachttisch ein Schlummertrunk. Ich schlüpfe unter das Federbett. Von der Nacht erhoffe ich nichts, nicht einmal Schlaf. Irgendwo, wahrscheinlich in einem Selbsthilfebuch, habe ich gelesen: »Expectance is the mother of frustration. Acceptance is the mother of joy. Never expect, always accept.« Ich erwarte nichts, aber Freude existiert ebenso wenig. Sie ist mit Nickie gestorben.

»Komm her.« Stefan breitet die Arme aus und ich lege den Kopf an seine Brust. Wir halten uns umschlungen, wie im Garten. Tatsächlich kann ich zum ersten Mal seit Nickies Tod ein wenig entspannen und diese Nacht ist nicht so grauenvoll wie die vorangegangenen. Irgendwann schlafe ich sogar ein. Und das ist mehr, als ich erhoffen konnte.

16.

Wenn du meditierst, beginnt dein Unterbewusstsein, den ganzen Müll loszuwerden. Mantra ist die Seife, die ihn wegwäscht.

Als ich am nächsten Morgen erwache, beschließe ich, wieder mit Yoga zu beginnen. Was habe ich zu verlieren? Was bleibt mir anderes übrig, als weiterzumachen? Ich könnte mich umbringen, aber das kann ich immer noch. Diesen letzten Ausweg halte ich mir offen. Genügend Schlaftabletten habe ich inzwischen gebunkert.

Guru Kirpal hat öfter versucht, mich zu erreichen, auf dem Handy, per Skype oder Mail. Nie habe ich geantwortet oder zurückgerufen. Seitdem ich abgeflogen bin, habe ich Bali hinter mir gelassen wie ein unverdientes Geschenk.

Ich weiß, dass er mir nur helfen, mir signalisieren will, dass er für mich da ist. In seinen letzten Nachrichten bat er inständig darum, »Akal« zu chanten, damit Nickies Seele das Magnetfeld der Erde verlassen kann und befreit wird. Akal bedeutet »unsterblich«. Man sagt der Seele, dass sie nicht stirbt, dass sie heimgehen kann. Am besten soll man das Mantra in einem Kreis mit weiteren Meditierenden singen, vierzehn Minuten lang täglich und direkt nach dem Dahinscheiden des Menschen. Das habe ich versäumt. Ob das heißt, dass Nickies Seele nun orientierungslos im Magnetfeld der Erde festhängt? Zusammen mit anderen heimatlosen Seelen, die dort herumkreisen, in einer Art kosmischem Wartesaal?

Ich habe ein schlechtes Gewissen. »Du musst deinem Sohn

helfen, ins große Ganze zurückzukehren«, schrieb Guru Kirpal mir am Tag der Beerdigung. Damals habe ich kaum etwas wahrgenommen, die Mail nur überflogen. »Deine Trauer hält ihn fest. Es ist gut, zu trauern, aber wenn die Trauer eigennützig ist, fühlt die Seele des Verstorbenen sich schuldig und ist so verwirrt, dass sie den Ausgang nicht findet. Daher mache beides, trauern und chanten.«

Kann ich das noch nachholen?

Die Yogamatte liegt verstaubt in der Ecke. Ich rolle sie aus, lege das Kissen in die Mitte und falte die ungelenken Glieder in eine halbwegs passable Sitzposition. Jegliche Beweglichkeit ist dahin. Wie ich noch vor ein paar Wochen minutenlang bequem im Schneidersitz verharren konnte, ist mir ein Rätsel. In der weißen Yogakleidung fühle ich mich wie verkleidet. Ich fülle sie nicht mehr aus, weder körperlich noch mental. Meine Unschuld, meine Naivität habe ich zusammen mit meinem Sohn verloren. Lebensfreude und Optimismus sind ebenfalls unwiederbringlich fort. Ich kann mir nicht vorstellen, mich jemals wieder an irgendetwas erfreuen zu können. Um nicht ins Selbstmitleidtal zu stürzen, suche ich auf dem iPod eine musikalische Interpretation von Akal. Bei Snatam Kaur bleibe ich hängen. Ich liebe ihre Stimme, sie singt engelsgleich, wunderschön, berührend. Und es ist eine schlichte Version, ohne zusätzlichen Text. Nur Akal.

Da ich vergessen habe, welches Mudra empfohlen wird, lege ich die Hände einfach auf mein Herzzentrum. Erst lausche ich, dann stimme ich ein. Es tut gut. »Akal«, singe ich, Tränen laufen mir über das Gesicht, aber es ist kein verkrampftes Heulen, sondern ein Fließenlassen. Akal. Mögest du, Seele meines geliebten Sohnes, mit dem Göttlichen verschmelzen, eintauchen in das All-Eins. Akal. Mögest du den Weg finden, das Magnetfeld der Erde zu verlassen. Ich lasse dich los. Akal. Es ist schwer, aber ich lasse dich gehen, wirklich, ich halte dich nicht mehr fest mit meiner egoistischen Liebe, meinem Verlangen, meinen Wünschen. Ich will akzeptieren, dass du gehen musstest. Akal. Du bist nicht gestorben, du lebst weiter, die Essenz deines Seins, deine unsterbliche Seele hat ihre Lektion auf Erden gelernt und vollendet, sie ist nun frei zu gehen. Akal. Geh, kehre heim zu deinem wahren Zuhause, das nicht hier war, nicht im Alstertal, nicht auf Erden, nicht bei mir. Akal. Ich bin deine Mutter, in dieser Inkarnation, in diesem Leben, und ich lasse dich gehen, fühle dich bitte nicht mehr an mich gebunden, denn ich muss noch bleiben. Ich habe zu lernen. Akal. Meine Seele hat ihr Wirken auf der Erde noch nicht vollendet, aber du, geliebte, unsterbliche Seele, du darfst gehen. Geh. Akal.

Als das Lied nach vierzehn Minuten vorbei ist, bleibe ich sitzen. Die Erfahrung ist intensiv und kraftvoll. Ich lege die Hände ins Gyan-Mudra und lausche dem Klang, der im Raum schwebt, erlaube meiner Traurigkeit, da zu sein, erlaube mir, alles zu fühlen, das ganze verschwurbelte Gefühlskompott, und, ja, einen Moment lang nehmen Hoffnung und Akzeptanz einen Platz zwischen den anderen Gefühlen ein, einen Augenblick herrschen Ordnung und Harmonie, bevor die Verzweiflung wieder überhandnimmt. Eine Stunde halte ich es ohne Beruhigungsmittel aus. Dann werden die Kanten härter, die Ecken schärfer, das Licht zu grell, sodass es ohne die kleinen rosa Pillen nicht mehr geht.

Der Tag verläuft sich. Stunden verschwimmen im von Beruhigungsmitteln umnebelten Trauerzustand. Doch am Abend setze ich mich wieder auf meine Yogamatte, die ich nicht weggeräumt habe. Und ich singe mich ins Akal, nehme Kontakt auf zu Nickie, bitte ihn zu gehen. Ich lege all meine Liebe und Traurigkeit in die Silben, nutze sie wie ein Ventil. Ob er es hört oder das, was von ihm übrig ist? Ob irgendetwas, irgendjemand, irgendein vergebendes Wesen oder ein Bewusstseinszustand existiert, dem ich meine Sorgen und Ängste, mein ganzes nutzloses Sein anvertrauen kann?

»Danke«, sage ich danach zu Stefan, der seine tägliche Weinration konsumiert und dabei rauchend in den Himmel starrt. Er sitzt allein auf einem Stuhl mitten im Garten. Der Herbst ist unbemerkt gekommen und hat die Blätter bunt gefärbt.

»Wofür?«

»Dass du mich an das Yoga erinnert hast. Dass du mich letzte Nacht umarmt hast. Dass du hier bist.« Ich berühre zart seine Hand.

Er lächelt schwach. »Ich war in den vergangenen Jahren viel zu selten da. Das tut mir leid.«

»Du hattest zu tun. Ich bewundere, wie du ein ganzes Imperium aufgebaut hast.«

»Imperium!« Er lacht auf. »Du bist ja süß. Ein kleines Unternehmen, das auf wackligen Füßen steht, mehr ist es nicht.«

»Sei nicht so bescheiden. Was habe ich denn erreicht? Nichts. Ich habe es mir einfach gemacht. Ich war nur Ehefrau und Mutter und dir dabei noch eine Last.«

Er schüttelt den Kopf. »Mach dich nicht so klein. Du warst eine aufopferungsvolle Mutter und eine hingebungsvolle Ehefrau. Und ich habe dich von Herzen geliebt.«

Wir haben keine Chance mehr. Ich weiß, dass es zu Ende ist. Auch wenn Stefan jetzt bei mir ist, werden wir unsere Ehe nicht wiederbeleben können. Wir sind so leer, dass wir einander nichts mehr zu geben haben. Jeder Blick in das Gesicht des anderen erinnert nur daran, dass wir unseren Nickie verloren haben. Es mag andere Paare geben, die den Verlust ihres Kindes überstehen. Wir nicht. Denn das mit uns war schon vorher vorbei.

Ich hatte fast damit abgeschlossen. Auf Bali war ich dabei, die letzte Verbindung zu Stefan abzubrechen. Es ging mir dort gut, bis die Tragödie über uns hereinbrach. Sie hat uns wieder zusammengebracht. Aber es gibt nichts mehr, was uns verbindet, nur die Vergangenheit, die Erinnerungen. Das reicht nicht. Wir sind unserer elterlichen Funktion beraubt und es ist sinnlos, sich etwas vorzumachen.

»Ich habe dich so sehr geliebt. Du warst die Liebe meines Lebens, mein Mann - ich hätte gern gesagt, ein Leben lang, aber es ist anders gekommen.«

Er senkt den Kopf und flüstert: »Es tut mir leid. Ich habe es vermasselt.«

»Es ist nicht deine Schuld. Wir haben es beide verbockt.«

Wir halten uns an den Händen und schauen den Blättern beim Fallen zu. Der Wind hat aufgefrischt und der Ahorn nutzt die Gelegenheit, sein Sommerkleid abzulegen. So habe ich uns immer im Alter gesehen, wir beide händchenhaltend auf einer Bank im Garten.

»Morgen werde ich den Gärtner bestellen. Er soll den Garten winterfest machen«, sagt mein Noch-Mann.

Mehr gibt es nicht zu sagen. Ich bin müde und der Abgesang unserer Ehe erscheint mir unwichtig angesichts Nickies Tod. Wir könnten sinnieren, was unserer Ehe den Todesstoß versetzt hat, ob es die Affäre mit Eileen war oder ob sie sich einfach aufgelöst hat, weil wir uns nicht genügend bemüht haben, aber was bringt es, zu reden? Oder gar zu streiten. So sind wir nicht. Sind wir nie gewesen. Wir sind verwaiste Eltern und ehemals Liebende. Eine Ära ist vorbei. Ich muss loslassen. Akal.

»Ich bin dir nicht böse, wenn du wieder zu Eileen ziehst«, sage ich. Und als er nicht antwortet: »Wie geht es ihr überhaupt damit, dass du bei mir bist?«

Er wägt seine Worte ab. »Sie hat Verständnis. Geduld. Vertrauen.«

Das hätte ich bei ihr nicht vermutet. Sie wirkt fokussiert, zielstrebig, ungeduldig. Aber was weiß ich schon, ich kenne sie nicht. Bestimmt hat das Raubtier viele gute Eigenschaften.

»Ich bin dankbar, dass wir diese Zeit zusammen hatten. Dass sie erlaubt hat, dass wir zusammen trauern.«

»Es war mir wichtig. Und ich hätte sie nicht um Erlaubnis gefragt«, gibt er zurück. »Ich bleibe bei dir, solange du willst.«

»Vielleicht ... noch ein bisschen?«

So fangen wir langsam an, uns aufzurappeln. Tag für Tag stecken wir den Kopf aus dem Loch und schauen zum Tageslicht hoch, auch wenn wir es hassen. Stefan reduziert allmählich seinen Alkoholkonsum und ich meine Beruhigungsmittel. Ich beginne die Tage mit Yogaübungen und chante das Mantra. Manchmal kommt Stefan abends dazu, setzt sich mir gegenüber und hört zu. Er singt nicht mit, aber er schließt die Augen und weint. Ich habe den Eindruck, dass es ihm guttut, zu weinen. Wer keine Gefühle zulässt, wird innerlich hart.

Jeder Tag ist Arbeit. Beim Chanten und auch bei der stillen Meditation steigt die Trauer auf und bringt mein mühsam erlangtes Gleichgewicht ins Wanken. Ich fühle mich wie in einem morschen Kahn auf hoher See. Der Sturm peitscht die Wellen und ich singe dagegen an. An manchen Tagen gehe ich unter. Da schaffe ich es nicht, die 14 Minuten durchzuhalten, und krieche heulend zurück ins Bett. Und an anderen, da singe ich 31 Minuten, das Dritte Auge fest auf ein Licht gerichtet, das irgendwo leuchtet, nein, bloß glimmt. Irgendwo da draußen ist ein Hoffnungsschimmer. Oder ist er in mir?

*

Beinahe jede Nacht träume ich von Nickie. Mal ist er klein, mal erwachsen. Die sonderbarsten Träume sind die, in denen er älter ist als bei seinem Tod. In einem heiratet er, aber es ist nicht Vivi, deren Schleier er hebt und die er sanft küsst, sondern ein Mädchen, das ich noch nie gesehen habe. Ein paar Nächte später wird er Vater eines kleinen Jungen und in einem anderen Traum ist er alt und grau, Jahre älter, als ich es jetzt bin. Wir sitzen im Garten und plaudern, während seine Enkel - meine Urenkel? - in der Sandkiste buddeln. Es tröstet mich, nachts in sein ungelebtes Leben einzutauchen. Ich stelle mir vor, dass es in einem anderen Universum, in dem er nicht gestorben ist, so weitergeht. Vermutlich projiziere ich nur meine unerfüllten Wünsche für sein Leben in diese Träume. Nie ist er krank, nie geschieht etwas Schlimmes. Man sollte meinen, ich müsste Albträume haben, von nervenaufreibenden Operationen, seinem Tod, doch das Gegenteil ist der Fall. Seitdem ich Akal chante - und sofern ich schlafen kann, was nicht immer der Fall ist -, träume ich mich in eine Art Rosamunde-Pilcher-Welt, in eine überzuckerte Darstellung dessen, was hätte sein können. Dort ist es so schön, dass ich nie erwachen möchte, obwohl ich selbst beim Träumen weiß, dass nichts davon real ist.

Aber selbst wenn es schreckliche Träume wären, würde ich sie lieben, weil Nickie bei mir ist. Nachts lebt er. Mein Gehirn scheint jede erdenkliche Schublade aufzureißen, um die Erinnerung an ihn so sinnlich zu gestalten wie möglich. Ich rieche seinen speziellen Duft, streiche über seine warme Haut, höre seine Stimme, er ist echt.

Sobald ich erwache, stürze ich in die Absurdität einer Wirklichkeit zurück, in der Nickie tot ist und ich damit fertigwerden muss. Es ist die tägliche Vertreibung aus dem Paradies.

Ich suche Kontakt zu Guru Kirpal, obwohl ich mich schäme, seine Hilfsangebote so lange ignoriert zu haben. Als er meinen Skype-Anruf entgegennimmt und sein gütiges Gesicht auf dem Bildschirm vor mir auftaucht, bin ich erleichtert und fühle mich angenommen.

»Waheguru Ji ka Khalsa. Waheguru Ji ki fateh, liebste Schwester«, begrüßt er mich.

Ich erwidere den Gruß der Sikhs, bevor ich für mein langes Schweigen um Verzeihung bitte.

»Du brauchst dich für nichts zu entschuldigen. Ich bin in Gedanken bei dir gewesen. Es ist ein Prozess, den du gerade durchlebst.«

Ich spüre Tränen in mir aufsteigen. Wenn Weinen reinigen würde, wäre ich der sauberste Mensch der Welt. »Es ist so schwer. Oft denke ich, ich schaffe es nicht.«

»Mein Mitgefühl ist unendlich. Ich hoffe, Gott und Guru werden dich segnen, jetzt und hier und für immer.«

Ich lasse den Tränen freien Lauf, inzwischen schäme ich mich kaum noch dafür. Es ist ein Impuls wie Niesen geworden. Als ich wieder sprechen kann, sage ich: »Guru Kirpal, ich möchte mir dir über den Tod reden. Ich muss akzeptieren, dass mein Sohn gestorben ist, vielleicht hilft mir die yogische Sichtweise.«

»Schauen wir uns den Tod im Licht der Lehren des Gurus an. Gurmat bedeutet die Weisheit des Gurus. Der Tod ist ein Konzept und er ist ein Finale. Der Tod ist eine Notwendigkeit und eine Realität. Er ist nichts anderes als ein Abschlusszeugnis. Normalerweise wird der Tod in der westlichen Welt missverstanden oder überhaupt nicht verstanden.«

»Was bedeutet das?«

»Ich werde es dir erklären: Die Seele lebt für immer und wegen der Seele lebt dein Körper, dein Körper lebt nicht unabhängig von der Seele. Der Körper ist die Hülle der Seele. So wie einer zerschlissene Kleider ablegt und neue erwirbt, so wird, wenn dein Körper am Ende seiner Nutzungsdauer angelangt ist, von deiner Seele ein neuer Körper erworben. Warum hängen wir an diesem Körper? Weil wir fühlen - durch den Körper genießen wir die Sinne.«

»Es mag tröstlich erscheinen, dass die Seele für immer lebt, aber du sprichst von einem alten Körper und Nickie war noch so jung!«

»Auch seine irdischen Kleider waren zerschlissen - nicht aufgrund des Alters, aber aus anderen Gründen, wie wir wissen. Er hat seine Aufgabe auf der Erde, in diesem Leben, früh vollendet. Mit dem Segen des Gurus hat er es in Hingabe vollbracht. Gott hat ihm wie uns allen einen Körper gegeben und dieser Körper wird von den Engeln verehrt: Iis dehi ko simra Dev. Der Körper enthält fünf Tattvas - Äther, Feuer, Wasser, Luft und Erde - und verfügt über fünf Sinne und fünf Säfte,

Rasas genannt. Jedes Tattva hat seine Polarität und sein Wesen. Wenn du existierst, musst du in dem physischen Körper den Planeten Erde genießen, es sollte der Seele gefallen. Allerdings darf man darin nicht das Ende sehen. Das ist der einzige Fehler, den du begangen hast, denn du glaubst, dass die Erde Heimat und Sicherheit bedeutet. Dieser Planet ist für die Seele jedoch nur ein vorübergehender Aufenthaltsort. Kannst du das akzeptieren?«

Ich denke an meine sinnlichen Träume, die mir Nickie so nahebringen. Ob wir uns auf diese Weise feinstofflich in einer Art Zwischenwelt begegnen? Zögernd nicke ich.

Guru Kirpal schaut mich eine Weile an, bevor er fortfährt: »Der Körper ist dir gegeben, um die Sinne zu genießen. All die Maya wurde um dich herum erschaffen, die Schönheit, die Blumen, die Bäume, die Wüste, die Berge, all dies wurde kreiert, damit du es erfahren kannst. Sieh es dir an, du kannst es fühlen, du kannst es berühren, du kannst es hören und dankbar sein und die Unendlichkeit desjenigen sehen, der es erschaffen hat. Gott hat es nicht für dich getan, Gott hat es für sich selbst getan. Gott hat dich für dich selbst geschaffen, Gott hat dich nach seinem eigenen Bild geschaffen. Der Guru sagt es: Akal Moorat, Ajooni, Saibhung, Gurprasad, du bist das Bild des Gottes, Akal, unsterblicher Gott, also stirbst du nicht.«

»Was bedeutet Maya?«

»Das, was tatsächlich nicht ist, aber zu sein scheint, das ist Maya. Das, was Täuschung verursacht, ist Maya. Maya ist äußerer Anschein, die täuschende Kraft Gottes.«

All meine Sinneserfahrungen sollen Täuschungen sein? Ich habe nichts dagegen, denn die nächtliche Scheinrealität, die mir mein Gehirn vorgaukelt, ist angenehmer.

»Ich versuche, es zu verstehen. Für Nickies Seele chante ich seit einigen Tagen zweimal täglich Akal. Erst seit Kurzem, wie ich gestehen muss. Ich hoffe, es ist nicht zu spät ...«

Guru Kirpal lächelt beruhigend. »Es ist nicht zu spät, Britta. Mach dir darüber keine Sorgen. Der Tod beendet zwar die sinnliche Existenz und Erfahrung, aber es geht weiter. Das Problem ist, dass du Angst hast weiterzumachen, weil du hier nichts hast, was dich hält und stützt. Wenn du hier nichts lernst für die Reise nach diesem Leben, hast du Angst. Du hast keinen Zugang zur Stärke in dir.«

»Was kann ich tun?«

»Wir haben Bewusstsein, Intelligenz und wir haben unseren Körper, aber wenn du nicht verstehst, wie du in Kontakt mit deiner Seele sein kannst, dann überholt dich die Maya. Wenn du dich in Maya befindest, wird dein Bewusstsein nicht funktionieren, es ist blockiert. Wenn du im Zustand der Sinne bist, beispielsweise wütend, wird deine Intelligenz nicht funktionieren. Damit deine Intelligenz und dein Bewusstsein für dich arbeiten können, musst du mit deiner Seele in Kontakt sein.«

»Ich möchte mit meiner Seele in Kontakt sein und auch mit Nickies. Aber ich soll ihn doch gehen lassen, ist das kein Widerspruch?«

»Nein. Du bist auf dem richtigen Weg. Erkenne, dass dies nur eine Inkarnation von vielen ist. Es werden weitere folgen, es sind schon viele vorangegangen. Löse dich von deinen Vorstellungen und den einschränkenden Gedanken. Dein Sohn hat seine Aufgabe hier beendet, du deine noch nicht. Manche Seelen lernen sehr schnell, es gibt welche, die nur wenige Tage oder Stunden eines irdischen Lebens benötigen, bevor sie mit dem All-Eins verschmelzen. Bis zur nächsten Inkarnation, bis irgendwann alles Karma abgearbeitet ist und keine Wiedergeburt folgt. In diesem Leben: Jap. Meditiere.«

Ich nicke. Es klingt irgendwie tröstlich, aber wie immer verstehe ich nur einen Teil. »Danke dir. Sat Nam und Wahe Guru«, verabschiede ich mich.

»Denk daran, Gott und die Seele sind unvergänglich, unveränderlich, ewig. Wir sind verpflichtet zu gehen. Eines Tages wird jeder Mensch an diesen Punkt gelangen. Verstehe, dass wir ein unendlicher Lichtstrahl Gottes sind. Leben heißt, füreinander zu leben. Und das habt ihr als Familie getan, du, dein Sohn und dein Mann. Nun ist es an der Zeit loszulassen.«

17.

Verliere dich nicht im Außen und werde zum Opfer. Richte dich nach innen und erlange Meisterschaft.

Im November, ein halbes Jahr nach Nickies Tod, kehre ich nach Bali zurück. Mit Stefan habe ich mich geeinigt, dass das Haus verkauft wird. Obwohl so viele Erinnerungen daran hängen, obwohl unser Sohn hier fast sein ganzes Leben verbracht hat und es die Trutzburg unserer Familie war, habe ich zugestimmt. Ich lasse es los. Es ist besser so. In meinen Träumen werde ich es immer aufsuchen können, aber es soll nun das Zuhause einer anderen Familie werden. Ich hoffe, dass Menschen hier glücklich sein können. Diese Vorstellung macht mich froh.

Stefan und ich lassen uns scheiden. Ich lasse unsere Ehe los, obwohl ich Stefan in gewisser Weise immer lieben werde. In den letzten Monaten haben wir nicht nur unseren Sohn, sondern auch unsere Ehe endgültig zu Grabe getragen. Wir gehen nicht im Zorn auseinander, nicht im Groll, sondern in Verständnis und Liebe. Das gemeinsame Trauern um Nickie hat in vielerlei Hinsicht Klarheit geschaffen.

»Ich wünsche dir alles erdenklich Gute. Ich hoffe, dass du mit Eileen glücklich wirst. Und ich danke dir für die Jahre, die wir miteinander verbracht haben, besonders für die Zeit des Abschiednehmens.« Mir fällt ein Poesiealbumspruch ein, der mich als Teenager berührt hat: »Behüte Gott dein Leben, für eine, die dich so wie ich einst liebte.« Doch das behalte ich für mich.

Wir stehen am Flughafen. Mein Gepäck ist eingecheckt und ich bin bereit, durch die Sicherheitskontrolle zu gehen. Bereit, Hamburg hinter mir zu lassen. Für immer? Vielleicht. Ich weiß es noch nicht. Aber hier hält mich nichts mehr. Alles, was mich mit Hamburg verbindet, trage ich im Herzen.

Stefan nimmt meine Hände und schaut mir liebevoll in die Augen. »Ich danke dir. Für alles, was du mir gegeben hast. Dafür, wie sehr du mein Leben bereichert hast. Für das größte Geschenk, Nickie.«

Wir nehmen uns in die Arme und wiegen uns sacht hin und her, während um uns herum hektische Stimmen erklingen, genervte Mütter nach ihren Kindern rufen oder Ehepaare einander anmotzen. Manche Menschen scheinen ihren Frust selbst in den Urlaub mitzunehmen. Warum fällt es ihnen so schwer, schöne Momente und Vorfreude zu genießen? Einige haben sicher noch nie wirkliche Tragödien erlebt. Vielleicht schärft das Leiden den Blick für die Freude. Möglicherweise kann man das Licht eher sehen, wenn man in der Dunkelheit war.

Nickie. Sein Name schwebt zwischen uns, die Erinnerung an ihn ist stark und lebendig. Wir sind beide nach wie vor unermesslich traurig. In Gedanken spreche ich mit ihm. Ich bin sicher, Stefan tut es auch. Diszipliniert chante ich morgens und abends Akal. Aber es hat sich etwas verändert: Meine Träume sind weniger lebhaft und manchmal erinnere ich mich nicht an sie.

Die Trauer hat ihre Angriffslust verloren. Sie ist immer da, dumpf, wie ein melancholischer Gast oder ein treuer Begleiter. Aber sie erdolcht mich nicht mehr. Sie schnürt mir nicht mehr die Luft ab. Ich brauche keine chemischen Keulen, um sie abzuwehren. So wie Stefan seinen Alkoholkonsum auf ein

Normalmaß zurückgeschraubt hat, habe ich die Psychopharmaka abgesetzt.

Wir lassen einander los. Es wird Zeit zu gehen. »Wenn die Scheidungspapiere da sind, schickst du sie mir?«

»Ja. Es kann ein bisschen dauern. Bist du dir sicher, dass du das willst? Wir könnten auch eine Trennungsvereinbarung aufsetzen. So blieben wir auf dem Papier verheiratet und deine Altersvorsorge würde weiter anwachsen. Ich hätte damit kein Problem. Ich will kein zweites Mal heiraten. Aber du vielleicht - deinen Guru?«

Ich lache und schüttle den Kopf, obwohl augenblicklich Guru Kirpals attraktives Gesicht mit den dunklen Augen und dem dichten Bart vor mir auftaucht und er mich auf besondere Weise anlächelt. »Natürlich nicht. Aber lass uns einen offiziellen Schlussstrich ziehen. Eine Scheidung gibt uns beiden die Freiheit zurück.« Was ich mit meiner »Freiheit« anfangen soll, weiß ich nicht. Es klingt absurd - zumal Stefan mich weiterhin unterhält. Er hat einen Dauerauftrag für den Trennungsunterhalt eingerichtet, den er nach der Scheidung in voller Höhe weiterzahlen will. So wird er mir jeden Monat eine ansehnliche Summe überweisen, mit der ich auf Bali, wo die Lebenshaltungskosten gering sind, geradezu königlich leben kann.

»Pass auf dich auf. Wenn du etwas benötigst, ruf an. Jederzeit. In 24 Stunden bin ich bei dir!«

»Das ist lieb. Ich hoffe, dass ich allein klarkomme. Aber das Gleiche gilt natürlich für dich - solltest du mich brauchen, melde dich bitte ebenfalls.«

Ich winke ihm zum Abschied und gehe durch die Sicherheitsschleuse. Als ich mich noch einmal umdrehe, sehe ich Stefan im Gewirr der Menschen untertauchen, das Handy am

Ohr. Er war noch nie der anhängliche Typ, der ewig am Absperrgitter steht und einem hinterhersieht. Das ist in Ordnung. Ich fühle Erleichterung und sogar eine klitzekleine Vorfreude, mein wunderschönes Bali wiederzusehen.

Im Flugzeug nehme ich meinen Platz in der Businessclass ein. Obwohl ich das nicht wollte, hat Stefan mir seine Meilen aufgedrängt. Nun bin ich froh, einen gemütlichen Platz zu haben, wo ich mich ausstrecken und vielleicht etwas schlafen kann. Wer wäre das nicht? Auch wenn Maya die Welt der Täuschungen ist, so ist Luxus doch eine höchst angenehme Täuschung. Der Sitz neben mir bleibt frei, sodass ich mir vorstellen kann, Nickie fliegt mit. Eine Täuschung innerhalb der Täuschung - hebt sich das auf? Wie minus mal minus plus ergibt? Wie gern hätte ich ihm Bali gezeigt. Hätte er die Insel gemocht oder wäre sie ihm zu heiß, chaotisch und fremdartig gewesen? Er hat Großstädte, nach logischem Prinzip konstruiert, bevorzugt, schachbrettartige Straßenzüge, nüchtern-futuristische Architektur.

Die Reiseroute führt über Amsterdam und Singapur nach Denpasar, genau wie beim letzten Mal. Acht Monate sind vergangen, seit ich das erste Mal nach Bali geflogen bin. Sechs Monate, seit Nickie seinen Körper verlassen hat. Ich versuche, das Wort »Tod« zu vermeiden und mich stattdessen an das Bild der zerschlissenen Kleider, die erneuert werden müssen, zu klammern.

»Brauchen Sie etwas? Kann ich Ihnen einen Drink oder Snack bringen?« Die Stewardess hält mir eine Packung Taschentücher hin und sieht mich besorgt an. Ich merke, dass ich geweint habe.

»Danke, ein Wasser wäre perfekt.« Ich lächle sie an und putze mir die Nase.

Den ganzen Flug über kümmert die Stewardess sich rührend um mich und bietet mir alles Mögliche an. Sie meint es gut, aber es ist mir zu viel. Erst als ich die Kopfhörer aufsetze und mich schlafend stelle, lässt sie mich in Ruhe.

Ich tauche ein in das musikalische Universum von Snatam Kaur, in deren Stimme so viel Liebe und Mitgefühl schwingt wie in Guru Kirpals Blick. Neben Akal, das ich heute nur innerlich chante, mag ich auch ihre anderen CDs, besonders »Grace«, von der ich das Heilmantra liebe, und »Divine Birth«, die ich mit dem Muttersein verbinde. Spirituelle Musik zu hören hilft sehr. So vergeht der Flug schneller als gedacht und wir landen butterweich auf Bali.

Déjà-vu in Denpasar: der hässliche Teppichboden, die parfümierte Klimaanlagenluft, das trudelnde Gepäckband, wo ewig nichts geschieht. Dann kommen meine drei Koffer angezockelt, brav hintereinander wie folgsame Hunde. Alles, was mein künftiges Leben hier ausmacht, habe ich in drei Koffer gepackt. Sechzig Kilo Gepäck - das klingt nach viel, aber wenn ich an den Klamottenberg denke, den ich zurückgelassen und aussortiert habe, ist es nichts. Zumal persönliche Gegenstände, Erinnerungsstücke, Bücher und elektronische Geräte den Großteil meines Gepäcks darstellen. Ich, die selbst Tagesausflüge mit einer Tasche voll unnützer Dinge unternahm, habe mich von vielen Besitztümern getrennt. Es fühlt sich befreiend an.

Ich hieve die Koffer auf einen Gepäckwagen und manövriere ihn zum Ausgang, wo mich die tropisch-schwüle Luft umfängt. Dieses Mal habe ich einen Fahrer vorbestellt, um sicherzugehen, dass das Auto groß genug ist. Er wartet mit einem Schild, auf dem mein Nachname völlig falsch geschrieben ist.

Ich erkenne ihn aber an der Hotelbezeichnung, die auf seiner Mütze steht.

Ich werde wieder in Seminyak wohnen. Der Ashram ist nah genug, um ihn zu besuchen. Jedoch nicht in der Casa Seminyak, denn ich schaffe es nicht, Sabine zu begegnen und ihr alles erzählen zu müssen. Sie kennt mich gut genug, um es ihr nicht verheimlichen zu können. Ich will die Tragödie nicht nacherzählen, kein Mitleid ernten. Ich möchte anonym bleiben, zumindest vorerst. Allein am Indischen Ozean sitzen, meditieren, mit mir selbst ins Reine kommen, in Ruhe trauern und mich verabschieden.

*

Das Hotel heißt »Double Six Luxury«. Ein passender Name, denn es kostet ein halbes Vermögen pro Nacht und ist von geradezu dekadentem Luxus. Stefan hat es unbedingt für mich buchen wollen. Ein Abschiedsgeschenk, das ich nicht die Kraft hatte abzulehnen. Obwohl es direkt am Indischen Ozean liegt, verlassen die meisten Gäste das Resort nicht, sondern halten sich nur am langen, geschwungenen Pool auf, wo sie auf bequemen Liegen, in der Hand einen Fruchtsmoothie oder einen tropischen Cocktail, die Aussicht auf Strand und Meer genießen - in sicherer Entfernung zu den Einheimischen. Auch die Privatterrassen der geschmackvoll mit Designermöbeln eingerichteten Suiten und das Poolrestaurant bieten einen grandiosen Blick aufs Meer. Im Vergleich zu Sabines Casa ist hier alles protziger, jedoch nicht unbedingt besser. Wehmütig denke ich an das liebevoll zubereitete Frühstück, das die schüchternen Hausangestellten nach einer angemessenen Wartezeit servierten, während der ich in den Garten starrte. Hier gibt es ein üppiges Buffet, das alles umfasst, was der europäische, amerikanische und australische Gaumen begehren könnte. Ich bin erschlagen von der Auswahl und begnüge mich mit Obstsalat, Mangosaft und einem Café Americano.

Das Hotel wird vornehmlich von Paaren besucht, die das nötige Kleingeld haben und ihre eingerostete Beziehung durch den Zauber subtropischer Sonnenuntergänge und exotische Candle-Light-Dinner reaktivieren wollen. Die meisten sind im mittleren Alter und kultiviert, sie lassen mich in Ruhe und halten sich beim Alkohol zurück. Es gibt einige wenige Alleinreisende, mehr Frauen als Männer, meist über siebzig, vermutlich Überlebende oder Geschiedene - ich zähle zu beiden Gruppen. Abends versammelt man sich in den runden Sitzgruppen der Lounge und schaut der Sonne zu, die ein irres Farbenspektakel veranstaltet, bevor sie im Meer versinkt und die Zuschauer sich in ihre Luxuswaben zurückziehen.

Ich meide Pool und Lounge und verbringe viele Stunden am Strand. Ein paar Meter weiter gibt es eine kleine Ansammlung von Liegen, die man mieten kann, auf Wunsch mit Schirm dazu. An dieser Stelle ist der Strand schmal, sodass die Wellen bei Flut die Liegen umspülen. Nachdem eine vorwitzige Woge einen meiner Flip-Flops geraubt hat, hänge ich meine Sachen in einem Beutel in den Schirm. So vergehen die Tage. Obwohl ich keinen Appetit habe, esse ich mittags eine Kleinigkeit in einem Warung. Meine Hoffnung, es ginge mir hier besser, erfüllt sich nicht. Mitten im Paradies tut der Verlust meines Sohnes noch mehr weh. Die Trauer nimmt wieder zu.

Oft nehme ich nur ein Handtuch mit und setze mich in den Sand. Stunden um Stunden schaue ich auf das Meer. Die

Hartnäckigkeit, mit der es sich an den Strand wirft, ist faszinierend und betäubend zugleich. Es wird nicht müde, sich in einer gleichförmigen Bewegung immer wieder auf mich zuzubewegen. Könnte ich meine Gefühle doch nur betäuben, ich will sie nicht mehr spüren. Das Rauschen beruhigt mich nur wenig. Der Indische Ozean ist nicht sanft, er hat Kraft und ist laut, manchmal sogar tückisch, er zerrt mit gefährlichen Unterströmungen an den Beinen der Menschen. Etliche sind hier ertrunken, Surfer und gute Schwimmer. An den meisten Stellen ist Schwimmen verboten. Einige wenige halten sich nicht daran. Ich gehe nur mit den Füßen ins Wasser, das badewannenwarm ist, und spüre sofort den Sog. Er ist verführerisch.

Wieder bin ich in Versuchung, mein Leben zu beenden. Ich müsste gar nicht viel tun. Es nur geschehen lassen. Da ich nicht gut schwimmen kann und beim kleinsten Tropfen Wasser in der Nase in Panik gerate, wäre es leicht. Ich müsste nur ein paar Meter hineingehen, mich den Wellen ausliefern. Es ginge schnell, niemand würde zur Verantwortung gezogen und mein Tod als weiterer tragischer Unfall eingestuft. Die komische Deutsche, die nie mit jemandem gesprochen hat, war bestimmt unachtsam. Unter Wasser muss es herrlich still sein. Ich sehne mich nach Ruhe, Stille, danach, einen Notausgang zu nehmen und diesen Raum endloser Trauer zu verlassen.

Ich habe gehofft, auf Bali darüber hinwegzukommen. Aber nun, wo ich Deutschland hinter mir gelassen habe und die erste Euphorie darüber abebbt, wird es sogar schlimmer. Mir wird bewusst, dass ich weder ein Ziel noch eine Vision habe. Obwohl ich mich von vielen Dingen getrennt habe, schleppe ich all mein emotionales Gepäck mit mir herum. Von der Trauer um meinen Sohn und ein wenig auch um meine gescheiterte Ehe kann ich mich nicht trennen.

»Solange du Gott nicht in deiner eigenen Seele gefunden hast, wird die ganze Welt ohne Bedeutung für dich bleiben«, sagte Kabir, der große Mystiker. Wie recht er hat! Meine Seele ist ein leerer Landstrich, in dem es nichts zu finden gibt. Schon gar nicht Gott.

Ich halte mich an meinen Ritualen wie an Krücken aufrecht, chante das Mantra Akal brav zweimal täglich, praktiziere eine Kriya, die Guru Kirpal mir aufgegeben hat, lese das Japji, das Morgengebet der Sikhs. Aber es fühlt sich hohl an. Manchmal vermisse ich die rosa Tabletten. Ich trinke kaum Alkohol, rauche nicht und esse kein Fleisch, ich stehe jeden Morgen früh auf. Ich führe mich wie eine vorbildliche Yogini auf, aber innerlich bin ich tot. Nur tot ertrage ich den Gedanken, dass Nickie tot ist. Sobald ich ein wenig lebendiger werde, prügelt der Schmerz wieder auf mich ein. Es ist, als hätte er nur Luft geholt. Er überkommt mich in Wellen, ich kenne das inzwischen. Auf dem Höhepunkt klammere ich mich an den Gedanken, dass es besser werden muss. Es kann nicht ewig Nacht sein, irgendwann muss die Sonne aufgehen. Aber wann? Wie lange halte ich das noch aus?

Drei Wochen bin ich hier, als ich bemerke, dass es immer dieselbe junge Balinesin ist, die mich anlächelt, wenn ich zum Strand gehe. Meist fegt sie gerade den Poolbereich, obwohl dort überhaupt nichts herumliegt. Im Resort herrscht eine fast klinische Sauberkeit. Käfern wie bei Sabine begegnet man nicht. Einige Tage lang nicke ich ihr zu, bis ich mich an die paar Worte erinnere, die ich auf Balinesisch beherrsche: »Selamat siang.« Sie strahlt, legt die Hände vor der Brust zusammen, verbeugt sich und erwidert den Gruß. Nach einer weiteren Woche richtet sie einige Sätze an mich, die ich mit einem entschuldigenden Kopfschütteln beantworte.

»Verzeihung, ich dachte, Sie sprechen Balinesisch«, sagt sie in stockendem Englisch.

»Nein, leider nicht.«

»Ich sehe Sie jeden Tag zum Strand gehen. Alle sonst bleiben in Hotel. Ihnen nicht gefallen hier?«

»Doch, es ist sehr schön, aber ich möchte allein sein.«

»Allein?«

»Ja.«

»Aber so traurig, immer allein!«

»Nein. Ich brauche Zeit, um zu trauern.«

»Trauern! Oh. Was ist geschehen?« Sie legt den Besen zur Seite und sieht mich mit aufrichtigem Interesse an.

Ich zögere. Warum habe ich das gesagt? Eigentlich will ich nichts von mir preisgeben. Ich meide Gespräche mit Hotelgästen, warum sollte ich mit ihr reden, auch wenn sie nett scheint? Aber irgendetwas in ihrem Blick bringt mich dazu, zu antworten: »Ich habe jemanden verloren.«

Sie tritt einen Schritt näher. »Tut mir sooo leid. Wen?«

Ich zucke ausweichend mit den Schultern und gehe an ihr vorbei zum Strand.

»Wünschen schöne Tag!«, ruft sie mir hinterher.

Als ich zurückkomme, fegt sie immer noch oder schon wieder. Normalerweise sind nachmittags andere dran. Als sie mich sieht, kommt sie mir lächelnd entgegen. Sie winkt einen der Männer zu sich, der die Poolliegen ordnet.

»Das mein Ehemann. Er arbeiten auch hier«, stellt sie ihn mir vor.

Der Mann, klein, schmächtig, dunkler als seine Frau, begrüßt mich mit vor der Brust aneinandergelegten Händen. Guru Kirpal hat mir erklärt, dass die Begrüßung bei den Yogis, die dieselbe Geste ausführen, so viel bedeutet wie »Mein wahres Selbst grüßt dein wahres Selbst«. Hier ist es eine Begrüßungsformel.

»Ich heißen Luh. Er Nengah«, sagt die junge Frau. Der Mann kann offenbar kein Englisch, er nickt nur ohne Unterlass bestätigend.

»Angenehm.«

Beide sehen mich freundlich an. Sie erwarten, dass ich mich ebenfalls vorstelle.

»Ich bin Britta.«

»Wir uns freuen. Wünschen schönen Abend!«

Lächelnd verabschiede ich mich. Die Prozedur wiederholt sich während der nächsten Tage. Mal wünscht mir die eine, mal der andere einen schönen Tag oder Abend. Mehr reden wir nicht. Eines Freitags stehen beide erwartungsvoll nebeneinander, als ich verschwitzt vom Strand zurückkehre.

»Britta, wollen dich einladen zu uns.«

»Oh, äh, danke ...« Ich bin erschrocken.

»Nicht gut, immer allein.« Luh schüttelt besorgt den Kopf. »Kommen uns besuchen. Für Essen mit Familie.«

»Das ist nett, aber ...«, stottere ich.

Nengah überreicht mir feierlich eine Art Zeichnung. Offenbar steht dort, wo sie wohnen.

»Morgen Abend um acht?«, fragt Luh und ehe ich mich versehe, nicke ich zustimmend.

18.

Yoga schenkt den Mut, das eigene Licht zu erkennen und zu leben.

Du bist am Anfang allein, in der Mitte - und am Ende.« Als ich das las, war ich noch Mutter und Ehefrau und fand diesen Satz so unzutreffend wie traurig. Nun verstehe ich ihn. Ich bin tatsächlich allein, nur die Trauer ist meine ständige Begleiterin. Mir kommt dieses Zitat in den Sinn, als ich mich am nächsten Abend tatsächlich zu Luh und Nengah aufmache. Ich bin erschöpft, obwohl ich den ganzen Tag nichts anderes getan habe, als auf den Ozean zu starren.

Die Nacht war furchtbar. Stundenlang habe ich wach gelegen und mit Dämonen gekämpft. Nachts sind sie übermächtig. Immer wenn ich denke, es geht einen Schritt vorwärts, stolpere ich zwei Schritte zurück. Es ist mein eigener Geist, der mir im Weg steht. Ich weiß es ja. All die selbstzerstörerischen, vergiftenden Gedanken.

Ich bin mir selbst abhandengekommen. Wie soll ich mich wiederfinden? Jeder Halt im Außen ist verloren. Das Einzige, was mir geblieben ist, ist das Yoga, an das ich mich klammere. Während ich durch die kleinen Straßen gehe, bemühe ich mich, den Ansturm der Gedanken zu bändigen, indem ich »Sat Nam« denke. Sat beim Einatmen, Nam beim Ausatmen. Ich meditiere auf mein wahres Selbst, wo immer es sich versteckt hält, versuche, mich daran zu erinnern, wer ich wirklich bin. Aber wer bin ich? Habe ich das je gewusst? Was ist meine

Aufgabe, was soll ich noch lernen? Geht es nur darum, die Trauer zu überwinden? Ich setze einen Fuß vor den anderen, Sat Nam, Sat Nam, Sat Nam.

Fast wäre ich an dem winzigen Haus vorbeigelaufen. Ich stutze und werfe einen Blick auf die Zeichnung. Ja, das ist es, obwohl es viel kleiner aussieht als auf dem Bild. Was habe ich denn erwartet, wie zwei Hotelangestellte wohnen, etwa in einer Miniaturausgabe des Luxushotels? Sofort fühle ich mich beschämt angesichts der Schlichtheit und Armut. Es ist ein typisch balinesisches Gehöft. Ich öffne das klapprige Holztor, drei magere Hühner laufen über den Hof, ein Hahn kräht. Links steht eine Art Altar, ein behelfsmäßiger Haustempel gehört hier zu jedem Heim, mag es noch so bescheiden sein. Als ein struppiger Hund bellend auf mich zuläuft, erschrecke ich. Da biegt Nengah um die Ecke und ruft ihn zurück. Der Hund gehorcht. Nach Landessitte legen wir lächelnd die Hände aneinander und verbeugen uns. Er winkt mich »hinein« - in einen offenen Raum, der zugleich Wohn- und Schlafraum zu sein scheint. Ich ziehe meine Schuhe aus. Es gilt als respektlos, ein Haus mit Schuhen zu betreten.

Nengah führt mich herum, der Rundgang ist allerdings schnell beendet. Eine kleine Küche, ein offenes Bad, ein weiterer karger Raum. Doch egal, wie die Menschen hier leben, sie fühlen sich von Göttern beschützt. Wächter jeden Gehöfts sind Brahma, der Gott des Herdfeuers, Vishnu, der Gott des Wassers, und Dewi Sri, die Reisgöttin. Die Familie lebt äußerst bescheiden. Schlichte Matten dienen zum Schlafen, acht Stück sind dicht nebeneinander ausgebreitet. Privatsphäre gibt es nicht, geschweige denn eine Klimaanlage oder auch nur Ventilatoren. Durch die Fensteröffnungen weht eine leichte Brise herein. Wenn es regnet, bietet die Unterkunft wenig Schutz. Ich zähle fünf Kinder, das kleinste etwa ein Jahr alt, das älteste vielleicht acht oder neun. Ich kann mich hinsichtlich ihres Alters jedoch täuschen, alle sind klein und schmächtig. Die Kinder mustern mich neugierig, bevor sie mit ihren Spielen fortfahren, mit allereinfachsten Spielsachen, wie einem Stock oder einem Ball, der aussieht, als wäre er aus Lumpen zusammengebunden. Kein Kind quengelt, ihre Gesichter leuchten fröhlich. Auf einem Schemel im Hof sitzt eine zahnlose, dürre Frau unbestimmbaren Alters, vermutlich die Oma.

An einer offenen Feuerstelle steht Luh und rührt in zwei Töpfen, aus denen verführerische Düfte aufsteigen. Bei meinem Anblick strahlt sie und ich überreiche ihr das Begrüßungsgeschenk, eine Vase, die ich in einem Designladen erstanden habe. Die Verkäuferin hat sie so aufwendig verpackt, dass man nicht ahnt, was es ist. Luh nimmt das Geschenk lächelnd entgegen, bedankt sich - und stellt es dann beiseite. Bei den Kindern kann ich mit mitgebrachten Süßigkeiten punkten. Da ich nicht wusste, wie viele Kinder die beiden haben, habe ich ein großes Paket schnüren lassen, deren Inhalt die Kleinen sofort gerecht unter sich aufteilen.

Luh bittet uns zu Tisch. Wir sitzen beim Essen auf dem Boden. Wie Luh winkle ich die Beine seitlich ab. Es ist unhöflich, die als unrein geltenden Fußsohlen auf jemanden zu richten. Das hat mir Sabine erklärt. Alle schauen mich an. Ich fühle mich zu blond, zu gepflegt, zu reich. Wie ich lebe, erscheint mir auf einmal als dekadent. Meine Suite kostet 250 Euro pro Nacht. Damit muss diese Familie bestimmt einen Monat auskommen oder länger, ich kenne die Lebenshaltungskosten nicht. Vor uns stehen Holzschalen. Ich bekomme als Einzige einen Löffel und eine Gabel. Die anderen nehmen die Finger der rechten Hand. Luh füllt auf. Es gibt gelben Reis und ein köstliches Gericht mit Gemüse und Hähnchenfleisch. Luh hat mich zuvor gefragt, ob ich Vegetarierin bin, was ich bejaht habe.

»Ist nicht so scharf und ohne Fleisch von Rind oder Schwein!«, ermuntert sie mich, als ich zögere. Anscheinend gilt Geflügel nicht als Fleisch. Ich schiebe meine ethischen Bedenken gegen Fleischverzehr zugunsten der Höflichkeit beiseite.

»Sehr lecker!«, lobe ich. Bereits der erste Bissen treibt mir Tränen in die Augen. Alle lachen. Komischerweise gewöhne ich mich jedoch an die Schärfe. Luh serviert mir eine junge Kokosnuss, deren Wasser besänftigend auf die Geschmacksnerven wirkt.

Wir unterhalten uns ein wenig, so gut es mit den beschränkten Sprachkenntnissen geht. Aber Worte sind nebensächlich. Ich bin bezaubert von den Kindern, die mich unschuldig mustern, ihrem karamellfarbenen Teint und den verspielten Frisuren der drei Mädchen. Ohne dass Luh oder Nengah irgendwelche erzieherischen Maßnahmen ergreifen, nicht einmal den Anschein erwecken, es je getan zu haben, sitzen die fünf Kleinen gesittet bei Tisch. Wer in Deutschland fünf Kinder hat, muss Dompteurqualitäten aufweisen. Warum ist das hier anders? Oder ist diese Familie ein Einzelfall? Besonders der größere der beiden Jungen, er muss etwa fünf Jahre alt sein, hat es mir angetan. Er scheint sehr schüchtern zu sein. Während die anderen mich anlachen, senkt er den Kopf, sobald ich ihn anschaue, aber einmal huscht ein Lächeln über sein Gesicht. Die Oma, fast so klein wie die Kinder, sitzt schweigend zwischen ihnen und isst eine winzige Schale Reis mit Soße.

Es wird ein zauberhafter Abend. Lange habe ich mich nicht mehr so wohlgefühlt, geborgen im Schoß einer Familie, die ich kaum kenne. Sie strahlen eine solche Ausgeglichenheit und Harmonie aus, dass ihr Glück mich mit zu umfassen scheint.

»Seid ihr zufrieden mit eurer Arbeit im Hotel?«

»Oh ja!« Luh nickt enthusiastisch. »Gute Arbeit. Wir froh, dass beide Geld verdienen.«

Sie sagt etwas auf Balinesisch zu ihrem Mann, der ihr begeistert zustimmt.

»Ist keine weite Weg und sehr nette Menschen«, ergänzt Luh. Bislang habe ich keinen Gast auch nur ein Wort mit ihr wechseln sehen. Die meisten Hotelbewohner behandeln die Angestellten wie Luft, es sein denn, irgendetwas klappt nicht. Dann wird gemeckert. Ich bewundere Luh und Nengah für ihre positive Sichtweise.

Nach dem Essen gibt es Tee. Er schmeckt blumig und fruchtig. Luh schenkt ihn aus einer uralten, zerbeulten Kanne ein und ich nehme mir vor, als nächstes Gastgeschenk, sollten sie mich noch mal einladen, eine neue Teekanne mitzubringen.

Als es Zeit ist zu gehen, begleitet Luh mich zum Tor, untergehakt von der Oma, die ihr ins Ohr murmelt.

»Ich habe ihr erzählt, dein Sohn tot«, sagt Nuh.

Ich bleibe stehen. Meine Kehle ist wie zugeschnürt. Ich will an diesem schönen Abend nicht darüber reden.

»Auch ich habe Kind verloren. Sohn. Vor zwei Jahren. War Unfall mit Mofa«, vertraut Luh mir an. Eine schreckliche Nachricht, die sie mit einem Lächeln versieht.

»Oh, nein, wie mir das leidtut.« Ich kann nichts hinzufügen, nur mitleidig den Kopf senken.

Die Oma nimmt meinen Arm. Ihre dünne Hand fühlt sich

an wie eine Hühnerkralle. Sie richtet ein paar unverständliche Worte an mich und nickt aufmunternd dabei.

»Was sagt sie?«

»Sie meint, es vergisst sich schnell. Kinder werden geboren, Kinder sterben. Sie hatte sechs und nur drei leben. Wenn du sie fragen nach Namen - kann nicht erinnern. Zeit vergeht, ist wie rinnendes Wasser, wäscht alles ab.«

*

Einige Tage danach bin ich tatsächlich erneut bei Luh und Nengah zum Essen eingeladen. Als ich ihren bescheidenen Hof betrete, leuchten mir prächtige Blüten vom Altar entgegen. Farbige Blumen sollen nach balinesischem Glauben die Götter beschwichtigen, von denen jeder seinen eigenen Geschmack hat: Brahma mag rote, Vishnu blaue und Shiva präferiert weiße. Als Gastgeschenk habe ich eine kunstvoll gearbeitete Teekanne dabei, nur mit einer üppigen Schleife geschmückt. Luh ziert sich erst, sie anzunehmen. Dann fällt sie mir um den Hals und lässt mich zugleich wortreich wissen, dass sie zu kostbar ist, dass sie das Geschenk nicht annehmen und sich niemals der Ehre würdig erweisen kann. Ich beschwöre sie, die Teekanne zu akzeptieren, indem ich sie nach balinesischer Sitte klein, hässlich und billig mache. Es ist ein Spiel, an dessen Regeln sich alle halten müssen.

Nengah und die Oma, deren Name Made ist, wie ich erfahre, da sie, genau wie Nengah, als mittleres Kind geboren ist, reden ebenfalls lautstark auf mich ein. Ich verstehe kein Wort, offenbar haben die beiden vergessen, dass ich kein Balinesisch spreche. So geht es minutenlang hin und her. Endlich bringt

Luh Nengah und Made mit einer Handbewegung zum Schweigen und trägt die neue Teekanne ehrfürchtig zum Herd. Ich wische mir den Schweiß von der Stirn - so anstrengend kann schenken sein - und schnuppere. Ein verheißungsvoller Duft nach Kräutern und Gewürzen liegt in der Luft.

»Du solltest ein Warung eröffnen«, sage ich zu Luh. »Du bist eine exzellente Köchin.« Sie bricht in schallendes Gelächter aus, als hätte ich einen besonders guten Witz gemacht.

»Jeder auf Bali kann kochen«, gibt sie achselzuckend zurück. »Das ist nichts.«

»In meinem Land wärst du eine Starköchin.«

Sie übersetzt der Familie, was ich gesagt habe, und nun lachen alle lauthals, bis ihnen die Tränen kommen.

Wir sitzen im Balé Pawaregan, dem Küchenpavillon. Heute gibt es Gado, mir zu Ehren ein vegetarisches Gericht. Es wird in einer großen Steinschale serviert und besteht aus blanchiertem Gemüse, in Bananenblättern gegartem Reis und einer ultraleckeren Erdnuss-Soße. Das ist aber nicht alles. Vorweg gibt es eine typisch balinesische Suppe, deren Zubereitung eine Zeremonie ist.

Die Kinder schauen brav und ehrfürchtig schweigend zu, wie das Essen serviert wird. Wie beim letzten Mal zappelt keines oder muss zur Ordnung gerufen werden. Die Wertschätzung, die die Menschen den Mahlzeiten entgegenbringen, berührt mich sehr. Die Kleinen sitzen aufgereiht wie die Orgelpfeifen auf der schmalen Holzbank, eines niedlicher als das andere.

»Soto Mie Ayam heißen Suppe«, erklärt Luh. Vor jedem steht eine Suppenschüssel, die sie mit Sprossen, Kräutern und Gemüse füllt.

»Pedas?«, fragt Nengah mich.

»Scharf? Soße mit Chili und Sambal«, erläutert Luh. Ich schüttele den Kopf. Mein Magen rebelliert bei zu viel Schärfe.

»Musst du sagen: sedikit saja - bloß wenig.«

»Sedikit saja«, wiederhole ich. Die Familie schmunzelt über meine Aussprache.

Nun wird dampfende Flüssigkeit mit einem Schöpflöffel über das Gemüse gegeben. Dann kommen Teigtaschen und Reis hinzu.

»Kecap manis?«, fragt Nengah.

Ich verneine vorsichtshalber. Wieder lachen alle. Ich wusste gar nicht, dass ich so witzig sein kann.

»Ist süße Sojasoße.« Luh gibt einen kleinen Schuss dazu.

Wir essen andächtig. Das Essen schmeckt himmlisch, besonders in Gesellschaft dieser Menschen. Ich fühle mich geborgen und angenommen. Natürlich führen wir keine tiefgründigen Gespräche - wir können uns ja kaum verständigen. Aber das ist nicht nötig, um eine Verbindung aufzubauen. Das findet über Blicke, Lächeln und ein paar Wortbrocken statt, die wir einander zuwerfen. Auch mit den Kindern kommuniziere ich auf diese Weise. Ich erfahre, dass die drei Ältesten zur Schule gehen. Noch oder schon? Die Eltern sind stolz darauf, ihnen den Schulbesuch überhaupt ermöglichen zu können. Luh und ihr Mann betonen, wie froh sie über die Arbeit im Resort sind und wie dankbar für das Geld, das sie verdienen. Ich kann mir nicht vorstellen, dass es viel ist, wenn ich mir anschaue, wie sie leben. Vermutlich beuten die großen Hotels die Einheimischen aus und zahlen ihnen nur einen Hungerlohn, während sie den wohlhabenden Gästen exorbitante Preise berechnen. Ich würde der Familie gern unter die Arme greifen, befürchte jedoch, sie zu beleidigen, wenn ich ihnen Geld anbiete. Für mich wäre es wenig, für sie viel. Aber der Aufstand, den sie um die Gastgeschenke gemacht haben, zeigt mir, dass dort ein enormes Empfindlichkeitspotenzial liegt. Die Balinesen sind ein stolzes Volk. Ich möchte nichts tun, was die zarte Pflanze der Freundschaft zwischen uns gefährden könnte.

»Auf Bali viele Kinder gehen nicht zur Schule. Oder kurz. Müssen helfen auf Hof«, erklärt Luh. »Ich drei Jahre. Nengah vier. Meine Mutter Made gar nicht. Andere Zeiten. Meine Kinder haben besser. Gehen sechs, vielleicht sieben Jahre lernen, bevor arbeiten.«

Dass diese wunderschöne tropische Insel in vielerlei Hinsicht ein Entwicklungsland ist, habe ich mir noch nicht klargemacht. Dabei liegt es auf der Hand. Aber ich war bislang nur mit mir und meinem Unglück beschäftigt. Beim ersten Aufenthalt habe ich mich blenden lassen von der Fassade, den Palmen und Stränden, den Luxusresorts und der Exotik. Während die Touristen in den schönsten Resorts verwöhnt werden, leben die Einheimischen in schlichten Hütten von der Hand in den Mund. Aber sie besitzen die Begabung, aus nichts viel zu machen, wie mir die kulinarischen Sensationen dieses Abends zeigen.

Ausländische Investoren scheffeln Geld und nutzen die Freundlichkeit und Naivität der Bevölkerung aus. Ich schäme mich, weil ich Teil des ausbeuterischen Systems bin und davon profitiere. Wäre Nickie hier geboren, wäre er keine zwanzig Jahre alt geworden. Er wäre als Baby gestorben, wahrscheinlich wenige Tage nach der Geburt an Sauerstoffmangel und Herzversagen. Die moderne Medizin hat sein Leben verlängert, ihm viele Jahre geschenkt - ihm andererseits aber auch Schmerzen zugefügt und Qualen bereitet. Wäre es besser gewesen, er hätte das nicht durchmachen müssen? Aber hätte ich nur auf eine Minute mit ihm verzichten mögen? Nein. Ist es egoistisch oder altruistisch, so zu denken? Eltern wollen in der Regel das Beste für ihr Kind, aber wer bestimmt, was ethisch, moralisch, global, individuell das Beste ist? Hat nicht jeder Mensch sein eigenes Karma? Wer sind wir, dass wir eingreifen, verlängern, Gott spielen wollen? Doch bedeutet nicht bereits der Ort der Geburt Karma mit den entsprechenden Bedingungen an Sicherheit, medizinischer Versorgung und Geld?

Ich habe mich in meinen Gedanken verstrickt. Auf einmal spüre ich einen Blick auf mir. Es ist der Fünfjährige, der kleine Junge, den ich so besonders mag. Er steht dicht neben mir und schaut mich aufmerksam an. Wie lange mag er schon darauf warten, dass ich ihn bemerke? Ich lächle ihn an. Er lächelt schüchtern zurück und schlägt die Augen nieder.

»Wie heißt er?«, wende ich mich an Luh, die geschäftig die Teller abräumt. Mir hat sie jede Hilfe untersagt.

»Nyoman. Ist drittes Kind. Eigentlich viertes, denn Wayan tot. Sollte sein letztes, aber kam noch Komang« - sie deutet auf den kleineren Jungen - »und Ni Wayan« - sie weist auf das Mädchen, das sich wie eine Katze auf der harten Bank zusammengerollt hat und eingeschlafen ist.

»Hallo, Nyoman«, sage ich leise, um ihn nicht zu verschrecken. Er wirkt wie ein scheues Tierchen. Dann deute ich auf mich: »Britta.«

Er nickt, ohne zu versuchen, das Wort zu wiederholen. Dann klettert er zu meiner Überraschung wortlos auf meinen Schoß. Made bricht in gackerndes Gelächter aus. Ihr zahnloser

Mund steht offen, die Zunge ist dunkelrot. Nengah verpasst ihr eine kleine Kopfnuss, was sie ihm nicht übel zu nehmen scheint. Sie sagt etwas. Als niemand reagiert, wiederholt sie es ein paarmal. Luh wirft mir einen kurzen Blick zu, will es anscheinend nicht übersetzen. Die alte Frau deutet auf mich und das Kind, das es sich auf meinen Beinen gemütlich gemacht hat. Es ist zart und leicht, ähnlich zierlich wie Nickie in dem Alter. Wehmütig denke ich an ihn, wo immer er jetzt sein mag. Vielleicht schwebt seine Seele über mir und beobachtet das Ganze? Wie würde er es finden, dass ich ein anderes Kind halte, wäre er eifersüchtig oder würde er mir diese simple, tröstende Freude gönnen? Bestimmt. Aber sosehr ich mir Nickies Gegenwart wünsche, umso mehr hoffe ich, dass mein Akal-Chanten geholfen hat. Ich wünsche mir, dass er das Magnetfeld der Erde verlassen hat und in das universelle Bewusstsein eingegangen ist.

»Was sagt sie?«, frage ich Luh.

»Nachtisch.«

Sie stellt Klebreis und süße Mangos auf den Tisch und serviert Tee in der neuen Kanne, gießt ihn in angestoßene, nicht zusammenpassende Tassen. Mein nächstes Gastgeschenk steht fest.

»Luh?«

Sie winkt ab. »Ach, Nian plappern. Zu viel Betel kauen. Sein gaga.«

Nun begreife ich, warum Lippen und Zunge der Großmutter so seltsam aussehen. Sie sind rot vom Betelkauen. Zur Beruhigung und Entspannung werden hier von den Alten immer noch die Blätter der Federpalme gekaut. Ich dachte, vorwiegend Männer tun das. Es ist eine Genussdroge, ähnlich wie bei uns der Alkohol, der selten konsumiert wird. Bei den jungen Balinesen ist die Sitte des Betelkauens selten geworden.

Wir trinken Tee, während es dunkel wird und die Geräusche der Nacht einsetzen. In der Dämmerung bricht das vertraute Konzert los, die Tiere quaken, zwitschern und heulen durcheinander, als gäbe es kein Morgen. Dann geht die Sonne unter und alle beruhigen sich. Auch die Kinder sind verschwunden, bis auf die schlafende Kleine und Nyoman auf meinem Schoß, dem die Augen zufallen. Ich genieße seine Nähe noch einige Minuten. Oder länger? Die Zeit ist dehnbar, pulsiert und atmet wie ein Lebewesen. Aber irgendwann muss ich gehen. Ich trage Nyoman auf seine Schlafmatte und decke ihn zu.

»Danke, von ganzem Herzen.«

Luh schüttelt den Kopf. »Nein, ich danken für alles.«

Wir geben das ein paarmal hin und her, wobei wir lächeln, bis mir die Gesichtsmuskeln wehtun, dann verbeugen wir uns voreinander. Auf dem Weg ins Hotel lächle ich immer noch. Nach all den Monaten, in denen ich diesen Gesichtsausdruck verlernt hatte, ist er mir nun eingebrannt. In dieser Nacht lächle ich mich in den Schlaf und schicke im Traum Kaskaden von Lächeln zu meinem Sohn.

19.

Zu lieben ist der eigennützigste Akt überhaupt. Die Liebe gibt dir Schutz, Würde und Ausstrahlung.

Allmählich geht es mir besser. Die Freundschaft mit Luh und ihrer Familie hilft, die Gespräche mit Guru Kirpal, die zauberhafte Umgebung. Ich empfinde weniger Schuldgefühle, dass ich noch hier bin und Nickie nicht. Die Trauer ist noch da, aber es gibt auch gute Momente. Heute habe ich wieder eine Sat-Nam-Rasayan-Behandlung bei Guru Kirpal. Ich freue mich darauf. Er ist mein engster Vertrauter geworden, Freund, Lehrer, spiritueller Begleiter. Und er ist noch so viel mehr für mich, im Grunde die wichtigste Person auf Erden. Ich bin der Überzeugung, dass ich ohne ihn und die Yogatechniken nicht überlebt hätte oder in einer psychiatrischen Klinik gelandet wäre. Auch wenn ich sie in Hamburg eine Zeit lang nur stumpf praktiziert habe, bewahrten sie mich doch vor dem Zusammenbruch. Guru Kirpal verdanke ich, dass ich an diesem wunderschönen Ort lebe. Er fängt mich jedes Mal auf, wenn die Dunkelheit mich einholt und die Verzweiflung über Nickies Tod zubeißt. Ich vertraue ihm, fühle mich wohl in seiner Gegenwart, genieße seine Gesellschaft. Und dann ist da noch dieses Prickeln ... über das ich nicht nachdenke. Weil es nicht sein darf.

Sobald ich auf der Behandlungspritsche liege, zugedeckt mit einer leichten Decke, fühle ich mich geborgen. Er setzt sich im Schneidersitz dicht neben mich. Der Moment, wenn er mir nahe kommt, seine Aura meine streift, ist fast wie ein Liebesakt, unglaublich intim. Wir haben beide die Augen geschlossen. Er berührt mich sanft am Arm, nur mit den Fingerspitzen, doch dieses Antippen bringt eine elektrische Reaktion hervor. Ströme und Wellen von Energie laufen durch mich hindurch. Inzwischen kenne ich den Ablauf einer Sat-Nam-Rasayan-Behandlung. Das Beste daran: Ich muss nichts tun. Er versetzt sich selbst in einen Zustand der Unschuld, dehnt seine Wahrnehmung aus, öffnet den heiligen Raum, kontempliert. Im meditativen Feld löst er Blockaden, trägt Schicht um Schicht ab, bereitet den Weg der Heilung - alles, ohne aktiv etwas zu tun. Er hat mir erklärt, dass es eher ein Zulassen ist, indem er in Beziehung zum heiligen Raum tritt. Manchmal setzt er Elemente, Feuer, Wasser, Erde, Luft, Äther oder geometrische Formen ein, nur in seinem Geist, der in meinem Bewusstsein auf Resonanz stößt. Das hat er mir alles eingehend erläutert. Ich weiß nicht, ob ich es glauben soll oder nicht, aber es ist auch egal, was ich glaube. Der Effekt spricht für sich. Gelegentlich spüre ich eine körperliche Reaktion wie ein Niedersacken oder Wärme, etwas löst sich auf, fließt wieder. Oft falle ich nur in eine tiefe Entspannung, die wunderbar nährend ist.

Heute fliege ich. Ich fühle meinen Körper tatsächlich über den Boden schweben. Auf einmal ist alles leicht und süß, ein kosmisches, allumfassendes Lächeln erfüllt mich. Wie lange dieser himmlische Zustand anhält, in dem Angst, Trauer und Begrenztheit nicht existieren, weiß ich nicht. Neben dem Gefühl für Raum hat mich auch jegliches Gefühl für Zeit verlassen - ich weiß nur, dass ich am liebsten für immer dort bleiben möchte. Dann holt Guru Kirpal mich zurück und ich lande butterweich.

»Nimm dir so viel Zeit, wie du brauchst, um zurückzukommen.« Seine Stimme klingt weich. Ich öffne die Augen, sehe ihn an, sein dunkler Blick ruht unendlich liebevoll und zärtlich auf mir. Und plötzlich kann ich nicht mehr vor mir selbst oder ihm leugnen. Mit einem Ruck setze ich mich auf.

»Ich liebe dich«, sprudele ich hervor. Ich weiß, dass es wahr ist, schon lange. Vielleicht sogar seit Frankreich oder Hamburg, lange bevor mein Sohn starb. Noch nie habe ich von mir aus einem Mann eine Liebeserklärung gemacht, um nicht das Risiko einer Zurückweisung einzugehen. Nun ist es anders. Was habe ich zu verlieren?

Er ist mir nah. Ich spüre, dass er Ähnliches für mich empfindet, so wie er mich anschaut. Ich täusche mich nicht.

»Ich liebe dich auch, Britta.«

Ich wusste es. Am liebsten würde ich mich in seine Umarmung schmiegen. Aber bevor ich reagieren kann, verändert sich sein Blick. Fast unmerklich weicht er zurück. Ich strahle ihn an, doch er fährt fort: »Nicht auf die Weise, wie du es dir wünschst. Und selbst wenn es so wäre, eine romantische Beziehung zwischen uns ist nicht möglich.«

»Warum nicht?« Enttäuschung macht sich breit. Ich bekomme einen dicken Kloß im Hals.

Er seufzt. »Ich bin dein spiritueller Lehrer. Und als ein solcher kann, will und darf ich so etwas nicht. Es wäre das schlimmste Vergehen überhaupt, ein Missbrauch der Abhängigkeitssituation.«

»Wirst du dann als Stein wiedergeboren?« Oh Gott, flirte ich etwa? Versuche ich, ihn mit weiblichen Mitteln zu umgarnen? Das alte Programm ablaufen zu lassen?

»Mindestens. Oder als Kakerlake.«

Das erscheint mir als Witz oder Irrtum, den ich ausräumen muss, um ihn zu überzeugen. Doch er meint es ernst. Er sitzt vor mir, zum Greifen nah. Es kommt mir so vor, als hätte ich noch nie jemanden so sehr gewollt. Seine fast schwarzen Augen, sein männlich-asketisches Gesicht mit den hohen Wangenknochen und der dunklen Haut sind unglaublich anziehend. Ich stelle mir vor, die Hände in seinen üppigen langen Haaren zu vergraben, nachts, wenn er keinen Turban trägt. Ihn zu umarmen ...

»Dann sei nicht mehr mein Lehrer«, bitte ich.

Er schüttelt den Kopf. »Nein. So stehen wir in dieser Inkarnation zueinander: in einer Schüler-Lehrer-Beziehung. Man kann sie nicht nach Belieben an- und ausschalten.«

»Aber ich fühle mich dir so nah. So vertraut. Emotional verbunden. Täusche ich mich denn, wenn ich meine, dass es bei dir ähnlich ist?«

Er legt mir kurz die Hand aufs Knie, sofort durchströmt mich ein sehnsuchtsvolles Verlangen. »Du täuschst dich nicht. Die Vertrautheit und die emotionale Nähe stammen jedoch aus einem früheren Leben. Es gab eine Zeit, als wir einmal ein Paar waren. Aber das ist vorüber. Aufgelöst. In dieser Inkarnation ist es nicht vorgesehen.«

Ich bin kurz davor loszuheulen. Da sagt mir dieser wundervolle Mann sinngemäß, dass er mich auch liebt, aus uns aber nichts werden kann, weil er mein Lehrer ist und wir unsere Zeit zu zweit schon vor Jahrhunderten hatten? Zu blöd, dass ich davon nichts mitbekommen habe.

»Können wir das nicht wiederholen?«, bettle ich. »Denn ich erinnere mich nicht mehr dran. Hilf mir bitte, die Erinnerung wieder aufzufrischen ...«

Als er schmunzelt, erscheinen zwei winzige Grübchen in seinen Wangen, die ich bisher noch gar nicht bemerkt habe, weil sein dichter Bart sie fast verbirgt. Wie gern würde ich sie berühren.

»Britta, es geht nicht. Wirklich nicht. Deine Seele hat in diesem Leben eine andere Lernaufgabe. Wenn es dir schwerfällt, dass ich dich als dein Lehrer weiterhin dabei begleite, müssen wir uns ganz trennen und du musst einen anderen Lehrer finden.«

Entsetzt schüttle ich den Kopf. »Gott, nein! Ich will dich nicht verlieren.« Da ist sie wieder, die Angst, ins Bodenlose zu fallen.

Er nickt. »Gut. Ich denke, wir können die Gefühle transformieren. In Liebe aus dem Herzchakra, Anahata, nicht aus dem Sakralchakra, aus Swaddistana. Das ist der Ort des Süßen, der Lust und des Begehrens. Die Liebe aus Anahata ist selbstlos wie eine Mutterliebe. So hast du deinen Sohn geliebt.«

»Was ist denn meine Lernaufgabe für dieses Leben?«

»Dir eine Antwort darauf zu geben, steht mir nicht zu. Du weißt es bereits, tief in dir. Niklas ist aus Gründen, die wir nicht kennen, früh gegangen. Manche Kinder gehen sogar noch früher, wenn ihre Aufgaben auf der Erde erledigt sind. Du hingegen bist da und lernst, mit dem Verlust zu leben. Dein Leid zu überwinden. Schau dich an. Schicht um Schicht legst du deine Hüllen ab, die dein wahres Selbst verborgen haben. Du bist auf dem Weg, kristallklar zu werden.«

Kristallklar ist das Letzte, wie ich mich fühle. Aber der Weg ist ja bekanntlich das Ziel. Ich verbeuge mich vor Guru Kirpal, vor seiner Weisheit und Güte, ergreife seine Hand und küsse sie. Mehr werde ich nicht von ihm küssen dürfen, näher werde ich ihm auf der körperlichen Ebene nicht kommen. Meine erste Liebeserklärung und sie wurde zurückgewiesen. Aber ich schäme mich nicht dafür, es ausgesprochen zu haben.

Es ist seltsam. Obwohl ich enttäuscht bin, dass aus uns kein Paar wird, ist ein kleiner Teil von mir auch erleichtert. Denn ich weiß ja, was mit Verliebtheit und einer romantischen Beziehung passiert, wie ich mich verstricken könnte in Eifersucht, Besitzansprüchen und emotionalen Schmerzen. Wenn Guru Kirpal andere Frauen behandelt, würde ich vielleicht an der Tür lauschen. Sobald er auf Reisen ginge, hätte ich Sehnsucht und Angst, dass sie sich ihm an den Hals werfen. Ich habe ja gesehen, wie ihn alle anschauen. Das mag ihm gleichgültig sein, aber ich würde leiden. Das bleibt mir nun erspart. Oder denke ich es mir nur schön? Ich kann es sowieso nicht beeinflussen, Guru Kirpal hat seinen Standpunkt deutlich gemacht. Und er wird seine Meinung nicht ändern.

Gut, ich werde es akzeptieren. Ich habe genug gelitten - und will es nicht mehr aus Herzensgründen tun. Ein langer Weg liegt noch vor mir, um ein besserer, spirituellerer Mensch zu werden. Mit Guru Kirpal an meiner Seite, als Freund, Mentor und Lehrer, könnte ich es schaffen. Ohne ihn bin ich verloren.

*

Ein paar Tage gehe ich Guru Kirpal lieber aus dem Weg. Ich muss mich in mir selbst verankern, allein sein. Wie er es mir beigebracht hat, stehe ich früh auf und mache mein Sadhana. Ich meditiere, sitze am Strand, blicke aufs Meer, lausche den Wellen, schaue ihrem immerwährenden Spiel zu. Gefühle kommen und gehen. Ich versuche, ihnen zuzuschauen und mich nicht hineinziehen zu lassen in ihren Schlund. Die Dämonen fauchen, attackieren mich, aber sie verschlingen mich nicht.

Wie soll es weitergehen? Ich kann nicht ewig im Hotel wohnen, das Geld meines künftigen Ex-Mannes verprassen und ab und zu Luhs Familie besuchen, um mit Geschenken die Gönnerin zu spielen und mich an ihrer Armutsexotik zu erfreuen. Ich kann auch nicht nur in mein Inneres schauen und dort immer mehr Abgründe entdecken. Was ich brauche, ist eine Aufgabe. Keine Beschäftigung, um mich abzulenken, sondern etwas, das Sinn hat, das mich selbst weiter reifen lässt. Eines Morgens beim Sadhana kommt mir eine Idee. Ich schaue sie an. Sie verflüchtigt sich nicht, sondern wird allmählich zur Gewissheit. Und so suche ich zwei Wochen später Guru Kirpal in seinem Büro auf, wo er sich ein oder zwei Stunden täglich aufhält, um Büroarbeit zu erledigen. Ich habe befürchtet, dass die romantischen Gefühle mich bei seinem Anblick überwältigen, aber dem ist nicht so. Es ist einfach schön, ihn zu sehen. Er bleibt hinter dem Schreibtisch sitzen und legt die Hände zum Gruß vor der Brust aneinander.

»Sat Nam. Wie geht es dir, Britta?«

»Ich bin noch da. Ich lerne, mit mir selbst zu sein. Und möchte die Yogalehrerausbildung bei dir machen.«

Er nickt, wirkt nicht erstaunt. »Ein gutes Vorhaben. Nimm bitte Platz.«

»Bist du nicht überrascht?« Ich setze mich auf den Stuhl. Die Atmosphäre ist förmlich. Vielleicht steht mein Liebesgeständnis noch zwischen uns.

Er faltet die Hände. »Ehrlich gesagt, nein. Du bist so weit.

Ich hätte es dir vorschlagen können, aber du solltest selbst darauf kommen.«

Einen Moment ärgere ich mich, fühle mich wie ein Kind in der Grundschule. Dabei hat er recht. Wäre der Vorschlag von außen gekommen, hätten Bedenken mich gelähmt.

»Okay, wann geht es los?«

Guru Kirpal lacht. »Das ist die Britta, die ich kenne. Ungeduldig und entschlossen.« Er schiebt mir ein paar Formulare zu, die zufälligerweise schon auf seinem Schreibtisch liegen. Bin ich so vorhersehbar?

»Das darfst du ausfüllen. Es ist die Anmeldung. Dein Timing ist perfekt: Anfang des Monats beginnt eine 300-Stunden-Ausbildung. Es ist ein Intensivtraining, das sich über zehn Wochen erstreckt, zertifiziert von der Yoga Alliance. Damit hast du eine fundierte Yogalehrerausbildung und kannst unterrichten.«

Lachend winke ich ab. »Nein, das will ich nicht. Ich mache das nur für mich. Vor einer Gruppe zu stehen ist nichts für mich.«

Ich überfliege die Schriftstücke und unterschreibe. Die Kosten sind lächerlich gering im Vergleich zu den Übernachtungskosten in meinem Luxushotel. Es erscheint widersinnig, weiterhin dort zu leben und gleichzeitig hier im Ashram Unterricht zu nehmen. Ich frage schüchtern, ob ich in der Zeit hier wohnen könnte.

Er nickt. »Selbstverständlich. Die meisten der zehn Teilnehmer tun das, sofern sie nicht privat unterkommen. Es ist dieses Mal keine große Gruppe. Vielleicht kennst du sogar einige. In einer kleinen Lerngruppe intensivieren sich die Erfahrungen.«

Ich brauche eher Tiefe, Sicherheit und Stille als intensive Erfahrungen, aber das behalte ich für mich. Wir plaudern eine

Weile, bevor ich mich verabschiede, um aus dem Hotel auszuchecken.

»Lies es dir in Ruhe durch«, sagt er, überreicht mir die Kopien und steht auf. Ich möchte, darf ihn aber nicht umarmen. Nun, da er nicht nur mein privater Lehrer ist, sondern sogar offizieller Ausbilder, wäre das vollkommen unpassend. Aber er wirkt wie ein Magnet, alles zieht mich zu ihm. Er scheint es zu merken und verabschiedet sich mit einer angedeuteten Verbeugung und einem Lächeln.

Meine Entscheidung verleiht mir Schwung. Der Weg zurück zum Hotel ist eigentlich zu weit, um ihn zu Fuß zu gehen. Aber ich bin so voller Energie und gleichzeitig aufgewühlt, dass ich Bewegung brauche. Gehen hilft mir, meine Gedanken zu sortieren, wahrscheinlich wäre eine Gehmeditation genau das Richtige für mich.

Es ist schwül-heiß. An das Klima habe ich mich gewöhnt, an den ständigen leichten Schweißfilm auf der Haut, der trocknet, sobald man ein klimatisiertes Gebäude betritt. Die Straßen sind schmal, staubig und voller Löcher. Fußgängerwege gibt es nicht. Am Straßenrand blühen Pflanzen, deren Namen ich nicht kenne. Ich biege ab und gehe zwischen Reisfeldern entlang. Ich liebe die schmalen Wege zwischen den Feldern. Auf einem arbeitet ein dünner Mann, er muss weit über siebzig sein. Die Arbeit ist hart und schlecht bezahlt. Nur alte Männer leisten sie noch. Die meisten jungen Balinesen meiden sie, suchen sich stattdessen Anstellungen in einem Hotel. Nur wer ein eigenes kleines Reisfeld besitzt, bestellt es selbst, für den Eigenbedarf und um zu tauschen. Ich weiß nicht, ob der Alte Besitzer oder Lohnarbeiter ist. Er lächelt mir zu, entblößt dabei einen fast zahnlosen Kiefer und grüßt nickend. So zufrieden, vollkommen in Einklang mit sich, wie er wirkt, braucht er bestimmt kein Yoga. Es gibt solche Menschen. Ich gehöre nicht dazu.

Als ich in Seminyak ankomme und das Hotel betrete, diskutiert ein Paar mit der Mitarbeiterin vom Empfang. Offenbar sind es Deutsche. Die Frau trägt ein aufwendig besticktes Seidenkleid und Designer-High-Heels, der Mann eine Rolex am Handgelenk. Sie beschweren sich in hölzernem Englisch über den mangelhaften Service und die Respektlosigkeit der Bediensteten. Ich wende mich ab. Ich schäme mich für ihr Gebaren, bin angewidert von meinen Landsleuten, der Gesellschaftsschicht, der auch ich angehöre.

Ich warte, bis sie ihren Frust losgeworden sind, und bemitleide die Hotelangestellte, welche sich die Vorwürfe mit Engelsgeduld anhört und Besserung verspricht. Als ich an der Reihe bin und mein Anliegen vortrage, schaut sie bedauernd. Man hat sich offenbar an mich gewöhnt. Oder ist es die Tatsache, dass ich versucht habe, die Mitarbeiter wie meinesgleichen zu behandeln, ohne Arroganz und Herablassung?

»Hat es Ihnen bei uns nicht gefallen?«, fragt sie.

»Doch, sehr. Aber ich bin schon viele Wochen hier und will mich verändern.«

Als ich erzähle, dass ich in einen Ashram umziehe, um dort eine Yogalehrerausbildung zu machen, wünscht sie mir Glück. Wir vereinbaren, dass nur ein Koffer dorthin gebracht und der Großteil meines Gepäcks hier aufbewahrt wird.

Ich brauche immer weniger Dinge, stelle ich fest. Es ist eine Erleichterung, mit wenig auszukommen.

Die meisten Bücher und die eleganteren sowie wärmeren Kleidungsstücke lagere ich ein und nehme nur meine schlichten Yogasachen sowie Körperpflegeprodukte mit. Neben dem Tablet, auf dem die Fotos von Nickie gespeichert sind, packe ich meine gerahmten Lieblingsbilder von ihm ein, um sie auf den Nachttisch zu stellen. Als ich auschecke, stehen einige Hotelangestellte Spalier und verabschieden sich herzlich. Ich bin gerührt und stecke jedem unauffällig ein bisschen Geld zu.

Die Ankunft im Ashram ist wie nach Hause zu kommen. Ich bekomme zwar nicht dieselbe Hütte wie beim Retreat, aber eine ähnliche, die sogar ein wenig größer ist. Die spartanische Einrichtung und das asketisch-schmale Bett stehen in krassem Kontrast zum überbordenden Luxus des Hotels, der mir mehr und mehr dekadent vorkam. Ich fühle mich sofort wohl. Schnell habe ich meine paar Sachen ausgepackt und spaziere durch den Garten. Selbst die Pflanzen und Tiere scheinen sich über das Wiedersehen zu freuen. Es kommt mir vor, als zwitschern sie lauter als gewöhnlich.

Die Mitarbeiter, die von meinem Zusammenbruch nach Nickies Tod gehört haben, behandeln mich so vorsichtig, als wäre ich eine tickende Zeitbombe. Egal, wo ich ihnen begegne, sie sind noch freundlicher und zuvorkommender als sowieso schon.

In den kommenden Tagen reisen nach und nach die anderen Teilnehmer an. Das deutsche Freundinnen-Duo vom Retreat ist dabei, sie nennen sich nun Seva Shakti Kaur und Amrit Dev Kaur. Auch die übrigen sieben wirken sympathisch. Die Jüngste ist gerade mal zwanzig Jahre alt, der Älteste im Rentenalter. Es ist eine bunt gemischte Truppe, nur wir drei Frauen kommen aus Deutschland, die anderen stammen aus England, Frankreich, Rumänien, Italien und Russland. Ich bin gespannt und angenehm aufgeregt.

20.

Du kannst überall, auf der ganzen Welt, nach Befriedigung suchen, aber die Erfüllung muss von innen kommen.

Die Yogalehrerausbildung beginnt mit Sadhana im Garten. Gemeinsam der Rezitation des Japji zu lauschen, unter Anleitung von Guru Kirpal Yoga zu praktizieren und eine Stunde lang Mantras zu singen, während die Sonne aufgeht und die tierischen Mitbewohner des Ashrams die Hintergrundmusik machen, ist magisch und herzergreifend. Meine Augen füllen sich mit Tränen, während ich chante. Ich spüre Nickie so intensiv, unsere Seelen sind verbunden. Glück, Trauer, Aufbruch und Verlust mischen sich zu einem bittersüßen Cocktail.

Bei der nachfolgenden Vorstellungsrunde mag ich nichts sagen. Das Sadhana schwingt noch in mir nach. Das Schöne hier ist, dass man so akzeptiert wird, wie man ist, keiner schaut komisch, wenn man schweigt. Einige erzählen viel von sich, andere weniger, ich schweige.

In den kommenden Tagen steigen wir in die Yogaphilosophie ein. Natürlich werden auch Haltungen und Kriyas durchgenommen, die Wirkungen auf Körper und Geist sowie die Kunst des Unterrichtens. Aber die fundamentalen Themen faszinieren mich mehr als die praktischen, eher körperbetonten Aspekte der Ausbildung. Ende der ersten Woche erfahren wir mehr über das Konzept von Jivan Mukta.

Jivan Mukta bezeichnet das Ziel des geistigen Lebens eines Menschen. Der Begriff wird von *jivan-mukti* abgeleitet. *Jivan* heißt Leben und *mukti* Befreiung. Man soll Befreiung von der menschlichen Knechtschaft erlangen und den höchsten geistigen Zustand des Seins erreichen - jedoch nicht erst nach dem Tod, sondern bereits während des Lebens. Die Idee von Mukti taucht, so Guru Kirpal, mit einigen konzeptionellen Veränderungen praktisch in allen Religionen auf. Im Hinduismus heißt es zum Beispiel moksa, Nirwana im Buddhismus, Nijat im Islam und Heil im Christentum.

»Die Seele ist Teil der Höchsten Seele. Während sie noch im physischen Rahmen eingebettet ist, befindet sie sich in einem Zustand der Trennung. Wiedervereinigung mit ihrer Quelle ist für sie die höchste Glückseligkeit«, erläutert Guru Kirpal. »Wenn der Körper die Ursache für die Knechtschaft der Seele ist, ist klar, dass ihre Befreiung mit der Trennung vom irdischen Käfig einhergehen muss - der Tod ist also unausweichlich.«

Ich finde es tröstlich, dass Nickies Seele sich nun mit ihrer Quelle wiedervereinigt haben soll.

»Es kann auch bedeuten, dass sie bald in einem neuen Körper inkarniert. Das Rad des Karmas dreht sich weiter. So lange, bis Mukti eintritt, die Befreiung der menschlichen Seele aus dem Kreislauf von Geburt, Tod und Wiedergeburt. Dazu muss das Karma aufgelöst sein, das aus Vergangenheit und Gegenwart erwächst, resultierend aus Handlungen und Taten.«

»Und wie kann man Karma auflösen?«, fragt Seva Shakti Kaur.

»Es gibt verschiedene Möglichkeiten. Zum Beispiel durch das Erwerben von spirituellem Wissen, uneigennützigen Dienst, Leben in Askese oder Hingabe an Gott. Mit alldem bricht man den Zyklus der Inkarnationen. Aber lasst uns über

Jivan Mukta sprechen, die Befreiung bereits vor dem Tod. Guru Nanak und seine geistigen Nachfolger haben sich damit beschäftigt. Es geht nicht um das Ende der menschlichen Existenz, sondern um die geistige Qualität eines Lebens. Laut Guru Nanak bildet der Körper keine Barriere zwischen der Einzelseele und der höchsten Seele. Im Gegenteil, der Körper ist der grenzenlose Tempel, in dem Gott selbst wohnt. Im Körper befindet sich die Manmukh, die ›Unaussprechliche Eine‹. Sie gilt es zu finden. ›Nur der eigenwillige Narr erkennt das nicht und schweift außerhalb seines Selbst auf der Suche danach‹, sagte Nanak.«

»Guru Arjun, ein anderer der zehn Sikh Gurus, sagte, die konstante Liebe des Göttlichen wäre der ideale Zustand des Seins«, ergänzt Amrit Kaur.

»Danke, Amrit, das ist eine wichtige Ergänzung. Die Konzepte überlappen sich. Im Buddhismus beispielsweise bedeutet Freiheit die Befreiung der Seele von Leiden, dessen Ursache Verlangen ist.« Guru Kirpal schaut mich an und ich fühle mich ertappt, weil ich ihn zu einer Liebesbeziehung verführen wollte. »Die Gurus der Sikh-Tradition halten das zur Vereinzelung neigende Ego für die Ursache von Unwissenheit, Gier und Knechtschaft wie auch für das Leiden. Befreiung soll nicht vom Leben oder vom Körper erlangt werden, sondern von den Fesseln des Egos. Guru Nanaks Definition von Jivan Mukta lautet: ›Der Zustand der Ichlosigkeit ist der Zustand vollkommener Loslösung.‹«

»Wie werde ich denn ein Jivanmukti?«, fragt Alina, das zwanzigjährige Mädchen.

»Ein Jivanmukti lebt in geistiger Harmonie. Er gibt sich dem Willen Gottes hin, Freude und Trauer sind ihm das Gleiche, er erlebt Glück als fortwährenden Fluss. Er erlebt sich als nicht getrennt. Anstelle des differenzierenden Ichs wohnt der allumfassende göttliche Geist in ihm.«

Im Raum herrscht Schweigen. Ich schaue in die zugleich ratlosen und beseelten Gesichter um mich herum. Das Konzept wirkt so groß. Und selbst wenn man es versteht, ist das eine das geistige Verständnis, das spirituelle Erleben hingegen etwas ganz anderes. Ob ich das in diesem Leben schaffe? Ich bezweifle es. Aber ich tröste mich damit, dass ich noch viele Inkarnationen Zeit habe, denn mein Karma werde ich in diesem bestimmt nicht aufgelöst haben.

»Jivanmukti bedeutet, während des Lebens zu sterben«, fährt Guru Kirpal fort. Er lässt eine Mala durch die Finger gleiten. Die Perlen erzeugen ein hypnotisches Klicken. »Nicht physisch. Doch der Suchende verzichtet auf die übliche angenehme Art des Lebens in Gemeinschaft und wählt ein anderes: ein Leben, das der Kontemplation, dem Altruismus und der Liebe Gottes gewidmet ist. Den Idealzustand Jivan Mukta kann jeder Mensch erstreben. Doch die Gurus weisen darauf hin, dass nur wenige Personen ihn tatsächlich erlangen. Ein Jivanmukti hat das Wesen des menschlichen Lebens erkannt, das unter den Mänteln von Egoismus verborgen ist, unter Unwissenheit, Leidenschaft, Gier, Stolz und Verblendung. Er strebt nach dem Gesamtwohlbefinden der Mitmenschen, in allen Bereichen der Existenz. Das ist Befreiung mitten im Leben. Prüft euch bitte in den nächsten Tagen, ob ihr für Jivanmukti bereit seid.«

Ich schaue hinaus, wo zwei Hähne einander jagen. Sie plustern sich auf und versuchen den anderen einzuschüchtern, um ihr Revier zu behaupten. Ein seltsamer Kontrast zu dem Gesagten. Meine Aufgabe besteht wohl darin, das Leben anzunehmen, wie es ist, hier und jetzt, so schmerzhaft es auch sein mag. Und ich will Gutes tun, sofern es in meiner Macht steht. Ich erkenne, dass meine Zeit auf Erden nicht um ist. Ich nehme mir vor, meine geschenkte Zeit von nun an mehr darauf zu verwenden, das Wohlbefinden der Menschen zu steigern, die mir begegnen.

Ob Guru Kirpal ein Jivanmukti ist? Vieles spricht dafür. Später unterhalte ich mich mit Harald darüber, der herausgefunden haben will, welche Anzeichen es dafür gibt: »Ein befreiter Mensch ist von allen sündigen Handlungen losgelöst, wie Sex, Fleischkonsum, jede Art von Rausch und Glücksspiel. Er ist auch nicht dem Elend des Alters ausgesetzt und sowohl gegenüber materieller und physischer Not als auch gegenüber Glücksgefühlen neutral. Ein Jivanmukti strebt nach keinem sinnlichen Genuss, denn er hat kein anderes Verlangen, als hingebungsvollen Dienst zu tun. Seine Wünsche sind auf die Höchste Wahrheit gerichtet.«

*

Ich meditiere ausgiebig über das Konzept von Jivan Mukta. Danach ist mir klar: In diesem Leben werde ich kein Jivanmukti. Ich denke nicht, dass ich die geistigen Fähigkeiten dazu habe. Würde ich das überhaupt wollen? Materieller Not gelassen begegnen zu können, klingt erstrebenswert, aber Glücksgefühle neutral zu betrachten, finde ich schade. Ich bin wohl noch nicht so weit, den Zustand der Dualität zu verlassen. Ja, ich bewerte - Glück als gut, Unglück als schlecht. Kann ich davon je ablassen? Ich bin zu sehr Mensch, um ein in diesem Leben befreiter Yogi zu werden. Es reicht mir schon, dass ich nach Nickies Tod nicht untergegangen bis, dass ich hier bin ... dafür bin ich Guru Kirpal unendlich dankbar. Die Wochen sind verflogen, im Gleichklang von Yoga, Sadhana, Lektionen und dem Leben im Ashram.

Warum etwas erzwingen wollen, wozu man noch nicht bereit ist? Diese Art von Ehrgeiz würde das Ego doch eher füttern statt auflösen. Lieber wende ich mich dem Naheliegenden zu und kümmere mich um »meine« balinesische Familie. Sie ist mir ans Herz gewachsen. Bei ihnen fühle ich mich stets willkommen. Oft sitze ich zufrieden in einer Ecke des kleinen Gehöfts und lerne für die Prüfung, die bald ansteht. Ich fühle mich dort wohl. Meine Anwesenheit bei ihnen ist inzwischen so normal, dass sie kein Getue mehr darum machen. Und ich merke, dass ich nichts vermisse - keinen Luxus, nicht einmal Bequemlichkeit. Auf einer harten Reismatte zu hocken ist für mich vollkommen selbstverständlich geworden.

Die Kinder spielen um mich herum. Ihr Lachen und Geplapper stört mich nicht, im Gegenteil. Ich kann mich hier besser konzentrieren als im Ashram, wo man in jeder Ecke auf in ernsthafte Gespräche vertiefte Mitstudenten trifft oder der entrückte Gesichtsausdruck eines anderen Yogis mich daran erinnert, dass ich vielleicht doch zu wenig meditiert habe.

Bei einigen der angehenden Yogalehrer empfinde ich eine aufgesetzte Spiritualität, nun, wo ich sie besser kenne. Ich kann es schwer beschreiben. Bei Guru Kirpal habe ich diesen Eindruck nie - er ist echt und authentisch, durch und durch Yogi. Er braucht sich nicht zu verstellen. Aber manche aus meiner Gruppe wetteifern in ihrem Bestreben, Super-Yogis zu werden, indem sie noch früher aufstehen, noch kälter duschen, noch mehr und länger meditieren, in anstrengenden Positionen verharren. Und dann streiten sie beim Frühstück - unter dem Deckmantel gewaltfreier Kommunikation - darüber, wer die letzte Avocado oder das reifste Mangostück genommen hat. Ich will mir nicht anmaßen, es besser beurteilen zu können. Aber so viel habe ich inzwischen verstanden: Yoga ist ein innerer Zustand, der sich im Außen spiegelt. Es geht wohl kaum um einen Wettstreit spiritueller Egos. Es geht darum, in sich selbst anzukommen und dort zu ruhen, egal, was im Außen geschieht.

Luh und Nengah kennen kein Yoga. Aber sie leben die Gemeinschaft voller Verbundenheit. Es kommt mir so vor, als wären sie wahre Yogis. Sie teilen alles, kümmern sich umeinander und um den kranken Nachbarn, sie streben nicht nach Besitz. Sie wertschätzen ihre Nahrung und respektieren den anderen. Schon die Kleinsten übernehmen Verantwortung, und sei es nur, dass sie die Hühner füttern. Jeder hat eine Aufgabe, die er klaglos und ohne Angeberei erfüllt.

Die Oma schlurft heran und setzt sich neben mich. Ich lege meine Unterlagen beiseite. Gemeinsam schauen wir den Kindern bei einem komplizierten Spiel mit Stöckchen und drei Lumpenbällen zu, dessen Regeln sich mir nicht erschließen. Es muss aber ungeheuer unterhaltsam sein, denn die Kinder wälzen sich vor Lachen auf dem Boden. Luh gesellt sich zu uns, sie bringt Tee in der Kanne, die ich ihr geschenkt habe und die endlich rege benutzt wird. Wir plaudern. Da wir uns nun schon eine Weile kennen, wage ich es, Luh zu fragen, wie sie mit dem Tod ihres Sohnes Wanyan klarkommt. Sein Mofaunfall ist ein oder zwei Jahre her. Mit vierzehn Jahren war er ihr ältestes Kind.

Sie rührt so lange in ihrer Tasse, dass ich annehme, sie hat die Frage schon wieder vergessen. »Leben kann nicht töten, Leben kann nicht werden getötet. Ende und Anfang sind nur Träume. Ohne Geburt, Tod und Wechsel ist die Seele ewig«, erwidert sie. »Das Medizinmann sagt, als ich traurig. Ich denken immer und immer. Und nun verstehen.«

Sie nickt ein paarmal. Wir trinken Tee und schweigen. Komang läuft herbei, sie hat sich das Knie aufgeschlagen. Es blutet. Sie weint und lässt sich von Made trösten, die sie an der Hand wegführt, um die Schürfwunde zu versorgen.

»Und stimmt, ich wissen«, fährt Luh fort. »Nur vergessen in Kummer. Du weißt auch. Ich viel beten damals. Vielleicht du auch beten? Bei Yoga?«

»So etwas Ähnliches. Mein Lehrer sagt, im Gebet spricht der Mensch zu Gott. Und in der Meditation spricht das Universum zum Menschen. Ich kann also auf Antwort hoffen ...«

Sie bricht in schallendes Gelächter aus, als hätte ich einen grandiosen Witz gemacht. Ich mag die Art der Balinesen, ernsthafte Themen plötzlich leicht zu machen, und lache mit, auch wenn es bei mir etwas gezwungen klingt.

»Ich nicht hören, was Universum sagen. Vielleicht falsche Sprache! Vielleicht Universum Englisch? Mein Englisch schlecht. Ich nur hören hier.« Sie deutet auf ihr Herz. »Wer weise im Herzen, der nicht trauern um Lebende noch um Tote. Alles, was leben, leben ewig. Kann nie enden. Das Leben unzerstörbar. Kann nicht werden verkleinert und verändert. Nur Krug zerbrechlich.« Sie deutet auf die Teekanne. Ich sehe auf einmal, dass die Tülle bereits angeschlagen ist. »Der Geist ist ohne Ende, ewig, ohne Tod.«

Die letzten Worte kamen grammatikalisch korrekt heraus und ich schaue sie verwirrt an. Wer ist sie? Wen zitiert sie, etwas auswendig Gelerntes? Luh erwidert meinen Blick unergründlich. Dann grinst sie wie ein Kobold und steht auf. »Mussen machen Essen. Du bleiben?«

»Danke dir. Heute nicht. Ich habe morgen früh Prüfung.«

»Was Prüfung?«

»Mein Lehrer fragt mich ab, ob ich genug gelernt habe, um eine Yogalehrerin zu sein«, versuche ich zu erklären. Es klingt lächerlich.

Sie boxt mich gegen den Arm. »Du sein gute Lehrerin! Und dann ich auch lernen Yoga.« Sie stellt sich auf ein Bein, legt das andere von außen ans Knie und schlackert wild mit den Armen. Eine balinesische Interpretation des Baumes. Nun pruste ich los.

In der Nacht vor dem Examen schlafe ich erstaunlich gut. Früher hatte ich schreckliche Prüfungsangst, litt unter Schlaflosigkeit und Herzrasen. Auf einmal ist das vorbei. Was habe ich zu verlieren? Was mir wirklich wichtig war, habe ich bereits verloren - dies hier ist nur ein Spiel. Natürlich würde ich es gern gewinnen, doch wenn nicht, spiele ich erneut.

In dieser Stimmung beginne ich meinen Probeunterricht. Eine leichte Aufregung befällt mich erst, als die Musikanlage streikt, aber ich improvisiere einfach: Dann eben ohne Musik. Wir stimmen uns ein, machen ein paar Aufwärmübungen. Die Choreografie der Yogastunde, der mittlerweile eingeprägte Ablauf trägt mich. Meine Stimme ist erst leise und wird fester, während ich die Mitstudenten durch die Kriya führe. Von Vorteil ist, dass meine Probanden alle Übungen kennen und beherrschen. Sprachbarrieren gibt es keine und vergleichende Gedanken lasse ich nicht zu. Als ich die Tiefenentspannung anleite, schlafen ein oder zwei Leute sogar ein, wie ein sanftes Schnarchen beweist. Ich lächle in mich hinein - ein gutes Zeichen. Zum Abschluss habe ich eine stille Meditation gegen Ängste, Paranoia und zur Auflösung alter Familienkonflikte ausgesucht. Der Einfachheit halber ist es die Meditation, die ich selbst gerade praktiziere. Dabei sitzt man in der einfachen Haltung, bringt die Fingerspitzen vor dem Herzzentrum zeltartig aneinander und fixiert mit halb geschlossenen Augen die Nasenspitze.

»Atme fünf Sekunden lang ein, halte den Atem fünf Sekunden lang, atme fünf Sekunden lang aus und halte den Atem fünf Sekunden lang. Zähle dabei still für dich«, sage ich mit der sanften, aber bestimmten Stimme, die ich mir extra fürs Unterrichten zugelegt zu haben scheine. Es ist ein bisschen so, als schlüpfe ich in eine andere Haut - die der in sich ruhenden Yogalehrerin, die die Höhen und Tiefen des Lebens gemeistert hat. Ich komme mir vor wie eine Schauspielerin, aber irgendwann verschmelze ich mit der Rolle. »Fake it until you make it«, hat Yogi Bhajan angehenden Lehrern geraten - vielleicht wird es irgendwann wahr und ich kann die Identität über die Yogastunden hinaus behalten.

Es ist eine einfache Meditation, die in elf Minuten einen tiefgehenden Effekt kreiert. Der Moment des Atemaushaltens ist zu Beginn herausfordernd, weil es mit der Angst vor dem Tod zusammenhängt - es gilt, die Leere, das Nichts auszuhalten. Wenn man das ein paar Minuten durchgehalten hat, öffnet sich aber eine Art Tor und es wird leichter.

Am Ende applaudieren die anderen. Ich bin überrascht und

es ist mir ein wenig unangenehm - das haben sie noch bei niemandem gemacht. Gelassen gehe ich in das Abschlussgespräch, in dem auch die Ergebnisse der schriftlichen Klausur besprochen werden.

Guru Kirpals Tür ist geschlossen. Ich klopfe leise. Er sitzt auf seinem Fell, in sich selbst vertieft. Vorsichtig nehme ich vor ihm Platz, um ihn nicht aus der Versenkung zu reißen. Nach einigen Minuten öffnet er die Augen und schaut mich an. Wieder ist es, als würde die Wolkendecke aufreißen und die Sonne erstrahlen: Ich fühle mich in Licht und Liebe gebadet.

»Du hast bestanden, Britta«, sagt er. »Keine Überraschung, oder?«

»Ich freue mich, danke.«

»Im schriftlichen Teil gibt es ein paar kleine Fehler und Ungenauigkeiten. Nichts Dramatisches, lies es dir einfach durch.« Er reicht mir meine Klausur.

»Die praktische Prüfung war exzellent, Britta. Du bist ein Naturtalent. Eine Offenbarung. Ich habe dein Potenzial immer gesehen. Nun ist es ersichtlich.«

»Bitte - was?« Das Blut steigt mir in den Kopf.

»Du solltest unterrichten.«

Ich schlucke. Ich, unterrichten? Vor einer Klasse, vor fremden Menschen sitzen, die von nichts eine Ahnung haben? Undenkbar. Da hört das Schauspielern auf.

»Ich weiß nicht, ob ich das kann. Ob ich der Verantwortung gewachsen bin. Das muss ich erst einmal sacken lassen. Ich habe das doch nur für mich gemacht, um tiefer in die Materie einzusteigen ...«, versuche ich, mich herauszureden.

Er wischt meine Einwände mit einer Handbewegung fort. »Wenn du etwas wissen willst, lies darüber. Wenn du etwas lernen willst, studiere es. Wenn du etwas meistern willst, unterrichte es.«

»Ja, aber ... nein«, stottere ich, plötzlich aller Selbstsicherheit beraubt. Worauf habe ich mich da bloß eingelassen?

»Willst du Kundalini-Yoga meistern? Oder ist es nur ein Spiel für dich?« Sein Blick durchbohrt mich.

»Kein Spiel, und ja, ich will es schon irgendwie meistern ...« Und irgendwie auch nicht, will ich sagen, traue mich aber nicht. Ich brauche Zeit, will ich hinzufügen, verstumme aber angesichts seiner Präsenz, die mir nun gar nicht mehr so liebevoll erscheint, sondern fordernd.

»Dann unterrichte!«

21.

Hasse niemanden, liebe jeden. Es kostet dich nichts. Liebe kostet nie etwas.

Abends sitzen wir in der Gruppe zusammen und tauschen uns über die Prüfung und unsere Erfahrungen aus. Guru Kirpal ist nicht dabei. Er hat sich früh zurückgezogen. Die Stimmung ist gelöst, fast überschwänglich, wir führen uns auf wie Jugendliche nach der Abiturprüfung. Uns ist nach Feiern zumute. Natürlich ohne Alkohol. Harald hat seine Gitarre dabei und wir chanten Mantras, trinken Tee oder Mangosaft. Alle haben die Prüfung bestanden, manche allerdings mit der Auflage, bestimmte Ausbildungsinhalte zu vertiefen. Eine Frau muss den Probeunterricht wiederholen. Einige haben Hausaufgaben erhalten, wie 40-Tage-Meditationen, bestimmte Kriyas oder das intensive Studium eines spirituellen Textes. Eigentlich haben alle etwas aufgetragen bekommen.

»Und was hat er zu dir gesagt?«, fragt Seva Shakti Kaur.

»Ich weiß nicht. Er hat mir keine Medi oder Kriya oder so gegeben.«

»Nein? Aber was waren seine abschließenden Worte?«

»Dass ich unterrichten soll ...«, murmele ich beschämt.

»Na, dann ist das deine Aufgabe!« Sie nickt anerkennend. »Du bist ja auch exzellent.«

Ich glaube, mich verhört zu haben, und stottere: »Ähm - wie bitte?«

Sie lächelt und drückt meine Hand. »Du weißt es gar nicht, oder?«

»Was weiß ich nicht? Ich glaube, du verwechselst mich.«

Die anderen praktizieren teilweise seit Jahren Yoga. Sie haben enormes Wissen angehäuft, alle Yogafestivals und Workshops bei sämtlichen Koryphäen besucht. Viele unterrichten bereits vertretungsweise oder haben Ausbildungen bei anderen Yogaschulen absolviert. Verglichen mit ihnen bin ich ein Baby. Nur weil ich einmal eine ganz passable Stunde gegeben habe, heißt das nicht, dass ich eine gute Lehrerin werden kann.

»Seva Shakti, ich bin quasi ein Frischling. Nichts weiß ich. Ich praktiziere Kundalini-Yoga erst seit eineinhalb Jahren.«

»Mag sein. Aber du hast eine echte Entwicklung durchgemacht, vermutlich durch deine Lebensumstände. Jedenfalls strahlst du Herzensgüte und Empathie aus und unterrichtest aus wahrer Tiefe. Das haben wir heute alle gemerkt. Ehrlich, du bist die Einzige, deren Yogastunde mich wirklich berührt hat. Meinst du, wir haben aus purer Höflichkeit applaudiert?«

Mir steigen Tränen in die Augen. Diesmal vor Rührung. »Danke. Das ist so lieb von dir, ich weiß nicht, was ich sagen soll.«

Ich könnte sagen, dass sie sich geirrt hat, dass ich vielleicht gerade gut drauf war, dass ich mich aber wie ein Scharlatan, wie eine Mogelpackung fühle, dass ihr Lob mich beklommen macht, weil ich glaube, es nicht zu verdienen. Aber ich halte den Mund und nehme stattdessen ihre Hand, genieße den Abend mit den Yogis. Nicht alle sind mir nahe oder freundschaftlich verbunden, aber wir sind Suchende auf demselben Weg. Das verbindet uns trotz aller Unterschiede.

Bis tief in die Nacht sitzen wir zusammen. Der Himmel färbt sich bereits zartrosa, als ich mich zurückziehe. Versonnen schlendere ich den vertrauten Pfad entlang, nehme die Düfte der Pflanzen und Blüten um mich herum auf, deren betäubendes Potpourri im Halbdunkel noch hypnotischer wirkt, streiche mit den Fingerspitzen über die gigantischen Blätter. Obwohl ich keinen Alkohol getrunken habe, fühle ich mich beschwipst, leicht und zugleich etwas wirr im Kopf. Ich lege mich ins Bett und umarme mich selbst. Wie immer vor dem Schlafengehen gelten meine letzten Gedanken Nickie. Ich rufe mir Bilder vor das innere Auge, mein Sohn in verschiedenen Phasen seines Lebens.

»Schlaf gut, geliebte Seele, wo immer du jetzt bist«, flüstere ich.

*

In den nächsten Tagen praktiziere ich zwar mein regelmäßiges Sadhana, gehe Guru Kirpal ansonsten aber aus dem Weg. Ich fürchte mich vor dem, was er sagen könnte. Die Ausbildungsgruppe zerstreut sich allmählich, einige fliegen sofort zurück in ihre Heimat, andere bleiben eine Zeit lang auf Bali, reisen herum, nach Ubud oder Ahmed oder Lovina. Bei vielen ruft die Arbeit. Meine privilegierte Situation, hier leben zu dürfen, ohne finanzielle Sorgen oder die Notwendigkeit, für meinen Lebensunterhalt sorgen zu müssen, wird mir wieder einmal bewusst.

Auf meinen täglichen Spaziergängen durch die Reisfelder und bis an die Strände meditiere ich nun im Gehen über meine Zukunft. Ich lasse die Gedanken schweifen: Wie soll es weitergehen? Ich bin zwar offiziell Yogalehrerin, aber kann, will ich das zum Beruf machen? Ich klammere mich an den Gedanken, dass ich es doch nur für mich getan habe ... und berufstätig bin ich seit hundert Jahren nicht mehr gewesen. Angst, dem nicht gewachsen zu sein, erfüllt mich. Ich schaue die Angst an, bis sie kleiner wird. Denn ich weiß ja, dass ich eine sinnvolle Aufgabe brauche. All das spirituelle Getue bringt nichts, wenn man es nicht lebt. Meine ach so tollen Ziele, den Menschen zu dienen, nicht als Jivanmukti, sondern konkret mit beiden Beinen im Boden verankert, drohen zu verschwimmen.

»Dann unterrichte!«, erklingt Guru Kirpals Stimme wieder und wieder in meinem Kopf. Sie klingt streng, herrischer, als ich ihn kenne. Ich winde mich unter ihr, genauso wie ich ihm ausweiche. Und dabei habe ich ein schlechtes Gewissen. Er hat mir so geholfen und kaum fordert er etwas von mir, weiche ich aus, verhalte mich immer noch wie ein Schwächling. Aber vielleicht bin ich einfach schwach.

Kann ich auf andere Weise Gutes tun? Ich werde auch nach der Scheidung finanziell abgesichert sein. Stefan hat bei unserem letzten Telefonat gesagt, dass er die Unterlagen bei Gericht eingereicht habe, auch mein Anwalt, den ich zwangsläufig nehmen musste, hat seine Aufgaben erfüllt. Was er getan hat, will ich gar nicht genau wissen. Ich will mich nicht mit Stefan über Unterhalt, Vermögens- und Versorgungsausgleich oder wie das heißt auseinandersetzen. Er ist immer großzügig gewesen und ich war und bin Nutznießerin seines geschäftlichen Erfolgs.

Ich könnte das Geld in einer Immobilie hier anlegen. Die Idee kommt mir eines Morgens, als ich am »Double Six Luxury« vorbeigehe, in dem ich so lange gewohnt habe, und an die Casa Seminyak denke. Ein kleines Boutique-Hotel an der Küste, in der Nähe des Ashrams, ein paar Zimmer, ein Innenhof mit kleinem Pool, ein Yogaraum, in dem ich Gäste bei Bedarf unterrichten könnte ... das wäre doch schön. Euphorie erfasst mich und im nächsten Moment Ernüchterung, schlechtes Gewissen, Scham: Darf ich das? Pläne machen, mich freuen, obwohl Nickie tot ist?

Ein halbes Jahr lebe ich nun hier. Elf Monate ist es her, dass er von uns gegangen ist. Müsste ich nicht länger, tiefer, intensiver trauern? Bin ich eine schlechte Mutter, weil ich mir hier ein süßes Leben mache, Yogalehrerin spiele und nun auch noch Hotelière werden will? Ist es nicht noch wieder eine weitere Spielart, mein Ego zu streicheln?

Und was wäre »gut« daran? Ich wäre doch nur eine weitere Investorin, wenn auch im kleinen Stil. Gut, ich könnte einigen Menschen Arbeit geben und sie angemessen dafür bezahlen. Sie nicht ausnutzen wie die großen Hotels, sondern einen Ort der Gemeinschaft schaffen. Eine Art Ashram, auf meine Art.

Ein paar Tage pendele ich zwischen den Gefühlen, kämpfe in meiner Meditation mit anbrandenden Emotionen, versuche auf den Gefühlswellen zu surfen, gehe unter, bin kurz davor, Guru Kirpal um eine Audienz zu bitten, den ich seltsamerweise im Ashram nicht mehr zu Gesicht bekomme - um mich eines Morgens im Büro eines Immobilienmaklers wiederzufinden.

Mr Chang ist Chinese, seine Familie lebt seit Generationen auf Bali und er spricht hervorragend Englisch. Er ist sicher ein guter Geschäftsmann, der mit Balinesen verhandeln kann. Aber ich mache ihm als Erstes klar, dass ich auf keinen Fall Einheimische über den Tisch ziehen will.

»Ich möchte einen fairen Preis zahlen, wenn ich ein Objekt finde, das mir gefällt!«

Er macht ein erstauntes Gesicht und versichert mir, dass er nur Geschäfte tätige, die beiden Parteien Vorteile verschaffen würden. Dann präsentiert er mir auf seiner Website erschwingliche Objekte.

»Wie sieht es mit der rechtlichen Seite aus? Darf ich als Ausländerin hier überhaupt Grund und Boden erwerben?«, frage ich. Vielleicht sollte ich Stefan um Hilfe bitten. Mr Chang beteuert, dass es keine Probleme gebe und er mit den besten Anwälten Balis zusammenarbeite. Vorerst ist es ja nur eine gedankliche Spielerei, beschließe ich und verabrede mich für den nächsten Tag mit ihm. Er will mit mir über die Insel fahren und mir geeignete Objekte zeigen. Offenbar ist das Angebot in Seminyak begrenzt, da die Region eher hochpreisig ist. Ich muss meinen Radius wohl erweitern und in Kauf nehmen, dass der Ashram und Luhs Familie nicht in fußläufiger Entfernung sind ...

*

In Kuta besichtigen wir ein leer stehendes Hotel, das von der Größe her passen würde. Aber ich mag den Ort nicht. Zu viel Trubel, partysüchtige Australier, Surfer und der Alkohol fließt in Strömen. Lovina gefällt mir gut, es ist etwas abgelegen an der Nordküste. Das Meer dort ist fast badewannenwarm und völlig unbewegt. Im Gegensatz zum Indischen Ozean, der in Seminyak an den Strand donnert und dessen Unterströmungen selbst gute Schwimmer gefährden, kann man hier unbesorgt planschen. Der Ort ist touristisch wenig erschlossen, nur ein paar Hotels und Restaurants werben um Gäste. Der Nachteil ist, dass Lovina richtig weit vom Ashram entfernt ist, man braucht über zwei Stunden mit dem Auto ... In Ubud reiht sich ein Gästehaus ans nächste. Es ist die Yogahochburg der Insel. Biegsame Yoginis mit Dreadlocks und hippen Yogaleggings schlendern mit grünem Smoothie in der Hand und der Yogamatte unter dem Arm zu den diversen Studios. Mein bescheidenes Angebot an Kundalini-Yoga, unterrichtet von einer Anfängerin, droht hier unterzugehen. Ahmed mit den schwarzen Stränden ist mir zu düster. In Nusa Dua gibt es zu viele elitäre Hotels, Luxusanlagen für unfassbar reiche Menschen, was mir von der Energie her nicht zusagt.

»Gibt es denn gar nichts in Seminyak?«, frage ich Mr Chang betrübt.

Er verneint, führt mich aber unermüdlich zu weiteren Häusern. Ich sehe alles, vom traditionell balinesischen Hof bis zum Architektenhaus, das wie ein Adlerhorst an einem Felsen klebt und aus dessen Panoramafenster man in den Urwald schaut. Je mehr ich besichtige, umso weniger kann ich mich entscheiden. Ich fühle mich wie in einer Boutique, wo die Auswahl groß, aber das perfekte Kleid nicht dabei ist.

Bis Mr Chang mir, von einem Ohr zum anderen grinsend, eröffnet, er habe mein Wunschobjekt endlich gefunden – in Seminyak, es sei gerade gestern auf den Markt gekommen. Und tatsächlich verliebe ich mich sofort in das etwas nach hinten versetzte Gebäude. Es steht am Ende einer langen Auffahrt hinter drei Privathäusern. Man betritt das Haus durch ein unscheinbares Portal und steht in einem halb offenen Saal, den man als Frühstücksraum und Café nutzen könnte. Im Obergeschoss gibt es einen lichtdurchfluteten Saal, den ich gedanklich sofort als Yogastudio bezeichne. Im hinteren Teil liegt eine perfekt geschnittene Einliegerwohnung mit drei Zimmern. Für den Hotelbetrieb stehen zwölf große Räume zur Verfügung, sechs auf einer Empore gelegen, mit Blick in den Innenhof, sechs unten neben dem kleinen rechteckigen Pool. Tropische Pflanzen und Gewächse sind, wie auf Bali üblich, Bestandteil des Anwesens und emsig dabei, die Herrschaft zu übernehmen.

»Wow, ist das schön!« Ich drehe mich um die eigene Achse und widerstehe dem Impuls, Mr Chang zu umarmen.

»Und erschwinglich ist es ebenfalls.« Er nennt mir den Preis, der im Rahmen dessen liegt, was ich von Stefan erhalten werde. Dass das Haus einem Engländer gehört, macht die Sache leichter, denn so muss ich nicht befürchten, Einheimische zu übervorteilen.

»Mr Smith ist mit 75 Jahren ins Vereinigte Königreich zurückgekehrt, nachdem er vor zwei Jahren seine Frau verloren hat. Nun hat er entschieden, dass er dort bleibt«, erläutert Mr Chang. »Da ich ihm das Haus vor fünfundzwanzig Jahren verkauft habe, ist er an mich herangetreten.«

»Dann war er wohl mit Ihren Diensten zufrieden.«

»Alle meine Kunden sind hochzufrieden«, sagt er mit einem schlitzohrigen Grinsen.

Ich beginne im Geiste schon mit der Renovierung. Es hat nicht lange leer gestanden, was die Sache leichter macht, aber das Tropenklima bewirkt, dass die Natur schnell zurückerobert, was die Zivilisation ihr abgetrotzt hat. Früher ist hier überall Dschungel gewesen. Die Wände müssen gestrichen, der Bodenbelag erneuert und die Bäder ausgetauscht werden. Mit der Küche kann ich warten, bis das Hotel Ertrag abwirft. In »meinem« Bereich kann fast alles so bleiben. Ich sehe mich schon auf dem Balkon sitzen und meinen Gästen zuschauen, die sich im Pool tummeln oder auf einer bequemen Liege ausgestreckt einen hausgemachten Fruchtcocktail genießen.

»Wie kann ich es erwerben?«

»Es ist sofort zu Verkauf und Übergabe bereit.«

»Ich muss mit meinem künftigen Ex-Mann besprechen, wann ich über das Kapital verfügen kann.«

»Tun Sie das.«

Noch am selben Nachmittag rufe ich Stefan an. Eigentlich wollte er mir die Scheidungspapiere schon lange zuschicken. Diese Verzögerung passt so gar nicht zu ihm. Bei ihm ist es später Vormittag. Ich hätte mich sowieso in diesen Tagen bei ihm gemeldet, weil sich Nickies Todestag in einer knappen Woche jährt. Bange sehe ich dem Datum entgegen.

Stefan meldet sich nach dem vierten Klingeln. Seine Stimme klingt vertraut und ich verspüre leise Wehmut. Er ist meine direkte Verbindung zu Nickie und teilt den Schmerz, die Trauer und den Verlust.

»Wie geht es dir?«, fragt er.

»Ganz gut«, antworte ich. »Ich habe eine Yogalehrerausbildung absolviert.«

»Wow! Dann bist du nun ein großer Guru?«

Ich lache. »Das werde ich nie sein. Aber ich könnte dir erklären, wie du am besten atmest.«

»Das klingt fantastisch. Wann kann ich eine Stunde bei dir belegen? Bitte eine Einzelstunde, denn mir fehlt jede Grundlage.«

»Da müsstest du meine Assistentin kontaktieren. Diesen Monat bin ich ausgebucht.«

Es tut gut, sich spielerisch Bälle zuzuwerfen, sich zu necken, wie wir es zu Beginn unserer Beziehung getan haben. Wir

Pures Schuldbewusstsein tropft aus der Leitung. »Britta, ich bin so ein Idiot. Du hast mir eine Generalvollmacht erteilt, weißt du nicht mehr?«

Ich erinnere mich dunkel. Es war wohl eines der Schriftstücke, die er mir vorlegte, als ich unter Beruhigungsmitteln stand, und die ich gedankenlos unterschrieb. Ich bin so naiv gewesen.

»Und nun?«

»Ich kann nur wiederholen, dass es mir wahnsinnig leidtut. Deinen Unterhalt habe ich in den vergangenen Monaten noch zusammenkratzen können, aber damit wird es auch bald vorbei sein. Ich habe schlicht kein Geld mehr. Da es keinen Zugewinn gibt, wird es keinen Zugewinnausgleich geben. Das bekommst du alles in den nächsten Tagen schriftlich, leg es deinem Anwalt zur Prüfung vor - ich erwarte nicht, dass du mir glaubst. Das Desaster, die Chronologie meines Scheiterns ...« Seine Stimme verliert sich. »Ich habe versagt, Britta. Auf ganzer Linie. Nicht nur, dass ich unsere Ehe an die Wand gefahren habe und Nickie nicht retten konnte, ich habe auch unser Vermögen verplempert. Fünfundzwanzig Jahre für nichts. Ein direkter Abstieg in die Hölle. Ich schmore im Fegefeuer.« Er putzt sich die Nase.

»Stefan, weinst du etwa?« Mein kühl kalkulierender Mann, der es liebte, mit großen Summen zu jonglieren, und für den Geldverdienen nur ein Spiel war, schluchzt.

»Ich kann dir im Moment nicht mehr sagen. Lass uns ein anderes Mal sprechen, ja?«

Bevor ich etwas entgegnen kann, hat er aufgelegt. Die Leitung ist tot. Ungläubig starre ich auf das Handy.

22.

Werde weder so verbittert, dass man dich loswerden will, noch so süß, dass man dich verspeisen möchte.

Ich mache einen langen Spaziergang. Stundenlang gehe ich durch die Reisfelder, schaue den sich im sachten Wind wiegenden Halmen zu. Beim Laufen ordnen sich meine Gedanken am besten. Die schwere Luft schmeckt süß, wie geschwängert mit überreifen Mangos, die Wolken hängen so tief, dass ich sie fast berühren kann. Vielleicht wird es nachher noch regnen, ein kurzer, heftiger Schauer, wie in den Tropen üblich. Danach wirkt die Welt wie frisch gewaschen. Ich liebe das.

Den Traum vom eigenen Hotel werde ich mir abschminken müssen. Schade, sehr schade. Ja, ich bin enttäuscht. Auch wenn ich meinte, Geld wäre nicht wichtig, hatte ich die Finanzspritze doch fest als Starthilfe eingeplant. Wehmütig ziehen die Bilder von dem zum Verkauf stehenden Haus vor meinem inneren Auge vorüber. Es wäre schön geworden - Britta Winterberg, Yogalehrerin und Hotelière. Im Geiste hatte ich bereits Visitenkarten drucken lassen. Wie gewonnen, so zerronnen.

Die Euphorie hat mich eine Zeit lang auf ihren Wogen getragen. Es war nur eine Idee - ich habe ein bisschen Zeit investiert, etwas Hoffnung geschöpft, eine Prise Begeisterung empfunden. Maya, reine Täuschung, der Anschein von Realität. Nichts davon war real, nichts hat sich bewahrheitet. War das eine Lehre, um Maya zu begreifen? Eine weitere Übung im

Loslassen? Müssen erst alle Träume zerschellen, damit ich auf dem Grund meiner Seele ankomme? Welche Lektionen muss ich noch lernen?

Ich winke »meinem« Reisbauern zu, dem Alten, der heute wie an jedem Tag sein Feld bestellt. Er arbeitet bedächtig, ohne Hast. Er scheint nichts dagegen zu haben, dass ich hier spazieren gehe, auf den schmalen Pfaden, die die Parzellen voneinander trennen, vorsichtig, um die zarten Pflänzchen nicht zu beschädigen.

Nie im Leben hätte ich damit gerechnet, dass Stefan all unser Geld riskiert und scheitert. Ich bin immer wie selbstverständlich davon ausgegangen, dass er bei seinen Geschäften umsichtig vorgeht. Als er angefangen hat, hat er nicht einmal einen Kredit aufgenommen. Erst war er nicht kreditwürdig, dann wollte er sich nicht von Fremdkapital abhängig machen. Das erste Häuschen hat er zusammengespart, durch harte Arbeit und Verzicht, und mit dem Verkaufserlös ein Doppelhaus gebaut, davon wieder eines verkauft und so weiter. Stück für Stück, Stein auf Stein. Grund und Boden seien Gold wert, sagte er. Auf Immobilien gründete sein Unternehmen - ich habe es ihm gegenüber sogar Imperium genannt -, so hat er sich über die Jahrzehnte ein ansehnliches Geschäft aufgebaut. Offenbar wurde er eines Tages gierig. Gehetzt. Das war die Zeit, als er sich mit ausländischen Investoren zusammentat. Und vielleicht ein bisschen größenwahnsinnig. Er jettete um die Welt, machte Geschäfte mit Leuten, die er nicht kannte, fischte in unbekannten Gewässern. Die neuen Geschäftspartner saßen in Hongkong, Tokio und Peking. Er handelte nicht mehr mit Immobilien, sondern mit Immobilienfonds. Das war die Zeit, in der wir uns voneinander entfernten. Ich sah ihn immer seltener, kannte ihn immer weniger. Er brachte mir teure Geschenke mit, war nie da und wenn doch, dann gedanklich abwesend. Später tauchte Eileen auf und wurde erst seine rechte Hand, dann seine Geliebte.

Das habe ich akzeptiert und damit abgeschlossen.

Aber ich hätte nie gedacht, dass Stefan alles aufs Spiel setzen würde, sogar das Haus. Ich dachte, dafür wäre er zu sicherheitsbewusst. Es tut mir tatsächlich ein wenig weh, dass wir nun keine neuen Eigentümer aussuchen können, keine nette Familie, die dort glücklich wird, sondern dass die Bank unser ehemaliges Zuhause verscherbelt. Ich kenne Stefan wohl nicht so gut, wie ich dachte - oder nicht mehr. Er hat sich verändert. Nickies Tod hat ihn ebenso mitgenommen wie mich, aber mit anderen Folgen.

Langsam steigt der Pfad an und schraubt sich auf eine Anhöhe, von der aus ich ein Tal aus Reisterrassen überblicke. Hier liegt ein bekanntes Areal, Teil des Weltkulturerbes, das Besucher aus der ganzen Welt anlockt. Der Blick auf saftig grüne Reisfelder betört mich stets aufs Neue. Ich habe mich schon oft daran erfreut, aber er berührt mein Herz jedes Mal wieder. Es ist wunderschön hier und ich bin gesegnet, hier leben zu dürfen. Die letzten Monate haben mich so viel gelehrt. Ich bin Menschen begegnet, die ich in meinem früheren Leben nie getroffen hätte, und sie haben mich mit Liebe, Zeit und unschätzbaren Erkenntnissen beschenkt.

»Scheiß auf die Kohle!«, sage ich laut. Es tut gut, zu fluchen, sich auf eine Weise auszudrücken, die im Ashram unangemessen wäre. »Was hätte ich mit einem Hotel anfangen sollen? Lächerliche Vorstellung.«

Guru Kirpal würde sagen, Wohlstand und Geld sind nur irdische Güter, nichts, was die Aufregung lohnt. Es stimmt ja auch. Ich kann das loslassen. Es wird einen anderen Weg für mich geben. Einen besseren.

Lächelnd trete ich den Rückweg an. Ich fühle mich optimistisch.

Der arme Stefan. Er tut mir leid. Ich grolle ihm nicht, weder weil er mich verlassen hat, noch weil er unser Eigentum verloren hat. Ich kann ihm vergeben. Ja, tatsächlich - als ich das merke, wird mein Herz leicht. Was für eine Erleichterung, sich damit nicht belasten zu müssen! Ich nehme mir vor, ihn bald anzurufen, damit er sich nicht länger mit Schuldgefühlen plagen muss.

Außerdem stehe ich nicht mittellos da. Es sind »White People Problems«. Im Vergleich zu den Menschen, die auf Bali weitgehend ohne materielle Basis leben und dennoch Glück und Gleichmut ausstrahlen, bin ich immer noch reich. Nun muss ich nur noch Glück und Gleichmut erlangen.

Gut, ab nächsten Monat bekomme ich keinen Unterhalt mehr - na und? Das Geld der letzten Monate habe ich kaum angerührt, so billig ist mein Leben seit meinem Auszug aus dem Luxushotel geworden. Zudem habe ich die Mieteinnahmen aus dem Reihenhaus, das meine Eltern mir vor der Hochzeit geschenkt haben. Es gehört mir allein, damit fällt es nicht in den Zugewinnausgleich, der nun ein Schuldenausgleich geworden ist. Allein damit kann ich hier gut auskommen. Dann könnte ich mir noch einen Job suchen.

Als ich die hintere Pforte des Ashram-Gartens öffne, dämmert es schon. Unversehens laufe ich Guru Kirpal in die Arme.

»Sat Nam, Britta. Ich habe dich lange nicht gesehen.«

Genauer gesagt, seit der Prüfung ... Ich werde rot, fühle mich ertappt.

»Sat Nam. Tut mir leid, ich war beschäftigt.« Damit, mich in eine Sache zu stürzen, die mich von hier weggeführt hätte und die sich gerade zerschlagen hat, füge ich im Stillen hinzu.

Er lächelt, schaut mir tief in die Augen, als würde er meine Gedanken lesen. Ein Jivanmukti kann das. Vermutlich kann ich nichts vor ihm verbergen.

»Und nun hast du wieder Zeit?«

»Oh ja, das habe ich.«

Wir gehen nebeneinanderher, unsere Hände berühren sich nicht, aber ich spüre seine Präsenz deutlich: warm, geborgen und sicher.

»Darf ich dich um einen Gefallen bitten?«, sagt er.

Eine rhetorische Frage. Ich nicke, obwohl ich fürchte, dass er mich wieder mit dem Unterrichten piesacken wird.

»Tanja, die sich bisher um die Organisation der Retreats und den Ashram gekümmert hat, bekommt ein Kind und zieht zu ihrem Freund nach Australien. Kannst du ihren Job übernehmen? Natürlich bezahlt.«

Okay, er kann eindeutig in meinen Kopf schauen.

»Woher weißt du, dass ich einen Job brauche?«

»Was meinst du?« Er reißt übertrieben erstaunt die Augen auf. Wir sind vor einem Schrein stehen geblieben, typisch balinesisch bunt und überladen geschmückt.

»Guru Kirpal, darf ich dann auch erst einmal hier wohnen bleiben?«

»Selbstverständlich. Solange du willst. Wenn du hier arbeitest, ist das sowieso am besten. Die Leute reisen zu allen möglichen Zeiten an.«

»Danke. Mal wieder und für alles.« Ich falle vor ihm auf die Knie, ergreife seine Hand und küsse sie.

Er zieht mich kopfschüttelnd hoch. »Mit diesem Guru-Gehabe fangen wir gar nicht erst an. Vielleicht kommst du mal zum Sadhana. Morgen früh spiele ich Harmonium.«

»Ich freue mich drauf.«

»Dann gute Nacht.« Er wendet sich zum Gehen. Nach ein paar Schritten dreht er sich noch einmal um. »Ach, und gelegentlich kannst du mich ja im Unterricht vertreten. Ich bin in nächster Zeit viel auf Reisen.«

Ich stöhne auf. Mamma mia. Wusste ich doch, dass es einen Haken gibt ...

*

Tanja arbeitet mich in den nächsten Tagen ein. Sie erklärt mir das Buchungssystem, die Buchführung und unzählige organisatorische Dinge. Der PC ist altersschwach und so langsam, dass wir manchmal minutenlang davorsitzen und warten, bis er sich bequemt, einen Befehl auszuführen oder eine Grafik aufzubauen. Es könnte meditativ sein, wenn es mich nicht so kribbelig machen würde. Ich überlege, auf eigene Kosten einen neuen Laptop anzuschaffen, verwerfe den Gedanken aber – nicht aus Geiz, sondern weil ich nicht den Eindruck erwecken will, gleich alles an mich reißen oder großspurig sein zu wollen.

Was ich hier zu tun haben werde, ist nicht schwierig. Es unterscheidet sich nicht wesentlich von dem, was ich all die Jahre in Stefans Büro getan habe. Obwohl der Geschäftszweck ein anderer war, ist Büroorganisation in jeder Branche und auf der ganzen Welt ähnlich. Ich habe keine Bedenken, dem nicht gewachsen zu sein. Was mir neben dem Schneckenrechner aber zu schaffen macht, ist die Unordnung, die hier herrscht. Noch weiß ich nicht, ob es an Tanja liegt - die in den Pausen, die die lahme EDV uns aufzwingt, nach nebenan verschwindet und sich übergibt - oder an Guru Kirpal, der ab und zu hereinkommt und konfus in Unterlagen kramt.

»Er hat viele Stärken. Aber Organisation und Kaufmännisches gehören nicht dazu«, vertraut Tanja mir an. »Das wirst du schon noch merken. Aber nun hat er ja dich. Du bist seine rechte Hand, sein Gedächtnis und sein Taschenrechner!« Sie lacht und wird wieder grün im Gesicht. »Sag mal, war das bei dir auch so schlimm mit der Übelkeit?«

»Ja«, räume ich ein. Wehmütig denke ich an die Zeit zurück, als das Schwangerschaftserbrechen mir jede Kraft raubte und ich ausgelaugt auf dem Sofa vor mich hin vegetierte. Ich dachte, ich würde leiden wie kein anderer vor mir! Was war ich für ein dummes Mädchen! Echtes Leid habe ich erst später erfahren. Nun gäbe ich alles dafür, die Zeit zurückdrehen zu können, noch einmal bewusst die Wunder von Schwangerschaft und Geburt erleben zu dürfen, meinen Sohn in den Armen zu halten. Ich schiebe die Bilder weg und antworte: »Es soll schlimmer sein, wenn man einen Sohn erwartet. Das hat irgendetwas mit Fremdeiweißen zu tun. Aber nach den ersten drei, vier Monaten wird es besser.«

»Ich bin aber schon in der 18. Woche!«

»Ehrlich?« Verblüfft werfe ich einen Blick auf ihren Bauch. Sie wirkt nach wie vor gertenschlank. Jeden Morgen ist sie beim Sadhana, praktiziert mit Ausnahme von Nabhi Kriyas alle Übungen, geht sogar in Kuta surfen. »Du bist im fünften Monat?!«

»Ja, deswegen hängt mir die Kotzerei echt zum Hals raus!« Wir lachen beide über den flachen Witz.

»Na, ihr scheint euch ja blendend zu verstehen. Jetzt ist erst mal Pause!« Kirin Kaur, die für die Rezeption zuständig ist, gesellt sich zu uns. Sie trägt ein Tablett mit Yogitee, drei Gläsern und einem Teller mit frischen Früchten. Für Tanja hat sie gesalzene Reiswaffeln dabei.

»Danke, du bist wie eine Mutter zu mir.« Tanja umarmt Kirin Kaur und küsst sie auf die Wange. Die beiden kuscheln sich auf die mit üppigen Kissen dekorierte Bank.

»Die ihr Schätzchen bald gehen lassen muss. Warum nur hast du dir ausgerechnet einen Australier zum Vater deines Kindes auserkoren?«

»Ich hatte keine Wahl. Er ist meine verlorene Hälfte. Ich habe ihn gefunden und gemeinsam bilden wir den perfekten Kreis. Er ist das Yang zu meinem Yin«, schwärmt Tanja mit leuchtenden Augen.

»Muss Liebe schön sein. Nur weil du in Kuta über einen braun gebrannten Surferboy mit Sixpacks stolpern musstest, glaubst du, er ist deine Ergänzung ... dabei gibt es hier auch hübsche Einheimische!«

»Er hat ein hinreißendes Lächeln, einen meditativen Geist und eine gütige Seele! Und bald leben wir an einem australischen Strand in perfekter Harmonie.«

Kirin Kaur verdreht die Augen. »Ich gönne es dir, Süße. Aber noch pushen dich die Hormone der Verliebtheit in den siebten Himmel. Irgendwann wird die Realität dich zurück auf den Boden holen. Denk dran - die Ehe ist das höchste Yoga, da musst du wirklich durchgehen und atmen!«

»Wer sagt, dass wir heiraten wollen? Wir machen ein Baby

und vielleicht noch ein zweites, wir leben frei und glücklich, schwingen mit dem Leben, vielleicht finden wir die perfekte Welle.«

Ich mag die beiden, sehe gerührt und lächelnd zu, wie sie sich necken. Sie sind eine andere Generation, mit Mitte, Ende zwanzig wie jüngere Schwestern, denen ich zurufen möchte: Seid vorsichtig, verliert euer Herz nicht an den Falschen, passt auf euch auf. Aber was würde das nützen? Jeder macht seine eigenen Fehler, schlittert und stolpert auf gewundenen Pfaden vorwärts und versucht, sich rückwärts einen Sinn in das Chaos hineinzudenken. Wir können das Leben nur vorwärts leben, es aber bloß im Rückblick verstehen. Manchmal nicht mal das.

Und doch haben die beiden mir in vielerlei Hinsicht etwas voraus. Sie haben schon in jungen Jahren einen spirituellen Weg eingeschlagen. Ich hätte in ihrem Alter nicht den Mut besessen, mich von einer bürgerlichen Existenz abzuwenden, meine Eltern vor den Kopf zu stoßen und auf Bali in einem Ashram zu leben. Geschweige denn mich von einem Surferboy schwängern zu lassen.

Auch für unsere Besucher steht Freiheit ganz oben. Meist sind es Backpacker. Sie kommen von überall auf der Welt her. Manche bleiben eine Woche, andere monatelang. Einige sind im typischen Rucksacktouristenalter, andere weit über sechzig, haben ihren Job hingeschmissen, ein Sabbatical genommen oder sind schon in Rente. Ich lerne in den kommenden Wochen viele interessante, skurrile, verrückte und wunderbare Menschen kennen.

Je länger ich hier arbeite, umso öfter frage ich mich: Warum habe ich nur all die Jahre in der Abgeschiedenheit des Hamburger Alstertals, jener Enklave reicher Borniertheit, auf all das verzichtet? Ich lebte wie in einem goldenen Käfig, übertünchte die Langeweile mit Shoppingtouren. Ich war einsam und wusste es nicht. Ich hatte nichts zu tun und konnte das Nichtstun nicht einmal wertschätzen. Mein einziger Lebensinhalt damals war Nickie.

Ich rufe meinen künftigen Ex-Mann an, um ihm zu erklären, dass ich ihm nur Gutes wünsche.

Er geht nach dem dritten Klingeln ans Telefon. »Dass du überhaupt noch mit mir redest ...« Seine Stimme klingt bedrückt.

»Stefan, ich wollte mich längst melden und dir sagen, dass ich dir nicht böse bin. Ehrlich. Alles ist gut, so wie es ist.«

»Meinst du das ernst? Britta, ich kann dir nicht sagen, wie leid es mir tut ...«

»Hör auf, bitte. Keine Entschuldigungen. Ich grolle dir nicht. Im Gegenteil, es ist eher wie eine Befreiung. Der letzte Tritt in den Hintern, den ich gebraucht habe.«

»Das wollte ich wirklich nicht, nicht nach all dem ...«

Ich lache. »Entschuldigung, das war etwas flapsig ausgedrückt. Nein, im Ernst, es war gut. Ich habe einen Job, der mir richtig gefällt.«

»Ich habe mich nicht getraut, dich anzurufen, so sehr schäme ich mich. Was machst du mit dem Hotel, das du kaufen wolltest? Kannst du es anderweitig finanzieren?«

»Ich habe es abgehakt. Die Idee war wunderbar, aber ich habe sie dem Universum zurückgegeben. Soll jemand anderes etwas draus machen.« Ich bin mir bewusst, wir esoterisch das in Stefans Ohren klingen muss.

»Okaaaayyyy«, sagt er. »Und was machst du stattdessen?«

Ob er Angst hat, dass ich zurückkomme und ihm wie ein

Mühlstein am Hals hängen könnte? Die Befürchtung kann ich zerstreuen.

»Wie gesagt - ich arbeite. Im Büro des Yoga-Ashrams von Guru Kirpal. Ich habe Freunde gefunden, sogar unter den Einheimischen, lebe - von Tag zu Tag. Und du?«

»Ich versuche, den Kopf über Wasser zu halten. Der Stress wegen des Konkurses ist groß, die ganze Abwicklung ... aber ich komme wieder auf die Beine, irgendwann. Du kennst mich.«

»Ja, du bist ein Stehaufmännchen.« Ich zögere einen Moment. Geht mich das überhaupt etwas an? »Und Eileen?«

»Es ist nicht leicht, sie war ganz schön sauer. Ich war ja auch der letzte Idiot, habe mich wie ein Spieler verhalten. Aber sie steht zu mir. Sie hat sich selbstständig gemacht.«

»Schön, dass du nicht allein bist.« Ich meine es wirklich so.

»Und du, gibt es jemanden ...?«

»Nein. Keinen Liebhaber, wenn du das meinst. Und das ist gut so.« Dass Guru Kirpal mein Seelenfreund ist, muss er nicht wissen. Über Nickie sprechen wir nicht. Er ist sowieso immer mit dabei, wenn Stefan und ich uns unterhalten. Der gemeinsame Schmerz verbindet uns für immer, ebenso wie die Erinnerungen. Aber mehr ist es nicht.

»Schickst du mir die Papiere? Ich unterschreibe, was immer drinsteht.«

»Geht morgen in die Post.«

»Mach's gut, Stefan.«

»Du auch.«

Als ich das Handy ausschalte, weiß ich, dass eine Ära endgültig vorbei ist. Ich bin erleichtert.

23.

Freiheit ist, wenn die Dinge zu dir kommen, anstatt dass du ihnen nachjagst.

Guru Kirpal ist chaotisch. Das merke ich zunehmend, nachdem Tanja zu ihrem Freund nach Australien gegangen ist. Für viele Vorgänge existieren keine Belege, Rechnungen sind verschwunden. Tage vergehen damit, Ordnung in die vergangenen Monate zu bringen, mir einen Überblick zu verschaffen. Die Arbeit bei Stefan im Büro kommt mir nun zugute. Doch während ich meinen Mann damals ständig um Hilfe gebeten und mich nicht getraut hatte, irgendetwas selbst zu regeln, bin ich hier auf mich allein gestellt. Außer Tanja hat hier kaum jemand Ahnung davon, wie man einen Taschenrechner bedient, geschweige denn Excel-Tabellen erstellt oder etwas so kalkuliert, dass wenigstens die Kosten gedeckt sind. Manche Teilnehmer der Retreats scheinen gar nichts oder zu wenig bezahlt zu haben. Ein Wunder, dass der Ashram überhaupt über die Runden kommt. Als ich Guru Kirpal auf das Durcheinander anspreche, lacht er. Er scheint nicht besorgt darüber zu sein, dass der Ashram kurz vor der Pleite steht. Aber vielleicht sind die Anforderungen an ein halbwegs funktionierendes Unternehmen hier ja andere als in Europa.

»Ach, Geld! Es gibt ein Gleichnis in Indien: Sein ganzes Leben lang arbeitet und arbeitet ein Mann. Er verdient Geld, wird sogar reich - und schuftet so hart, dass er seine Gesundheit ruiniert. Daraufhin gibt er sein ganzes Geld aus, um seine Gesundheit wiederzuerlangen, aber vergeblich, schließlich stirbt er vor der Zeit.«

Ich trinke einen Schluck Tee. »Ja, eine nette Geschichte, aber vielleicht sollten wir einen Mittelweg finden ... es geht hier ja nur um eine ordentliche Buchführung.«

Er sieht mich versonnen an und lässt die Mala-Kette durch die Finger gleiten. »Was sind die menschlichen Probleme? Angst, Unsicherheit, Misstrauen. Was ist daran wichtig, ob ich viel Geld, wenig oder gar kein Geld habe? Was ist mir wichtig und was ist dir wichtig? Es sind unsere eigenen Probleme, die uns Schmerzen und Angst machen, nicht das Geld. Was kann schon passieren? Solange du atmest, ist alles in Ordnung.«

Das ist seine Logik - yogisch einwandfrei, geschäftlich ein Desaster. »Ja, du hast natürlich recht. Geld löst keine grundlegenden Probleme, beseitigt weder Angst noch Misstrauen. Aber was ist falsch daran, wenn die Leute uns Geld bringen und der Ashram floriert? Und wenn noch mehr Menschen hier Zeit verbringen könnten? Gerechtigkeit ist meiner Meinung auch nicht außer Acht zu lassen: Wieso soll der eine den regulären Preis bezahlen und der andere nicht? Du hast selbst gesagt, wer mit leeren Händen kommt, der geht auch mit leeren Händen.«

Er lacht herzhaft. »Sehr gut, Britta, du wirst immer besser. Du passt ausgezeichnet auf und schlägst mich mit meinen eigenen Argumenten. Ich bin überzeugt davon, dass Gott und Guru es schon richten werden, dass sich die Dinge so fügen, wie es sein soll. Aber wenn du künftig darauf achtest, dass alle das bezahlen, was für sie möglich ist, dann hilft das dem Ashram, zu wachsen und zu blühen. Danke für deine Arbeit!«

Ich stöhne innerlich. Wie soll das gehen? Jeder möge nach

seinem Ermessen bezahlen - soll ich Schufa-Auskünfte einholen, die Leute eine Selbstauskunft ausfüllen lassen? Und wie weiß ich, ob der eine nicht zu stolz ist, um Armut einzugestehen, und der andere nicht zu geizig oder gerissen, um sie vorzutäuschen? Guru Kirpal glaubt immer an das Gute in jedem Menschen. Bin ich zu pessimistisch oder ist er zu gutgläubig? Was bringt mir mein Realitätssinn? Ich will ihn schützen, ihm helfen, seine Projekte voranzubringen, aber ist das überhaupt meine Verantwortung? Ich kann nur das tun, was ich im Moment für das Beste halte. Ob es das Beste ist, für alle und in Anbetracht aller Umstände, bleibt fraglich.

»Nicht grübeln, Britta!« Guru Kirpal zwinkert mir zu und tätschelt mir die Schulter. Dann schlendert er summend davon.

An der Tür dreht er sich noch einmal um. Ich weiß, dass jetzt wieder das Wesentliche kommt: »Ach, übrigens, die nächsten zwei Wochen bin ich nicht da. Kirin Kaur leitet ab Montag das Sadhana an und du übernimmst das Nachmittagsyoga.«

»Nein!«, entfährt es mir reflexhaft. »Ich kann das nicht, ich bin noch nicht so weit!«

Er sieht mich streng an. Alle Milde ist aus seinem Blick verschwunden. »Doch, bist du. Ende der Schonzeit, Schluss mit der Diskussion. Es gibt drei Mantras, die du dir niemals sagen solltest: Erstens: Ich weiß es nicht. Zweitens: Ich bin noch nicht bereit. Drittens: Ich kann das nicht.«

Majestätisch rauscht er davon und lässt mich ohnmächtig und zweifelnd zurück. Widerspruch zwecklos, das weiß ich. Ich habe mich bereits zu lange gesträubt. Er hat es mir nur wegen meiner Situation durchgehen lassen.

Abends vertiefe ich mich in die Unterlagen aus der Ausbildung. Obwohl es gerade ein paar Wochen her ist, habe ich schon so viel vergessen. Mein Gedächtnis ist ein Sieb. Ich blättere die Mappe mit den Kriyas durch. Es müssen auf jeden Fall Übungsreihen sein, die ich körperlich beherrsche. Wie peinlich wäre es, die Teilnehmer zu einer Übung aufzufordern, die ich selbst nicht richtig hinbekomme!

Ich wähle erst eine Kriya für die Wirbelsäule aus, die mir dann zu leicht erscheint, sodass ich mich für eine andere entscheide. Ich spiele die Szenerie gedanklich durch. Was sage ich, wenn ich den Raum betrete? Ach nein, ich muss früher da sein und alles vorbereiten, die Matten auslegen, Kerzen anzünden, Blumen dekorieren, Musik anstellen. Was mache ich als Aufwärmübungen? Atemübungen, stehend, mit geschlossenen Augen, den Fokus nach innen gerichtet?

Aus Angst, das Falsche zu sagen oder etwas zu vergessen, notiere ich jedes einzelne Wort, streiche Formulierungen, schreibe um. Es wirkt natürlich superprofessionell, wenn ich an meinem Skript klebe und kaum den Blick zu heben vermag. Egal, lieber so, als ein Blackout zu riskieren. Drei Stunden brauche ich, um eine Unterrichtseinheit durchzuplanen. Erschöpft falle ich ins Bett. Am nächsten Tag widme ich mich nach der Büroarbeit der Vorbereitung des Dienstagyogas und so geht es weiter, bis ich fünf Yogaeinheiten notiert habe. Dann ist Montag - die erste Unterrichtsstunde steht an.

In der Nacht davor konnte ich kaum schlafen. Ich habe mit Nickie Zwiesprache gehalten, doch auch er konnte mir nicht sagen, warum ich das hier tue. Schließlich habe ich nur auf der rechten Seite gelegen, damit das linke Nasenloch sich öffnet und Ida aktiviert wird, der Nadi, der für Entspannung zuständig ist, und mit jedem Atemzug auf Sat Nam meditiert. Geholfen hat es nicht viel. Vielleicht bin ich bereits abgestumpft oder yogaresistent. Mein Geist torpediert mich jedenfalls mal wieder.

Als ich mich nach der Arbeit umziehe, fühle ich mich wie ein Scharlatan. Die Leute erwarten Guru Kirpal und ich tauche auf - was für eine herbe Enttäuschung! Ich kann seine Fußstapfen nicht ansatzweise ausfüllen. Zudem sind die meisten Ashramgäste um einiges erfahrener beim Yoga als ich.

Mit Herzklopfen betrete ich den Raum, richte alles her, bin mit den Vorbereitungen viel zu früh fertig. So sitze ich auf meiner Matte und versuche, nicht auf die Uhr zu schauen: Bereits zehn vor fünf und noch niemand da. Vielleicht kommt ja keiner! Soll ich mich freuen oder enttäuscht sein? Sicher hat sich herumgesprochen, dass der Meister nicht da ist und ihn eine ahnungslose Anfängerin vertritt.

Sieben Minuten später kommen zwei Frauen, die schon ein paar Wochen hier wohnen, und suchen sich einen Platz. Möglichst weit weg von mir. Kurz darauf trudeln noch weitere Teilnehmer ein, eine Yogini aus Schweden mit Turban und ein pensionierter Lehrer in Holzfällerhemd, der gestern erst angekommen ist. Mir bricht der Schweiß aus. Ich fange an zu sprechen, bin viel zu leise.

»Louder, please!«, fordert die Schwedin. Irre ich mich, oder ist ihr Blick herablassend?

Ich stolpere durch mein Skript, versuche, Augenkontakt zu halten. Locker zu sein, was misslingt. Ich höre, wie hohl und angespannt ich klinge. Wie soll sich denn hier bitte irgendjemand entspannen, wenn die »Lehrerin« einen Blutdruck von 180 zu 100 hat? Das überträgt sich sicher. Anders als beim Probeyoga während der Prüfung legt sich die Aufregung nicht. Unter meinen Achseln bilden sich Schweißflecken. Die Minuten vergehen unerbittlich langsam. Mit Schrecken stelle ich fest, dass ich mit meiner Kriya schon fast am Ende bin, aber noch so viel Zeit übrig ist, viel zu viel für Entspannung und Meditation. Ich hänge zwei Übungen dran und bin sicher, dass die Schwedin die Kriya und damit meinen Fehler kennt. Gleich bei der ersten Unterrichtsstunde von den Lehren abzuweichen, ist unprofessionell.

Als sich alle hinlegen und ich mit monotoner Stimme eine Körperentspannung anleite, werde ich endlich etwas ruhiger. Auf dem Rücken liegend kommen mir die Teilnehmer nicht mehr so bedrohlich vor. Irgendwie bringe ich die Meditation hinter mich - selbst in einem völlig unmeditativen Zustand -, dann singen wir das Abschlusslied, ich mit hochrotem Kopf und krächzender Stimme. Nach dem dreimaligen Sat Nam verlassen die »Schüler« den Raum. Was für eine Schmach! Ich räume auf und überlege ernsthaft, meine Sachen zu packen und zu verschwinden. Aber wohin? Ich will nicht nach Hamburg zurück. Doch wie soll ich Guru Kirpal unter die Augen treten? Außerdem habe ich rasende Kopfschmerzen.

Der Holzfäller-Lehrer hat draußen auf mich gewartet. Er lächelt freundlich. »War das Ihr erstes Mal?«

Ich nicke betroffen. »Hat man das so sehr gemerkt? Offenbar ...«

»Vielleicht hätten Sie es einfach sagen sollen. Bestimmt hätten alle Verständnis gehabt. Ich erinnere mich gut, wie es war, als ich das erste Mal vor einer Schulklasse stand und am liebsten im Boden versunken wäre. Keiner der Schüler war mir wohlgesonnen.«

»Kann ich mir vorstellen.«

»Hierher kommen immerhin alle freiwillig.«

»Morgen kommt bestimmt niemand ...«

»Doch. Ich auf jeden Fall. Ihr Unterricht hat mir gefallen. Wirklich! Sie machen das gut. Und Sie werden sehen, es wird von Mal zu Mal leichter.«

*

Es stimmt. Am Dienstag bin ich nicht mehr ganz so aufgeregt - vielleicht ein Fünkchen weniger. Erschöpft von der Arbeit im Büro, die mich von den frühen Morgenstunden bis nachmittags beschäftigt, und der arbeitsreichen Vorbereitungswoche habe ich wie ein Stein geschlafen. Nicht mal an einen Traum erinnere ich mich.

Die Turban-Schwedin ist heute nicht da, sie macht einen Ausflug auf den Mount Agung. Der Holzfäller-Lehrer trägt Yogisch Weiß und nickt mir aufmunternd zu, als er den Raum betritt. Auch die beiden Frauen von gestern sind wieder dabei und setzen sich weiter nach vorn. Ganz hinten sitzt ein junger Mann. Ich habe ihn morgens beim Einchecken gesehen. Abgesehen davon, dass mich jeder zwanzigjährige Europäer an Nickie erinnert, gleicht dieser ihm physisch - von der Statur her, ähnliche Gestik und Mimik. Wie Nickie hat er dunkle Haare und ein fein geschnittenes Gesicht, allerdings grüne oder hellblaue Augen. Er ist ein hübscher Junge und ich freue mich, als er zu mir kommt und sich schüchtern als Leon vorstellt.

»Ich habe letztes Jahr Abi gemacht, ein paar Monate gejobbt und nun unternehmen Theresa, meine Freundin, und ich eine

Rucksacktour durch Südostasien. Eine Pause, bevor das Leben losgeht und wir in der Tretmühle des Funktionierenmüssens gefangen sind.« Er lacht.

Ein Stich durchfährt mich. Bei Nickie hat das Leben aufgehört, bevor es begonnen hat. Doch was kann Leon dafür?

»Möchte Theresa kein Yoga machen?«

»Doch. Aber sie hat einen fiesen Magen-Darm-Infekt und ist auf dem Zimmer geblieben.«

»Oh.« Damit kenne ich mich nur allzu gut aus. Allmählich haben meine Gedärme sich an die Bakterienlage auf Bali gewöhnt, aber es dauerte.

»Ich habe ehrlich gesagt keine Ahnung von Yoga.«

»Da geht es dir nicht viel anders als mir«, sage ich lächelnd. Er schaut verdutzt und setzt sich hin. Eine mir bislang unbekannte Teilnehmerin kommt dazu und breitet ihre Sachen umständlich aus. Sie hat eine ganze Ausstattung dabei - mehrere Kissen, eine eigene Matte, ein Plaid und einen Meditationsschal.

Ich beherzige den gestrigen Rat und offenbare mich der kleinen Gruppe als frischgebackene Yogalehrerin. Sofort werden die Gesichter zugänglicher. Ich bitte die Teilnehmer, sich ebenfalls kurz vorzustellen, was eine vertraute Atmosphäre schafft.

Die Yogastunde richte ich innerlich an Leon und widme sie Niklas. Den beiden Jungs, die sich nie begegnet sind und die in einem anderem Leben Freunde oder Brüder hätten sein können. Ich erkläre Basics, weiche ein wenig von meinem Skript ab, schaffe es sogar hin und wieder, Blickkontakt aufzunehmen. Insgesamt verbessere ich mich nur geringfügig. Beim Einstimmungsmantra kippt mir die Stimme weg und beim Schutzmantra muss ich zwischendurch einatmen. Ich habe

Schweißflecken unter den Achseln, einen roten Kopf, zu leise und zu schnell gesprochen - die Liste der verbesserungsbedürftigen Punkte ist lang.

Aber was soll ich machen? Ich kann ja nur einen Schritt nach dem nächsten tun. Wenn ich anfange zu rennen, werde ich stolpern und fallen. Eine Naturbegabung bin ich nicht. Weiß der Himmel, was bei der Yogalehrerprüfung mit mir los war und was die anderen in mir gesehen haben. Weiß Gott, was Guru Kirpal sieht. Er täuscht sich. Jetzt muss ich mir alles hart erarbeiten.

Zum Schluss hilft Leon mir, die Matten, Kissen und Tücher wegzuräumen.

»Danke! Wie hat es dir gefallen?«, frage ich.

»Es war okay.«

»Okay?«

Er errötet. »Ganz ehrlich? Ich glaube, Yoga ist nicht so mein Ding. Zu langsam, zu sehr nach innen gerichtet. Ich stehe auf Surfen und Klettern. Aber Sie haben alles gut erklärt.«

»Bitte sag Britta zu mir.«

»Du hast es prima rübergebracht, Britta.« Er stapelt die Kissen in der Ecke zu einem Turm.

»Vielen Dank. Das bedeutet mir viel, ich bin nämlich ganz am Anfang und sehr unsicher. Wie lange bleibt ihr auf Bali?«

»Sobald meine Freundin sich weiter als ein paar Meter von der Toilette entfernen kann, geht es nach Lombok und auf die Gilis. Da soll es schön sein. Nicht so ein Touristentrubel wie auf Bali.«

»Findest du es so trubelig? Doch nicht überall. Hier zum Beispiel nicht.« Ich überlege, ob ich ihm von meiner balinesischen Familie erzählen soll.

»Nein, hier ist es cool. Aber Kuta ist krass. Wie lange bist du schon hier? Finde ich mega, dass du hier wohnst und Yoga unterrichtest. Würde meine Mum nie machen. Die braucht ihre Komfortzone, Luxus und so. Jedes Jahr ins selbe Hotel, total langweilig. Sie arbeitet nicht mal.«

»Ach, weißt du, so war ich auch mal. Ist noch gar nicht lange her. Aber manchmal passieren Dinge im Leben, die einen aus der Komfortzone vertreiben. Dann dreht sich alles um hundertachtzig Grad, man wird durchgeschüttelt und lebt plötzlich auf Bali.«

Ich lösche das Licht und wir schlendern zusammen durch den Garten, der in der Dämmerung versinkt, zum Haupthaus. Mein Magen knurrt und ich freue mich auf das Essen. Was es heute wohl Leckeres gibt?

Er nickt, fragt aber nicht weiter nach. Wahrscheinlich vermutet er eine Ehefrau-wird-verlassen-und-findet-Bestimmung-Story. Am Tor wartet ein dünnes blondes Mädchen, das ihm um den Hals fällt und verkündet, es gehe ihr wieder gut. Mich würdigt sie keines Blickes und Leon scheint ebenfalls das Interesse an mir verloren zu haben. Ohne ein Wort wendet er sich ab. Die Blonde zieht ihn mit sich und redet auf ihn ein. Sie wirkt ein wenig vulgär. Sofort schelte ich mich für diese beurteilenden Gedanken.

Vielleicht liegt es an seiner Freundin oder an seinem kommentarlosen Abschied, jedenfalls verstehe ich auf einmal nicht mehr, wie ich eine Ähnlichkeit mit Nickie sehen konnte. Eigentlich hat er sogar ziemlich wenig mit meinem Sohn gemeinsam. Nickie hatte Tiefe, er hat sich immer für sein Gegenüber interessiert.

So vergehen die Tage mit flüchtigen Begegnungen. Jeden

Tag ist jemand Neues dabei, manche kommen mehrmals, andere nicht. Ich lerne, nicht alles, was in der Stunde geschieht, nicht jeden Blick, jede Reaktion, persönlich zu nehmen. Ich kämpfe mich durch die Woche Yogaunterricht und gerade als ich aufatmen will, teilt Kirin Kaur mir mit, dass Guru Kirpal länger wegbleibt und wir auch die nächsten beiden Wochen übernehmen müssen.

»Ist doch kein Problem für dich, oder?«

»Nein, überhaupt nicht«, gebe ich zurück. Meinen Sarkasmus überhört sie.

»Es ist eine gute Übung für dich. Du gewinnst Erfahrung und wirst professioneller.«

Leider habe ich keine Zeit mehr, Luh und Nengah zu besuchen, was mir von Herzen leidtut. Kommunikation auf anderen Wegen ist fast unmöglich. Luh hat zwar ein Handy, aber sprechen, ohne einander zu sehen, geht nicht. Schreiben ist genauso schwierig. Jeder Satz von ihr löst Rätselraten aus. Umgekehrt ist es wahrscheinlich ebenso. Mit den Kleinen kann ich gar keinen Kontakt halten. Ich rufe sie schließlich an und versuche, ihr die Situation zu erklären, habe aber den Eindruck, sie versteht es nicht.

Jeden Tag Yoga zu unterrichten, hat noch andere Effekte: Ich werde fitter. Oder bilde ich mir das ein? Wenn ich für mich selbst Yoga mache, neige ich dazu, meditative Übungen zu bevorzugen. Nun bin ich gefordert, auch mal körperlich fordernde Sets zu unterrichten. Bevor ich gelenkiger und kräftiger werde, bekomme ich Muskelkater. Muskelkater, habe ich mir sagen lassen, entsteht ja nur dadurch, dass man etwas nicht gewohnt ist. Nun tut jeden Tag etwas anderes weh, das ist zumindest abwechslungsreich. Meinen täglichen Spaziergang habe ich auf die Mittagspause verlegt. Um eine Stunde gehen zu können und Zeit zum Essen zu haben, fange ich immer früher an zu arbeiten.

Das Büro ist nun aufgeräumt. Die Unterlagen des gesamten letzten Jahres sind geordnet. Ich habe die Umsatz- und Gewinnsituation analysiert und die Kosten neu kalkuliert. Es wird darauf geachtet, dass wirklich alle Teilnehmer bezahlen, es gibt zwar Ermäßigungen, aber Ausreden werden nicht mehr so leicht akzeptiert. Rechnungen werden schnell bezahlt, ich stelle sicher, dass der Ashram nicht mit Zahlungen in Verzug gerät. Für seine Vortragsreisen habe ich Guru Kirpals Honorar erhöht. Er zahlt nichts mehr aus eigener Tasche. Ich bin zufrieden mit meinen bisherigen Erfolgen. Wenn ich an die Jahre im Maklerbüro zurückdenke, fällt mir auf, wie sehr ich mich verändert habe. Ich treffe Entscheidungen, die ich umsetze. Tatsächlich manage ich Guru Kirpals Ashram, anstatt ihn zu verwalten. Gleichzeitig arbeite ich zwei Aushilfen ein, die mich unterstützen. Es ist wichtig, dass mehr Leute verstehen, wie es hier läuft. Ich will mein Wissen teilen, nicht unersetzlich sein.

Zu meinem Erstaunen stelle ich fest, dass es mir guttut, so viel zu tun zu haben. Nachdem ich viele Jahre in einer Art Schonmodus existiert habe, mit genügend Muße zum Ausruhen und Grübeln, bin ich endlich ausgelastet. Eine Aufgabe zu haben, Geld zu verdienen und dann auch noch andere Menschen durch Yoga zu inspirieren, ist fantastisch. Vermutlich hätte ich mir einige Probleme im Leben ersparen können, wäre ich nicht mit einem goldenen Löffel im Mund geboren worden und hätte keinen reichen Mann geheiratet.

Als Guru Kirpal nach einem Monat Abwesenheit zurückkommt, gerät der ganze Ashram in freudige Aufregung. Es wird geputzt, aufgeräumt, ausgebessert, geschmückt und gekocht, was das Zeug hält. Gäste, die ihn noch nie gesehen haben, aber seinetwegen angereist sind, werden miteinbezogen. Es brummt wie in einem Bienenstock.

Ein Sternekoch aus Italien ist für ein paar Tage auf Durchreise bei uns. Er unterstützt die Köchin, die sich jedoch nichts sagen lässt, und bald dringen aus der Küche laute Debatten und ebensolches Gelächter, gefolgt von Schwaden verführerischer Düfte. Eine Art Kochduell entbrennt zwischen den beiden, dessen Nutznießer wir Ashrambewohner sind. Guru Kirpal gehört nicht zu den asketischen Yogis, er liebt das gemeinsame Essen.

Der Ashram hat eine Zeit lang gemäß den Traditionen des Sikhismus täglich Langar angeboten, freie Mahlzeiten für Bedürftige, wie das in Indien üblich ist. Hier wurde das jedoch kaum angenommen. Nicht weil das Essen so schlecht war, sondern weil auch die ärmsten Balinesen zu essen haben, und sei es auf dem Hof des Nachbarn oder bei Verwandten - Langar gehört quasi zur balinesischen Kultur. Dazu braucht es keinen indisch-inspirierten Ashram.

Mit einem Festessen empfangen wir Guru Kirpal. Er hat abgenommen und wirkt erschöpft. Seine Reise führte ihn nach Indien und Mexiko. Er musste oft den ganzen Tag unterrichten, Gespräche führen, Behandlungen abhalten. Da blieb wenig Zeit für Essen und Kontemplation.

»Es ist schön, wieder zu Hause zu sein und mich von euch aufpäppeln zu lassen«, sagt er und schenkt jedem von uns ein liebevolles Lächeln.

Der Italiener und unsere Köchin tragen den nächsten Gang auf. Es ist eine gelungene Komposition, ein Verschmelzen der balinesischen mit der italienischen Kochkunst. Der Tonfall zwischen den Konkurrenten hat sich geändert. Sie flirten miteinander. Mir scheint, als hätten die beiden sich nicht nur kulinarisch angenähert. Wir schwelgen in den weltlichen Genüssen guten Essens, während wir Guru Kirpals Reisebericht lauschen. Danach sind wir an der Reihe zu erzählen, was sich inzwischen hier getan hat. Er hört sich alles freundlich lächelnd an und lobt jeden Einzelnen für seinen Einsatz.

»Während ich unterwegs war, habe ich einige Ideen entwickelt, wie unser Ashram weiter wachsen kann. Manchmal braucht man Abstand, um klar zu sehen, um projizieren zu können«, erklärt er geheimnisvoll. »Und das verdanke ich nicht zuletzt Britta.«

Er nickt mir zu und der Schreck fährt mir in die Glieder.

24.

Wenn dein inneres Licht dich führen kann, wirst du dich selbst übertreffen.

Wir werden uns öffnen! Du hast recht damit, dass der Ashram breiter aufgestellt werden muss«, erläutert Guru Kirpal am nächsten Tag. Er hat mich in seine »Privatgemächer« gebeten - ein schlichter Bungalow wie meiner, nur mit zwei Zimmern. Neben dem Schlafzimmer gibt es einen weiteren kleinen Raum, den er mit Matten, Kissen, Büchern und Bildern als Meditationsraum eingerichtet hat. Wir sitzen einander auf Meditationskissen gegenüber. Guru Kirpal schenkt Tee ein.

»Mein Lehrer hat gesagt, Freude ist die Essenz des Erfolgs. Und Wohlstand fängt mit der Bereitschaft des Gebens an. Wir im Ashram sind bereit, mehr zu geben.«

»Was meinst du damit?«

»Ganz einfach. Wir werden nicht nur die Gäste unterrichten, die bei uns wohnen, sondern auch den Touristen der umliegenden Hotels und Residenzen Yoga anbieten, den Expats aus Australien und den USA, den finanziell gut gestellten Aussteigern, die hier leben. Kundalini-Yoga für alle, so wie das die großen Zentren in Ubud machen.«

»Das klingt ambitioniert«, sage ich vorsichtig. »Aber wer soll das alles übernehmen? Sat Kirin Kaur und du?« Noch während ich frage, schwant mir die Antwort.

Er lacht. »Ich nicht. In Zukunft reise ich mehr, um in Australien Yogalehrer auszubilden. Dort werden auch Leuchttürme benötigt! Dunkle Zeiten kommen auf die Menschen zu. Hier haben wir zum Glück bereits zwei - Sat Kirin Kaur und dich.«

Yogalehrer sollen in der grauen Phase des Planeten, die mit Unsicherheit, Panik, drohenden Umweltkatastrophen und anderem Unbill aufwartet, Leuchttürme sein. Wie ein Leuchtturm, der es den Schiffen in der Finsternis ermöglicht, ihre Bestimmung zu erreichen, sollen sie den Menschen dienen. Daher haben die alten Meister auch immer wieder betont, sie seien nicht gekommen, um Schüler zu sammeln, sondern um Lehrer auszubilden. Und jeder Lehrer, so wird gesagt, findet seine Schüler.

Ich lache ebenfalls. »Ich? Wenn du wüsstest, wie ich mich hier gequält habe! Ich bin nicht fürs Unterrichten begabt. Keine Ahnung, welche Sternstunde ich bei der Prüfung hatte, aber das war eine Ausnahme. Nun bin ich froh, wieder nur im Büro arbeiten zu dürfen.«

Guru Kirpal erhebt die Hand, die Finger zur lockeren Faust geballt. »Du hast den Eid der Kundalini-Yoga-Lehrer abgelegt: ›Ich bin keine Frau. Ich bin kein Mann. Ich bin keine Person. Ich bin nicht ich selbst. Ich bin ein Lehrer.‹« Bei jedem Satz streckt er einen Finger aus.

Ich senke den Kopf. »Schon, doch das ist für mich Theorie, ich fülle das nicht aus, ich habe nicht das Format.«

Er senkt die Stimme, die dadurch noch eindringlicher klingt. »Britta, was habe ich dir über die drei Mantras gesagt, die du nie sagen sollst? Ich weiß, dass du zauderst. Dir das nicht zutraust. Aber ich tue es. Und daher werfe ich dich ins kalte Wasser, denn ich weiß, dass du schwimmen kannst.«

Ich winde mich. Alles in mir schreit danach, in meiner neuen Komfortzone zu bleiben, dort, wo ich mich wohlfühle und in Ruhe mit der Vergangenheit abschließen kann. Ein bisschen Büroarbeit, privates Yoga, Baliflair, mehr will ich nicht. Beim Gedanken daran, keine Zeit für Besuche bei Luh und Nengah zu haben, werde ich traurig.

»Guru Kirpal, was meinst du damit? Ich bin nicht so stark, die Trauer um Nickie raubt mir Kraft ... es ist zu viel.« Ich bin kurz davor, loszuheulen.

»Ich weiß. Und das braucht auch noch Zeit. Irgendwann wirst du akzeptieren, dass du ihn gehen lassen musstest und er dennoch für immer bei dir ist. Seine Seele ist frei und trotzdem lebt er in deinem Herzen weiter.«

Meine Augen füllen sich mit Tränen. »Ich sehe ihn so oft in meinen Träumen.«

»Chantest du noch Akal?«

»Ja. Nicht mehr jeden Tag. Aber häufig.« Ich schluchze auf, Sehnsucht und Trauer überwältigen mich. Es geschieht zwar seltener, aber wenn, dann mit unverminderter Wucht. »Siehst du, wie emotional wackelig ich bin? Als Leuchtturm bin ich einsturzgefährdet!«

Er nimmt meine Hand. Sanft streicht er mir über die Handinnenfläche. Sofort werde ich ruhiger. »Dieser Weg gehört denjenigen, die nicht kühl sind, deren Herzen nicht aus Stein sind und deren Köpfe nicht so aufgeblasen sind, dass sie die Stimme ihrer eigenen Seele nicht mehr hören können. Dein Herz ist nicht aus Stein und das ist gut so. Dein Kopf ist nicht aufgeblasen, daher wirst du nie gefährdet sein, ein übergroßes spirituelles Ego zu entwickeln wie andere.«

Ich wünsche mir, dass er nicht aufhört, meine Hand zu streicheln. Wäre ich eine Katze, würde ich selig schnurren. Am liebsten würde ich mich in seine Hand hineinlegen.

»Du kannst die Nachmittagskurse beibehalten, solange der Platz ausreicht. Wenn die Nachfrage zu groß wird und der Raum überfüllt ist, richten wir zusätzliche Kurse ein. Bis dahin haben wir weitere Yogalehrer«, sagt er versonnen. »Es passen gut und gerne dreißig Leute in den Raum.«

Beim Gedanken daran, dreißig Touristen, Auswanderer, Gäste mit völlig unterschiedlicher Vorbildung zu unterrichten, wird mir fast schlecht. »Wie soll das gehen?«, protestiere ich. »Die einen sind seit Jahren mit Kundalini-Yoga vertraut, die anderen haben noch nie etwas davon gehört?«

»Anders als beim Hatha-Yoga brauchen wir keine aufeinander aufbauenden Klassen. Es ist die Energie, die die Schüler spüren, und die Erfahrung geht direkt ins Herz«, erwidert er, drückt meine Hand ein letztes Mal und erhebt sich.

»Sat Nam, Britta, es tut mir leid, aber ich habe noch ein weiteres Meeting. Wir können gern ein anderes Mal weiterreden.«

Ich bin entlassen, die Audienz ist beendet.

»Sat Nam.« Ich verneige mich leicht vor ihm und trotte zur Tür, als er mir hinterherruft.

»Ach, eins noch - kümmerst du dich bitte um das Marketing oder wie das heißt? Die Werbung in den Hotels?«

*

Öffne einen Raum und er wird sich füllen. Das ist ein spirituelles Gesetz. Guru Kirpal hat vorausgesehen, was letztlich geschieht. Er, der so chaotisch im Organisieren und in der Buchführung ist, beweist unternehmerischen Weitblick, wenn man es so ausdrücken will. Wir legen Flyer in den umliegenden Hotels aus und informieren die Manager, dass ihre Gäste bei uns willkommen sind. Wer nach Bali reist, ist meist spirituell interessiert. Touristen kommen, erst sporadisch, dann öfter. Einige besuchen mehrere Yogaklassen, andere nur eine. Unter den Expats, zumeist englischsprachigen Einwanderern aus Australien, den USA oder auch Europa, spricht sich unser Angebot herum. Viele sind froh, nun in der Nähe zum Yoga gehen zu können. Die offenen Kurse füllen eine Lücke, da es in Seminyak, anders als in Ubud, kaum öffentliche Yogastudios gibt. Hinzu kommt Guru Kirpals Reputation, wenngleich er selten selbst in Erscheinung tritt. Aber alle hoffen darauf, ihn zu sehen. Wenn er mal da ist, hält er eine legendäre Yogastunde ab, die lange nachwirkt.

Meistens unterrichte ich bis zu 25 oder 30 Personen. Überraschenderweise ist es gar nicht so schlimm, nachdem ich mich freigeschwommen habe. Erst scheint mir das Wasser zu kalt, dunkel, voller Untiefen und Bedrohungen. Wellen schwappen über mich hinweg. Die eigene Stimme dröhnt in meinen Ohren, ich verhaspele mich, laufe rot an. In den Gesichtern der Teilnehmer suche ich nach Beweisen dafür, wie lächerlich ich bin. Eine »sogenannte Yogalehrerin«, die den Titel nicht verdient, eine leere Hülle, die sich mit fremden Lorbeeren und falschen Insignien schmückt. Eine Frau, die sich mit weißen Gewändern und Kara verkleidet hat, lächelnd Mantras singt und pseudoklug Asanas erklärt, aber in deren Innerem Aufruhr und Chaos herrschen. Bin ich Herrin meiner Emotionen? Nein. Werde ich es jemals sein? Ich hoffe es inständig. Bis es so weit ist, irgendwann in ferner Zukunft, tue ich mein Bestes, Tag für Tag. »Fake it until you make it«, rät Guru Kirpal mir – täusch doch einfach vor, dass du eine heilige Person bist, und irgendwann bist du es auch. Wachse in den Schuh hinein.

Und so sitze ich Tag für Tag auf der Matte und gewöhne mich daran, im Fokus der Aufmerksamkeit zu stehen. Meine Notizen schrumpfen, ich notiere aus Zeitmangel nur noch Stichworte, dann klebe ich nicht mehr an meinem Skript und schaffe es, Blickkontakt aufzubauen. Mein Herz rast nicht mehr so stark, wenn eine Person den Raum betritt, die mir in irgendeiner Weise überlegen zu sein scheint. Sie kommen ja, weil sie sich irgendetwas von der Yogastunde erhoffen. Nicht von mir persönlich, ich bin nur der Bote, das Sprachrohr, der Kanal. Also versuche ich, zu geben, was ich kann, die Lehre durch mich hindurchfließen zu lassen.

So werde ich allmählich, mit jeder Unterrichtsstunde, ein wenig mehr zur Lehrerin - mit jedem lächelnden Gesicht, mit jeder dankbaren Äußerung, aber auch mit kritischen Bemerkungen. Wie ein Stein im Flussbett werde ich vom Strom des Wassers geschliffen. Natürlich mag nicht jeder meinen Unterrichtsstil.

»Du kannst nicht allen gefallen«, bemerkt Sat Kirin Kaur, als ich ihr erzähle, dass zwei Australierinnen sich beklagt haben, weil ich ständig Musik gespielt habe und meine Stimme zu zart sei.

Ich lerne, auf Abstand zu gehen: Einerseits gebe ich alles, nehme Kritik aber nicht persönlich. Manchmal ist das Unterrichten toll, geradezu berauschend und erfüllend. Es gibt Yogastunden, da habe ich das Gefühl, abzuheben, zu fliegen und die Teilnehmer mitzunehmen, als hätte ich unbegrenzte Energie. Dann muss ich mich daran erinnern, dass ich nur Teil der Goldenen Kette bin, und nicht aus mir schöpfe, sondern getragen werde von der Lehre und der Tradition. Allmählich verstehe ich, was Guru Kirpal mit der Gefahr des spirituellen Egos meinte. Je mehr Leute da sind, desto höher steigt die Energie. Beim Kundalini-Yoga potenziert sie sich, weil die Gruppenenergie beim gemeinsamen Chanten trägt. Wenn man den Erfolg auf sich selbst bezieht, anstatt sich in Demut innerlich vor den Lehren zu verbeugen, bläht das Ego sich auf.

So vergehen die Wochen. Im Büro arbeite ich weniger. Eine junge Betriebswirtin, eine Holländerin, die ein Auslandssemester in Indonesien macht, hat das übernommen. Sie macht das gut, fragt mich gelegentlich um Rat. Es ist schön, auf einmal die Erfahrene zu sein.

Eines Tages spricht mich eine Frau nach der Yogastunde an. Ich kenne sie vom Sehen, sie war schon einige Male dabei. Sie ist eine etwa siebzigjährige Österreicherin und kommt meist in Begleitung einer ebenso alten Balinesin.

»Du berührst uns sehr. Dein Unterricht ist etwas ganz Besonderes. Das wollten wir dir einfach sagen«, sagt sie und streichelt mir fast zärtlich über den Arm. Ihre Freundin nickt bestätigend.

»Oh, vielen Dank«, gebe ich zurück. »Ich bin noch ein ziemlicher Grünschnabel.« Ich weiß nicht, wo das Wort jetzt hergekommen ist, aber sie lachen.

»Ja - im positiven Sinne. Du bist authentisch. Du machst einem nichts vor, sondern bist ehrlich und präsent. Und du strahlst echtes Mitgefühl aus.«

Es ist mir peinlich, so gelobt zu werden. Ich winde mich innerlich. »Nun übertreibst du aber ...«

»Nein, nimm dieses Kompliment bitte an. Bewahre dir diese Unschuld. Viele Yogalehrer werden irgendwann zu Ikonen. Das haben wir schon oft erlebt, oder?« Sie nimmt die Hand ihrer Begleiterin, die bisher noch nichts gesagt hat. Die beiden sind total süß, liebe, alte Damen, die nun händchenhaltend vor mir stehen.

»Du hast jemanden verloren, der dir sehr nahestand. Verlust und Trauer haben die Tiefe kreiert, aus der du schöpfst«, sagt die Balinesin. Sie spricht sehr gut Deutsch.

Vor Schreck treten mir Tränen in die Augen. Ich fühle mich durchleuchtet. Diesen Teil meines Lebens wollte ich nicht in meinen Unterricht einfließen lassen und ihn schon gar nicht mit wildfremden Menschen besprechen. Aber anscheinend lässt es sich nicht trennen.

»Es tut mir leid«, entschuldigt die Österreicherin sich für ihre Freundin. »Sie ist manchmal ein wenig direkt. Erstaunlich bei der traditionellen Lächelkultur hier auf der Insel. Daran bin wohl ich schuld - ich übe einen schlechten Einfluss auf sie aus.« Mir geht auf, dass die beiden ein Paar sind.

Ich blinzle die Tränen weg. »Nein, ist schon gut. Ich wusste nur nicht, dass man mir das anmerkt.«

»Können wir uns irgendwo unterhalten? Wir wollten dich nicht überfallen. Hast du vielleicht ein paar Minuten?«

Ich nicke und führe sie in eine ruhige Ecke des Gartens, wo Frangipani, Perlenblumen und Widyadhari - geflügelte Himmelsnymphe, halb Engel, halb Vogelkörper - wachsen. Dort setzen wir uns auf eine kleine Mauer.

»Verzeihung. Ich wollte dir nicht zu nahe treten«, sagt die Balinesin. »Ich habe auch mein Kind verloren. Meine Tochter, mein einziges Kind. Das war vor zweiundzwanzig Jahren. Die Familie hat die Rituale abgehalten, aber ich konnte mit dem Leben nicht weitermachen. Schließlich haben sie mich verstoßen, weil ich nicht mehr arbeiten konnte, nicht essen, nicht schlafen. Hätte Elisabeth mich damals nicht aufgenommen ...«

»Das tut mir leid.«

»Später habe ich viel gelesen. Über unsere Kultur. In den Büchern steht: ›Für den Erleuchteten ist alles eins. Der Brahmane und sein heiliges Gebet; Kuh, Elefant und unreiner Hund; der Kastenlose, der Hunde isst: Sie alle sind nur eins. Und macht nicht das Ende alles eins?‹ Aber für mich war es nicht so leicht. Nun habe ich es verstanden. Es hat viele viele Jahre gedauert.«

»Ja, ich weiß. Mir helfen Yoga und die yogische Philosophie, aber es ist ein langer Weg. Zwei Schritte vor, einen zurück. Oder umgekehrt.«

»Wie hieß dein Kind?«

»Niklas.«

»Meine Tochter Wayan.«

Schon wieder eine Wayan. Auf Bali gibt es ja nur ein paar Namen, die sich je nach Rangfolge der Geburt wiederholen. Ich erzähle den beiden von meiner balinesischen Familie, die ich nicht mehr so oft besuche, wie ich es gern täte, und dass sie auch ein Kind verloren haben.

»Wie die meisten. Der Verkehr ist mörderisch«, bestätigt Elisabeth. »Es gibt so viele Menschen, die mit dem Mofa verunglücken. Tagtäglich sterben welche, weil sie unzureichend geschützt sind. Neben Bildung ist Sicherheit im Verkehr das, was hier am nötigsten fehlt. Auch im vermeintlichen Paradies liegt einiges im Argen.«

Wir unterhalten uns eine Weile, bis es schlagartig dunkel wird, wie in den Tropen üblich. Die beiden Damen möchten heim und verabschieden sich mit einer innigen Umarmung. Ich begleite sie zum Tor, dann ziehe ich mich in mein kleines Refugium zurück.

Es arbeitet in mir. Das Gespräch hallt nach. Derzeit erfülle ich die Pflicht, die Guru Kirpal mir aufgetragen hat. Die Rechnung ist aufgegangen - durch den vermehrten Unterricht fließt beständig Geld in die Kasse des Ashrams. Allein mit Sat Kirins Kursen haben sich die bisherigen Einnahmen aus der Zimmervermietung verdreifacht. Dazu kommen meine. Der Ashram steht inzwischen finanziell gut da.

Vielleicht allmählich sogar zu gut, denn Guru Kirpals Lehrerausbildung wirft auch erkleckliche Erträge ab.

Wir wollen ja nicht reich werden.

Dann sind wir nicht besser als die Investoren der großen Hotelanlagen. Okay, wir beuten niemanden aus, aber Geld zu scheffeln war nie das Ziel.

Was kann ich tun, um einen Ausgleich im Gesamtgefüge Balis zu schaffen? Ich denke an Luh und Nengah, die entzückenden Kinder, die nur kurz zur Schule gehen dürfen, bevor sie zum Familienunterhalt beitragen müssen. Ein paar Jahre Schule sind immer noch zu wenig.

Ich setze mich auf mein Fell und meditiere.

Eine Idee zieht auf, erst als unbestimmte Wolke, dann manifestiert sie sich klarer: Ich möchte einen gemeinnützigen Verein gründen, der es armen balinesischen Familien ermöglicht, ihre Kinder länger zur Schule zu schicken. Die Einnahmen aus dem Yogaunterricht sollen dem Verein zugutekommen.

Und ich werde diesen Verein »Niklas« nennen.

25.

Folge niemandem und höre auf niemanden. Finde deine eigene Heiligkeit in dir.

Guru Kirpal reagiert begeistert auf meinen Vorschlag. »Ich hatte schon gedacht, wir müssten alles an gemeinnützige Organisationen in Indien spenden! Die können das Geld zwar auch gut gebrauchen, aber Menschen hier vor Ort zu unterstützen, ist nachhaltiger. Bravo, gut gemacht, Britta!«

»Na ja, bislang ist es nur eine Idee.«

»Du wirst das mit der dir eigenen Beharrlichkeit umsetzen – das weiß ich!«

Wie immer glaubt Guru Kirpal mehr an mich als ich selbst. Aber diesmal setzt mich sein Vertrauen nicht unter Druck, sondern tut mir gut. Was wäre wohl aus mir geworden, wenn ich Eltern gehabt hätte, die mir auf diese Weise Urvertrauen eingepflanzt hätten, anstatt mir das Gefühl zu vermitteln, unzureichend zu sein? Mein Leben wäre ganz anders verlaufen.

Aber nun bin ich hier und das ist meine Chance zu wachsen. Es hat wohl so sein sollen. Alles geschieht, wie es geschehen muss.

Einen Verein zu gründen, erweist sich als unkompliziert. Ein Anwalt vor Ort, von Elisabeth vermittelt, ist mir dabei behilflich. An meinem Unterricht ändert sich nicht viel, außer dass die Teilnehmenden nun ihren Obolus in eine Spendenbox geben. Ich erkläre ihnen, wofür sie spenden. Die wenigsten wollen eine Spendenquittung, viele zahlen sogar mehr als den vorher festgelegten Kursbeitrag. Besonders die Auswanderer, die auf Bali ein Zuhause gefunden haben, kennen die schwierige Bildungssituation und die Notwendigkeit, den Kindern eine bessere Zukunft zu ermöglichen. Die junge Generation hat ein Recht darauf, zur Schule zu gehen. Bali ist schon längst nicht mehr das hinterwäldlerische Tropenparadies, unberührt von westlicher Zivilisation, das es noch vor hundert Jahren war, sondern ein aufstrebender Teil Indonesiens. Doch ohne Schulbildung haben die jungen Balinesen keine Chance gegen ausländische Investoren.

Voller Euphorie fahre ich endlich mal wieder zu Luh und Nengah, um ihnen von meinem Projekt zu berichten. Es riecht nach Essen, als ich den Hof betrete, und mir läuft das Wasser im Mund zusammen. Niemand reicht an Luhs Kochkünste heran. Auch wenn das Essen in den Warungs und im Ashram lecker ist - hier ist es köstlich. Die Kinder kommen mir entgegen: Komang führt Ni Wayan an der Hand, die inzwischen richtig gut laufen kann. Sie strahlen über das ganze Gesicht. Ich gehe in die Hocke, um sie zu umarmen. Nengah hat heute Spätschicht im Hotel, aber Luh freut sich, mich zu sehen. Wir versammeln uns zum Essen im Küchenpavillon, dem Balé Pawaregan. Nach den üblichen Höflichkeitsfloskeln und dem überschwänglichen, aber nicht übertriebenen Lob der Mahlzeit erzähle ich ihr nicht ohne einen gewissen Stolz, was ich erreicht habe.

»Das sehr gut«, nickt sie, wirkt jedoch nicht allzu begeistert. Ich habe den Eindruck, dass sie gar nicht wirklich erfasst, was Bildung für die Zukunft der Kleinen bedeutet. Sie müssen dann hoffentlich nicht mehr für einen Hungerlohn in Hotels schuften und Touristen bedienen, um ihre Familien über die

Runden zu bringen, sondern können dort selbst Manager sein. Oder was auch immer.

»Stell dir vor, wie es die Chancen deiner Kinder erhöht, wenn sie länger zur Schule gehen und einen Abschluss machen können. Vielleicht sogar studieren, Lehrer werden, Anwalt, Arzt - was immer sie wollen!«

»Aber wenn wollen Familie mit Kindern und traditionell Hof?«

Ich blinzle verwirrt. »Natürlich, das geht ja auch. Aber sie haben die Wahl. Sie müssen es nicht tun. Und ich kann mir vorstellen, dass ein Kind wie Nyoman, so aufgeweckt, wie er ist, viel Spaß daran hat, zu lernen.« Ich schaue mich um, wo ist er überhaupt? Mein heimliches Lieblingskind, ich will ihn ja nicht offensichtlich vor den anderen bevorzugen, ist nicht zu sehen.

Sie nickt lächelnd.

»Wo ist Nyoman?«, frage ich noch einmal.

»Krank.«

Ich bekomme einen Schreck. »Was hat er denn?«

Made murmelt etwas Unverständliches und fuchtelt mit der einen Hand in der Luft herum, während sie sich mit der anderen Gemüse in den zahnlosen Mund stopft.

»Fieber. Wissen nicht, warum. Vielleicht böser Geist ihn besetzt.«

Mir ist schlagartig der Appetit vergangen. »Kann ich zu ihm? Wo ist er? Oder liegt er im Krankenhaus?«

Luh sieht mich an, als hätte ich gefragt, ob er in Tokio sei. »Ist in Balé Gedong. Du können ihn sehen. Aber nicht schrecken, er dich nicht erkennen. Er schlafen.«

Der Schlaftrakt ist ein einfacher, offener Pavillon, auf dem

Boden liegen schlichte Matten. Hier übernachten alle zusammen in einem Raum. Der Kleine liegt hinten in einer Ecke unter mehreren Lagen Stoff. Er glüht vor Fieber und deliriert. Entsetzt schiebe ich die viel zu warmen Decken beiseite. Ich lege die Hand auf seine Stirn, seine glühend heißen roten Wangen und spreche ihn leise an. Er nimmt mich nicht wahr.

»Was ist geschehen? Seit wann geht es ihm so? Habt ihr einen Arzt gerufen?« Ich lasse eine Salve von Fragen los, auf die seine Mutter nur träge reagiert.

»Paar Tage. Weiß nicht. Mal Fieber hoch, mal nicht.«

Sie legt ein Tuch in eine Schüssel Wasser, wringt es aus und drapiert es auf seiner Stirn. Meine Gedanken rasen. Wechselnd hohes Fieber kann auf Malaria hindeuten. Oder auf Denguefieber. Schlimmer wäre Japanische Enzephalitis. Ich bin gegen Letzteres geimpft, ich habe auch Tabletten zur Malaria-Prophylaxe in meiner Reiseapotheke. Gegen Dengue gibt es neuerdings auch eine Impfung für Einheimische, die aber nur den hier lebenden Ausländern zugutekommt. Mir natürlich auch. Ich kann mir nicht vorstellen, dass irgendjemand in dieser Familie geimpft ist. All diese Krankheiten werden durch infizierte Mücken übertragen, die zu unterschiedlichen Zeiten aktiv sind.

»Hat er Mückenstiche?«

Mückennetze gibt es hier nicht, anders als in den Hotels und im Ashram, wo wir uns zusätzlich in den Dämmerungsstunden, während der die Mücken besonders aktiv sind, mit unyogisch stinkenden Mückenschutzmitteln einnebeln. Es sind die reinsten Chemiebomben, aber immer noch besser, als krank zu werden.

Natürlich war das eine dumme Frage. Auch Einheimische werden gestochen, die Mücken machen da keinen Unterschied.

Anders als die Touristen veranstalten die Balinesen jedoch kein Getue darum - sie werden gestochen, das ist eben so, manchmal wird man davon krank, meist nicht. Aber dieser Fünfjährige ist definitiv schwer krank.

»Habt ihr einen Arzt gerufen? Wir sollten ihn ins Krankenhaus bringen!«

»Kein Krankenhaus.«

»Mach dir keine Sorgen wegen des Geldes, ich bezahle das natürlich. Bitte. Wir müssen etwas tun, es geht ihm wirklich schlecht!«

Sie streicht dem Kind über den Kopf. »Balian war da.«

Offenbar ohne großen Erfolg. Die meisten Balians arbeiten mit Kräutern und Tierenergie. Obwohl ich selbst von Sat Nam Rasayan begeistert bin und ein Balian mir bei meinem Magen-Darm-Infekt geholfen hat, gibt es Situationen, in denen ich mich nur in klassische schulmedizinische Behandlung begeben würde: bei schweren Erkrankungen. Ein Balian hätte auch Niklas nicht helfen können, den Herzfehler zu korrigieren. Mit Tierenergien wäre mein Sohn sicher keine zwanzig Jahre alt geworden. Man muss die Grenzen kennen.

»Wann? Was hat er gesagt? Bekommt er Medikamente?« Zumindest etwas Fiebersenkendes müsste er einnehmen. Auch wenn Fieber grundsätzlich gut ist, hat der Kleine bestimmt über vierzig Grad. Solche Temperaturen können auf Dauer schwerwiegende Schäden hinterlassen. Dass er nicht ansprechbar ist, bereitet mir die größte Sorge. Es müsste ein Blutbild erstellt werden, bestimmt sollte er auch ein hochwirksames Antibiotikum einnehmen. Mein Geist rotiert.

»Hat behandelt. Und Medizin dagelassen.« Sie deutet auf

einen Kräutersud, der neben dem Lager steht. Ich schnuppere an der streng riechenden Flüssigkeit.

»Wie lange ist das her?«

Sie zuckt die Achseln. »Paar Tage.«

»Und es ist seitdem nicht besser geworden?« Was kann ich nur tun, um Luh zu überzeugen, dass es schlecht um den Kleinen steht und er ins Krankenhaus muss?

»Vielleicht sein Blut vergiftet von Dämon. Mussen bitten Götter fur Hilfe. Morgen ist Kajeng Kliwon. Priester machen Zeremonie nach Legong.«

Was soll ein unschuldiges Kind angestellt haben, damit ihn ein Dämon besetzt? Ich beiße mir auf die Zunge, um nicht laut loszuschreien. Der balinesische Volksglaube lässt solche Fragen nicht zu. Dämonen und Götter regieren die Insel und der Mensch fügt sich, stimmt beide Welten gütlich.

Von dem Legong, einem rituellen Trancetanz, habe ich gehört, aber noch nie an einem teilgenommen. Aber warum kommt der Priester? Und was ist das für eine Zeremonie? Sofort denke ich an die im Christentum übliche Letzte Ölung. Wollen sie das Kind aufgeben? Luh lächelt schicksalsergeben. Ich könnte sie schütteln. Warum tut sie nichts, um das Leben ihres Kindes zu retten? In diesem Moment hasse ich die balinesische Gelassenheit und ihre Unterwerfung gegenüber den Göttern und Dämonen. Ich versuche, sie zu überreden, ins Krankenhaus nach Denpasar zu fahren. Dort gibt es eine gute Abteilung für Tropenkrankheiten. Aber alles, was ich sage, prallt an der Maske ihres Gleichmuts ab.

Nachdem ich dem Kleinen eine Zeit lang Wadenwickel gemacht habe und es erfolglos mit Sat Nam Rasayan versucht habe, kehre ich aufgewühlt nach Hause zurück. Am nächsten

Tag werde ich die Yogastunden ausfallen lassen und mich zu dem magischen Trancetanz einfinden. Was bleibt mir anderes übrig?

*

Guru Kirpal ist unterwegs, sodass ich meine Besorgnis nicht mit ihm teilen kann. Ich meditiere eine halbe Stunde, ohne innerlich zur Ruhe zu kommen. Zermürbt gehe ich ins Bett. Lange wälze ich mich hin und her, bevor ich endlich einschlafe. Im Traum sehe ich Nickie, aber er wendet sich ab und spricht nicht mit mir. Zwischen uns ist eine Glasscheibe. Ich klopfe dagegen, doch er scheint mich nicht wahrzunehmen.

Am nächsten Morgen lasse ich mich beim Yoga vertreten und gehe zu »meiner« Familie. Wann die unbekannte Zeremonie losgeht, weiß ich nicht. Wahrscheinlich finden sich alle einfach irgendwann ein. Ich leihe mir eines der Mofas, die zum Ashram gehören. Nach anfänglicher Skepsis habe ich meine Bedenken gegenüber dieser Fortbewegungsart abgelegt. Taxifahren empfinde ich inzwischen als zu dekadent und Fahrradfahren ist hier unüblich. Am liebsten gehe ich immer noch zu Fuß, aber manche Strecken sind zu weit. Ich schnalle den Helm unter dem Kinn fest, er ist ein bisschen klein.

Einem Impuls folgend halte ich unterwegs am Strand von Seminyak. Es ist früh, nur ein paar Souvenirverkäufer sind auf dem Weg zu ihrem Stammplatz. Ich setze mich in den Sand und schaue aufs Meer hinaus. Der Indische Ozean verströmt kein liebliches Meeresrauschen. Er donnert mit Wucht an den Strand, ist so laut, dass er meine Gedanken übertönt. Wenn nichts mehr hilft, um den Kopf freizukriegen, komme ich immer noch hierher. Hier fühle ich mich wie ein Sandkorn, unendlich klein und Teil des Ganzen.

Ich bleibe sitzen, bis die Sonne höher klettert und mir schließlich auf den Kopf knallt. Einen Hut habe ich nicht dabei. Mir ist schwummerig vor Sorge, Hitze und Schlafmangel, als ich aufstehe. Nickies Stimme erklingt in meinem Kopf. Endlich spricht er wieder mit mir. »Es ist nicht deine Verantwortung«, sagt er.

»Das weiß ich - aber ich will helfen, das Kind zu retten. Ich kann doch nicht alles, was an Schlimmem, Vermeidbarem geschieht, ›loslassen‹!«, entgegne ich. »Das würde sich anfühlen wie ein Freischein zum Nichtstun! Wenn alles vorbestimmt, wenn alles Karma ist, kann man sich gleich in die Hängematte der Gleichgültigkeit legen. So bin ich nicht, so werde ich auch nach hundert Jahren Yoga nicht sein!« Ich schimpfe innerlich wie ein Rohrspatz, aber Nickie erwidert nichts mehr.

Unzufrieden stapfe ich zurück und schwinge mich aufs Mofa. Bevor ich starte, checke ich die Straße und die vielen Ein- und Ausfahrten, aus denen oft jemand einbiegt. Der Verkehr ist unberechenbar. Ich fahre vorsichtig und passiv und vermeide Gefahrensituationen, soweit möglich. Aber alle Verkehrsteilnehmer, Mensch und Tier, benehmen sich hier anders, als ich es aus Deutschland kenne.

Was wollte Nickie mir sagen, was ich nicht schon weiß? Dieser kurze innere Austausch hat mich nicht beruhigt, sondern eher wütend gemacht. Gut möglich, dass ich dadurch ein wenig abgelenkt bin. An der letzten Abbiegung rennt mir jedenfalls unvermittelt ein Hund vors Mofa. Ich trete abrupt auf die Bremse, rutsche weg, schlittere über die unebene Straße, verliere die Kontrolle über das Fahrzeug. Zum Glück lande ich ziemlich weich in einer Art Graben, nur das Mofa knallt gegen einen Holzpfosten. Mein Kopf summt wie ein Bienenstock. Ich bleibe einige Sekunden liegen und spüre in mich. Dann bewege ich vorsichtig Arme und Beine, Hände und Füße. Ich scheine mir nichts gebrochen zu haben. Nur den rechten Unterarm habe ich mir übel aufgeschürft. Vermutlich werde ich auch ein paar blaue Flecken bekommen. Am ganzen Körper zitternd, richte ich mich mühsam auf. Offenbar stehe ich unter Schock. Ich versuche, mich zu beruhigen, lange, tiefe Atemzüge zu nehmen.

Der Köter ist verschwunden. Was war das für ein Tier? Ich kann mich nicht genau erinnern, es sah struppig aus, dünn und schwarz. Oder dick und grau? Ich reibe mir über die Stirn und beäuge das Mofa. Es ist verbeult, das Vorderrad komplett verbogen. Damit kann ich nicht weiterfahren. Ich richte es auf, es scheint eine Tonne zu wiegen, und schiebe es das letzte Stück. Nur auf den Atem und das Mantra Sat Nam konzentrieren, sage ich mir.

Auf dem Hof haben sich bereits Verwandte und Bekannte der Familie versammelt. Außer der Familie kenne ich niemanden. Offenbar bin ich die einzige Europäerin. Statt angestarrt zu werden, nimmt niemand Notiz von mir. Nengah entdeckt mich und kommt mit besorgtem Blick auf mich zu.

Ich muss seltsam aussehen, schmutzig, zerschrammt und mit wirrem Blick.

Ich will der Familie keine Mühe bereiten, sie haben viel größere Sorgen, daher ziehe ich eine bemüht komische Grimasse und wedele abwehrend mit den Händen.

Er lacht, kommt aber zu mir und schaut sich die Schürfwunde an meinem Arm an. Gestisch bedeutet er mir, nicht wegzugehen. Wenig später kommt er mit einem großen Pflaster zurück, das er mir auf den Arm klebt.

Nyoman geht es nicht besser. Er hat immer noch hohes Fieber, seine Lider zucken, die Lippen sind ausgetrocknet. Er windet sich, als hätte er qualvolle Träume. Luh sitzt neben ihm, wischt ab und zu mit einem Schwamm über sein Gesicht oder drückt ihm Flüssigkeit in den Mund. Nebenbei unterhält sie sich im Plaudertonfall mit Gästen. Immer noch strömen Leute herbei, die zum Teil sorgfältig zurechtgemacht sind. Die Stimmung ist wie bei einem Fest und nicht, als ob es um Leben und Tod ginge. Ich finde es befremdlich, wie die Balinesen damit umgehen. Stunden vergehen. Zwischendurch gibt es Essen, Tee, niemand scheint Eile zu haben, während dem Kind die Zeit davonläuft. Worauf warten sie? Der Kleine braucht dringend medizinische Hilfe. Innerlich schwanke ich zwischen Aufbegehren, Verzweiflung und Kapitulation. Als es dämmert, rüsten sich alle wie auf ein geheimes Zeichen zum Aufbruch.

»Heute ist Kajeng Kliwon«, teilt Luh mir lächelnd mit. Ich könnte sie für ihr naives Lächeln schütteln. Sieht sie denn nicht, wie ernst es um ihren Sohn steht? Macht ihr das nichts aus? »Wer weise ist im Herzen, der trauert nicht um die Lebendigen noch um die Toten. Alles, was lebt, lebt ewig«, kommt mir in den Sinn. Ist sie weise oder sorglos? Akzeptiert sie das Unausweichliche oder ignoriert sie das Machbare? Und was ist meine Aufgabe, was soll ich tun? Zuschauen? Handeln? Akzeptieren? »Es ist nicht deine Verantwortung«, denke ich.

»Was bedeutet das?«, frage ich.

»Es ist Tag der Dämonen. Es wird den Dämonen und bösen Geistern geopfert. Um zu besänftigen und bitten, Menschen vor Schaden zu bewahren.«

Nun verstehe ich. Sie glauben, Nyoman sei von einem Dämon besessen, und wollen diesen anflehen, von ihm abzulassen. Oder wollen sie ihn etwa opfern? Angstschweiß bricht mir aus. Irgendjemand reicht mir ein Glas Wasser, klopft mir aufmunternd auf die Schulter.

»Bitte, können wir ihn nicht ins Krankenhaus bringen? Ich kann ein Taxi rufen, in einer halben Stunde sind wir in Denpasar. Ich bezahle, sie werden ihn dort retten!«, bettle ich Luh an. Sie lächelt durch mich hindurch. Ich könnte auch Suaheli sprechen, ich erreiche sie nicht.

Der kleine Junge wird auf eine Art Sänfte gelegt. In einer Prozession begeben sich Gäste und Familie zum Dorftempel. Die meisten tragen Opfergaben, aus Palmblättern geflochtene Körbchen, in denen Hibisken, gekochte Reiskörner und Blätter des Betelpfeffers liegen, mit Frangipaniöl und Sandelholzwasser beträufelt. Es duftet. Jemand drückt mir ein Körbchen in die Hand. Ich stolpere hinterher und fühle mich so fremd hier wie seit Monaten nicht.

Wir nehmen im Halbkreis auf harten Bänken Platz. Ich habe mich zu Luh und dem Kind vorgearbeitet und klebe wie eine Klette an ihnen, als ob meine Gegenwart etwas ausrichten könnte. Das Gamelan-Orchester beginnt zu spielen, tranceartige, für westliche Ohren ungewohnte, schräg klingende Musik. Kurz darauf betritt ein Wesen mit Angst einflößender Maske die Bühne. Obwohl ich weiß, dass sich dahinter eine Tänzerin oder ein Tänzer verbirgt, fröstelt es mich. Die Maske sieht gruselig aus.

»Das Rangda, Herrscherin des Todes«, flüstert Luh ehrfürchtig.

Rangda begibt sich zu einem roten Bambusaltar, wo sie Platz

nimmt: Auch sie ist rot bemalt, mit hervorquellenden Augen und einer langen Feuerzunge zwischen hervorstehenden Hexenzähnen.

»Ihr Legong Andir gewidmet. Magischer Trancetanz«, fügt Luh hinzu.

Barong tritt auf, der Beschützer des Himmels. Drei junge Tänzerinnen in golddurchwirkten Sarongs kommen auf die Bühne und beginnen zu tanzen. Sie bewegen sich schwerelos und in vollkommenem Gleichklang über den Boden. Ihre nackten Füße wiederholen energisch den Rhythmus des Gamelans, die schlanken Körper beben den Schlägen des Orchesters nach und sind bis zum Äußersten gespannt. Das Gamelan-Orchester spielt immer schneller und lauter, flaut wieder ab, schwillt an, ändert den Rhythmus, wiederholt dieselbe Melodie. Ob man will oder nicht, es zieht einen in den Bann. Die Zuschauer, mich eingeschlossen, sind in innerem Aufruhr, fiebern mit. Plötzlich gellt ein markerschütternder Schrei durch die Dunkelheit. Es ist Rangda. Die Unterweltgöttin ergreift jetzt Besitz von der sie verkörpernden Tänzerin, die magische Kraft der Maske versetzt sie in Trance. Sie tobt geradezu über die Bühne. Eine der drei jungen Tänzerinnen wird zu einer Rachegöttin. Zum Angriff bereit rammt sie Rangda den Kris, das geschwungene, scharfe Messer, in den Leib. Rangda stürzt zu Boden.

Ich schlage mir die Hand vor den Mund. »Ist sie etwa tot?«

Luh schüttelt den Kopf. »Nein. Menschen im Tempel kann nichts geschehen, wenn Götter sich in ihnen niederlassen. Als Götter sie unverwundbar.«

Rangda wird abtransportiert. Das Gute scheint über das Böse gesiegt zu haben. Ich hoffe, der Tänzerin, die die Unterweltgöttin verkörperte, geht es tatsächlich gut. Aber was hat das packende Bühnenspiel mit Nyoman zu tun? Ich lege meine Hand auf seine Stirn, er fiebert unverändert hoch.

Nach einer kurzen Pause, während der einige Musiker wechseln, man Tee trinkt und schwatzt, geht es weiter. Im Balé wird Räucherwerk in Gang gesetzt. Es riecht nach Harz und Sandelholz. Das Gamelan beginnt erneut zu spielen, alte Männer stimmen kehlige Melodien an. Ein weiteres Drama wird aufgeführt, nur dass dieses Mal ein echter Priester die Hauptrolle spielt und kein Tänzer. Oder ist es kein Theaterstück? Mein Kopf schmerzt, vielleicht habe ich doch eine Gehirnerschütterung. Die Grenzen zwischen Theater und Realität verschwimmen, die Welten der Menschen, Götter und Dämonen greifen ineinander. Ich streichle Nyomans Hand, die heiß und trocken ist.

Der Priester, ein weißhaariger Balinese, ist würdevoll gekleidet. Er versetzt sich selbst in Trance. Es ist unglaublich, diesen Vorgang mit anzusehen. Er scheint sein Selbst, seinen Geist, seine Seele und Persönlichkeit, auszulöschen, so wie man ein Feuer auslöscht. Er wird zum Gefäß. Die Seele macht Platz für die Gottheit. Ich sehe es mit eigenen Augen und kann es nicht glauben. Was geschieht hier?

»Durga, die Todesgöttin, zieht ein«, murmelt Luh, die das Ganze anscheinend nicht erschreckend findet.

Der Kopf des Priesters fällt nach vorn und sein Blick wird starr. Er beginnt mit einer tiefen Stimme zu sprechen, in einer fremden Sprache. Selbst ich höre, dass das nicht Balinesisch ist.

»Durga spricht Javanisch«, flüstert Luh.

Nyomans Trage wird wie auf Kommando von vier Männern

hochgehoben und nach vorn gebracht. Eltern und Geschwister eilen hinterher, bilden einen Kreis um das Kind. Ich bleibe zurück, kann nichts mehr sehen, weil andere sich um die Familie scharen. Außer den Gesängen und der unheimlich klingenden Stimme des Priesters bekomme ich nichts mit. Endlose Minuten später lichtet sich der Kreis. Ich reibe mir die Augen. Das muss eine Halluzination sein. Nyoman, eben noch in einer Art Koma, ist wach. Dünn, verschwitzt, durcheinander, doch lächelnd steht er neben Luh, die seine Hand hält. Ist das Magie, Beschwörung, ein Wunder? Hexenwerk? Der Dämon wurde vertrieben und das Kind ist gesund? Träume ich?

Fast augenblicklich löst die Versammlung sich auf. So lange sich die Prozedur zuvor hingezogen hat, so unvermittelt ist sie vorbei. Die Musiker packen ihre Instrumente ein, die Leute zerstreuen sich. Ich haste zu der Familie, gehe vor dem Kind auf die Knie, umarme es. Seine Stirn ist kühl. Der Kleine legt den Kopf an meine Schulter und ich weine vor Erleichterung, Dankbarkeit, Demut - und Verwirrung.

»Was war das, was ist geschehen?«, frage ich Luh.

Sie zuckt mit den Schultern. »Kann nicht sagen. Nyoman wieder gesund. Nun wir mussen Müll tragen und wegbringen. Ist Ritual an Tag der Dämonen.«

26.

Es ist deine Hingabe an die Unendlichkeit, die dich befreit.

Leben und Tod liegen nah beieinander. Sie sind nur durch eine dünne Membran voneinander getrennt. Meistens sind wir uns dessen nicht bewusst. Solange das Leben seinen gewohnten Gang geht, wähnen wir uns unsterblich. Dabei ist der Tod allgegenwärtig und begleitet uns still.

Nyoman hat seine mysteriöse Krankheit auf wundersame Weise abgeschüttelt. Wenn ich die Familie besuche, tobt er mit seinen Geschwistern herum, als wäre nichts geschehen. Es scheint, als hätte er nur geschlafen und geträumt und wäre ausgeruht erwacht, anstatt tagelang im Koma gelegen zu haben. Außerdem scheint er selbstbewusster, nicht mehr so schüchtern. Seine Mutter hat er erzählt, er hätte sich, kurz bevor er erwachte, von vielen unsichtbaren Wesen umgeben gefühlt und keine Angst verspürt. Nur grenzenlose Freude angesichts allem, was war, ist und kommt. Sie scheint das völlig normal zu finden.

Seltsam hingegen erscheint ihr das, was ich tue. Dass ich in der Verwaltung des Ashrams arbeite, versteht sie ja noch, aber unter »Yoga« kann sie sich nichts vorstellen: Absurde Verrenkungen, Augenverdrehen und Über-dem-Boden-Schweben? Meine Erklärungen kommen nicht an. Also beschließe ich, einen Kurs nur für Balinesinnen anzubieten, für Luh, ihre Nachbarinnen und Freundinnen. Natürlich kostenlos. Guru Kirpal ist einverstanden. Als ich ihm von meiner Idee erzähle, strahlt er über das ganze Gesicht.

»Seva ist der wunderbarste Dienst, den du für andere tun kannst. Auch dir selbst kommt selbstloses Tun zugute. Es spiegelt zu dir zurück. Ich bin stolz auf dich, Britta. Ich wusste, dass Großes in dir schlummert. Nun bricht es hervor. Mach weiter so. Gib wie ein Engel. Sei ein leuchtendes, schönes, großzügiges, menschliches Wesen.«

Einerseits macht es mich verlegen, von ihm gelobt zu werden, andererseits bin ich auch ein bisschen stolz darauf. Obwohl Stolz ja völlig unspirituell ist und ich solche Gefühle besser loslassen sollte.

»Sag einfach, was du brauchst. Du bekommst jede Unterstützung«, verspricht er.

»Danke dir.«

Wir spazieren durch den Ashramgarten. Diese Stunde allein mit ihm ist eine meiner Belohnungen. Seine ungeteilte Aufmerksamkeit zu haben, trägt mich über Tage, Wochen.

»Der Verein Niklas wächst und gedeiht. Dank deines Engagements konnten wir bereits die Ausbildung einiger Kinder sichern«, fügt er hinzu. »Und das, obwohl viele Eltern selbst kaum lesen und schreiben können. Aber sie sehen, wie wichtig es für die Zukunft ist.«

Mir ist es wichtig, dass der Vorgang möglichst unbürokratisch abläuft. Wenn Eltern sich erst durch einen Wust von Formularen kämpfen müssen, werden die wenigsten Unterstützung beantragen. Also haben wir es so einfach wie möglich gemacht. Im Zweifelsfall helfe ich beim Ausfüllen.

»Noch viel mehr Kindern sollte der Schulbesuch ermöglicht werden«, sage ich. »Ich träume davon, dass alle Kinder auf Bali neun Jahre zur Schule gehen. Mindestens. Dass einige studieren können.«

»Das schaffen wir. Von den Einnahmen aus der Lehrerausbildung in Kuala Lumpur, die nächsten Monat beginnt, kommt die Hälfte dem Verein zugute.«

»Aber das Geld wolltest du doch in den Ashram investieren!«

»Schau dich um, Britta - es blüht, alles ist in Schuss. Die Hütten sind neu gestrichen und repariert, wir haben Wasser und Strom. Wir brauchen nicht mehr. Keine weiteren Gäste, keine luxuriöse Ausstattung. Das ist ein Ashram, kein Hotel. Die Kinder benötigen Geld für Gesundheit und Bildung. Wir sind Gäste auf der Insel und wurden herzlich empfangen. Nun wollen wir uns für die Gastfreundschaft bedanken und etwas zurückgeben. Ich weiß nicht, warum ich nicht selbst auf die Idee gekommen bin!«

Am liebsten würde ich ihm um den Hals fallen. Ich habe von wichtigen spirituellen Lehrern gehört, die den Luxus schätzen lernten, in teuren Hotels abstiegen, sich ein großzügiges Anwesen bauten oder nur noch Businessclass flogen. Von solchen, die sich von Geld und Macht korrumpieren ließen, die ihre eigenen Überzeugungen verrieten und das Gegenteil von dem taten, was sie predigten. Schlimmer noch, es gab Gurus, die ihre Anhängerinnen sexuell missbrauchten, die deren Hingabe und Schwäche ausnutzten. Ich habe Geschichten gehört und sie entsetzen mich. Es sind nicht wenige, die irgendwann falsch abgebogen sind. Mit jenen falschen Gurus will ich nichts zu tun haben. Sie sind für mich Lügner, Betrüger, Vergewaltiger.

Guru Kirpal hingegen ist die aufrichtigste und reinste Seele, die ich kenne. Ein Mann, der seine Überzeugungen nie verraten würde. Er steigt in günstigen Hostels oder bei Bekannten ab, isst Streetfood und bewohnt hier nur einen genauso bescheidenen Bungalow wie wir alle. Seine Kleidung trägt er, bis sie auseinanderfällt. Wenn er könnte, würde er nach Kuala Lumpur rudern, um nachhaltig zu reisen. Und er würde mich niemals auf irgendeine Weise ausnutzen. All seine Anstrengungen dienen dem Ziel, die Menschen zu erheben.

»Ich danke dir! Sat Nam.« Ich lege die Hände aneinander und verneige mich vor ihm.

»Ich danke dir. Hilf den Frauen, Yoga für sich als Weg zu entdecken. Du bist ein Leuchtturm. Lass dein Licht erstrahlen!«

Es ist hier nicht üblich, dass Frauen etwas für sich tun. Ich muss meine ganze Überzeugungskraft aufbieten, damit Luhs Bekannte einwilligen. Alle haben in Haus und Hof rund um die Uhr zu tun. Vermutlich kommen sie nur, um Luh einen Gefallen zu erweisen.

Als die acht Balinesinnen schließlich zur verabredeten Zeit eintreffen, kichernd wie Schulmädchen, freue ich mich wahnsinnig. Ich hole die Gruppe am Tor ab und führe sie erst einmal herum. Sie bewundern den Garten mit den gepflegten Pflanzen, den Hausaltar, die geschmückten und illuminierten Schreine.

»Hast du gut gemackt«, lobt Luh mich, als hätte ich das alles eigenhändig errichtet.

Beim Yogaunterricht sind sie schüchtern und zurückhaltend. Da sie nicht gewohnt sind, die Augen zu schließen und nach innen zu schauen, starren sie mich unentwegt an und versuchen, meine Bewegungen zu imitieren. Sie alle haben ihr ganzes Leben lang von morgens bis abends gearbeitet und sind weder mit Gymnastik noch Körperübungen vertraut. Die meisten stellen sich ungeschickt an. Ihre Bewegungen wirken unbeholfen und hölzern. Bei der Entspannung schläft die eine Hälfte ein, die andere schaut mit offenen Augen gelangweilt umher. Als ich eine gesungene Meditation anleite, beginnt erst eine Frau zu kichern, dann fallen die übrigen ein. Eine Lachkaskade bricht aus. Der Raum ist von Gelächter erfüllt, was auch eine schöne Energie ist, wenngleich keine meditative. Aber sie versichern mir, dass es ihnen hervorragend gefallen habe. Ich biete zum Abschluss Tee an. Sofort werden Dosen und Gefäße mit Essen hervorgeholt. Ich muss nun ebenfalls lachen. Wir rücken näher zu einem improvisierten Picknick zusammen und ich bin froh, dass danach kein weiterer Kurs stattfindet, denn wenn Balinesen essen, dann dauert das.

Obwohl ich Luh gesagt habe, dass es kostenlos ist, beschenken mich die Frauen danach mit Blumen und Selbstgemachtem.

»Ist Gastgeschenk, musst du annehmen«, klärt Luh mich grinsend auf.

Unter Umarmungen verabschieden sie sich. Ich fühle mich reich beschenkt. Und das soll Seva sein, selbstloses Dienen? Ich bekomme mehr zurück, als ich gebe.

In der nächsten Woche kommen sie nicht nur wieder, sondern bringen noch Freundinnen und Nachbarinnen mit. Der Raum füllt sich. Ich bin überrascht und entzückt. Es sind nicht immer dieselben dabei, doch einige werden zu treuen Schülerinnen. Sie lernen, sich geschmeidiger zu bewegen. Irgendwann trauen sie sich sogar, die Augen zu schließen und nach innen zu spüren. Selbst das Chanten klappt bald ohne

Lachsalven. Es bleibt aber mit Abstand der fröhlichste Kurs. Die Frauen bringen jedes Mal so viel Licht und Freude mit. Ich muss mich nicht anstrengen, um einen Leuchtturm zu spielen - es reicht, ihr Licht wie ein Spiegel zurückzuwerfen.

Bis eines Freitags die Stimmung gedrückt ist. Eine ungewohnte Ernsthaftigkeit erfüllt den Raum, als ich ihn betrete. Niemand lacht oder scherzt, die Blicke sind in sich gekehrt. Es muss etwas passiert sein. Was, verrät mir aber keine von sich aus. Ich mag nicht nachfragen - sie sind hier, immerhin, das muss reichen. In der geschützten Atmosphäre einer Yogastunde kann Heilung geschehen. Also gebe ich mein Bestes, verwerfe meinen Plan für die Stunde und unterrichte eine andere Kriya, von der ich spüre, dass sie besser passt. Bei der Heilmeditation, als wir zu Snatam Kaurs liebevoller Stimme chanten, beginnt eine Teilnehmerin zu weinen. Bei ihrer Schwester fließen ebenfalls Tränen. Wie sonst das Lachen überfloss, breitet sich nun befreiendes Weinen in der Gruppe aus.

Im Anschluss erfahre ich, was passiert ist: Kadek, der Sohn von Ni Wayan, ist gestern bei einem Mofaunfall ums Leben gekommen. Mein schmerzhaftes Ausrutschen mit dem Mofa auf dem Weg zu Luh ist mir noch lebhaft in Erinnerung. Wenn dort mehr Verkehr geherrscht hätte, wäre es nicht so glimpflich ausgegangen. Vielleicht sollte der Verein Geld für Helme spenden. Aber würden die jungen Leute sie tragen?

»Es tut mir so leid.« Ich nehme die trauernde Mutter in den Arm. Worte. Ich weiß, wie wenig Worte ausrichten, wie heftig der Schmerz ist und wie lange es dauert, damit er abklingt. Umso erstaunlicher ist, dass Ni Wayan in ihrer Situation hierherkommt und den Schmerz nicht in sich begräbt oder hinter einem lächelnden Gesicht verbirgt.

Ich will die anderen ermutigen, von sich zu sprechen. Viele haben hier Ähnliches erlebt und den Kummer in sich vergraben. Mit leiser Stimme erzähle ich von Nickie. Es fällt mir inzwischen leichter, darüber zu reden. Zögernd ergreift Ni Wayan als Nächste das Wort. Danach berichten andere Mütter von Verlusten. Stunden vergehen, in denen wir zusammensitzen, uns austauschen, weinen, aber auch lachen. Erst in der Dämmerung brechen sie auf. Wieder bin ich froh, dass danach kein weiterer Kurs kommt.

»Es hat gutgetan. Danke dir«, sagt die Tante von Kadek, die ihre Schwester stützt.

»So viele von uns haben Kinder verloren.«

»Wollen wir das nicht öfter tun, darüber sprechen? Nicht im Yogakurs, sondern in einer Trauergruppe? Einmal die Woche?«, schlage ich spontan vor. »Oder wir nennen es Frauenkreis.«

Die Frauen sehen sich ratlos an. Sie können sich nichts unter »Trauergruppe« oder »Frauenkreis« vorstellen. Aber sie sind inzwischen seltsame Vorschläge und komische Yogaübungen von mir gewohnt, die ihnen auch guttun - also nicken sie nach einigem Zögern.

»Ihr könnt etwas zu essen mitbringen«, füge ich hinzu. Damit ist der Vorschlag angenommen. Essen hilft immer.

»Und du kommen zu Kremation«, sagt Ni Wayan. Ich schlucke und nicke. Was bleibt mir anderes übrig? Nach dem Tempelritual ist es nur ein weiterer Schritt.

Die Verbrennung von Kadek wird in einer Woche stattfinden, dann sei »ein guter Tag dafür«, die Geister wohlgesinnt. Der Priester habe es so festgelegt.

Die Kremation gehört zur balinesischen Lebensweise.

Durch sie kann eine Seele von der fleischlichen Hülle befreit und in reinem Zustand in den Himmel geschickt werden, davon sind die Balinesen überzeugt. Ich weiß nicht, ob es mir barbarischer erscheint, als seine Toten in Holzkisten zu packen, in der Erde zu vergraben und von Würmern fressen zu lassen. Oder die Leichen, wie in Tibet üblich, den Geiern zu überlassen. Der Tod ist nichts für Feiglinge.

Sie haben mich eingeladen - ich muss hingehen.

*

Ich habe befürchtet, die Beisetzung von Kadek könnte alte Wunden aufreißen, mich an die furchtbare Beerdigung meines Sohnes erinnern und in ein tiefes Loch stürzen. Aber dem ist nicht so, denn eine balinesische Kremation hat sehr wenig mit deutschen Riten gemeinsam. Es ist eine Art Spektakel, fremdartig und sogar bezaubernd. Einen Tag vor dem »Ngaben«, der Kremation, ist die gesamte Großfamilie eingetroffen. Kadeks Eltern gehören zu den finanziell besser gestellten Balinesen, daher können sie sich das Ngaben überhaupt so schnell leisten. Andere Familien müssen lange dafür sparen und ihre Verstorbenen erst übergangsweise bestatten. Erst nach Jahren können sie die Leichen kremieren lassen. Ich verbiete mir, darüber nachzudenken, wie die Körper dann aussehen.

Warum hat Nyoman sein Fieber überlebt, während Kadek sterben musste? Müßige Fragen, die nicht zu beantworten sind - und die sich hier auch niemand stellt. Sie nehmen das Schicksal an, ohne zu hadern. Luh scheint nicht bewusst zu sein, dass es die Kremation ihres Sohnes sein könnte. Die Götter haben ihn in ihrer Überzeugung vor dem Tod bewahrt und den Dämonen entrissen. Seine Zeit zu gehen war einfach noch nicht gekommen. Guru Kirpal hat nichts anderes gesagt – für Nickie waren seine irdischen Aufgaben zur Seelenreifung beendet. Für mich noch nicht. Ich bin noch hier und bin Zeugin, wie sich nun Krankheit, Tod und Beisetzung zusammenfügen.

In festlicher Tempelkleidung pilgert Kadeks Großfamilie am Festtag als Erstes zu einer Quelle, um dort heiliges Wasser zu holen. Sie reihen sich an einem weißen Seil auf, das sie während des Fußmarsches nicht loslassen. Der Vorderste am Seil schöpft das Wasser, es werden Gebete gesprochen, um das kostbare Nass für die Zeremonie vorzubereiten. Mit dabei sind Riesenfiguren, die bereits Verstorbene darstellen. Sie sollen die Bitte um das heilige Wasser für den Toten bekräftigen. Auch werden Opfergaben für den Geist der Quelle mitgebracht: Spanferkel und Früchte. Der Geist der Quelle mag es anscheinend deftig.

Dann bringt die Familie das Wasser feierlich nach Hause. Dort spielt bereits das Gamelan-Orchester. Die schrägen und zugleich hypnotischen Klänge lösen bei mir eine Gänsehaut aus. Bilder vom Trancetanz, dem Kampf Rangdas mit den beschützenden Geistern blitzen vor meinem inneren Auge auf. Ich stehe in einer der hinteren Reihen und sehe zu, wie die nackte Leiche Kadeks, die zuvor von Eisblöcken gekühlt wurde, von allen Familienmitgliedern gewaschen wird. Das heilige Wasser wird mit dem Waschwasser vermischt. Anschließend wird Kadek in weiße Tücher gehüllt und wieder auf Eis gelegt.

Anstatt weinend herumzusitzen oder Trauerreden zu halten, bricht nun eine unerklärlich fröhliche Stimmung aus. Jetzt sei die Zeit gekommen, erklärt Luh mir, in der die Trauergäste dem ansonsten verbotenen Glücksspiel frönen dürfen. Bei

Totenfeiern ist dies offiziell erlaubt. Eine seltsame Regelung. Nicht wenige bilden Gruppen, um zu spielen.

Wie sehr sich das alles von europäischen Gepflogenheiten unterscheidet. Die Gäste sitzen herum, essen, trinken, spielen oder lauschen dem nicht endenden Dauereinsatz des Gamelan-Orchesters. Es wird auf »Schutzgeister« gewartet, die über Kadek wachen. Auch sollen böse Geister abgewehrt werden. Das zieht sich den ganzen Tag hin. Abends gehe ich zurück in den Ashram. Die tatsächliche Einäscherung soll am nächsten Tag stattfinden.

Als ich am nächsten Morgen zurückkomme, erwartet mich eine weitere Überraschung. Über Nacht hat sich einiges getan. Staunend blicke ich auf einen meterhohen Totentransportturm, den Wadah. Die Familie bringt bereits fleißig Opfergaben dar. Meine Freundin Luh wartet schon auf mich.

»Kannst du mir das erklären?« Ich zeige auf drei lebensgroße Pappmascheekühe, die neben dem Wadah stehen.

»Weißer Stier steht für Kadek. Die schwarzen Kühe sind vorangegangene Tote. Onkel von Kadek und kleine Schwester. Sein gestorben kurz nach Geburt.«

Es entsteht Bewegung. Vier Familienmitglieder transportieren die Leiche auf den Turm. Es sieht nach einer wackligen Angelegenheit aus, aber sie schaffen es. Oben binden sie ihn mit Schnüren fest. Zwei Männer steigen hinab, die anderen beiden bleiben mit Kadek auf dem Turm. Einer trägt das Abbild eines Paradiesvogels, der zweite einen Besen. Sie wedeln damit.

»Wehren böse Geister ab«, flüstert Luh.

Schon wieder oder immer noch spielt das nimmermüde Gamelan-Orchester. Es wird ein Totentanz, der Baris Gede, aufgeführt, der aber eher elegisch als dramatisch ist. Danach geht es endlich los. Ein Pulk von Männern hebt das Bambusgerüst mit dem Turm an. Die Trauergemeinde setzt sich in Bewegung.

Nach einem halbstündigen Fußmarsch kommen wir auf dem Friedhof an. Kadeks vermummte Leiche wird vom Turm gehoben und in den weißen Stier geschoben, der hohl ist, wie ich jetzt bemerke. Darunter liegen Opfergaben. Der Totentanz Baris Gede wird wiederholt.

Dann beginnt die eigentliche Kremation. Unter den Stier mit dem Toten wird eine Art Grillrost mit zwei Ölbrennern geschoben. Gespeist werden die Brenner von einem Ölfass, das in den Bäumen aufgehängt wird. Der Priester entfacht das Feuer. Es breitet sich schnell aus und frisst in Windeseile die Rinderfiguren mit dem Toten und verschlingt den Transportturm. Es ist ein seltsam technischer Vorgang, der auch nicht von Gesang oder Gebeten begleitet wird. Niemand weint oder schluchzt. Ich presse die Hand vor den Mund. Es ist bizarr und erschreckend.

Als nur noch ein glimmender Aschehaufen übrig ist, nimmt Kadeks Vater ein wenig Asche auf. Damit zeichnet er auf einem Bananenblatt das Abbild eines Menschen. Der Priester nimmt die Zeichnung entgegen.

»Mögen Götter über Seele von Kadek wachen«, murmelt Luh.

Das Bild wird in weiße Tücher gehüllt. Wir machen uns in einer weiteren Wanderung zum Strand auf. Dort wird das Blatt dem Meer übergeben, wiederum mit vielen Opfergaben wie Früchten und Blumen. Gemeinsam stehen wir im Sand und blicken auf den Ozean, der das Bild schnell verschluckt. In Sekunden ist es verschwunden.

Die Mutter nimmt ein wenig Sand auf, schlägt ihn sorgfältig in ein Tuch ein und trägt ihn nach Hause. Alle schweigen während des Rückweges. Akal, denke ich. Das Mantra, so lange wiederholt, taucht in mir auf. Möge seine unsterbliche Seele befreit sein. Möge Nickies unsterbliche Seele frei sein.

Der letzte Schritt besteht darin, dass Kadeks Mutter den Sand auf den blumengeschmückten Altar des Familientempels legt.

»Das sein Zeichen dafur, dass Kadek wieder in seiner Familie zuruck ist«, erklärt Luh.

27.

Der höchste Wunsch ist es, wunschlos zu werden – zugleich der einzige Wunsch, der es wert ist.

Als ich heimkomme, wartet Guru Kirpal bereits. Lächelnd kommt er mir entgegen, die Haare nicht wie sonst unter seinem Turban verborgen, sondern lang und offen. Es ist ein überraschender und beinahe intimer Anblick.

»Ich dachte, du brauchst mich vielleicht. Ist dir die Kremation nahegegangen?«

Ich spüre in mich hinein. »Es war beeindruckend. Fremd und feierlich, süß und bitter. So viele Menschen, das Gamelan spielte unaufhörlich. Aber es geht mir gut.«

Wir schlendern den vertrauten Weg unter den Tropenbäumen und Salakpalmen entlang. Es ist noch wärmer geworden, die Luft so feucht, dass sie mich einhüllt wie ein schweres Gewand. Die heißeste Zeit des Jahres naht. Selbst die Frangipanis duften überreif. Vögel singen, Zikaden zirpen, irgendwo bellt schwach ein Hund.

Ich freue mich immer so, ihn zu sehen. Er ist der einzige Mensch, den ich in jeder Situation ertrage. Ich erzähle ein wenig von der Beisetzung, teile meine Erlebnisse und Gefühle mit ihm.

»Danke, dass du da bist.« Nun kommen mir doch die Tränen. Vor Rührung, vor Dankbarkeit und Liebe. »Danke für dich, für alles. Danke, dass du mir ein neues Zuhause gegeben hast!«

Er winkt ab. »Unser einziges Zuhause ist die Unendlichkeit. Dies ist nur ein temporärer Aufenthaltsort. Aber zugegebenermaßen ein sehr idyllischer.«

Er lächelt schelmisch und breitet die Arme aus. Für endlose und dennoch viel zu kurze Minuten versinke ich in seiner Umarmung. So warm, geborgen, vertraut. Guru Kirpal ist mein Seelenfreund, mein innigster Vertrauter geworden. Ich liebe ihn von ganzem Herzen.

Er schiebt mich ein Stück von sich weg und schaut mir in die Augen. In diesem Moment sehe ich ihn und zugleich Stefan und Nickie. Und ich verstehe, werde von endloser Liebe erfüllt.

Nach Hause kommen.

Wir sind auf die Welt gekommen, um zu gehen.

Nur für einen kurzen Moment sind wir hier.

Ein Wimpernschlag des Universums.

Im Gesamtgefüge sind wir ein Nichts, ein Sandkorn.

Und doch machen wir alles groß. Wir nehmen uns selbst für so wichtig. Wir blasen Nichtigkeiten auf, vergeuden kostbare Zeit auf Erden mit Streit, Stress oder Belanglosigkeiten, hasten Geld, Dingen, Errungenschaften hinterher, die wir wieder verlieren müssen. Warum ist es so schwierig, das Wesentliche zu sehen und den ganzen Ballast, Pflichten, Schmerzen, all die negativen Gefühle, loszulassen?

Nur eines ist bedeutsam: Liebe. Wahre Liebe. Nicht die erotische Liebe, nicht die fordernde, selbstsüchtige Liebe. Bedingungslose Liebe zu lernen, das ist die einzige Aufgabe. Meine Bestimmung, durch Yoga Liebe nicht nur zu lernen, sondern auch zu lehren.

Im Yoga ist die Erfahrung das Einzige, was zählt. Und die Erfahrung kommt direkt aus dem Herzen.

Als ich das begriffen habe, wird es einfacher. Es erfordert Mut und die Bereitschaft, mein Innerstes nach außen zu kehren. Es war ein quälender Prozess, den ich nicht missen möchte. Denn endlich bin ich. Ich bin angekommen und die geworden, die ich wirklich bin.

Ich danke meinem Sohn, dass er mir geholfen hat, zu verstehen, zu lieben, loszulassen. Dafür, dass er vorausgegangen ist.

Schlussbemerkung

Die spirituellen Lektionen des Herzens, den Kapiteln vorangestellt, sind Zitate von Yogi Bhajan (1929-2004). Er hat Kundalini-Yoga in den Westen gebracht und bekannt gemacht. Einige Zitate stammen aus Seminaren und Workshops, an denen ich teilgenommen habe, andere aus der »Library of Teachings« (www.libraryofteachings.com) oder Sammlungen wie den »Perlen der Wahrheit« (erschienen im Sat-Nam-Versand).

Guru Kirpal Singh ist ein fiktiver Charakter. Er verkörpert die Essenz des Kundalini-Yoga, ein spiritueller Lehrer ohne menschliche Abgründe und die höchste Projektion seines Selbst. Auch die weiteren Personen des Romans sind erfunden. Obwohl Britta, Nickie und Stefan Winterberg mir beim Schreiben manchmal genauso real vorkamen wie meine Familie, sind Ähnlichkeiten mit lebenden oder gerade nicht in dieser Welt weilenden Seelen unbeabsichtigt und zufällig.

Dieser Roman ist meiner Tochter gewidmet, die 1993 mit einem Herzfehler zur Welt kam. 1995 wurde sie in der Londoner Harley Street Clinic operiert. Heute lebt sie als freie Künstlerin (www.lauraleppert.de) ihre Bestimmung.

Ich danke meinen Erstlesern Maike Braun und Claudia Riecken-Konstantin und ganz besonders meinem langjährigen Freund Franz Westner für konstruktive Kritik - und der wunderbaren Lektorin Alexandra Baisch, die sehr feinfühlig vorgegangen ist.

Kerstin Leppert, 2020

Kerstin Leppert

Doktor Yoga

DAS GROSSE BUCH DER HEILUNG

Das umfassende Yoga-Heilbuch

Haben Sie Kopfschmerzen? Kreislaufprobleme? Oder eine Erkältung? Es gibt gegen alle Beschwerden eine Heilübung aus dem Yoga. Die effektiven Atempraktiken, Übungen und Heilmantras von *Doktor Yoga* stammen überwiegend aus dem Kundalini Yoga. Kerstin Leppert erklärt wichtige Maßnahmen zur Stärkung des eigenen Energiesystems, um Krankheiten vorzubeugen. Wird man dennoch krank, so gibt es zu den gängigen Symptomen einfach umzusetzende und selbst für Anfänger erlernbare Übungen. Alle Beschwerden können in dem reich bebilderten und übersichtlichen A-bis-Z-Guide problemlos nachgeschlagen und durch präzise beschriebene Yoga-Haltungen behandelt werden.

»Für Anfänger geeignet und ohne komplizierte Verbiegungen!« *bild.de*

KNAUR
MENSSANA